T0244594

Chile 1973.
Historia de una crisis

ULISES CARABANTES AHUMADA

Chile 1973

Historia de una crisis

SEKOTIA

EDITORIAL SEKOTIA • COLECCIÓN BIBLIOTECA DE HISTORIA
Editor: Humberto Perez-Tomé
Maquetación: Manuel Ortiz de Galisteo

www.sekotia.com
pedidos@almuzaralibros.com - info@almuzaralibros.com

Editorial Sekotia
Parque Logístico de Córdoba. Ctra. Palma del Río, km 4
C/8, Nave L2, n° 3. 14005 - Córdoba

Imprime: Romanyà Valls
ISBN: 978-84-18414-74-9
Depósito: CO-904-2023
Hecho e impreso en España - *Made and printed in Spain*

I. PALABRAS PRELIMINARES

Esta obra la he terminado de escribir en noviembre de 2022; con la convicción y deseo de contribuir con un grano de arena a la verdad histórica respecto de sucesos vividos por Chile principalmente entre 1965 y la mañana del 11 de septiembre de 1973. Espero no equivocarme al buscar que dicha verdad histórica contribuya a pacificar los espíritus que después de medio siglo aún se aprecian inquietos, traumatizados, en ambos bandos de aquellos que se enfrentaron en 1973 y que dolorosamente estuvieron al borde de la guerra civil que podría haber costado a Chile un mínimo de quinientos mil muertos.

Espero desde el corazón que las próximas páginas sean leídas con un genuino espíritu de análisis, abandonando dogmas, figuras e ideas preestablecidas, es decir, que este libro sea leído dejando de lado ideologías y modelos que en definitiva dividen a los seres humanos, como ocurrió en Chile en el periodo de ocho años acotado por los años 1965 a 1973 y que impiden encontrar puntos de encuentro.

El proceso de investigación para dar forma a esta obra involucró muchas horas de lectura de testimonios que dejaron personajes centrales de aquella época, los cuales fueron leales colaboradores del presidente Salvador Allende, otros, atentos y silenciosos observadores de los sucesos y aquellos que manifestaban abiertamente en las palabras y sobretodo en la acción su voluntad de terminar, prematura, abrupta y violentamente con el Gobierno marxista que se había instalado en Chile a partir del 3 de noviembre de 1970. Esta investigación también implicó buscar y leer diarios y revistas de aquella época, encontrar y analizar discursos y manifiestos que fueron marcando el devenir de la vida nacional. Una no corta conversación telefónica con el exdiputado y exsenador democristiano Ricardo Hormázabal sumó valiosa información. Lo mismo que contactar a un anciano de casi ochenta años, residente en Buenos Aires, constructor de historias dignas de una novela o de una película de suspense a principios de los años del 1970; como lo fue Roberto Thieme, secretario general del Frente Nacionalista *Patria y Libertad*, con quien nos sentamos a almorzar el segundo día de septiembre de 2022 en un restaurante en pleno centro de Santiago, para viajar en el tiempo y evocar cada detalle de decisiones y hechos que marcaron la historia de Chile.

Esta obra aborda una época políticamente en blanco y negro, sin colores intermedios, donde un grupo estaba en las antípodas del otro. He escrito las próximas líneas sin afán de levantar héroes, villanos ni mártires.

Los invito a leer con verdadera detención esta extensa obra, a analizar con un espíritu que permita superar traumas que se mantienen en muchos chilenos, de ambos bandos que estuvieron a punto de enfrentarse en una sangrienta guerra civil en 1973; guerra fratricida con quinientos mil muertos, que impidió finalmente una intervención militar no deseada por nadie, incluido los mismo militares.

Buena y productiva lectura.

El autor
Ulises Carabantes Ahumada

II. LA RAÍZ DE UNA QUIEBRA INSTITUCIONAL

Tras el triunfo de Eduardo Frei Montalva en la elección presidencial de 1964 fueron varios los factores que iniciaron los ocho años que he definido como periodo en el que la democracia chilena se fue erosionando paulatina e irremediablemente, hasta convertirse en una tragedia donde todos eran ciegos y sordos, dando la impresión de una manada de caballos desbocados galopando hacia el abismo de una guerra civil o hacia una brusca interrupción de la vida política, como en definitiva ocurrió.

El primer escalón del desplome de la institucionalidad democrática chilena fue la derrota del candidato socialista Salvador Allende en la elección presidencial de 1964. Era su tercer intento de acceder al Palacio de La Moneda y concurría apoyado por el Frente de Acción Popular, FRAP, una agrupación de izquierda que aglutinaba como principales fuerzas políticas al Partido Socialista y al Partido Comunista. Dentro de la coalición de izquierdas, reinaba el optimismo, pues pensaban que podía triunfar sobre Eduardo Frei, democristiano, sobre Julio Durán Newman, candidato de la coalición de los partidos Conservador y Liberal, y sobre Jorge Prat Echaurren de la derecha nacionalista. Sin embargo, ante los resultados de una elección complementaria en marzo de 1964 en la que resultó vencedor el candidato del FRAP; los partidos Conservador y Liberal desahuciaron a Durán y sin condiciones, entregaron sus esfuerzos electorales a Eduardo Frei.

Esta nueva derrota de Salvador Allende fue el detonante para que importantes sectores de la izquierda chilena comenzaran a cuestionar la democracia republicana como procedimiento para llegar a gobernar el país. En su lugar, tomó cuerpo la idea de la insurrección armada. El Partido Socialista, al que pertenecía el senador y eterno candidato Salvador Allende, se dejó seducir por esta posibilidad. Tal como expongo con más detalle a continuación.

En diciembre de 1963 falleció el diputado socialista de Curicó Oscar Naranjo Jara. Conforme con la Constitución de 1925 debía desarrollarse una elección de diputados, de carácter complementario, el 15 de marzo de 1964 para cubrir el escaño vacante. Concurrieron tres candidatos, que pertenecían a las tres corrientes políticas que competirían en la elección presidencial el 4 de septiembre del mismo año. Por lo tanto, aquella elección complementaria fue interpretada como una radiografía de las tendencias electorales seis meses antes de la elección de presidencial. Los candidatos en Curicó fueron el demócrata cristiano Mario Fuenzalida, el conservador Rodolfo Ramírez y el socialista, hijo del diputado fallecido, Óscar Naranjo Arias. Este último era el que en principio se veía con menos posibilidades, pues Curicó era un bastión electoral de los partidos de la derecha y de la Democracia Cristiana. De hecho, en las elecciones municipales del año anterior la alianza de la derecha con el Partido Radical había obtenido un 47 % de los votos y el partido Demócrata Cristiano había cosechado el 23 % de los sufragios.

Contra todo pronóstico, Óscar Naranjo Arias, del FRAP, se llevó el escaño con un 39 % de los votos; seguido por el conservador Rodolfo Ramírez con el 32 % de los sufragios y tercero fue el candidato de la Democracia Cristiana, Mario Fuenzalida, con un 27 %.

Este triunfo fue bautizado popularmente como El Naranjazo, denominación popular que combinaba lingüísticamente el apellido del ganador con el metafórico golpe dado con una naranja en los partidos liberal, conservador y democristiano.

Aquella elección encendió las alarmas en la derecha, pues se infirieron altas probabilidades de triunfo para Salvador Allende en las presidenciales de septiembre. Los partidos Conservador y Liberal, sin analizar el 47 % de los votos que habían obtenido en el conjunto de la nación, retiraron su apoyo a Julio Durán y lo entregaron sin condiciones a Eduardo Frei; quien aseguró que dicho apoyo no le obligaba a cambiar ni en una coma el programa de su «revolución en libertad». El nacionalista Jorge Prat Echaurren retiró su candidatura.

Finalmente, el 4 de septiembre de 1964 se terminó la ilusión del FRAP y de su candidato Salvador Allende. La decisión de conservadores y liberales había dado la presidencia a Eduardo Frei, por una aplastante mayoría absoluta.

El resultado electoral de septiembre de 1964 golpeó duramente a la izquierda que había apoyado una vez más las pretensiones presidenciales de Salvador Allende. Es posible que la máxima expresión de aquello fuesen las palabras del senador socialista Aniceto Rodríguez Arenas, quien en 1965 afirmó que «negarían la sal y el agua», al Gobierno. Pero lo más complejo estaba por llegar. (48) (49)

III. MOVIMIENTOS OBREROS, MARXISMO Y ANARQUISMO

Es preciso conocer un poco más el pasado y para entender lo acaecido en Chile durante los años del 1960 y del 1970; en particular, el origen de los movimientos y partidos marxistas y anarquistas. Debemos trasladarnos a los inicios del siglo XX, cuando quien dominaba gran parte del mundo era el Imperio británico y el dólar no había reemplazado a la libra esterlina en el comercio internacional.

Los movimientos y partidos marxistas y anarquistas surgieron de una escisión del Partido Demócrata, quien, a su vez había separado del Partido Radical en 1887. Algunos descontentos del Partido Demócrata, se agruparon en Iquique en 1912 y fundaron el Partido Socialista Obrero de Chile, cuyo primer líder sería Luis Emilio Recabarren. Se trataba de una formación marxista de la que emergería, más tarde, el Partido Comunista de Chile, cuando el señalado P. S. O. de Chile se adhirió, en 1922, a la Internacional Comunista.

Casi en paralelo, en 1909, se fundó la Gran Federación Obrera de Chile; en medio de un conflicto de los obreros ferroviarios, por el descuento de un 10 % de sus ingresos que la Compañía de Ferrocarriles del Estado aplicó a sus trabajadores. Los obreros ferroviarios se querellaron judicialmente con el Estado, pleito en el que fueron asesorados por el abogado Pablo Marín Pinuer, quien, además, gestionó la personalidad jurídica de la Gran Federación Obrera de Chile y la obtuvo el 11 de septiembre de 1912.

En 1919 el abogado Marín logró la devolución del dinero que se había descontado a los trabajadores ferroviarios. Este episodio, que dio origen a la Gran Federación Obrera de Chile, dejó dos interesantes cuestiones dignas de reflexión: en primer lugar, por aquellos años era posible que una organización de trabajadores triunfara con demandas legales y, en segundo término, era posible que una organización obrera obtuviera el reconocimiento jurídico del Estado. Y esto ocurría en Chile antes de la revolución bolchevique en Rusia. En 1922 la Gran Federación Obrera de Chile pasó a llamarse Federación Obrera de Chile, FOCH.

Aquellas dos primeras décadas del siglo XX fueron una época agitada que combinaban el desgobierno, propiciado por un parlamentarismo estrecho de miras que se había asentado en Chile tras guerra civil de 1891, y los conflictos socio laborales derivados de las condiciones en que vivía la mayoría de los chilenos, cuya máxima expresión eran el analfabetismo y la desnutrición. (50) (51)

IV. PARLAMENTARISMO Y UN
11 DE SEPTIEMBRE DE 1924

En septiembre de 1924 explotó el creciente desencuentro entre el Poder Ejecutivo y el Poder Legislativo, era presidente de la república el liberal Arturo Alessandri Palma. La crisis se llevaría por delante un régimen de inoperante parlamentarismo que se había establecido en Chile en 1891, tras una guerra civil en la que la las fuerzas del Congreso Nacional triunfaron sobre las del presidente José Manuel Balmaceda. Expliquémoslo brevemente.

El Congreso Nacional se levantó contra el Gobierno, no por el estilo de gobierno del presidente, sino por la visión de José Manuel Balmaceda sobre el papel que en Chile debía desempeñar la industria del salitre.

El presidente Balmaceda se ganó la enemistad del empresario británico John North, llamado el Rey del Salitre, quién hizo uso de la red de contactos que tenía entre los políticos chilenos y utilizando su enorme fortuna, ganó aliados dentro del Congreso Nacional, incluso entre personas que en un principio habían sido de confianza del presidente.

Estaba vigente la Constitución de 1833 que otorgaba gran poder al presidente de la República, sin embargo, había dos herramientas concretas con las que contaba el Congreso para obligar a ceder al Ejecutivo: la acusación constitucional a los ministros del Gabinete del Gobierno y la no aprobación del presupuesto de la nación. Estas dos herramientas, útiles para mantener el equilibrio entre ambos poderes. Ambas fueron utilizadas por el Congreso durante el gobierno de José Manuel Balmaceda, de manera que se sucedieron una tras otra las acusaciones constitucionales en contra de los ministros de Estado, y el presidente se vio obligado a reemplazar a sus equipos de confianza ante la recusación de cada uno de sus integrantes. Pero la gota que rebasó el vaso fue que, a fines de 1890, el Congreso se negó a aprobar la ley que definía el tamaño de las fuerzas de tierra y mar y la ley del presupuesto de la nación para el año 1891.

El presidente, para evitar que el Ejecutivo se quedara sin recursos, el 1 de enero de 1891 prorrogó mediante decreto el presupuesto del año 1890 para el año que comenzaba y que era el último del lustro constitucional en que le correspondía a Balmaceda ejercer la Presidencia de la República.

El Congreso por su parte, el 6 de enero de 1891, declaró al presidente fuera de la ley y el vicepresidente del Senado, Waldo Silva, y presidente de la Cámara de Diputados, Ramón Barros Luco, a bordo de la escuadra que mandaba del capitán de navío Jorge Montt Álvarez, emitieron la proclama denominada *Manifiesto de los Representantes del Congreso a bordo de la Escuadra*. Balmaceda respondió con una proclama pública el 7 de enero de 1891 y con la clausura del Congreso Nacional a partir del 11 de febrero del mismo año.

La Armada se alineó mayoritariamente con el Congreso y casi todo el Ejército, por el contrario, se mantuvo subordinado al presidente Balmaceda con sus cuatro divisiones, ubicadas cada una en las provincias de Coquimbo, Valparaíso, Santiago y Concepción. Se habían creado las condiciones para que se desatara una guerra civil, la que terminó con la derrota de los balmacedistas en la batalla de Placilla, en la zona alta de Valparaíso. El presidente rindió su cargo al general Manuel Baquedano y se refugió en la embajada de Argentina en Santiago. Esperó Balmaceda a que terminara su mandato constitucional con fecha 18 de septiembre de 1891 y al día siguiente se quitó la vida con un disparo en la sien.

La Constitución, presidencialista de 1833, se mantuvo una vez terminada la guerra; pero se entendió que aquellas herramientas constitucionales que usó el Congreso para combatir al gobierno de Balmaceda debían ser utilizadas para constituir cada gobierno de turno. Una vez acabado el conflicto, cada presidente, buscando evitar la repetición del enfrentamiento, delegó la formación de su gabinete en las mayorías parlamentarias que cambiaban con las circunstancias de cada momento.

El colectivo político no quiso reconocer que la causa de la guerra civil había sido el complot de John North y acusó de la misma al presidencialismo de la Constitución de 1833. Muerto Balmaceda, Chile podría haber regresado al esquema de Gobierno que había tenido por casi sesenta años, pero por falta de sinceridad política, se le adjudicó la responsabilidad de la guerra al texto constitucional, en lugar de reconocer la mala conducta de los políticos.

De esta manera se pasó del presidencialismo al parlamentarismo, a una situación en la que el presidente de la república prescindía de la atribución que tenía para formar gobierno, se comportaba en la práctica como un jefe de Estado poco menos que ornamental, y la jefatura de Gobierno recaía en el ministro de Interior cuyo nombramiento estaba sujeto a las variables alianzas e intrigas del Congreso Nacional.

Así se llegó a la última administración dentro de esta particular forma de gobernar o de desgobernar Chile, al que fue también el último Gobierno bajo la Constitución de 1833; encabezado por el abogado liberal Arturo Alessandri Palma, el León de Tarapacá, quien había iniciado su mandato en 1920. Durante el periodo de Alessandri el sistema desarrollado por los políticos se encontraba muy desprestigiado; pues mantenía al país en un permanente estado de ingobernabilidad sometido a los caprichos, intrigas y bajezas de senadores y diputados, lo que trajo como consecuencia la existencia de un Estado incapaz de solucionar los apremiantes problemas sociales y económicos que aquejaban al país, problemas que se podían condensar en tres palabras: «la cuestión social».

Arturo Alessandri Palma inició su Gobierno el 23 de diciembre de 1920; mandato que expiraría el 23 de diciembre de 1925. Pero la historia cambió su rumbo el año 1924. Alessandri no pudo completar su mandato. El desorden y la anarquía en el Congreso Nacional alcanzaban máximos históricos. Baste constatar que en cuarenta y cuatro meses de Gobierno, el presidente Alessandri tuvo diecisiete ministros del Interior, es decir, cada uno de estos ministros duró algo más de dos meses y medio como promedio. En el caso del Ministerio de Hacienda, responsable de las políticas públicas y de los recursos financieros, también tuvo diecisiete titulares en los mismos cuarenta y cuatro meses. Es decir, se podría decir que la estabilidad del gabinete ministerial dependía si había amanecido con sol o nublado y si esto era o no del agrado de los políticos en el Congreso. ¿Quién podía gobernar adecuadamente así?

Como la intriga y la irresponsabilidad era una conducta cotidiana de los políticos arrellanados en los cómodos sillones del Congreso, hubo proyectos de ley enviados por el Gobierno de Alessandri que permanecieron meses olvidados por los desvergonzados congresistas, la mayoría de ellos destinados a abordar la llamada «cuestión social». Entre los proyectos olvidados en los cajones de las oficinas de senadores y diputados estaban el que daría vida legal a los sindicatos, el que reglamentaba el contrato colectivo, el que terminaba con el trabajo infantil, el que creaba la jornada laboral de ocho horas, aquel que creaba los tribunales de conciliación y arbitraje laboral, el que abordaba lo concerniente a accidentes en el trabajo y seguro obrero, entre otros. Pero, sus señorías, además de entretenerse con sus intrigas para instalar y derribar ministros de Estado, sí encontraron tiempo para aprobar, en corto plazo, una ley que beneficiaba sus propios bolsillos. Los proyectos de ley que beneficiaban a una gran cantidad de trabajadores chilenos podían esperar, destinar dineros en beneficio propio tenía prioridad.

El 13 de mayo de 1924 la Cámara de Diputados aprobó un proyecto de ley que, a pesar de la gratuidad del cargo de parlamentario, permitiría que los congresistas pudieran percibir gastos de representación o dietas parlamentarias. El 3 de septiembre, el Senado aprobó definitivamente el proyecto y esto hizo estallar el descontento reprimido.

Avivaron la crisis varios factores: la postergación de las leyes que abordaban la llamada «cuestión social», las posibles influencias socialistas en la oficialidad joven del Ejército, las demandas profesionales castrenses que estaban insatisfechas. Lo cierto es que al día siguiente de la sesión en la que el Senado aprobó la dieta parlamentaria, jóvenes oficiales del Ejército corrieron a situarse en las galerías del Senado para golpear contra el piso con la punta de sus envainados sables, como expresión de malestar por la ley de asignación económica aprobada el día anterior en el Congreso, y también como apoyo a la agenda social del Gobierno del presidente Arturo Alessandri. Aquel «ruido de sables», sería el preludio de la instalación castrense en La Moneda. Y era el inicio del fin de la *dolce vita* de los políticos en el Congreso.

El 5 de septiembre de 1924 se constituyó un comité militar que acudió al Palacio de La Moneda a manifestar su descontento al presidente. Alessandri, sin tener las herramientas ni atribuciones para influir en el Poder Legislativo, se comprometió a solucionar los problemas que los militares le plantearon, con la condición de que estos volvieran a sus cuarteles. Estos aparentemente aceptaron, pero ya habían tomado una decisión.

Con la presión ejercida por el comité militar, en la sesión del 8 al 9 de septiembre de 1924, el Congreso aprobó todas las leyes que había tenido dormidas durante años. A pesar de lo cual, el comité militar continuó funcionando y el 9 de septiembre solicitó al presidente Arturo Alessandri que disolviera el Congreso. Alessandri no quiso tomar ese camino y prefirió renunciar. Colocado entre la presión militar y la farsa de democracia republicana, optó por mantener el Congreso que había entorpecido su mandato. La quiebra institucional que se arrastraba desde hacía años desembocaba en aquel comité militar que se arrogaba la atribución de solicitar al presidente la disolución del Congreso y de aceptar o no la renuncia del presidente de la República, pues cuando Alessandri, con fecha 9 de septiembre de 1924 presentó la renuncia, el comité militar no se la aceptó y, en cambio, le otorgó una licencia de seis meses para que se ausentara del país.

Al final no fueron los jóvenes oficiales los que asumieron el Gobierno. El día 11 de septiembre de 1924 se instaló una junta militar en La Moneda, integrada por los altos mandos de las Fuerzas Armadas, que contaron con el apoyo de políticos de la Unión Nacional, coalición opositora a Arturo Alessandri y partidaria de mantener el parlamentarismo. Formaron gobierno el inspector general del Ejército, general de división Luis Altamirano Talavera, el director general de la Armada, vicealmirante Francisco Nef Jara y el general de división Juan Pablo Bennett Argandoña, que fue ministro de Guerra del presidente Arturo Alessandri.

La junta militar emitió un manifiesto el mismo 11 de septiembre de 1924 para todo Chile, y el comité militar una circular interna para las instituciones armadas, donde se llamaba a la disciplina y subordinación al nuevo Gobierno encabezado por el general Altamirano.

La junta militar (los viejos soldados) no se instaló en La Moneda para continuar con los cambios que demandaba el comité militar (los jóvenes soldados), sino para llamar a nuevas elecciones presidenciales, lo que contradecía su propio manifiesto del 11 de septiembre de 1924; pues sostenían que, en primer lugar, debía ser reformada la Constitución y solo posteriormente convocar a elecciones. No cumplir con este itinerario propiciaría la continuación de los vicios que hasta esa fecha habían demostrado los políticos. Nuevamente se buscaba un falso culpable de los problemas de Chile. Estos no terminarían con el cambio de hombre en la Presidencia, la raíz estaba en la conducta irresponsable del Congreso, realidad que se buscaba soslayar con una nueva elección presidencial.

Los oficiales jóvenes del comité militar actuaban de forma independiente y se arrogaban la facultad de evaluar los pasos que daban los generales y el almirante en la Junta de Gobierno, eran un poder paralelo. Este comité militar estaba integrado entre otros por el mayor Carlos Ibáñez del Campo del arma de caballería y el mayor Marmaduke Grove, del arma de artillería, quien estaba destinado como profesor en la escuela militar y a quien se le identificaba como el alma del movimiento revolucionario. Era evidente la divergencia entre oficiales como Ibáñez y Grove con la alta cúpula militar que maniobraba con la Unión Nacional buscando mantener las cosas como estaban desde 1891. A la actitud vigilante del comité militar es necesario sumar las acciones desestabilizadoras que intentó el Partido Comunista, quien, utópicamente, veía en la situación que se vivía como la oportunidad para reproducir en Chile la Revolución bolchevique de Rusia. Estos intentos del comunismo fueron rápida y enérgicamente controlados por el Gobierno. La opinión pública, por su parte, era favorable a tener un Poder Ejecutivo decidido, consciente de su papel y obligaciones, sin los vicios que durante tres décadas habían demostrado los políticos.

En el plan diseñado entre la junta militar y la Unión Nacional, uno de los líderes de esta agrupación partidista, Ladislao Errázuriz Lazcano, organizó una convención antiliberal alessandrista. El objeto de la Convención era proclamar un candidato a la Presidencia de la República.

Todo estaba muy bien calculado, pues el mismo Errázuriz Lazcano resultó elegido candidato a la Presidencia. A pesar de lo declarado por la junta en su *Manifiesto del 11 de septiembre de 1924*; parecía que comenzaba a organizarse todo para que nada cambiara después de la salida de Alessandri. Tras las protestas de los militares en el Senado y en La Moneda, se volvería al estado de ingobernabilidad preexistente, con un presidente decorativo, sujeto a las decisiones antojadizas del Congreso, con el consecuente daño para los chilenos. Pero el comité militar no estaba para aceptar ese tipo de maniobras. Comenzaron aquellos oficiales de Ejército a planificar el final de la Junta de Gobierno. Chile vivía sobrecargado de agitación social, amenazas y huelgas que auguraban una revolución social o un motín militar para impedir que el candidato Errázuriz Lazcano terminara sentado en La Moneda. A nadie sorprendió por lo tanto que el 23 de enero de 1925 estallara en Santiago un motín, cuyos líderes, integrantes del comité militar, se apoderaron de La Moneda y tomaron prisioneros a los miembros de la Junta de Gobierno y sus más cercanos colaboradores. Entre los prisioneros estaban los prestigiosos jefes navales, vicealmirante Francisco Nef Jara y vicealmirante Luis Gómez Carreño. Esta situación derivó en que el consejo naval desconociera la autoridad del comité militar, autodenominado a partir de aquel 23 de enero como Gobierno revolucionario. De nuevo se encendían las alarmas de una guerra civil; volvía a tomar forma y fuerza la postura regeneracionista que movió a los oficiales a hacer sonar sus sables en el Senado y que se expresó en el *Manifiesto del 11 de septiembre de 1924*.

Este golpe llevó a la Marina a un estado de alerta tal, que era posible que en cualquier momento se produjese un enfrentamiento con el Ejército, y nuevamente llevase a Chile al conflicto interno. El legendario acorazado Almirante Latorre fondeó en la bahía de Valparaíso para bombardear la vía férrea Valparaíso-Santiago.

Además de la respuesta del por qué los militares hubieran apresado a dos altos jefes navales, la Armada también defendía el legado de la revolución que lideró en 1891: el parlamentarismo. Y la candidatura de Ladislao Errázuriz aseguraba la continuidad del sistema.

Esta situación de guerra inminente fue superada gracias a la labor mediadora del político, diplomático y empresario Agustín Edwards

Mac-Clure, quien logró poner de acuerdo al comité militar y al consejo naval, para hacer regresar de Roma al presidente Alessandri y que este encabezara la redacción, aprobación y promulgación de una nueva Constitución. Con este paso se cumplía la promesa de la Junta de Gobierno en el manifiesto del 11 de septiembre de 1924: terminar con la Constitución de 1833 y la anarquía parlamentaria, por lo menos aquella que nació tras la guerra civil de 1891.

Arturo Alessandri Palma volvió a la presidencia el 12 de marzo de 1925. Para evitar que la revolución se volviera a desvirtuar, el ahora teniente coronel Carlos Ibáñez del Campo fue ministro de Guerra. Alessandri, que antes gobernó bajo la tutela y control de los irresponsables congresistas, ahora ejercía la Presidencia de la República bajo el control de los militares revolucionarios, que en la práctica, también habían trastornado las jerarquías del Ejército, pues en esos momentos, un teniente coronel tenía más autoridad que un general.

Alessandri trabajó en la promulgación de una nueva Constitución por medio de una comisión consultiva integrada por ciento veintidós personas convocadas por el presidente de la República. Fue aprobado el texto constitucional final en el mes de Julio de 1925; documento que consagraba a Chile como un Estado unitario, cuyo Gobierno era republicano y democrático representativo. Se fortaleció el presidencialismo por medio de entregar al presidente de la República la exclusividad en lo que se refiere a iniciativa legislativa para impulsar los proyectos de ley y también al reglamentar la tramitación de la ley de presupuesto, en el que se daba al Congreso un plazo fijo para su aprobación, después del cual, de no haber pronunciamiento por parte del Poder Legislativo, sería considerado como presupuesto anual el diseñado y enviado al Congreso por parte del Poder Ejecutivo.

Se convocó a plebiscito para el 30 de agosto de 1925. La nueva Constitución tuvo la férrea oposición de los comunistas, quienes soñaban con realizar en Chile una revolución similar a la de Rusia. También se opusieron a la nueva carta fundamental conservadores y algunos liberales, nostálgicos del régimen parlamentario que terminaba.

El día de la votación se entregó a cada elector tres papeletas, una de color rojo, otra de color azul y una tercera de color blanco. En la papeleta de color rojo se podía leer: «acepto el proyecto de Constitución presentado por el presidente de la República sin modificación». En la papeleta de color azul el texto era: «acepto el proyecto de Constitución, pero con régimen parlamentario y la consiguiente facultad de censurar ministerios y postergar la discusión y despacho de la ley de presupuesto y recurso del Estado». Por último, en la de color blanco, el texto era «rechazo todo proyecto».

La cédula roja obtuvo 127.483 votos equivalente al 94,84 % de los votos emitidos, votos alessandristas e ibañistas. La cédula azul obtuvo 5448 votos, equivalentes al 4,05 % de los votos emitidos, votos conservadores y liberales descolgados del alessandrismo y la cédula blanca obtuvo 1490 votos, equivalente al 1,11 % de los votos emitidos, los que eran votos comunistas.

Quedó aprobada la nueva Constitución Política de la República de Chile, que fue promulgada el 18 de septiembre de 1925 y entró en vigor un mes después, el 18 de octubre. Con la promulgación de la Constitución de 1925 quedó establecido el marco institucional dentro del cual se desenvolvería Chile por el siguiente medio siglo, incluyendo por cierto el periodo de la gran crisis de la década de 1970 (1) (5) (6) (8).

V. DESDE ALESSANDRI 1925
A ALESSANDRI 1932

Carlos Ibáñez, que había ascendido dos grados militares entre 1924 y marzo de 1925 y ya estaba convertido en coronel, quiso presentar su candidatura presidencial para suceder a Alessandri, pero se encontró con una decidida oposición de la Armada. Emiliano Figueroa fue finalmente un candidato de consenso. El coronel Ibáñez debería esperar otro momento para ganar las elecciones.

A pesar de la nueva Constitución, la inestabilidad política se mantenía en Chile y la influencia del coronel Ibáñez fue en aumento: ocupó cargos claramente civiles como el de ministro del Interior en el Gobierno de Emiliano Figueroa Larraín, situación que vino a recordar la época del parlamentarismo pues el ministro del Interior Ibáñez era el poder en la sombra, y llegó, incluso, a mandar al exilio al hermano del presidente, Javier Ángel Figueroa. Esta decisión de Ibáñez hizo caer el Gobierno, pues el presidente renunció a su cargo. Era el escenario perfecto para que Ibáñez volviera a aspirar al sillón presidencial. Esta vez la Marina no se opuso y, finalmente, Carlos Ibáñez ganó la elección presidencial del 22 de mayo de 1927. Cuando era, al mismo tiempo, jefe del Poder Ejecutivo, con el cargo de vicepresidente que había asumido el 7 de abril del mismo año.

Carlos Ibáñez gobernó con un estilo autoritario, que bordeaba con la dictadura desde el 21 de julio de 1927 hasta el 26 de julio de 1931;

fecha en que fue abandonado por sus ministros. Tuvo que entregar el Gobierno, saliendo de Chile para retornar seis años después.

Después de la caída de Ibáñez, en medio de una de las mayores crisis económicas chilenas y mundiales, vino un periodo de bancarrota y anarquía en la República. Uno de los hitos de este periodo de inestabilidad económica, política y social fue el amotinamiento de la marinería de la escuadra fondeada en el puerto de Coquimbo. El alzamiento en un principio tuvo un perfil gremial ocasionado por la ostensible reducción de sueldos del sector público, donde están incluidos los uniformados; pero después fue tomando ribetes que indujeron a pensar que se habían infiltrado grupos anarquistas y comunistas. Este episodio se cerró con una escaramuza aeronaval en la bahía de Coquimbo y un rudo enfrentamiento entre tropas del Regimiento Chacabuco de Concepción y los marinos de Talcahuano, que se habían sumado al levantamiento de la marinería de la Escuadra en el norte.

Este periodo post Arturo Alessandri 1925 y pre Arturo Alessandri 1932 estuvo marcado por la crisis política: diecisiete presidentes, caudillos, golpes de Estado, dos cierres del Congreso Nacional y tal cantidad de ministros que podrían ponerse en fila desde Arica a Punta Arenas. Se tuvo en Chile una República Socialista, auténtica caricatura de revolución, que llegó a La Moneda el 4 de junio de 1932 después de derrocar por un golpe cívico militar a Juan Esteban Montero, el primer presidente que tuvo el Partido Radical. Volvieron a aparecer juntos en un movimiento político militar los caudillos Marmaduke Grove y Carlos Ibáñez, este último en el exilio, pero representado por Carlos Dávila; con ellos formaba triunvirato el abogado masón Eugenio Matte Hurtado, que lideraba a distintas corrientes de jóvenes socialistas. Entre los tres pensaban impulsar este novedoso experimento: el caudillismo militar de Grove, el izquierdismo socialista de Matte y el populismo izquierdista de Ibáñez, tal vez con influencias del fascismo italiano.

Se trató de una alianza que no podía durar mucho tiempo. Se constituyó una Junta de Gobierno integrada por el general Álvaro Puga, Eugenio Matte y Carlos Dávila. Para Grove quedó reservado el cargo de ministro de Defensa. Pero no pocas veces las ambiciones provocan rupturas en todo orden de cosas y las alianzas entre primos hermanos no escapan a esto. El 16 de junio de 1932 los sectores ibañistas expulsaron del Gobierno a Grove y Matte, los apresaron y los embarcaron hacia la Isla de Pascua. Carlos Dávila apoyado por el Ejército se quedó solo con el trofeo, e instaló un embrión de dictadura. Decretó el estado de sitio, censuró la prensa y desarrolló políticas económicas estatistas para combatir la gran crisis económica y social. Pero este experimento tampoco podía durar mucho. Al final, Dávila se quedó sin apoyo en el mundo castrense y en la sociedad civil. Los comunistas y federaciones obreras nunca apoyaron la llamada República Socialista de Chile por considerarla militarista; los socialistas y gran parte del mundo militar fueron alejados con el destierro de Matte y Grove, y ni los sectores conservadores y liberales, ni los empresarios iban a prestar su apoyo a esta quijotada. Carlos Dávila abandonó La Moneda el 13 de septiembre de 1932. Faltaban aún dos décadas para que el ibañismo fuera una verdadera alternativa de gobierno en la vida política chilena.

Asumió el Poder Ejecutivo el general Bartolomé Blanche, quien al poco tiempo debió dimitir por un alzamiento social que pedía un Gobierno civil. Ante la renuncia de Blanche ocupó la Presidencia el civil Abraham Oyanedel quien convocó a elecciones presidenciales y parlamentarias. Y así, el 24 de diciembre de 1932, Chile inauguró el primer sexenio de aquella democracia que duraría cuatro décadas. Por una simetría de la historia, ocupaba nuevamente el Palacio de La Moneda el liberal Arturo Alessandri Palma. (4) (26) (52)

VI. FRENTE POPULAR
Y POST GUERRA

Recién iniciada esta etapa, el 19 de abril de 1933; convergieron distintas corrientes socialistas que existían hasta la fecha y fundaron el Partido Socialista de Chile, partido que lideraría y sería eje gravitacional de la coalición política que llevó a La Moneda al último presidente de este periodo de cuarenta años, Salvador Allende Gossens. Al mismo tiempo, el 1 de marzo de ese mismo 1933; ingresó como cadete a la escuela militar, con diecisiete años, Augusto Pinochet Ugarte, quien después de cuatro décadas de trayectoria militar regular y siendo comandante en jefe del Ejército, lideró el alzamiento que puso fin a una dramática agonía democrática el 11 de septiembre de 1973. Se iniciaba un transcurrir paralelo entre la vida pública de un político y la vida anónima de un militar. Comparado con la década precedente, el segundo Gobierno de Arturo Alessandri Palma transcurrió sin problemas que pusieran en riesgo su estabilidad, excepto al final del periodo, según se detalla en las líneas posteriores. Pero antes es necesario referirse a la fundación de una alianza política de centro izquierda denominada Frente Popular.

El Frente Popular en Chile fue una coalición política que emuló aquellos de igual nombre formados en España y Francia en 1935. En estos países nacieron propiciados por el Partido Comunista, con el aval de la VII Internacional, celebrada en Moscú entre el 25 de julio y el 20 de agosto de 1935. A partir de ese momento se aparcaba la aversión que los comunistas tenían en contra de los llamados partidos socialdemócratas o burgueses democráticos, a quienes en algún momento consideraron tan enemigos como al fascismo italiano y al nazismo alemán. Este cambio de posición se debió fundamentalmente al inicio del rearme de una Alemania bajo el control de los nazis. Stalin veía en el canciller Adolfo Hitler una grave amenaza para la Unión Soviética. El planteamiento de fondo ahora era que, ante el avance del totalitarismo fascista, el totalitarismo comunista necesitaba aliados dentro de la denostada «democracia burguesa», en aquellos países donde esta existía y donde el Partido Comunista aspiraba llegar al poder. Se pudo ver entonces a los partidos «burgueses», que protegían las democracias, actuando junto a partidos comunistas que también participaban en la defensa de las libertades democráticas y de los derechos del hombre. Resulta paradójico que, cuando los comunistas de Francia y de España defendían las libertades democráticas, lo hicieran obedeciendo las órdenes del dictador Joseph Stalin.

En Chile también se estructuró una alianza de centro izquierda llamada Frente Popular, formado en 1937 por el Partido Radical, Partido Socialista, Partido Radical Socialista, Partido Democrático y Partido Comunista. Esta coalición tenía como objetivo ganar la elección presidencial de 1938; estaban convencidos de que sus propuestas sacarían a Chile del estado de postración en que se encontraba desde hacía décadas.

Así se presentó en 1938 un cuadro político formado por tres candidatos, el radical Pedro Aguirre Cerda como abanderado del Frente Popular, el liberal Gustavo Ross Santa María, apoyado por los tradicionales partidos Liberal y Conservador y Carlos Ibáñez del Campo, que había regresado del exilio y era apoyado por la Alianza Popular Libertadora, coalición integrada por el Movimiento Nacional Socialista de Chile y la Unión Socialista.

Un mes y medio antes de la elección, que se fijó para 25 de octubre de 1938; ocurrió un sangriento suceso. Jóvenes nazis chilenos, los mismos que dentro de la Alianza Popular Libertadora apoyaban a Carlos Ibáñez, pagaron con su vida un intento de golpe de Estado. Todo ocurrió en Santiago.

El 5 de septiembre, los golpistas tomaron la Casa Central de la Universidad de Chile, ubicada en la Alameda Bernardo O'Higgins y el edificio donde funcionaba la Caja de Seguro Obrero, inmueble ubicado en la esquina de calle Moneda con calle Morandé, frente al Palacio de

La Moneda. En la universidad intercambiaron disparos con las fuerzas de carabineros. El Gobierno de Alessandri dio la orden para que soldados del Regimiento de Artillería Tacna cercaran las aulas universitarias y los artilleros cañonearon el edificio con un par de piezas, con lo que consiguieron una rápida rendición de los golpistas que fueron apresados por soldados y carabineros para, después, ser conducidos con las manos en alto, o detrás de la cabeza, por la Alameda Bernardo O'Higgins hasta el edificio del Seguro Obrero, en el que ya estaba cautivo el otro grupo de amotinados, a los que habían reducido los carabineros y los soldados del Regimiento Buin. Con los nazis desarmados, llegó la implacable orden del presidente de la República Arturo Alessandri Palma: que se ajusticiara a todos.

Fueron sesenta y tres nazis los que participaron en este golpe de Estado y sólo cuatro los que sobrevivieron a la masacre. Era inaceptable que un partido político participase de la democracia chilena y al mismo tiempo buscara llegar violentamente al poder.

Este episodio debilitó la candidatura de Carlos Ibáñez, de quien se rumoreó que había sido organizador en la sombra de la asonada de los nacionalsocialistas, y el 25 de octubre de 1938 ganó por mayoría absoluta el candidato del Frente Popular, Pedro Aguirre Cerda. Se iniciaba así una década y media de Gobiernos cuyo eje sería el Partido Radical. El primer gabinete ministerial del nuevo Gobierno lo integraron siete radicales, tres socialistas y dos democráticos. No hubo comunistas incorporados. Estos, mirando y siguiendo en forma permanente las acciones y directrices de Moscú, a diez meses del triunfo del Frente Popular en Chile iniciaron un noviazgo con los nazis. En Chile ya no recordaban los comunistas que el Frente Popular se había organizado para defender a la democracia del fascismo.

El Frente Popular dejó de existir en 1941 casi a la par que la muerte natural del presidente Aguirre. Tras este ganó la elección el abogado Juan Antonio Ríos, quien, al igual que su antecesor, tampoco terminó su mandato pues lo sorprendió la muerte en la Presidencia.

Terminó la Segunda Guerra Mundial y desaparecieron el nazismo en Alemania y el fascismo en Italia. Francia, Inglaterra y el resto de Europa Occidental quedó bajo influencia de los Estados Unidos de América. Todos los territorios europeos por donde avanzó el Ejército

Rojo quedaron bajo dominio de la Unión de Repúblicas Socialistas Soviéticas. El mundo quedaba dividido entre comunismo y capitalismo: comenzaba la Guerra Fría, que tuvo diversas formas de expresión en todos los continentes. Una de estas fue el fin del colonialismo en el mundo, promovido por el presidente de los Estados Unidos Franklin D. Roosevelt, con el objetivo de dar libertad de comercio a distintos territorios del planeta. Se trataba de un cambio que, por supuesto, beneficiaba la expansión comercial y militar de los Estados Unidos.

La visión estadounidense, obviamente, no la compartía Moscú y para los soviéticos la opción de libre mercado capitalista no servía para reemplazar el colonialismo; lo correcto para ellos era aplicar en estos países la economía central planificada que proponían los comunistas.

En América Latina, y en Chile en particular, la influencia europea fue reemplazada por la norteamericana; situación que los gobiernos de los EE. UU. procuraron mantener en las siguientes décadas.

El primer Gobierno en Chile después de Segunda Guerra Mundial estuvo encabezado por el radical Gabriel González Videla que llegó a La Moneda el 3 de noviembre de 1946 con el apoyo de los comunistas; en una alianza política que era resabio del Frente Popular de 1938. La alianza de González con el PC de Chile duró poco, pues, por una parte, Chile pertenecía al bloque occidental, lo que no era compatible con que un partido que actuaba bajo la influencia de Moscú estuviera en el Ejecutivo. Por otra, la conducta comunista demostraba la vocación de este partido por utilizar la democracia en la que gobernaba para socavarla.

Frente a estas dos realidades, el presidente Gabriel González rompió la alianza y el 19 de abril de 1948 envió un proyecto de ley al Congreso, que tenía como objetivo «una defensa permanente del sistema democrático». A través de este proyecto de ley, Gabriel González solicitó poderes especiales para controlar la agitación comunista que en opinión del Gobierno erosionaba el régimen democrático. Esta ley fue aprobada por el Congreso Nacional el 3 de septiembre de 1948 y entró en vigor el 18 de octubre de ese mismo año. El Partido Comunista quedó fuera de la ley. Posteriormente, en el Gobierno de Carlos Ibáñez del Campo, sucesor inmediato de Gabriel González, los comunistas recuperaron su legalidad y participaron en la contienda presidencial de 1952 apoyando la primera candidatura de Salvador Allende Gossens (16) (34) (53)

VII. FRENTE REVOLUCIONARIO DE ACCIÓN POPULAR, FRAP

En 1952 se celebraron elecciones presidenciales. Fue la primera vez que el socialista Salvador Allende Gossens se presentó como candidato, en medio de la división de su partido, de manera que un gran número de socialistas apoyó la candidatura de Carlos Ibáñez, quien fue elegido presidente con un 46,79 % de los votos, lo que obligó a que Ibáñez fuera elegido como primera mayoría relativa por el Congreso, de acuerdo con lo que estipulaba lo Constitución de 1925.

En esta elección Salvador Allende contó con el apoyo del Partido Comunista que había adoptado la línea táctica denominada Frente de Liberación Nacional, donde se levantaba la tesis de llegar al Gobierno por medio de una coalición amplia, la que llevaría a cabo una revolución llamada «democrático-burguesa». Esto era similar al diseño del Frente Popular, pero a diferencia de este, tenía como objetivo la hegemonía de los partidos marxistas, como hizo dos décadas más tarde la Unidad Popular.

Con esta táctica, los comunistas tomaban una vía pacífica para llegar al Gobierno. Para tranquilidad de los comunistas chilenos, esta línea de acción contó con la bendición de Moscú, pues el XX Congreso del Partido Comunista de la Unión Soviética aprobó como política global, fuera de la URSS, la que estaban desarrollando los comunistas chilenos.

La presencia de socialistas en el Gobierno de Ibáñez no duró un año. El mundo socialista se replanteaba sus actuaciones políticas y sus alianzas. Se unificaron en 1957 y tomaron una línea de acción llamada de Frente de Trabajadores; lo que, en opinión de los socialistas de la época, significaba que, después de veinte años de alianzas con partidos de centro, el Partido Socialista regresaba a la teoría y práctica de la lucha de clases, situándose en una perspectiva revolucionaria, en la lucha por la eliminar la burguesía y la clase media y, en consecuencia, por el triunfo de la clase obrera y la implantación del socialismo. Para los socialistas ya no había alianzas posibles como aquella que llevó a Pedro Aguirre Cerda a la Presidencia de la República en 1938. Entendía que para ellos había significado posponer sus objetivos y entregar el liderazgo a burgueses progresistas o reformistas, como denominaban al Partido Radical u otros.

Los socialistas ya no estaban para reformas, sencillamente querían hacer triunfar la revolución socialista en un país que, dentro del ajedrez mundial post Segunda Guerra Mundial, había quedado en el área de influencia de Estados Unidos. Aunque la propuesta de eliminar todas las clases sociales, con el triunfo de la clase obrera, llevaba a intuir un futuro violento, en 1957 aún no había, por parte de los socialistas, una mención explícita a la violencia como forma válida de obtención del poder. Lo que sí quedaba claro era que el partido de Salvador Allende con su política de Frente de Trabajadores estaba en contradicción con el Partido Comunista que prefería desarrollar alianzas con partidos de centro, a través del Frente de Liberación Nacional. Salvador Allende buscaría ser apoyado por ambos partidos de la izquierda chilena, no obstante propugnar estos tácticas políticas tan opuestas.

En estas circunstancias nació en 1957 el Frente de Acción Popular, FRAP, coalición de izquierda que propuso en 1958 la segunda candidatura presidencial del médico y senador Salvador Allende Gossens. Significó el retorno de la derecha a La Moneda. Se presentaron cinco candidatos, Jorge Alessandri Rodríguez, independiente apoyado por la derecha, Salvador Allende Gossens, socialista de la coalición de izquierda FRAP, Eduardo Frei Montalva, demócrata cristiano, Luís Bossay Leiva, radical y Antonio Zamorano Herrera, un desconocido e inesperado candidato, sacerdote católico que ejercía su ministerio en un pequeño pueblo de la región de Valparaíso, Catapilco, razón por la cual fue apodado e inmortalizado en la historia como el Cura de Catapilco.

Obtuvo la primera mayoría relativa el ingeniero Jorge Alessandri con un 31,2 % de los votos, seguido por Salvador Allende con un 28,5% de los sufragios. El resto de los candidatos terminó de la siguiente forma: Eduardo Frei con un 20,5 %; Luís Bossay con un 15,4 % y Antonio Zamorano con un 3,3 %. Como estaba establecido por la Constitución, el Congreso debía definir al nuevo presidente para el sexenio 1958-1964 entre las dos primeras mayorías relativas. Eligió a quien había obtenido la primera mayoría: el independiente de derecha Jorge Alessandri Rodríguez.

En los comentarios postelectorales, la izquierda alegó que la candidatura del Cura de Catapilco había sido organizada por la derecha para restar votos en el mundo popular al candidato Salvador Allende, frustrando su segundo intento por ser presidente de Chile. La tesis es bastante ingenua, porque es fácil suponer que dentro de ese pequeño grupo de católicos que apoyó a Antonio Zamorano, por lo menos la mitad no hubiera votado por Salvador Allende, sino por Jorge Alessandri o Eduardo Frei (7).

VIII. LA VÍA INSURRECCIONAL DEL SOCIALISMO CHILENO

En 1959; recién iniciado el Gobierno de Alessandri, era posible verificar que se acrecentaba la convicción de los socialistas de que la política de alianzas con los partidos de centro sólo había desdibujado la revolución, pues, para ellos, el fin último era esta, lo que excluía cualquier otro camino que mejorara las condiciones de vida de los chilenos. Los socialistas hicieron también explícito el concepto de «enemigo interno», identificando como tal a la burguesía, que «no debería estar durmiendo tranquila consciente de la cercanía de su final». Manifestaban la intuición de que aquella clase social enemiga debería estar «agrupando fuerzas y atrincherándose» para el momento del Armagedón. Con palabras como «agrupamiento de fuerzas» o «atrincheramiento» comenzaba el uso del lenguaje bélico que calentaba poco a poco el ambiente de guerra dentro de Chile.

En 1961; a mitad de camino en lo que sería la tercera candidatura presidencial de Salvador Allende, su partido comenzaba a expresar en forma velada desconfianza hacia el sistema democrático. Allende intentaría ser nuevamente presidente y con ello empezaba una compleja contradicción que Salvador Allende tuvo que afrontar como candidato y como presidente. En su esquema marxista, los socialistas sostenían que la burguesía, al ser consciente de que se acercaba su desaparición definitiva, por instinto de supervivencia se defendería recurriendo incluso a una dictadura. Esta tesis socialista implicaba que ellos mismos tenían que estar preparados porque el cambio revolucionario no sería pacífico. Cabe preguntarse, ¿Qué sentido tendría entonces presentar la candidatura de Salvador Allende? A dos años del triunfo de la revolución en Cuba, una parte de los socialistas chilenos mostraba una total convicción y voluntad de terminar con la democracia chilena, porque la eliminación de las «clases sociales antagónicas» que ellos proponían, significaba, en definitiva, que tenían que hacer uso de la violencia para de derrotar al enemigo interno. El principio de acción y reacción de la física de Newton también se aplicaría a la política chilena, y podía provocar una cadena de reacciones.

Llegamos al momento de la tercer derrota de Salvador Allende en la elección presidencial de 1964. Duro golpe para la izquierda y en particular para el Partido Socialista. Se pidieron responsabilidades políticas y el propio Salvador Allende fue blanco de esta purga discursiva.

La derrota no se atribuía únicamente al «naranjazo», ya relatado. La política de Frente de Trabajadores había generado una soterrada división interna en el unificado Partido Socialista. Por una parte, aquellos que, después de la elección presidencial de 1958 mantenían la postura de alianzas más allá de los partidos de izquierda y se sentían cómodos en el marco democrático chileno y los que rechazaban esta opción, pues pretendían generar el enfrentamiento interno para implantar, en caso de salir victoriosos, la dictadura del proletariado.

En el primer grupo se encontraba Salvador Allende, quien con dificultad lograba mantener su liderazgo frente a los que mantenían la visión del Frente de Trabajadores. Estos últimos, siendo muy críticos de la forma en cómo se desenvolvía el allendismo, apoyaron sin embargo la candidatura de Salvador Allende en 1964; pero tomaron nota de cada situación que les parecía impropia de la senda revolucionaria que el Partido Socialista debía recorrer. Esta senda pasaba por no buscar alianzas fuera de los partidos marxistas, verdaderos representantes de la clase obrera.

La ofensiva del sector favorable a la vía insurreccional se dio en el XXI Congreso general del Partido Socialista celebrado en Linares en junio de 1965, nueve meses después de la elección presidencial.

En este Congreso se aprobó la tesis presentada por Adonis Sepúlveda. En su intervención Sepúlveda analizó la vida del partido

desde la mitad de la década del 1950 hasta ese momento; criticó duramente la política de alianzas, la actuación de Allende en la campaña
de 1964, y concluyó con que no concordaba con la forma en que debía
actuar un revolucionario.

Vale la pena detenernos en dicha tesis, pues es el inicio de la deriva
que posteriormente tomó el partido socialista en el Congreso de
Chillán de 1967 y que terminaría siendo el escenario interno al que
se enfrentó Salvador Allende antes de ser nominado candidato por
cuarta vez, y también durante su Gobierno. Se trata de un escenario
que no es ajeno al desenlace de 1973 .(10)

IX. CONGRESO DE LINARES 1965

Adonis Sepúlveda propuso en el Congreso de Linares, en junio de 1965, que el Partido Socialista debía abandonar la política de alianzas y el reformismo en el que se había movido durante más de dos décadas y que la línea del Frente de Trabajadores, tomada en 1957, había permitido al Partido Socialista entrar en una curva ascendente de apoyo en el mundo popular.

Continuando con lo que había planteado en 1961; el Partido Socialista se habría visto obligado a hacer concesiones en la estrategia para llegar al poder. Dichas concesiones frente al Partido Comunista y al PADENA, en lugar de facilitar la posibilidad de triunfo en la tercera candidatura de Salvador Allende, habrían sido la causa de la disminución de apoyo por parte del electorado y como consecuencia la derrota en septiembre de 1964, que Sepúlveda calificaba de «aplastante».

No se sentía cómodo el autor de estas tesis dentro de la democracia chilena, pues pensaba que alejaba al Partido Socialista de la lucha verdaderamente revolucionaria, y lo arrastraba a lo que denominaba el «marco de la burguesía». Criticaba también que desde una «vía correcta», calificando como tal la «acción revolucionaria insurreccional»; el Partido Socialista hubiera sido conducido al «democratismo burgués» por un cúmulo de errores y debilidades, entrando en la «puerta falsa del respeto de la institucionalidad burguesa» y la «vía pacífica».

Con estos planteamientos, criticaba también a sus socios comunistas que por aquellos años estaban convencidos de llegar al Gobierno por la vía electoral. Sepúlveda planteaba sin tapujos la destrucción de la democracia republicana para así tomar el poder, sin la existencia de otras clases y por lo tanto sin la existencia de otros partidos; pues según la teoría marxistas, cada partido político representa a una clase social. Sin más clases sociales que la llamada clase obrera, no habría diversidad de partidos y por lo tanto se tendría un gobierno y un país con partido único, sin oposición.

Era una gran contradicción en un partido que tenía senadores, diputados, alcaldes y regidores dentro de lo que Sepúlveda llamaba «democratismo burgués»; un partido en el cual existía un senador que ya había sido tres veces candidato presidencial e iría por una cuarta oportunidad. Tan compleja era la situación que en 1970 a Salvador Allende se le solicitó que firmara un Estatuto de Garantías Democráticas, antes de recibir el voto de otra formación política.

Adonis Sepúlveda descalificó la alianza electoralista con el Partido Democrático Nacional, PADENA, «pequeños burgueses supuestamente allendistas», según el escrito de Sepúlveda, que quitaban el carácter revolucionario que debía tener la candidatura de Salvador Allende. En su concepción totalitaria, Sepúlveda no entendía que las elecciones se ganan con alianzas para sumar más votos.

Menos de un año después de la elección de 1964 el partido del candidato de la izquierda mostraba señales de división interna y afloraba un ácido debate en el cual se emitían fuertes calificativos de una facción hacia otra.

Adonis Sepúlveda criticó también a Salvador Allende por buscar, durante la campaña presidencial de 1964; un acercamiento con el Partido Radical, reuniéndose con Julio Durán Neumann y a terminar la campaña buscando votos entre la mayoría católica chilena al reunirse con el cardenal de la Iglesia Raúl Silva Henríquez. Para Sepúlveda aquello había sido una demostración del perfil reformista que se había dado a la campaña y era impropio de un revolucionario que estaba próximo a tomar un fusil.

Esto significaba que la campaña no solo era cuestión de votos, sino de correlación de fuerzas y enfrentamiento de clases. Sin embargo, se le dio un carácter exclusivamente electoral: cazar votos. Esto implicaba conquistarlos donde estuviesen. Para conseguirlos, descendíamos nosotros al nivel político de los futuros adherentes, especialmente tratándose de sectores medios o de la burguesía. Para que no se nos fuesen algunos politicastros del PADENA, se hacían concesiones con el programa; se inventó un pintoresco movimiento católico allendista; se aplacó la crítica a la intervención política de la Iglesia; se suprimieron las alusiones a la Revolución cubana para no asustar a algunos burgueses «allendistas», etc. «Las elecciones se ganan con votos» era la divisa y los buscábamos en los despojos de la burguesía.

¿Cómo se ganaba la elección presidencial? Era la pregunta que cabía hacerle al autor de este análisis. En resumen:

A la hora de las decisiones, la dirección convenció a la mayoría del partido de la necesidad de conducir al pueblo a la victoria mediante el veredicto democrático de las urnas. Ella asumió dura y tercamente la responsabilidad de esta salida de la revolución chilena. Debe asumir también, ahora, la cuota de responsabilidad que le corresponde en la derrota.

Esta actitud irresponsable sería una constante en muchos dirigentes del Partido Socialista, en especial Carlos Altamirano, desde ese congreso hasta el 11 de septiembre de 1973.

Tras estas palabras se logra comprende por qué, en los momentos más críticos para Salvador Allende como presidente de la República, el Partido Socialista que dirigía Carlos Altamirano le negó toda posibilidad de entendimiento con los demócratas cristianos. Para Altamirano el Partido Demócrata Cristiano era una colectividad representante de la burguesía, pero que era más peligroso para los trabajadores que los tradicionales partidos burgueses, pues era un instrumento de la Iglesia católica para desdibujar la necesidad de revolución marxista.

Adonis Sepúlveda rechazaba la doctrina social de la Iglesia católica, pues esta que «tenía y tiene por objetivo apartar a los trabajadores del camino revolucionario para orientarlos hacia la convivencia y al entendimiento entre el capital y el trabajo, de manera que permita la existencia de la explotación capitalista bajo formas «más humanas». Su llamada fue la base de la creación de los movimientos socialcristianos o demócrata cristianos».

Sepúlveda tenía una auténtica fijación con obstaculizar un entendimiento entre el capital y el trabajo, es decir, entre el burgués y el trabajador. Aquello alejaría a los asalariados de la revolución socialista, quedaba de manifiesto que su objetivo era la revolución y no el mejoramiento de la calidad vida de los trabajadores. Por eso alertaba de que una de las amenazas del gobierno democristiano de Eduardo Frei era que si mejoraba la calidad de vida de los trabajadores, los alejaría de su vocación revolucionaria. Por simple asociación de ideas se concluye que para Sepúlveda lo positivo era que los trabajadores se mantuvieran en condiciones precarias y así abrazarían el dogma en el que él creía. Estaba convencido Sepúlveda de que los trabajadores deseaban ser protagonistas de la revolución socialista, cuando en realidad el objetivo concreto de cada trabajador era y es mejorar sus ingresos y mejorar el nivel de vida propio y el de su familia.

Si el Gobierno demócrata cristiano de Frei podía llevarlos a ese objetivo, sería bienvenido para el trabajador chileno, que accedería a bienes y servicios a los que hasta la fecha no había tenido acceso, y eso pasaba por mejorar las condiciones micro y macro económicas del país. Mayores ingresos sustentados por el aumento de la producción.

En consecuencia, la tesis presentada por Adonis Sepúlveda Acuña en el Congreso de Linares de junio de 1965 planteaba la vía insurreccional para la toma del poder derrotando en forma definitiva al enemigo interno, sin descartar la utilización de herramientas electorales, pero como un medio para la toma total del poder.

No veía Sepúlveda a un presidente socialista entregando la banda presidencial a un político de otro partido después de un sexenio de gobierno, la toma del poder tenía que ser definitiva.

El Congreso de Linares aprobó esta visión, insurreccional y revolucionaria, que hacía incluso referencia a la combinación del método electoral y armado utilizado por los bolcheviques en Rusia. De este planteamiento a defender abiertamente la lucha armada, había solo un paso y ese paso se dio dos años más tarde, en el Congreso de Chillán celebrado en octubre de 1967. (10)

X. CONGRESO DE CHILLÁN 1967. VÍA ARMADA SOCIALISTA

En el Congreso de Chillán de octubre de 1967 sonó un toque de clarín para los socialistas. Se impuso la tesis insurreccional y se calificó de legítima la violencia revolucionaria de un partido que se definía como marxista leninista, que quería establecer la dictadura del proletariado en la que solo existiría un único partido. Llegaría después de haber hecho desaparecer a la burguesía y a cualquier oposición. El Estado tendría el total control de la economía y los medios de producción.

El Partido Socialista resolvió también que las formas pacíficas y legales de lucha no conducían al poder, entendiéndose por esto un gobierno definitivo y sin alternancia. El Partido Socialista consideraba a aquellas formas pacíficas y legales de lucha como limitados instrumentos de acción, incorporados a los procesos políticos que los llevarían en definitiva a la lucha armada.

Como consecuencia de todo esto, las resoluciones de los socialistas en 1967 señalaban que las alianzas que pudieran establecer solo se justificarían si contribuían a los objetivos estratégicos que ya se han señalado, dentro de los cuales estaba llegar al poder por la lucha armada.

Es relevante analizar los efectos que tendría esta resolución socialista en el resto de la política chilena, en los partidos que no eran partidarios del marxismo. También lo es considerar que, en la división mundial bipolar que se vivía, Chile estaba en el bloque de los Estados Unidos, que no sería indiferente a que un partido político chileno que tenía pretensiones y opciones de gobernar, podía romper los equilibrios geopolíticos, al mudarse un país latinoamericano desde el bloque occidental al oriental marxista-leninista. Era fácil suponer que los EE. UU. no se quedarían de brazos cruzados.

Sostener que «mi violencia es legítima, la del resto no» cabe solo en la mente de quienes están cegados por un dogma que no solo los hace creer que poseen la verdad final de la historia de la humanidad. Pero la realidad sería otra, ante la violencia revolucionaria calificada por los socialistas como legítima, vendría la respuesta, una violencia antirevolucionaria que comenzaría a ejercer el enemigo interno de los socialistas, al que expresaron públicamente que querían eliminar. El instinto de supervivencia haría emerger en la política chilena el principio físico de acción y reacción. A la acción violenta revolucionaria anunciada por el socialismo chileno en octubre de 1967 habría reacción antirevolucionaria, que para los que la comenzarían a aplicar también sería legítima. Quejarse después por la violencia antirevolucionaria sería simple hipocresía. De esta forma se puso en marcha la destrucción de la democracia chilena.

En la declaración de guerra de los socialistas a la democracia chilena, quedo establecido que uno de los objetivos que tenían era eliminar a las Fuerzas Armadas, por considerarlas el aparato militar del llamado «Estado burgués». Lo que no quedó establecido en las resoluciones socialistas de 1967 fue el método de eliminación que emplearían, pero estas ya habían quedado advertidas.

Por último, importante es recordar la visión que el Partido Socialista tenía en 1967 de las vías legales. Claramente había afirmado que estas eran solo un camino intermedio conducente a la lucha armada definitiva. Se comprenden entonces las desconfianzas que hubo después de la instalación de Salvador Allende en La Moneda por una vía legal, ya que se terció la banda presidencial como presidente constitucional, en el seno de una democracia aborrecida por su propio partido.

Solo era cuestión de tiempo que la democracia terminara por desaparecer. En Chillán ya habían decretado dicha desaparición. (11)

XI. MOVIMIENTO DE IZQUIERDA REVOLUCIONARIA, MIR

En paralelo a la vía violenta tomada por el Partido Socialista nació en agosto de 1965, en Santiago, el Movimiento de Izquierda Revolucionaria, MIR. Era una formación política, social y militar guerrillera, inspirada en la revolución cubana y particularmente en Ernesto Che Guevara. Emergía este movimiento para agudizar aún más la lucha interna en la izquierda, entre la facción que deseaba una vía de transformaciones económicas y sociales dentro del marco democrático republicano, y la izquierda insurreccional armada, que era favorable a terminar con la democracia chilena, sus fuerzas armadas y el resto de sus instituciones, a las que llamaba «Estado burgués».

El MIR nació en Santiago en el llamado «Congreso de Unidad Revolucionaria». La Comisión Organizadora estuvo encabezada por el legendario sindicalista Clotario Blest Riffo y la integraron pequeñas agrupaciones cuyos nombres mostraban hacia donde querían llevar los acontecimientos: Vanguardia Revolucionaria Marxista Rebelde, VRMR, integrada por jóvenes estudiantes de la Universidad de Concepción, Partido Obrero Revolucionario, POR, de tendencia trotskista, una parte del Partido Socialista Revolucionario, PSR y trabajadores sindicalistas agrupados en el Movimiento de Fuerzas Revolucionarias, MFR.

En su *Declaración de Principios* fundacional el MIR afirmó ser la «vanguardia marxista leninista de la clase obrera y las capas oprimidas de Chile». Manifestó que se organizaba como oposición a la izquierda tradicional; es decir, el Partido Socialista y al Partido Comunista que desarrollaban una acción política bajo el prisma de la llamada «vía pacífica». A partir de agosto de 1965 emergía otro opositor a aquella izquierda tradicional, situación que se agudizaría hasta el 11 de septiembre de 1973.

Citando textualmente dos puntos de la *Declaración de Principios* del movimiento de ultra izquierda:

> Las directivas burocráticas de los partidos tradicionales de la izquierda chilena defraudan las esperanzas de los trabajadores; en vez de luchar por el derrocamiento de la burguesía se limitan a plantear reformas al régimen capitalista, en el terreno de la colaboración de clases, engañan a los trabajadores con una danza electoral permanente, olvidando la acción directa y la tradición revolucionaria del proletariado chileno. Incluso, sostiene que se puede alcanzar el socialismo por la «vía pacífica y parlamentaria», como si alguna vez en la historia de las clases dominantes hubieran entregado voluntariamente el poder.

En este punto el naciente MIR no daba cabida al diálogo en pos de mejorar la calidad de vida de los chilenos. Descartaba explícitamente los procesos electorales y se transformaba en un antagonista del proyecto allendista que contaba con el Partido Socialista y el Partido Comunista.

Otro artículo de esta *Declaración de Principios,* manifiesta lo siguiente:

> El MIR se organiza para ser la vanguardia marxista leninista de la clase obrera y capas oprimidas de Chile que buscan la emancipación nacional y social. El MIR se considera el auténtico heredero de las tradiciones revolucionarias chilenas y el continuador de la trayectoria socialista de Luis Emilio Recabarren, el líder del proletariado chileno. La finalidad del MIR es el derrocamiento del sistema capitalista y su reemplazo por un gobierno de obreros y campesinos, dirigidos por los órganos del poder proletario, cuya tarea será construir el socialismo y extinguir

gradualmente el Estado hasta llegar a la sociedad sin clases. El MIR rechaza la teoría de la vía pacífica porque desarma políticamente al proletariado y por resultar inaplicable, ya que la propia burguesía es la que resistirá, incluso con la dictadura totalitaria y la guerra civil, antes de entregar pacíficamente el poder. Reafirmamos el principio marxista leninista de que el único camino para derrocar el régimen capitalista es la insurrección popular armada.

Para el MIR no había lugar para la democracia con elecciones periódicas, pues su propuesta se basaba en la premisa que la burguesía debía entregar el poder, no en la alternancia del poder. Si se terminaba dicha alternancia, el MIR afirmaba que la burguesía se opondría y, ante la seguridad de provocar la resistencia de la burguesía, mejor era ir directo por la revolución armada. Esto diferenciaba al MIR de los socialistas insurreccionales que ponían como camino intermedio a la lucha armada el proceso electoral tradicional. En definitiva, para el MIR, como para una parte de socialistas chilenos, la democracia y el Estado de Derecho republicano no eran útiles para el logro de sus objetivos. La gran contradicción fue que los socialistas, dentro de la democracia y Estado de Derecho, postularían nuevamente un candidato presidencial.(12)

XII. LA GUERRA FRÍA EN LATINOAMÉRICA

Como consecuencia de la división en dos bloques surgió el Tratado Interamericano de Asistencia Recíproca, TIAR, que implicaba un permanente flujo de oficiales de las Fuerzas Armadas de Latinoamérica hacia academias estadounidenses. En 1960 el Ejército de Estados Unidos invitó a los comandantes en jefe de ejércitos de los países latinoamericanos que eran miembros del TIAR a una reunión de «acercamiento» celebrada en la zona del Canal de Panamá.

Más tarde, la Armada y la Fuerza Aérea de los Estados Unidos siguieron los pasos del Ejército, efectuándose reuniones anuales, por separado, de las tres ramas de la defensa nacional de los Estados Unidos con sus pares latinoamericanos.

En 1966 se celebró en Buenos Aires la VII Conferencia de los comandantes en jefe de los Ejércitos Americanos, a la que asistió el comandante en jefe del Ejército de Chile, el general Bernardino Parada Moreno, acompañado del coronel René Schneider Chereau. Los acuerdos tomados en estas Conferencias sólo podían ser tomados como una recomendación al gobierno respectivo de cada país, el cual decidía su aplicabilidad. En la V Conferencia, celebrada en 1964 en West Point, Estados Unidos, el general argentino Juan Carlos Onganía formuló la teoría de las «fronteras ideológicas». De esta manera, la VII Conferencia de Buenos Aires de 1966 definió las posiciones que marcarían los años siguientes en Latinoamérica. Un grupo de comandantes en jefe se alineó con la posición de mantener el esquema de la seguridad continental, identificando como único agresor al comunismo internacional y definiendo la subversión marxista como una amenaza a la seguridad interna de los países de la región. Otro grupo de comandantes en jefe se alineó con una postura que reemplazaba la frase «comunismo internacional» por «el único adversario», así se establecía de una forma más difusa la procedencia de las amenazas a las que se enfrentaban los países miembros del TIAR.

Se puede concluir que frente a la teoría del enemigo interno al cual había que eliminar por medio de la violencia armada revolucionaria, emergía la teoría de las fronteras ideológicas que daba lugar a la guerra interna en cada uno de los países americanos contra el comunismo internacional. El reto estaba planteado, el principio de acción y reacción se presentaba nítidamente. (16)

XIII. ALLENDE CANDIDATO SOCIALISTA Y LA UNIDAD POPULAR

A fines de agosto de 1969 el Partido Socialista tuvo que definir al candidato a la Presidencia de la República para el 4 de septiembre de 1970. El rival interno de Salvador Allende fue el secretario general del partido, Aniceto Rodríguez, quien afirmaba que la imagen y opciones de Allende estaban desgastadas después de tres intentos de llegar a La Moneda. No obstante, de las treinta y cinco direcciones regionales a lo largo del país, sólo dos manifestaron su preferencia por Aniceto Rodríguez, el resto, apoyó a Salvador Allende quien argumentaba ser «un producto metido en la gente», el socialista que podría concitar el apoyo de las otras fuerzas de izquierda, incluso también del centro político e independientes. Aunque esto de concitar el apoyo de fuerzas de centro e independientes contradecía la tesis de Adonis Sepúlveda, apoyada en 1965 en el Congreso del Partido Socialista.

Finalmente, en el referido mes de agosto de 1969, el Comité Central el Partido Socialista proclamó a Salvador Allende candidato presidencial, con 12 votos a favor y 13 abstenciones. Queda claro que en el Comité Central de su partido, Salvador Allende no tenía un respaldo indiscutido. Fueron más los que decidieron no apoyar ni a Aniceto Rodríguez ni a Salvador Allende, que los que votaron a este último. No obstante aquellos doce votos le dieron el triunfo al médico y senador.

Unas pocas semanas después, el 9 de octubre de 1969; los partidos socialista y comunista hicieron una llamada a formar una coalición política electoral a todos aquellos partidos o movimientos que fueran ideológicamente afines. Respondieron el Movimiento de Acción Popular Unitaria, MAPU, facción izquierdista escindida de la Democracia Cristiana, el tradicional Partido Radical de carácter socialdemócrata, el Partido Social Demócrata con postulados socialistas democráticos y la Acción Popular Independiente, API, partido con una importante componente «ibañista», es decir, seguidores del expresidente, general Carlos Ibáñez del Campo. Estos tres últimos partidos eran genuinos representantes de la clase media. La fuerza de la realidad se imponía. La tesis de Adonis Sepúlveda aprobada en el Congreso de Linares de 1965, que manifestaba la negativa a una alianza o a un trabajo electoral conjunto entre los partidos de izquierda y partidos del centro político, quedaba totalmente desestimada. Allende y sus seguidores embarcaron otra vez al Partido Socialista en una lucha electoral y, si se quería ganar, las alianzas eran imprescindibles.

Para su desgracia, gran parte del país había tomado nota de que, para los socialistas, la vía electoral era un paso intermedio hacia la lucha armada en pos de alcanzar un poder total, definitivo e irreversible, esto es, sin posibilidad de alternancia con otros partidos.

La nueva alianza de centro izquierda, con hegemonía socialista y comunista, se denominó Unidad Popular (UP) y quedó constituida en diciembre de 1969. El 22 de enero de 1970 se reunieron para escoger al candidato que llevarían a las elecciones presidenciales del 4 de septiembre de ese año. Parte de los cuadros socialistas lo eligieron refunfuñando contra la alianza con tres partidos «pequeños burgueses»: el Partido Radical, el Partido Social Demócrata y la API. (21)

XIV. EL TACNAZO

Chile ya había entrado en un proceso de polarización y de ruptura institucional. Un buen ejemplo fue el caso del acuartelamiento (auténtico motín) llevado a cabo por integrantes del Regimiento de Artillería N° 1 Tacna, afincado en Santiago, que fue liderado por el general de Brigada Roberto Viaux Marambio y que pasó a la historia como el «tacnazo». Sucedió el 21 de octubre de 1969 y, en medio de la agitación y polarización política ya reinante, lo podríamos calificar como un sintomático «estornudo» del Ejército.

Ya en los primeros meses de 1968 había ocurrido otro indicio del malestar que reinaba en el Ejército. Ochenta oficiales del primer año de la Academia de Guerra, es decir, los oficiales que después de tres años de arduos estudios se graduarían como oficiales de Estado Mayor, renunciaron simultáneamente al Ejército, provocando una importante agitación interna. Es aceptable que un militar, en cualquier momento de su carrera solicite la baja en las Fuerzas Armadas, pero una solicitud concertada era claramente un acto de protesta. El incidente llevó al presidente Frei a sustituir al ministro de defensa, Juan de Dios Carmona por el general en retiro Tulio Marambio Marchant y la salida de la comandancia en jefe del Ejército del general Luis Miqueles Caridi, quien fue reemplazado en el cargo por el general Sergio Castillo Aránguiz.

El general Viaux era, hasta octubre de 1969, comandante en jefe de la Primera División de Ejército, fuerza militar cuyo cuartel general estaba en la norteña ciudad de Antofagasta. De acuerdo con lo señalado por el propio Viaux, el movimiento militar se debió a razones estrictamente profesionales, entendiéndose por esto las deficientes condiciones de trabajo y de vida que soportaba el mundo castrense: falta de modernización en el material de guerra, carencias de armamento y munición para la instrucción, deficiente comida y vestuario y, sobre todo, unos sueldos de miseria. Uno de los argumentos de los militares para la asonada de septiembre de 1924 se repetía exactamente igual más de cuatro décadas después. Las cifras hablaban por si solas. Las decisiones gubernamentales habían llevado a reducir el gasto en defensa de mediados de los años cincuenta a menos de la mitad a finales de la década de 1960. Las relaciones entre los políticos y el mundo militar se reducían a lo estrictamente protocolario y con el Gobierno de Eduardo Frei Montalva el distanciamiento se acentuó. El mundo castrense era visto como un compartimento estanco, no incorporado a la estrategia de desarrollo nacional.

En 1967 se publicó en Chile un estudio elaborado por el sociólogo estadounidense Roy Allen Hansen donde se afirmaba que el Ejército de Chile era una institución con claros signos de decadencia por la desatención de quienes debían proporcionarle los medios para el desarrollo de sus obligaciones constitucionales y que esa situación estaba generando inquietudes que lo terminarían llevando a la deliberación[1].

En medio de esta realidad, el general Roberto Viaux expuso al ministro de defensa, general en retiro Tulio Marambio Marchant, la precaria realidad del Ejército y en particular de la División bajo su mando. Al recibir como respuesta que no había recursos para mejorar la situación, Viaux solicitó una audiencia con el presidente Frei, que no le fue ni concedida ni denegada, jamás obtuvo respuesta. En cambio, el jueves 16 de octubre el comandante en jefe del Ejército, general Sergio Castillo, suspendiendo el Consejo de Generales que se estaba celebrando, hizo llamar a Viaux a su oficina y en presencia del jefe del Estado Mayor del Ejército, general Ramón Valdés, le pidió su renuncia argumentando la pérdida de confianza. La inesperada solicitud hizo

---

1 Por «deliberar» se entiende que las fuerzas debaten «acerca de los problemas colectivos con miras a uniformar apreciaciones o coordinar actitudes que conduzcan a expresar aplauso o crítica a los órganos del poder político o a hacer prevalecer soluciones propias en cualquier aspecto» SILVA BASCUÑÁN, ALEJANDRO (1963): Tratado de Derecho Constitucional (Santiago, Editorial Jurídica de Chile), tomo 3, volumen 2, p. 345.

entrar en deliberación a muchos de los oficiales de la primera División del ejército, quienes, a través de una publicación en *El Mercurio* de Antofagasta, exigieron al Gobierno restituir en el cargo a su comandante de División. Tras ser relevado de su mando, Viaux se resistió a firmar la entrega del cargo de comandante en jefe de la I División a su sucesor el general Galvarino Mandujano. Al ser requerida su presencia en Santiago, Viaux viajó a la capital el 20 de octubre de 1969. En la madrugada del 21 de octubre numerosos oficiales del Ejército de la Guarnición de Santiago se comunicaron con él; entre ellos los que servían en el Regimiento Tacna, para que el general al frente de esa unidad, encabezara un acuartelamiento en protesta de naturaleza profesional. Viaux aceptó y tomó el mando de la unidad a las 06:30 horas de esa madrugada, dejando bajo arresto al comandante del Tacna, Coronel Eric Woolvett Stokin. Elevaron un escrito al Gobierno, en el que se solicitaba la salida del ministro de Defensa y del comandante en jefe del Ejército, además de otras cuestiones.

A las cuatro y media de la mañana, despertaron a la Escuela de Suboficiales, cercana al Regimiento Tacna. Se les hizo entrega de armamento y munición de guerra a los alumnos dragoneantes[2] y fueron formados en el patio del establecimiento ubicado en la calle Blanco Encalada de Santiago. El secretario de Estudios de la escuela, Mayor Acuña, dio la orden de marcha al trote, y este importante contingente se unió al Regimiento Tacna quince minutos más tarde.

Antes de las seis de aquella madrugada ingresó todo el grupo de nóveles soldados al patio principal del Tacna, lugar donde ya estaban formadas otras unidades de la Guarnición Militar de Santiago. El cuartel estaba casi en penumbras. Antes del amanecer ya estaban todos formados y apareció el general Roberto Viaux para tomar el mando de la unidad y arengó a oficiales, personal del cuadro permanente, alumnos y reclutas. Definió el movimiento como «de carácter gremial», aunque el concepto de movimiento gremial no cabía dentro de las filas castrenses. El general sublevado indicó que se permanecería en el Tacna mientras durara la negociación con el Gobierno en la

---

2   Dragoneantes: Cadetes de una escuela de suboficiales que desempeñan funciones, de forma provisional que corresponden a un cargo que todavía no han recibido oficialmente.

búsqueda de mejorar sueldos y las condiciones de trabajo como equipamiento, vestuario y alimentación para la tropa. Se dio libertad para que quien deseara abandonar el cuartel en ese momento lo hiciera. Los que se quedaran, deberían permanecer hasta el desenlace final.

Todo el contingente militar pasó a desayunar y se instalaron centinelas armados apostados en el techo del cuartel, con vista hacia las calles Viel y Blanco Encalada.

Se constituyó una guardia personal para Roberto Viaux, que lo acompañaba a donde se dirigiera. Un teniente de telecomunicaciones informaba el desarrollo de los hechos al personal militar que se encontraba en el interior del regimiento Tacna, mientras el cuartel era rodeado por una gran cantidad de civiles que interpretaban los hechos como un intento golpista para derrocar al Gobierno de Eduardo Frei. En la puerta principal del regimiento se ubicaron dos pequeños tanques Douglas M3 del Batallón Blindado N° 2 de Santiago, que se había unido al movimiento de Viaux, como también lo hizo el Batallón de Transporte N° 2.

Para reprimir el motín, durante la tarde del 21 de octubre se suprimió el suministro de agua y energía eléctrica al regimiento Tacna y circuló el rumor de que avanzaba hacia Santiago la Escuela de Infantería de San Bernardo y el Regimiento Yungay de San Felipe para atacar a los amotinados.

Por la noche se desató un breve tiroteo desde los techos del regimiento, dejando varios heridos entre los civiles.

En la madrugada del 22 de octubre se llamó a formar al patio del regimiento a todos los que estaban en su interior. Nuevamente se presentó el general Viaux para informar que el movimiento había terminado y que la totalidad de las reivindicaciones habían sido aceptadas por el Gobierno.

Los militares, que habían permanecido casi veinticuatro horas en el Regimiento Tacna regresaron a sus respectivos cuarteles y Roberto Viaux entregó el mando de la unidad militar al comandante en jefe de la Guarnición Militar de Santiago, general Alfredo Mahn Mackenthun, quien había recibido directas instrucciones del presidente de la República Eduardo Frei para que convenciera a Viaux de deponer su actitud.

Al terminar el alzamiento, Viaux emitió una declaración de ocho puntos, en los cuales indicó:

1. Dejo expresa constancia de nuestra absoluta lealtad a S.E. el presidente de la República y acatamiento a los poderes constituidos.

2. Afirmo con absoluta sinceridad y profunda franqueza que los hechos acaecidos no tienen concomitancia política de ninguna índole.

3. Nunca hemos pensado ir contra los gremios, sindicatos, estudiantes o cualquier otra organización de nuestro pueblo, porque el Ejército es el pueblo mismo.

4. Nuestras aspiraciones de corte absolutamente militar, pretenden alcanzar la solución de los problemas institucionales, que inciden en los medios materiales y humanos; obtener remuneraciones dignas y concordantes   con la importancia de las funciones que cumplen los miembros de la institución y restablecer el ejercicio del mando con la plenitud de sus prerrogativas y de acción dinámica y creadora.

5. Existe la necesidad de evitar al país trastornos que podrían ser irreparables.

6. Reconozco la preocupación y firme decisión de S.E. el presidente de la República para solucionar los aspectos antes enunciados.

7. Señalamos además que los hechos dados a conocer a la opinión pública, acaecidos en la noche del martes 21 de octubre, en la cual cayeron heridos ciudadanos, no es esponsabilidad de las fuerzas que están a mis órdenes.

8. El general Roberto Viaux Marambio entregará el mando al señor general Alfredo Mahn M., comandante general de la Guarnición de Santiago, media hora después de haberse dado a conocer esta declaración por cadena Nacional de Radio y Televisión.

Roberto Viaux Marambio, general de Brigada.

Por la noche del 22 de octubre el general Mahn se presentó en la casa del general Roberto Viaux. Ambos comieron juntos, después se retiraron con destino al hospital militar, donde Viaux quedó bajo arresto e incomunicado para enfrentarse al proceso pertinente con lo que estipulaba la justicia militar.

Terminados estos sucesos renunció a su cargo de ministro de Defensa el general en retiro Tulio Marambio Marchant, nombrándose en su reemplazo al ingeniero demócrata cristiano Sergio Ossa Pretot. También renunció el comandante en jefe del Ejército, general Sergio Castillo Aránguiz, nombrándose en su reemplazo al general René Schneider Chereau. Esto último constituyó un verdadero «descabezamiento» del Ejército, como se relatará en las próximas páginas.

El general Roberto Viaux declaró en múltiples ocasiones, verbalmente y por escrito, que los hechos del Regimiento Tacna en ningún caso estuvieron orientados a dar un golpe militar al Gobierno de Eduardo Frei Montalva, sino que se trató de un movimiento cuyo objetivo era mejorar las condiciones en que se desarrollaban las funciones militares, como ya se ha indicado. De acuerdo con lo relatado es posible inferir que la oficialidad santiaguina pidió liderar el movimiento a un general que ya estaba fuera del ejército. Al involucrarse, Viaux no arriesgaba su carrera militar pues ya estaba terminada. Así mismo, la propuesta hecha a Viaux por algunos oficiales de Santiago fue vista por este como una oportunidad para arrastrar en su caída a quienes no habían escuchado sus informes de denuncia de la situación en que se vivía en los cuarteles.

Si bien no es posible apreciar con nitidez razones de tipo político-ideológico en la raíz del alzamiento, esto no significa que no existieran. Los actos del Regimiento Tacna fueron la primera manifestación militar de importancia en este periodo de ocho años en que la democracia chilena se estaba descomponiendo. Con ese caudillismo interno, se rompió la verticalidad del mando, a fin de cuentas, lo del Tacna quedaría en el ambiente político y social de Chile como una crítica a la conducta de los civiles en la administración del Estado, en particular en lo que se refería a la Defensa Nacional.

El propio general Viaux y quienes lo secundaron en las acciones del 21 y 22 de octubre de 1969 se encargaron en todo momento de enfatizar que el movimiento tuvo como objetivo único reivindicaciones de índole laboral y profesional. No obstante, por información aportada por quien en los días del «tacnazo» era comandante en jefe de la III División de Ejército con asiento en Concepción, general de brigada Carlos Prats González y que posterior a estos hechos asumió como jefe del Estado Mayor de la Defensa Nacional, el acuartelamiento en el Tacna tuvo también motivaciones políticas por parte de civiles y uniformados, que usaron a Viaux como cara visible. Aquellos instigadores, que tenían como objetivo final la caída del Gobierno de Eduardo Frei, permanecerían en el anonimato hasta que el éxito de la operación estuviera asegurado, triunfo que nunca llegó. El objetivo de terminar abruptamente con el Gobierno de Frei no se logró, según señaló el propio general Prats, por las siguientes razones:

i) La decidida y no fácil acción del general Emilio Cheyre, comandante de Institutos Militares, quien desarrolló preparativos militares para rodear los cuarteles del Regimiento Tacna y de la Escuela de Suboficiales.

ii) La inacción de la I División de Ejército, de la cual se esperaba inmediato apoyo al movimiento, por haber sido Roberto Viaux menos de una semana antes, su comandante en jefe.

iii) La manifiesta e inmediata actitud de la III División de Ejército en el sentido de concurrir a Santiago con alguna de sus unidades para sofocar el movimiento que lideraba Viaux.

Sergio Ossa nuevo ministro de Defensa no dudó en hacer pasar a situación de retiro a seis generales que seguían en antigüedad al depuesto comandante en jefe, entre ellos los generales Ramón Valdés, jefe del Estado Mayor, Emilio Cheyre, comandante de Institutos Militares y Alfredo Mahn, comandante de la Guarnición de Santiago. Se nombró como comandante en jefe del Ejército al general René Schneider Chereau, que a la fecha desempeñaba el cargo de comandante en jefe la V División con asiento en Punta Arenas y como jefe del Estado Mayor de la Defensa Nacional se nombró al general Carlos Prats González, quien, como ya se ha dicho, tenía bajo su mando la III División cuyo cuartel general estaba en Concepción.

El nuevo mando comenzaba con misión de restablecer la disciplina y, por supuesto, solucionar los problemas reales y concretos de las remuneraciones y las condiciones para operar en todas las unidades militares del país. Pero en el alzamiento recién sofocado parecía haber algo más de fondo, se estaba aceptando el desafío planteado por la izquierda, en particular el Partido Socialista y el MIR, en el marco de la Guerra Fría, al designar un enemigo interno al que habría que eliminar: la burguesía; para lo cual habían expresado sin tapujos la necesidad de eliminar a las Fuerzas Armadas.

Por su parte, las Fuerzas Armadas ya estaban en la lógica de la «frontera ideológica» donde se identificaba a un solo agresor sobre el continente y el país, que no era otro que la subversión y el comunismo internacional. Se había entrado definitivamente en una dinámica de graves consecuencias. (13) (14) (15) (16) (30) (31)

XV. PREDICCIÓN ELECTORAL HECHA POR LOS MILITARES

La Unidad Popular que quedó constituida definitivamente en diciembre de 1969; tenía una diferencia muy importante con el Frente Popular de los años treinta. Esta última alianza, que llevó a Pedro Aguirre Cerda a la Presidencia de la República en 1938, nació para proteger la democracia republicana del totalitarismo fascista; y se sumaron a ella partidos pequeño burgueses y de izquierda, incluido el Partido Comunista, lo cual, visto lo que se vivía en Rusia no era ninguna garantía de democracia y anti totalitarismo.

Encabezó esta coalición el Partido Radical, eje de la política chilena a mediados del siglo XX; Unidad Popular, por el contrario, integró partidos «pequeño burgueses» y cristianos, pero la alianza estuvo liderada por el Partido Comunista y el Partido Socialista, ambos marxistas leninistas y el último de ellos, bajo el explícito postulado de que los procesos electorales no eran más que un paso que los conduciría a la revolución armada. En definitiva, a finales de 1969 e inicios de la década de 1970, Chile enfrentaba la disyuntiva de elegir entre democracia republicana o marxismo totalitario.

En los últimos días de diciembre de 1969 las Fuerzas Armadas, personificadas en los tres comandantes en jefe, general René Schneider del Ejército, almirante Fernando Porta de la Armada y general Carlos Guerraty de la Fuerza Aérea, coincidían en mantener la necesidad de no involucrarse en la coyuntura política que marcaría la dura lucha electoral, con tres candidatos que según se preveía, tendrían resultados muy equilibrados. Además, los militares estaban convencidos de que mantener la democracia era responsabilidad de los políticos.

Así mismo, a fines de diciembre de 1969 los comandantes en jefe y el jefe del Estado Mayor de la Defensa Nacional, general Carlos Prats, presentaron al ministro de Defensa un documento denominado «Análisis del momento político nacional, desde el punto de vista militar». En dicho documento, además de desarrollar un somero pero interesante análisis político, económico y social, se entregó al Gobierno una proyección del resultado de las elecciones presidenciales nueve meses antes de celebrarse estas. En esa fecha la Unidad Popular aún no había elegido su candidato, pero, en medio de una natural incertidumbre parecía que el senador Salvador Allende era el que tenía mayores posibilidades de convertirse en el candidato del conglomerado de izquierda. La API, el Partido Radical y el MAPU llevaban sus candidatos, buscando obviamente ser opción y el Partido Comunista, con un mayor sentido táctico, levantó la candidatura de Pablo Neruda, un «brindis al sol» con el que seguramente buscaba negociar ventajosamente para sentar las bases, correlación de fuerzas y toma de decisiones en un posible Gobierno de la Unidad Popular, como en definitiva sucedió. La derecha, integrada por el Partido Nacional, Democracia Radical e independientes tenía como abanderado al senador Jorge Alessandri y el oficialismo integrado por la Democracia Cristiana e independientes apostaba a mantenerse en el Gobierno con el senador Radomiro Tomic. Las Fuerzas Armadas entregaron al Gobierno en el mencionado documento de fines de diciembre de 1969, la siguiente proyección de resultado electoral: Alessandri: 35 %. Tomic: 27 %. U.P.: 38 %.

Fue una aproximación bastante cercana a lo que arrojarían los votos en septiembre de 1970. El Congreso Pleno, es decir con sus dos Cámaras, sería el que terminaría eligiendo entre las dos primeras mayorías relativas al próximo presidente de la República, de acuerdo con lo que indicaba la Constitución, cuando ningún candidato obtuviera mayoría absoluta.

Según la proyección entregada al Gobierno por los comandantes en jefe de las Fuerzas Armadas y el jefe del Estado Mayor de la Defensa Nacional, existía probabilidad cierta que el próximo presidente de

Chile fuera el presentado por la coalición Unidad Popular, que lideraban dos partidos marxistas leninistas. El alto mando militar, a nueve meses de la elección, le asignó a los políticos, por escrito, la responsabilidad de ver la forma de impedir que se terminara en Chile con la democracia inaugurada en 1925.(16)

1970

XVI. SALVADOR ALLENDE CANDIDATO DE LA UNIDAD POPULAR

Llegó enero de 1970. La izquierda debía definirse y proclamar a su candidato. Es necesario detenerse en la figura de quien iba a pasar a la historia como el candidato de la Unidad Popular y presidente de la República.

Allende, médico, socialista de toda una vida, elegante y avezado tribuno del Senado, con su olfato de político, no podía ignorar la atracción que la revolución caribeña ejercía en su propio partido y sobre la izquierda latinoamericana en general, por lo que se veía obligado a hacer carantoñas a la Cuba de Fidel Castro y al Che Guevara a quienes su partido miraba con devoción.

En julio de 1967, el presidente del senado Salvador Allende encabezó una delegación de socialistas y comunistas chilenos en La Habana, para participar en la Conferencia Tricontinental de la Solidaridad.

Fernando Alegría, amigo personal de Salvador Allende, doctor en Letras Hispánicas en 1947 por la U. de Berkeley y catedrático en la U. de Stanford, ambas en California, hizo una descripción de este viaje en su libro *Allende, mi vecino el presidente*.

Cuando aterrizaron en Ciudad de México, Salvador Allende descendió raudo por la escalerilla del avión, llevando en la solapa un clavel rojo. Una vez en tierra Allende se dio cuenta que un uniformado le sacaba una fotografía. El senador muy molesto preguntó quién era aquel uniformado que lo retrataba. Inmediatamente se le informó que todo pasajero que iba con destino a Cuba debía ser fotografiado.

Allende se encolerizó y manifestó que era inaceptable que su rostro se registrara como se registra a un delincuente. Él era un senador de la República de Chile y exigió que se le devolviera el rollo de película con que se habían tomado las imágenes.

Allende fue subiendo el tono y exigió que le comunicaran con el presidente de México. Llegaron diplomáticos chilenos, políticos mexicanos y periodistas de diarios y televisión. Todos querían saber por qué aquel elegante viajero, de gruesos lentes ópticos, con un clavel rojo en la solapa, estaba tan enojado. Allende afirmó que las fotografías las tomaba la Agencia Central de Inteligencia de Estados Unidos, CIA. Allende era conocedor de lo que ocurría en la Guerra Fría y, tenía que haberse anticipado para detectar a enemigos. Debía también ser consciente que él, Salvador Allende, dentro de esa lógica de Guerra Fría, iniciaba un proceso que le enfrentaba al sector pronorteamericano. Allende podía oponerse a que le tomaran fotos, pero no quejarse de las mismas, pues todo formaba parte de la guerra en que él mismo estaba actuando.

En esta cumbre en La Habana, Salvador Allende se proyectó por primera vez como un líder continental y promovió la creación de la Organización Latinoamericana de Solidaridad, OLAS, que fue vista por los opositores a Allende en Chile como una organización destinada a promover en la América española la revolución de Fidel Castro. Salvador Allende fue elegido presidente de la OLAS. Con su olfato político sabía que en su partido y en buena parte de la izquierda chilena había un debate sobre la forma de llegar a La Moneda. Muchos sostenían que había llegado el momento de los «revolucionarios», los barbudos, los de traje verde oliva.

De acuerdo con lo que señala Fernando Alegría, Allende habría visto en Ernesto Che Guevara el personaje que hubiera querido ser, pero no fue. Había un desfase de edad de veinte años entre el médico chileno y el médico argentino. Ambos, habían nacido en la clase media-alta, ambos estudiaron una carrera universitaria que daba prestigio social (Medicina), pero a los 31 años, Guevara triunfaba en Cuba como guerrillero y a los mismos 31 años, Salvador Allende fue nombrado ministro de Salubridad de un Gobierno encabezado por un partido «pequeño burgués», cargo que desempeñó vistiendo con elegancia en pleno centro de la capital de Chile a finales de los años del 1930. Allende miró con un quijotesco deseo de protagonismo al guerrillero argentino, con quien se reunió en cinco ocasiones.

Es interesante citar textualmente a Fernando Alegría:

> Allende hubiese querido ser ese médico joven, soñador y combatiente que abandonó su carrera, su familia, su jaula dorada, y partió a dar combate por las ciudades, plazas y montañas de América. Allende quiso y no pudo. Más pesaba sobre él la tradición de cortes, tribunales, parlamentos e historia patria. Visiones de guerrillas y campañas armadas lo seducían y entonces hacía la maleta y volaba a La Habana, a Vietnam, a Moscú. Y volvía más elocuente, con mayor vigor y valentía a enfrentar los debates del Congreso, a encabezar huelgas y desfiles, a desafiar tiranos con gesto heroico y pronunciamientos legendarios... a luchar con molinos de viento...

Cuando fue ejecutado Ernesto Guevara en el pueblo de La Higuera, en Bolivia, la imagen de su rostro sin vida, pero sonriente, dio la vuelta al mundo en la portada de todos los diarios. El senador Salvador Allende, apenado e indignado, gritó y solicitó desde su tribuna en Santiago de Chile que el cadáver del guerrillero le fuera entregado a él para llevarlo en sus brazos a Cuba, provocando ácida crítica e incluso burla de sus adversarios políticos.

Salvador Allende tenía que seguir dando señales hacia el interior de su partido, sin dejar de ser el elegante senador de siempre, debía también proyectar la imagen de un guerrillero, un hombre de acción en el sur del mundo, parecer un insurgente caribeño. Anunció que acompañaría a cuatro guerrilleros sobrevivientes del grupo de Guevara en Bolivia en el retorno de estos a Cuba. La ruta elegida implicó dar la vuelta al planeta. De Bolivia pasaron a Chile. Allende los acompañó desde Santiago a Tahití, con escala en la Isla de Pascua. Desde Tahití los guerrilleros siguieron viaje hasta Francia, desde donde hicieron el último tramo a La Habana.

Salvador Allende volvió a Chile con el convencimiento de una misión cumplida y proyectando una imagen que no le pertenecía. Astutamente había que dar la imagen y convencer, comenzando por los suyos, de que el tribuno de los salones republicanos había desaparecido y ahora había un nuevo Salvador Allende, más acorde con los vientos insurreccionales que su partido había proclamado en Linares y en Chillán. Su amigo y colaborador de toda la vida, Osvaldo Puccio, lo fue a esperar al aeropuerto de Santiago, después de dejar a los guerrilleros en Tahiti.

Cito la curiosa descripción que hizo Puccio y que recogió Fernando Alegría en su ya referida obra:

> Cuando bajó del avión de vuelta de Tahiti traía puesta una guayabera, vestimenta nacional cubana, tenía en la mano un bastón tahitiano y en la cabeza un sombrero de pita.

Una extravagancia propia de quien quiere proyectar lo que no es, como aquel «Cristo de Elqui» que buscó jugar el rol del mesías de Nazareth entre las montañas andinas de Vicuña en la primera mitad del siglo XX.

Salvador Allende tendría que luchar durante seis años, incluso ya estando en La Moneda, para convencer a gran parte de la izquierda que él no era un «reformista», sino un «revolucionario», de tomo y lomo. Basta recordar la entrevista que hizo el francés Debray a Allende en el verano de 1971.

En dicha entrevista parecía que Salvador Allende estaba pasando la «prueba de la blancura» de un detergente, tratando de demostrar afanosamente que tanto él como su Gobierno no eran «reformistas» sino «revolucionarios», a tal punto que Allende llegó a restar validez en esa entrevista a la firma de los llamados Estatutos de Garantías Constitucionales, con la que obtuvo el respaldo de la Democracia Cristiana en el Congreso para ser elegido presidente. A Debray le declaró que aquello se había firmado sólo con fines tácticos.

En enero de 1970 el Comité Político de la Unidad Popular se reunió en sesión permanente con el imperativo de elegir el candidato único. No se llegaba a acuerdo. El MAPU estaba dispuesto a la renuncia de su candidato (Chonchol) para apoyar a Neruda (PCCh), los radicales manifestaban disposición de renunciar a Baltra para darle en 1970 la oportunidad al candidato de otro partido. En un momento habían renunciado Allende, Chonchol, Baltra y Neruda y quedó solo en carrera Rafael Tarud, el «ibañista».

Sin que la Unidad Popular hubiera definido su candidato, el Partido Comunista convocó a un gran acto para el 22 de enero de 1970. En los días previos y durante esa jornada continuaron las negociaciones en la coalición de izquierda. Con la Plaza Bulnes, frente al Palacio de La Moneda, abarrotada por una muchedumbre impaciente e invadida por la incertidumbre, se daban los últimos arreglos a un acuerdo que incluía la proclamación de Salvador Allende como candidato de la Unidad Popular. Luís Corvalán, secretario general del Partido Comunista, mostrando hasta en ese detalle la vocación hegemónica de su partido, tomó el micrófono en el estrado levantado para la proclamación e informó a la muchedumbre que la Unidad Popular tenía candidato: Salvador Allende.

Por cuarta vez, el médico socialista iba a competir por sentarse en el sillón presidencial del Palacio de La Moneda.

Unos días después de aquella apoteósica proclamación en el corazón de Santiago, lejos del bullicio de la capital y de los gritos de la muchedumbre del acto convocado y dirigido por el Partido Comunista, teniendo en los oídos el eco de las veraniegas olas de la costa central chilena, sonido sólo interrumpido por el tintineo del hielo dentro de los vasos de whisky, Salvador Allende sostuvo una interesante conversación con su amigo y rival electoral, Pablo Neruda.

Había llegado Allende desde su casa de vacaciones en Algarrobo a visitar al poeta que disfrutaba del verano en el lugar de la costa llamado Isla Negra, donde el poeta tenía una de sus bellas casas.

Pablo Neruda se mostró preocupado y, por cierto, altamente realista al reflexionar en voz alta frente a Allende respecto del acuerdo negociado con las otras fuerza de la coalición donde quedó establecido que la acción del presidente y de los partidos sería coordinada por un Comité Político integrado por todas las fuerzas de de la Unidad Popular. Es decir, antes de ser elegido, Salvador Allende entregó las facultades que la soberanía popular y la Constitución le otorgarían como presidente de Chile, a las cúpulas de unos partidos que legalmente no tenían ninguna atribución para gobernar. Allende acudió a la campaña electoral con las manos atadas por quienes, en el papel, eran su soporte político, pero que en la práctica fueron también irresponsables demoledores del régimen democrático y de la dignidad del cargo de presidente.

Como testimonio, cito de nuevo la obra de Fernando Alegría *Allende mi vecino el presidente,* en la que plasmó la conversación sostenida por Allende y Neruda en Isla Negra en el verano de 1970:

> Caminando por el jardín, pasando junto a la locomotora, conversaron sobre el pacto de la Unidad Popular. ¿Quién podrá gobernar si sus acciones son determinadas «plural e integradamente» por la totalidad de los partidos? Si en el Gobierno de la Unidad Popular «la acción del presidente y la de los partidos será coordinada por un Comité Político integrado por todas estas fuerzas», cuando las cosas se pongan de color de hormiga ¿quién va a resolver?, ¿quién tomará las decisiones, después de cuántas reuniones?
>
> ¿No estaremos inventando el funeral de la más triste utopía de la burocracia?, ¿El orden del caos?

No podía ser de otra forma, entregarle a los partidos políticos la facultad de cogobernar (algo inconstitucional) con el ciudadano Salvador Allende significó ni más ni menos que inventar «el orden del caos». Por lograr su cuarta candidatura, un triunfo de muy corto alcance, el médico socialista entregó su Gobierno antes de ser elegido, entregó el cargo de presidente de la República antes de ostentarlo. (16) (21) (38)

XVII. LOS MILITARES Y LA ELECCIÓN PRESIDENCIAL DE 1970

En marzo de 1970; ante la posibilidad que llegara a La Moneda un marxista-leninista, el general en retiro del Ejército Horacio Gamboa fue descubierto planeando un golpe de Estado para hacer caer al Gobierno de Eduardo Frei e imponer en Chile una dictadura. Estaban implicados oficiales y suboficiales de Ejército ligados a Roberto Viaux, quien, además, no dejaba de fustigar el trabajo que desarrollaba el general Schneider como comandante en jefe del Ejército. La posibilidad de un presidente de la República marxista-leninista había calado hondo en un importante sector de las Fuerzas Armadas, además, estas habían sido advertidas por el Partido Socialista, de que se proponía eliminarlas. En ese contexto, los intentos aislados de romper el Estado de Derecho para impedir la elección de un izquierdista fueron recurrentes: o terminaban con la democracia los militares anticomunistas o la terminaban los izquierdistas si triunfaban en la elección presidencial de 1970, como así habían anunciado que lo harían.

El 13 de marzo de 1970 se reunió el consejo de generales del Ejército, el primero en que el general René Schneider reunió a todo el generalato desde que asumió la comandancia en jefe en octubre del año anterior. Además del comandante en jefe, estuvieron presentes los generales de División Carlos Prats, Manuel Pinochet, Pablo Schaffhauser, Camilo Valenzuela y Francisco Gorigoitía y los generales de Brigada Eduardo Arriagada, Raúl Poblete, José Larraín, Galvarino Mandujano,

Augusto Pinochet, Orlando Urbina, Enrique Garín, Manuel Torres de la Cruz, Oscar Bonilla, Ervaldo Rodríguez, José Valenzuela, Alfredo Canales, Eduardo Cano, Pedro del Río y José Rodríguez, además del coronel Mario Sepúlveda. Sólo no estuvieron presentes, por encontrarse en forma transitoria fuera de Chile, los generales de brigada Rolando González y Héctor Bravo. Tampoco estuvo el general de brigada Ernesto Baeza, quien se encontraba en Estados Unidos como Agregado Militar de Chile.

En este Consejo el general Schneider expuso con claridad la desfavorable situación que vivía el Ejército, lo que lo había llevado a ir perdiendo potencia bélica en comparación con los ejércitos de los países vecinos. El comandante en jefe estableció el papel que al Ejército le cabía en el convulsionado proceso electoral que se avecinaba y señaló que la institución debía mostrar al país

> [...] una posición muy clara, nítida y precisa y que no puede ser otra que el apoyo decidido al proceso legal del cual somos garantes frente a la nación. Debe asegurarse que el proceso legal culmine sin inconvenientes y apoyar al candidato que sea elegido, ya sea por la voluntad popular o en el Congreso, si no obtiene la mayoría absoluta.

El comandante en jefe hizo hincapié que la responsabilidad que esta disposición se cumpliera la tenían los mandos del Ejército en todos los niveles. Con el tiempo, lo expresado por el comandante en jefe del Ejército en este Consejo de generales sería conocido como la *doctrina Schneider*, de la cual tanto alarde haría la izquierda, llamándola como doctrina constitucionalista, exigiendo este sector político que todos los militares debían seguir aquella doctrina constitucionalista, sin ser constitucionalista la propia izquierda. Lamentablemente, la frase de René Schneider «debe asegurarse que el proceso legal culmine sin inconvenientes...» no se pudo cumplir. Con la muerte del propio comandante en jefe del Ejército el proceso legal electoral no terminó sin los inconvenientes que se querían evitar. Es necesario imaginar a los generales escuchando a su respetable y brillante comandante en jefe, con el peso que significaba saber que, de ganar el candidato de la izquierda, sobrevendría la llamada violencia armada revolucionaria, destinada a terminar con la democracia republicana y con las propias Fuerzas Armadas. Se estaba frente a un muy complejo escenario, pues un sector político le había declarado la guerra a la democracia que Schneider quería y buscaba proteger.

La llamada a la ruptura de parte de la izquierda provocó en la derecha la organización de acciones y movimientos de ruptura donde se verían involucrados civiles y militares en servicio activo y en retiro. Tal fue el caso del general retirado Horacio Gamboa, a quien durante la investigación de su fracasado intento golpista se le encontró un documento con un texto denominado *Acta Constitucional N°1* donde se expresaban las primeras medidas a tomar en su supuesto gobierno dictatorial, dentro de las cuales se contemplaba el apresamiento del presidente Eduardo Frei. (10) (11) (16)

XVIII. EL MIR Y LA ELECCIÓN PRESIDENCIAL DE 1970

Como ya se señaló, el Movimiento de Izquierda Revolucionaria, MIR, no integró en Unidad Popular. Su postura sostenía que la única opción válida era imponer en Chile la dictadura del proletariado y en consecuencia la lucha armada.

En su declaración de principios fundacional de 1965 se leía: «La finalidad del MIR es el derrocamiento del sistema capitalista». Un poco más adelante, aclaraba para los que albergaran dudas:

> Reafirmamos el principio marxista-leninista de que el único camino para derrocar el régimen capitalista es la insurrección popular armada.

De esta manera, cumpliendo con su convicción fundacional, el MIR realizó en el país, principalmente en Santiago y Concepción, múltiples actos de violencia propios de una organización terrorista, que iban desde la agitación callejera al asalto de supermercados y el secuestro de carabineros y periodistas.

En 1967 el MIR secuestró a un carabinero en Concepción, hecho que causó gran conmoción en la comunidad local, por lo que se sustanció una causa en la justicia militar en contra de uno de los líderes de este grupo terrorista de ultra izquierda, Luciano Cruz. Recayó la investigación del caso, como Juez Militar, en un primer momento en el general de brigada Emilio Cheyre y posteriormente en el general de brigada Carlos Prats.

Durante 1968 el MIR continuó con la agitación en Concepción. Se tomó un predio del Servicio Nacional de Salud y el 30 de noviembre de este año ocurrió un grave incidente promovido por los miristas en la Vega Municipal de dicha ciudad que se saldó con catorce heridos entre comerciantes y estudiantes universitarios, y doce carabineros entre las fuerzas policiales. Junio de 1969 fue un mes conflictivo en Concepción y Santiago. En la primera ciudad un periodista fue secuestrado y vejado por integrantes del MIR y una bomba de alto poder fue colocada en los accesos del edificio de los Tribunales de Justicia, frente al Cuartel general de la III División de Ejército. En la periferia de Santiago se descubrió una escuela de guerrillas dentro de la cual había armamento y elementos de propaganda extremista.

En la revista *Punto Final* del 12 de mayo de 1970; ya iniciada la campaña presidencial, el Secretariado Nacional del MIR emitió en un comunicado que ratificó su posición ante las elecciones: «No a elecciones, lucha armada único camino». Una declaración de guerra por parte del MIR a la democracia y al proceso electoral.

No hay un caso en el mundo en que una fuerza le declare la guerra a otra esperando no recibir respuesta, pero para el MIR era inconcebible que existiera una reacción en contra de sus propósitos. Con aquella afirmación el MIR llamaba a la lucha armada, y se ponía en la ilegalidad y al margen de la Constitución de 1925.

Criticaba el MIR, en la referida publicación, el hecho de que los dueños de las tierras agrícolas habían decidido «no pagar los aportes patronales al Servicio de Seguro Social, no pagar el 2 por ciento del aporte patronal para el financiamiento de las organizaciones campesinas ni tampoco los impuestos por avalúos de propiedades».

El primer punto donde se referían al impago de los aportes patronales al Servicio de Seguro Social tenía que ver con el aporte para el ahorro del fondo de jubilación del trabajador agrícola. Se infiere de esto que en el llamado «Estado burgués» había una preocupación y sentido de responsabilidad social al existir en el país un Servicio de Seguro Social destinado a los fondos de jubilación. La evidencia demostraba que no era necesario llegar a empuñar las armas para ir mejorando las condiciones de vida de la población chilena. Todo era mejorable y faltaba aún mucho camino por recorrer para elevar el nivel de vida de muchos chilenos, pero con un trabajo político responsable y orientado al pacto social dentro de la democracia republicana y representativa que estipulaba la Constitución de 1925; era posible avanzar. Era posible el acuerdo Capital-Trabajo, tan vilipendiado por los socialistas en su Congreso de 1965. Valga señalar que la gran mayoría de aquellos latifundistas que decidieron dejar de pagar el aporte para la jubilación de los campesinos, lo hicieron pues estos últimos ya no eran sus empleados, eran los nuevos posesores de la tierra, por acción de la Reforma Agraria de Eduardo Frei.

La segunda crítica hecha por el MIR fue que los empresarios agrícolas habían dejado de pagar el dos por ciento de aporte para financiar organizaciones campesinas. Al igual que lo anterior, esto demostraba que en la democracia republicana tan odiada por los socialistas y por el MIR, era posible llegar a pactos sociales y acuerdos dentro de los que estaba el hecho de que los mismos patrones financiaran las organizaciones de sus trabajadores del campo. Se dejó de pagar aquel dos por ciento por la misma razón dada anteriormente, los campesinos habían dejado de ser trabajadores dependientes de los latifundistas, se habían convertido en nuevos tenedores de las tierras, por lo que sus antiguos patrones ya no tenían obligación con ellos.

En el tercer punto el MIR criticaba que los latifundistas hubieran dejado de pagar «los impuestos por avalúos de propiedades», es decir, las contribuciones. ¿Cómo podrían los expropiados latifundistas pagar contribuciones por bienes raíces que ya no les pertenecían?

El MIR también se quejaba en su publicación del 12 de mayo de 1970 de las acciones represivas en contra del llamado «movimiento de masas», que en lo concreto eran sus grupos de choque que habían ido organizando en el seno de distintos grupos sociales: pequeño burgueses, estudiantes y un heterogéneo conjunto ideologizado, sin mucha vocación por el trabajo o por el estudio, que afirmaban haber decidido tomar «aquel camino» en sus vidas. También alababa el MIR en 1970 a una supuesta «Iglesia Joven», que habría cambiado las imágenes de San Pedro y San Pablo por las de san Che Guevara y san Camilo Torres. Al leer el texto publicado por el MIR en mayo de 1970 no queda claro hacia donde se quería llegar con tantas divagaciones, pues era una larga cita de hechos para justificar su postura de no ser partícipes de las elecciones y declararle la guerra a la democracia chilena con el llamado a la lucha armada.

La agitación en que estaba Chile, de acuerdo con la visión del MIR, había llegado también a las Fuerzas Armadas, que estarían divididas por una parte en un grupo que operaba con la Central de Inteligencia Americana, CIA, otra facción que estaría propiciando un autogolpe del Gobierno de Eduardo Frei y un tercer grupo que no participaba en ninguno de los dos anteriores, que tendría a su vez una división entre izquierdistas y derechistas. Según el MIR, había en 1970 una abierta deliberación en la oficialidad subalterna y suboficiales. De la forma en que se expresa el texto, dicha deliberación de oficiales jóvenes y suboficiales sería para apoyar las posiciones de la izquierda y ultraizquierda, porque a renglón seguido el MIR acusaba a la «"comandancia en jefe de las Fuerzas Armadas" de haber iniciado una persecución interna atacando a elementos izquierdistas en el interior del Ejército».

Como era y es inexistente el cargo de «comandante en jefe de las Fuerzas Armadas», se entiende que la redacción del MIR se refería al comandante en jefe del Ejército. Recordemos que este cargo lo ocupaba el general René Schneider, quien había reforzado la postura de no intervención del Ejército en los procesos políticos electorales y consecuente con esto, se daba de baja a todo integrante de la institución que se involucrara en asuntos de esa índole, independiente de la tendencia que manifestara.

Basado en todo lo anterior, el MIR terminaba por afirmar que Chile vivía la crisis más grande desde 1930.

Continuaba la publicación mirista exponiendo que los partidos tradicionales de centro se habían dividido, como fue el caso de radicales y democratacristianos. En esto podría leerse un mensaje subliminal orientado a afirmar que en las distintas corrientes políticas había elementos que migraban hacia las posiciones que el MIR tenía, lo que de alguna forma validaría la postura de esta organización en el sentido de no ser parte de los procesos electorales, sino simplemente ir por la insurrección armada.

Terminó la parte del texto destinada a justificar el hecho de no participar en las elecciones presidenciales y negar su validez, reconociendo que el MIR abandonó la institucionalidad, superó su etapa puramente agitativa y verbalista y rompió el equilibrio político al desafiar abiertamente los aparatos represivos. Comenzó a realizar acciones revolucionarias armadas, expropiando el dinero robado al trabajo ajeno por los bancos, desarrolló niveles organizativos clandestinos y comenzó a fortalecerse militarmente.

Con esto quedaba claro que el MIR no reconocía la institucionalidad vigente en Chile, la que buscaba destruir por medio de su creciente organización militar clandestina. Asaltaba bancos y comenzaba a generar un poder militar paralelo al existente en Chile desde los inicios de la República. Es necesario dejar establecido que si el MIR había decidido agredir con la violencia armada a quienes identificaban como sus enemigos internos dentro de Chile, es irrisorio que este movimiento después se quejara por el hecho que dicha violencia armada les viniera de vuelta. Es una extraña forma de ver las cosas, creer que «sólo yo puedo agredir porque mi causa es justa».

Sigamos analizando aquella publicación del Movimiento de Izquierda Revolucionaria: reconocía implícitamente que a la declaración de la violencia armada por parte de la izquierda, necesariamente vendría la respuesta de la derecha.

El MIR declaró que no podía participar en la campaña presidencial porque llevaba casi un año en la ilegalidad y que estaban siendo severamente reprimidos. Afirmaban no quejarse frente a eso, pues era el camino que ellos mismos habían elegido, no obstante inmediatamente se volvían a quejar en contra de la «legalidad», pues de ella sólo habían conocido «la persecución, la tortura y la cárcel».

Expresó el MIR que su tarea en el proceso de elección del nuevo presidente en Chile estaría orientada a aumentar la agitación y a radicalizar la postura política de los militantes de los partidos de la Unidad Popular y que continuaría por el camino ya tomado al que llamaba «atajo revolucionario de la acción armada».

Afirmaba el MIR que en el marco de la elección presidencial se hacía necesario «concientizar al pueblo, organizarlo y prepararlo política y militarmente» para el enfrentamiento que necesariamente debía venir.

También criticaba el programa de gobierno de Unidad Popular, especialmente donde se hacía mención de mantener la actividad de empresas privadas dentro de la economía nacional.

Desde el mismo nacimiento de este conglomerado el MIR se declaró lejano a él en lo programático y por el hecho de buscar llegar a La Moneda por la vía electoral. La acción del MIR estuvo orientada a infiltrar a la Unidad Popular, buscando que los militantes de esta se radicalizaran, apartándose de la lógica democrática republicana que era en definitiva por la que llegaría Allende a La Moneda. (12) (16) (17)

XIX. CONVULSIÓN Y DOCTRINA SCHNEIDER

A casi dos meses de la elección presidencial, el martes 7 de julio de 1970 se efectuó en el Ministerio del Interior la primera reunión para organizar el proceso electoral. La dirigió el ministro del Interior Patricio Rojas y estuvieron presentes el ministro de Defensa Sergio Ossa, los tres comandantes en jefe de las Fuerzas Armadas, el director general de Carabineros, el director general de Investigaciones, el subsecretario del Interior, Patricio Achurra y los directores del Registro Electoral y del Conservador de Bienes Raíces, para planificar las medidas de mantenimiento del orden público y coordinar la acción de los mecanismos electorales.

En paralelo, la agitación y perspectivas de violencia en el país no daban tregua. El director de la Escuela de Paracaidistas del Ejército informó que dos oficiales y catorce suboficiales y clases trabajaban en forma clandestina como instructores militares del MIR, planeaban fugarse de su cuartel en Peldehue con armamentos, municiones y otros equipos. También se comprobó que un subteniente, de apellido Melo, había extraído granadas de mano desde un cuartel militar. El comandante en jefe del Ejército procedió a solicitar la salida de la Institución de dieciséis militares involucrados en estos hechos.

Son innumerables los episodios que en el invierno de 1970 ponían en tensión a Chile, los que ocurrían en todas partes.

El general ya retirado Roberto Viaux no perdía oportunidad para atacar por la prensa al mando del Ejército, esparciendo semillas de indisciplina cuando afirmaba que contaba con el apoyo «de Mayores[3] hacia abajo» en las FF. AA. Lo que demostraba que la asonada de octubre de 1969 no había sido únicamente de carácter «gremial» como afirmó el insurrecto general.

Se sucedían los esfuerzos, tanto de la derecha como de la izquierda, para dividir a las Fuerzas Armadas. En Concepción, el general retirado del Ejército Héctor Martínez Amaro, intentó organizar un partido político con personal retirado de dicha institución, expresando que «aceptaba y reconocía la rebeldía del soldado», buscando desde afuera, introducir una cuña entre el generalato y la oficialidad y suboficialidad. En la misma línea, circulaban numerosos anónimos con mensajes en contra del alto mando del Ejército. El objetivo de tales acciones era interrumpir el normal desarrollo del proceso electoral, ante la alta probabilidad que ganara Salvador Allende, realidad que manejaban militares retirados y elementos de extrema derecha, porque la base de apoyo del candidato Jorge Alessandri estaba convencida que «don Jorge» ganaría.

Por el lado de la izquierda se intentaba infiltrar las Fuerzas Armadas, con el fin de arrastrar a algunos a la causa de la revolución armada marxista. En la zona sur comenzó a circular una publicación clandestina llamada *Mi Sargento*, la que buscaba separar a los oficiales de los suboficiales. En la base aérea de Puerto Montt fue descubierta una célula del MIR con quince reclutas involucrados.

Este mismo movimiento continuó asaltando bancos y distintos tipos de centros comerciales o negocios, con acciones que eran denominadas por los propios elementos del MIR como «expropiaciones».

También colocaba bombas en edificios públicos y en las residencias de políticos de derecha, además de robar armas, municiones y explosivos en dependencias de empresas civiles. En la zona de Valdivia se descubrió una «escuela de guerrillas» que demandó la intervención del Ejército, para que Carabineros después controlara el hallazgo.

El estado de agitación era palpable diariamente y no presagiaba nada bueno. La Central Única de Trabajadores, CUT, hizo una lla-

---

3   Los españoles debemos leer «comandantes», que es el grado equivalente.

mada a paro nacional para el 8 de julio, que fracasó rotundamente. Los rumores que circulaban por ignorancia o mala intención estaban a la orden del día.

El jueves 23 de julio el comandante en jefe del Ejército, general René Schneider, convocó a un nuevo consejo de generales. Estuvieron presentes, además del comandante en jefe, los generales de División Carlos Prats, Manuel Pinochet, Pablo Schaffhauser, Camilo Valenzuela y Francisco Gorigoitía y los generales de Brigada Eduardo Arriagada, Raúl Poblete, José Larraín, Galvarino Mandujano, Augusto Pinochet, Orlando Urbina, Enrique Garín, Manuel Torres de la Cruz, Oscar Bonilla, Ervaldo Rodríguez, José Valenzuela, Alfredo Canales, Héctor Bravo, Mario Sepúlveda, Carlos Araya, Eduardo Cano, Pedro del Río y José Rodríguez.

Después de haberse sometido a discusión el estado de la disciplina y la moral del Ejército, tras quedar probado que Viaux trataba de socavar la obediencia del Ejército a su alto mando, de comprobar las infiltración en las filas y de otras maniobras destinadas a enemistar al Ejército con el Cuerpo de los Carabineros, Schneider entregó el siguiente mensaje a sus generales, según lo que plasmó en sus memorias el general Carlos Prats:

> No son pocos en Chile los que estiman que las Fuerzas Armadas son una 'alternativa de poder'; pero no debemos olvidar lo esencial de nuestro régimen legal, que fija las opciones para llegar al control del poder. En las definiciones constitucionales, no figuran las FFAA como opción y, por el contrario, ellas están definidas como garantía del funcionamiento del sistema, para cuyos efectos cuentan con armas suministradas por el Estado y con mandos políticamente independientes para que puedan accionar de árbitros en el cumplimiento de los preceptos legales. En consecuencia, hacer uso de las armas para asignarse una opción, implica una traición al país; luego, mientras exista régimen legal, las Fuerzas Armadas no son 'alternativa de poder'. La única limitación de este pensamiento legalista está en el hecho de que los Poderes del Estado abandonen su propia posición legal. En tal caso, las Fuerzas Armadas, que se deben a la nación —que es lo permanente— más que al Estado —que es lo temporal—

quedan en libertad para resolver una situación absolutamente anormal y que sale de los marcos jurídicos en que se sustenta la conducción del país.

La llamada «doctrina Schneider» ponía un diáfano límite a la no intervención militar. Para el general René Schneider, el legalismo, el respeto a la Constitución, era aplicable sólo si los Poderes del Estado actuaban dentro de la Constitución y las leyes. De no ser así, las Fuerzas Armadas quedaban en libertad para intervenir y resolver el estado de anormalidad generado. Un aspecto que siempre se ha omitido cuando se habla de la llamada «doctrina Schneider».

El comandante en jefe manifestó finalmente que era altamente probable que ninguno de los tres candidatos obtuviera mayoría absoluta, por lo que, de acuerdo con la Constitución, debería ser el Congreso el que en forma soberana eligiera al próximo presidente de la República y que a las Fuerzas Armadas no le quedaba otra alternativa que apoyar al ciudadano que el Poder Legislativo eligiera como primer mandatario.

Todos los meses anteriores a la elección se caracterizaron por los actos de violencia política perpetrados por el MIR y confrontaciones callejeras entre los partidarios de las tres candidaturas. (16) (21)

XX. ELECCIÓN PRESIDENCIAL
Y SUS EFECTOS INMEDIATOS

Llegó el viernes 4 de septiembre de 1970 y, a pesar de los temores por lo radicalizado que estaba Chile, la jornada se caracterizó por una completa tranquilidad y por el espíritu cívico de los 2.954.799 chilenos que acudieron a votar. Allende obtuvo 1.070.334 votos lo que significaba un 36,22 %; Alessandri obtuvo 1.031.159 votos que correspondían al 34,90 % de los sufragios y Tomic concentró 821.801 sufragios equivalentes al 27,81 % de los votos. Casi lo previsto en el documento que las Fuerzas Armadas entregaron al Gobierno de Frei el 28 de diciembre de 1969 y que el Ejecutivo desdeñó porque esperaba el triunfo de Alessandri. La realidad fue muy distinta.

Al quedar establecido el gran desafío que implicaba para la democracia chilena tomar la decisión entre dos candidatos, uno de los cuales era marxista-leninista, cuyo partido tenía una resolución interna que afirmaba que el proceso electoral era sólo un paso para pasar a la lucha armada y a la toma total del poder, la tensión fue en aumento. Hubo múltiples reuniones entre civiles, entre civiles y militares y entre militares, con presiones, intrigas, amenazas y traiciones hasta desembocar en el magnicidio del comandante en jefe del Ejército, general René Schneider, quien fue víctima de un grupo de derecha que buscaba de esa forma impedir la elección de Salvador Allende en el Congreso; pensaban que si secuestraban al máximo oficial, presionarían al Ejército para que diera un golpe que impediría el resultado previsible del proceso electoral.

A las 11 horas del sábado 5 de septiembre René Schneider invitó a su casa al jefe del Estado Mayor de la Defensa Nacional, su amigo y compañero de curso en la Academia de Guerra, general Carlos Prats . En esa reunión Schneider manifestó su preocupación por lo que podría suceder en los próximos cincuenta días. Según el anfitrión no eran posibles más de cuatro alternativas en la definición del próximo presidente de la República:

—Que el Congreso eligiera a Jorge Alessandri, con apoyo de la Democracia Cristiana; situación que no se salía de los márgenes constitucionales, pues el Congreso debía elegir entre cualquiera de las dos primeras mayorías relativas. Según lo planteado por Schneider, esto pasaba por la renuncia inmediata de Jorge Alessandri una vez elegido, pero esta alternativa de solución podría conducir a una inmediata guerra civil.

—Pacto de la Democracia Cristiana con la Unidad Popular, bajo la condición de mantener con plena vigencia de la Constitución de 1925. Según Schneider, esta solución llevaría al desarrollo de una crisis gradual y creciente, ante la inevitable pugna de los Poderes del Estado.

—Elección de Salvador Allende sin imponer ningún compromiso a este, lo que significaría la implantación de un régimen marxista, que llevaría a una dictadura proletaria o militar.

—Golpe de Estado liderado por Viaux, antes de la definición del Congreso, lo que también arrastraría a Chile a una guerra civil.

Los cuatro puntos anteriores eran sinónimo de una democracia irremediablemente perdida.

Dos días después de reunirse en su hogar con Carlos Prats, Schneider ratificó al cuerpo de generales las ideas expresadas días antes: respaldar la decisión constitucional, informando que los comandantes en jefe de la Armada y Fuerza Aérea sostenían lo mismo.

En la Armada, el mismo 4 de septiembre por la noche, ya conocidos los resultados de la elección, el Servicio de Inteligencia de la Primera Zona Naval, cuyo comandante en jefe era el vicealmirante Hugo Tirado Barrios, informó que a medida que se iban conociendo los resultados de la elección se habían escuchado en cuarteles del Ejército, Fuerza Aérea y buques y cuarteles navales, vivas al «compañero Allende». Este hecho hizo revocar su decisión de renuncia al contralmirante José Toribio

Merino Castro, quien era director de los Servicios Generales de la Armada. Al mismo tiempo, Merino diseñó una estrategia para impedir focos de indisciplina o evidente polarización política dentro de la marinería, que habían sido permeada por la propaganda política de izquierda. Solicitó el almirante Merino la misma noche del 4 de septiembre una audiencia con el comandante en jefe de la Armada, almirante Fernando Porta Angulo, la que le fue concedida para el domingo 6 de septiembre por la mañana. El plan elaborado por Merino era simple pero no fácil. Era necesario hacer saber al senador Salvador Allende, que la Armada simplemente se atendría a lo que señalaba la Constitución y las leyes, en el sentido de aceptar y apoyar la decisión que tendría que tomar, en forma soberana, el Congreso. Esto disminuiría la probabilidad de que emergieran conatos de violencia armada dentro de las filas navales, dada la evidente penetración que había logrado la izquierda en ellas. A las 11:30 del 6 de septiembre se reunieron en Santiago ambos almirantes. Merino le hizo ver su punto de vista a su comandante en jefe y la información con la que contaba, remarcando que sería nefasta la división política de las instituciones armadas, primero porque la ausencia de la política los había mantenido libres de presiones y corruptelas y en segundo lugar porque aquello significaba ni más ni menos entrar en una guerra civil. Porta estuvo de acuerdo con lo planteado por Merino y añadió la necesidad tranquilizar no sólo a la Armada sino a la ciudadanía en general. Tras lo dicho, Merino propuso a Porta que concertara una reunión con Salvador Allende donde participarían él y otro almirante que Porta designara. Porta designó al comandante en jefe de la Escuadra, vicealmirante Raúl Montero Cornejo y en seguida se envió un comunicado a los comandantes de la Armada informando sobre este encuentro para dar a conocer al senador detalles del quehacer naval y sus necesidades futuras.

Aclaraba que a la reunión no acudiría él como comandante en jefe, pues el senador Allende todavía estaba sujeto a confirmación como presidente de la República por parte del Congreso.

Este comunicado interno buscaba evitar intrigas y comentarios malintencionados en medio de un clima de tanta tensión.

El propio almirante Merino habló con algunas amistades para lograr el encuentro con Allende en un lugar por definir del entorno de Viña del Mar. El encuentro se celebró 12 de septiembre. Llegaron los comisionados de la Armada, Montero y Merino, en automóvil particular y vestidos de civil, a un punto de la Avenida Marina, donde los esperaban un grupo de automóviles, que pasarían a ser los célebres Fiat 125 del Grupo de Amigos Personales, GAP, de Allende, que a esas alturas ya velaban por la seguridad del aún no ratificado presidente.

Ambos almirantes, después de los saludos subieron a uno de los automóviles que era parte de una caravana y se dirigieron a Concón, lugar donde ingresaron al Hotel del mismo nombre, dentro del cual, en una cabaña, se encontraba el senador Salvador Allende con los más altos dirigentes de la Unidad Popular, José Tohá, Luís Corvalán, Hugo Fazio, Luis Guastavino, Volodia Teitelboim, Jorge Insunza, Manuel Mandujano, Jorge Molina y Hugo Coloma.

La reunión se desarrolló en un clima de amabilidad y respeto. Allende le manifestó a ambos marinos de su interés por los asuntos del mar, como hombre nacido en Valparaíso. Posteriormente el senador entregó la palabra a los almirantes quienes expusieron aspectos de desarrollo material y necesidades presupuestarias de la Armada. Dicha reunión terminó con un cálido apretón de manos, regresando a Viña del Mar de la misma forma como había sido la llegada a Concón.

Se había cumplido el objetivo planteado por Merino, se divulgaba en los altos niveles institucionales que el Alto Mando Naval se sentaba a conversar con el senador Allende, adelantándose así a posibles contactos de oficiales subalternos, suboficiales o marinería. Esta reunión de Montero y Merino, además de una posterior que tendrían los almirantes Buzeta, Poblete y Weber, daría lugar a una oscura y sórdida acción de tristes consecuencias.

En días previos a la reunión de los almirantes con Allende, el Gobierno ya tenía proyecciones muy desalentadoras en materia económica. El miércoles 9 de septiembre, los ministros de Hacienda y Economía, Andrés Zaldívar y Carlos Figueroa respectivamente, explicaron al ministro de defensa Sergio Ossa Pretot, a los tres comandantes en jefe de las Fuerzas Armadas y al jefe del Estado Mayor de la Defensa Nacional, la coyuntura económica que se había generado tras las elecciones. El informe ratificaba lo expresado el día anterior por el presidente Frei cuando detalló que se había producido un movimiento de pánico bancario con la retirada de doscientos millones de escudos y otro movimiento similar en la Asociación de Ahorro y Préstamo, donde los inversionistas mantenían un fondo por quinientos millones de escudos, a lo que se sumaba el temor por la posible paralización de las inversiones y de las siembras.

Ante los detalles solicitados por los uniformados sobre el impacto que esto podría tener para sus instituciones, Zaldívar y Figueroa agregaron que era posible que los créditos destinados a la adquisición de nuevo material de guerra no fueran cursados o fueran entorpecidos. Algún lector podrá decir: «comenzaba el boicot y el bloqueo de los 'reaccionarios' al futuro Gobierno de Allende». Bueno, como respuesta sólo resta decir que era ilógico pensar que un dueño de tierras agrícolas se inclinara a efectuar una siembra en aquellos meses de septiembre y octubre de 1970 cuando existía una alta probabilidad de que, si llegaba la izquierda a La Moneda, su campo fuera expropiado. Simplemente, la cabeza de aquellos productores estaba centrada en ver qué hacían en el futuro, quedarse en Chile con el campo expropiado o alejarse del país. Lo mismo sucedía en el sector industrial. Nadie iba a proyectar una inversión de ampliación de una planta o de instalación de nuevas unidades productivas sabiendo que en menos de un año dichas unidades productivas dejarían de pertenecerle.

Si uno de los objetivos de esta reunión organizada por el ministro de Defensa era que los Altos Mandos de las Fuerzas Armadas entraran en pánico, no lo consiguieron. Los militares presentes expresaron que la solución estaba en manos del Partido Demócrata Cristiano, y que debían actuar con celeridad para devolver la tranquilidad a los ciudadanos respecto del futuro de Chile. El jefe del Estado Mayor de la Defensa Nacional, general Carlos Prats, sugirió que, como el problema era político y la Democracia Cristiana tenía en sus manos la solución, era aconsejable que la directiva de este partido escuchara la opinión profesional de los altos mandos institucionales. El mismo 9 de septiembre por la tarde, se celebró el encuentro sugerido por Prats. Estuvieron presentes Benjamín Prado, Jaime Castillo, Luís Maira, Renán Fuentealba, Patricio Aylwin, Sergio Ossa, los tres comandantes en jefe y el jefe del Estado Mayor de la Defensa Nacional.

Los dirigentes demócratas cristianos plantearon que no era factible que su partido apoyara a Jorge Alessandri; pues ello podría aumentar la violencia izquierdista, y desencadenaría una guerra civil. Sí veían factible solicitar a la Unidad Popular la firma de garantías de preservación de la democracia republicana y representativa.

Una vez que se conociera la respuesta de Unidad Popular frente al requerimiento de la Democracia Cristiana, se convocaría a la Junta Nacional de este partido para definir la posición en la sesión del Congreso que debía celebrarse el 24 de octubre de 1970.

Los tres comandantes en jefe reiteraron que su posición era respetar y apoyar la decisión soberana del Congreso Pleno. Además, los cuatro uniformados se comprometieron a entregar a la directiva de la Democracia Cristiana un documento para ser incluido en las garantías que se le solicitarían a Allende. Versaba sobre mantener la profesionalidad de las Fuerzas Armadas.

Aquel mismo 9 de septiembre fue publicada en la prensa una declaración de Jorge Alessandri en la que agradecía a sus electores el apoyo que le habían entregado.

Además, parecía enviar un mensaje a los demócratas cristianos, invitándolos a votar por él en el Congreso, pero dejando la puerta abierta para una nueva elección, al afirmar:

> Ellos (quienes lo apoyaron) y el país saben que yo planteé mi candidatura como un plebiscito tendiente (sic) a lograr una profunda modificación de nuestro inadecuado sistema político imperante, que ha impedido solucionar los graves problemas que aquejan a la nación. Para ello se requería una amplia mayoría, la que no se obtuvo. En esta condición me sentiría impedido para ejercer el poder, cualquiera que sea el resultado de los trámites constitucionales que deben cumplirse. En el caso de ser elegido por el Congreso Pleno, renunciaría al cargo, para llamar a una nueva elección. Anticipo, desde luego, en forma categórica, que en ella yo no participaría por motivo alguno.

Esta declaración era un arma de doble filo y fácilmente interpretable como una maniobra pactada entre el candidato de la derecha y los democristianos. El Congreso Pleno elegía presidente de la República a Alessandri, este renunciaba y se llamaba a nuevas elecciones, donde la derecha, con cifras reales en mano, proporcionada por la elección del 4 de septiembre, se prescindía de presentar un candidato y sus votantes apoyarían al candidato de la Democracia Cristiana. Tarde se quiso planear una estrategia que debió ser desarrollada nueve meses antes de la elección. La propuesta de Alessandri provocaría un aumento de la violencia izquierdista en distintos grupos de la sociedad chilena, lo que podría llevar en definitiva a una guerra civil.

Los días se sucedían y las presiones aumentaban, tanto sobre políticos como sobre militares. Un alto oficial en retiro visitó en su oficina al general Carlos Prats para preguntarle si las Fuerzas Armadas optarían por salvar al país del marxismo. Prats le respondió que las tres instituciones estaban por respetar la decisión constitucional del Congreso, a lo que el visitante argumentó que tanto Porta como Guerraty estaban por una intervención militar para salvar la democracia. Carlos Prats argumentó indicando que él asistía a todas las reuniones de los comandantes en jefe y le constaba que tanto el almirante Porta como el general Guerraty estaban en la postura de respetar la institucionalidad. El interlocutor de Prats insistió en que no era así, que «Schneider era el intransigente», para terminar diciendo que algunos pensaban proponer al Gobierno que «hiciera enfermar» a Schneider para que Prats tomara el mando del Ejército. Tales expresiones tuvieron total rechazo de parte del aludido, quien informó de esta conversación a René Schneider.

El domingo 13 de septiembre, al día siguiente de la reunión sostenida con los almirantes Montero y Merino, Salvador Allende pronunció un discurso en una gran concentración de la Unidad Popular, a la que llamaron «La cita de honor del pueblo». Allende advirtió que él daba por hecho su confirmación como presidente y que de no ser ratificado, notificaba al país de las acciones que tomarían:

> El pueblo, que ha sido capaz de triunfar contra el dinero, la mentira, la insidia, la calumnia, es un pueblo que será capaz de gobernar y daremos a todos la lección.
>
> El pueblo sabe ahora defender su victoria.... Si pretenden, en una actitud de 'insanía', provocar una situación que nosotros rechazamos, que sepan que el país se va a parar, que no habrá empresa, industria, talleres, escuelas, hospital o campo que trabaje,

como primera demostración de nuestra fuerza. Que sepan que los obreros ocuparán las fábricas y que sepan que los campesinos ocuparán las tierras. Que sepan que los empleados estarán en las oficinas públicas esperando la voz y el mandato de la Unidad Popular. Que sepan, perfectamente bien, que tenemos el sentido de responsabilidad, pero que sabemos también la fuerza que representa un pueblo disciplinado y organizado. Y reitero que esto que estoy diciendo no implica, óiganlo bien, ni la más leve duda respecto de la actitud que tendrán las Fuerzas Armadas y el Cuerpo de Carabineros de Chile.

La tarea que tenemos por delante, para romper la dependencia política, la dependencia económica y la dependencia cultural, es una tarea de todos los chilenos y fundamentalmente de los auténticamente patriotas, y de los chilenos que tendrán que dirigir esta tarea, darle forma y contenido, los hombres y las mujeres de la Unidad Popular.

El pueblo triunfó. El pueblo defenderá su triunfo. El pueblo gobernará. Ayer dijimos venceremos. Hoy día decimos vencimos, y mañana cumpliremos el programa de la Unidad Popular.

Quedaba claro, que o era ratificado Allende como presidente de Chile o vendrían las medidas de fuerza desde la izquierda. Por otra parte, no se dejarían esperar acciones de la derecha, incluso con apoyo de los Estados Unidos, potencia que no toleraría una nueva Cuba en Latinoamérica.

Por Allende había votado uno de cada tres chilenos y aún así, en sus discursos el senador se arrogaba el apoyo mayoritario del pueblo, lo que por simple aritmética no era cierto. Las fábricas que eran fruto del empuje, creatividad y esfuerzo de chilenos, eran tomadas como moneda de cambio por parte de la izquierda para alcanzar un objetivo político. Un verdadero chantaje al país que menoscababa a quienes habían dado trabajo durante años, utilizando a los trabajadores para imponer una opción política.

Ese mismo domingo 13 de septiembre se desarrolló otro acto, quizás no tan masivo como el que convocó la Unidad Popular, pero no por ello sin importancia. En un teatro en el barrio Independencia de Santiago, el abogado Pablo Rodríguez Grez, brillante académico de la Escuela de Derecho de la Universidad de Chile, siempre vestido de negro, quien poseía una fluida oratoria, dio el inicio al Movimiento Cívico Independiente Patria y Libertad, argumentando que «el pueblo elegirá entre democracia y marxismo» y que el naciente movimiento actuaría «por la razón o la fuerza», parafraseando el lema del escudo nacional chileno. Junto con esto, el empresario Eduardo Boetsch convocó a una reunión en su casa a Pablo Rodríguez, al abogado gremialista Jaime Guzmán y a empresarios como Jorge Fontaine y Hernán Errázuriz, con el fin de diseñar una estrategia comunicativa que apelaría a la pérdida de la nacionalidad si Salvador Allende era elegido presidente de Chile en el Congreso. Enviaron cientos de cartas invocando el sentimiento de chilenidad para impedir el triunfo de la izquierda.

Lejos de Santiago, el 14 de septiembre, hubo una reunión en la Casa Blanca en la que estuvieron el presidente Richard Nixon, el secretario de Estado de los Estados Unidos Henry Kissinger, el presidente de la empresa Pepsi Cola, Donald Kendall, el fiscal John Mitchel y el director de la CIA Richard Helms. También estuvo Agustín Edwards Eastman, chileno, dueño del diario *El Mercurio*, con participación en grupos industriales y por lo tanto poseedor de una cuantiosa fortuna. Edwards había llegado a Estados Unidos inmediatamente después de haber obtenido Salvador Allende la primera mayoría en la elección del 4 de septiembre de 1970; y había fijado su nueva residencia en Connecticut.

Estados Unidos había decidido con mucha celeridad ejecutar un complot para impedir que Salvador Allende fuera elegido presidente de Chile en el Congreso. Lograron comprometer a ministros del Gobierno chileno, a generales, a civiles de ultra derecha y a empresarios que en Chile estaban decididos a interrumpir el proceso electoral.

Según el testimonio del propio Henry Kissinger, cuando Richard Nixon se enteró del triunfo de Allende comenzó a rumiar la idea de impedir que el senador llegara a La Moneda, señalando que «había que hacer algo, cualquier cosa...». Kissinger respondió a las palabras de Nixon señalando «no veo por qué tenemos que sentarnos a ver como un país se vuelve comunista debido a la irresponsabilidad de su propio pueblo». Había una decisión tomada: Chile sería campo de batalla de la Guerra Fría. Posteriormente, el presidente Nixon llamó a su embajador en Chile, Edward Korry, aseverándole el imperativo de tener que «aplastar a Allende».

Como resultado de la reunión del 14 de septiembre, el director de la CIA Richard Helms emitió claras instrucciones a su organización: «No importan los riesgos, meter en la embajada, diez millones de dólares y más si es necesario, dedicación completa, los mejores hombres, plan estratégico, reventar la economía, cuarenta y ocho horas para plan de acción».

De acuerdo con lo que aseveró posteriormente Helms, Nixon dio las órdenes conforme con la descripción que Edwards hizo de la situación en Chile.

Kissinger apostillo que

Un Gobierno de Allende atrincherado crearía considerables pérdidas políticas y sicológicas a los Estados Unidos:

a) Sería una amenaza de cohesión hemisférica.

b) Se consolidaría en el hemisferio un frente de política antiamericana.

c) El prestigio y la influencia norteamericana retrocederían con un correspondiente empuje para la Unión Soviética y el marxismo.

La tensión y el ambiente enrarecido iban en aumento.

Llegaron celebraciones patrias del 18 y 19 de septiembre. Aunque había un ambiente colmado de incertidumbre, estas se transcurrieron como siempre: con el tradicional paseo en carroza abierta del presidente de la República desde La Moneda hacia la catedral de Santiago para asistir al Tedeum y a la Parada Militar en el Parque Cousiño.

El éxodo que vino después obedeció al temor de que con la elección de Allende, Chile se convertiría en otra Cuba. Los políticos que pudieron haber actuado antes del inicio de la campaña, dentro del ámbito que les correspondía, ahora golpeaban en las puertas de los cuarteles para traspasar a los militares la solución del problema que creaba la llegada de un marxista leninista a la Presidencia de la República.

Por su parte, la izquierda continuaba amenazando con la violencia anunciada desde 1965 y que esos días ejecutaba el MIR. Precisamente este movimiento publicó un comunicado de prensa a fines de septiembre de 1970, firmado por su secretario general, Víctor Toro que decía:

Sostenemos que la tarea fundamental del momento es organizarse política y militarmente para la próxima lucha del 24 de octubre. El pueblo, en su movilización y combatividad, debe señalarles categóricamente, desde hoy, a los diputados y senadores que no hay nada que negociar, que Chile ya eligió presidente, que las empresas extranjeras serán chilenas, que los bancos, fundos y fábricas serán de todo el pueblo y que Allende será presidente por la razón o por la fuerza.

El MIR se involucraba en un proceso electoral del que no quiso ser parte, pero en el que veían la posibilidad de presionar sobre el sistema democrático.

El Partido Comunista tampoco se quedó atrás y explicitó sus intenciones respecto de la democracia chilena por medio de expresiones vertidas por el secretario general, senador Luis Corvalán:

La última reforma constitucional confiere al presidente de la República el derecho de convocar a un plebiscito para disolver el Parlamento en caso de conflicto entre ambos. En un momento determinado habrá que hacer uso de esta facultad y abrir paso a una nueva Constitución y a una nueva institucionalidad, a un Estado Popular.

Más claro no se podía estar. El MIR quitándole la libertad al Congreso de decidir soberanamente el próximo presidente de la República, y los comunistas declarando que para ellos la Constitución que estaba vigente tendría que desaparecer, cambiar la democracia representativa por «una nueva institucionalidad». Los comunistas que tanto vociferaban, entonces y en años posteriores, invocando el «constitucionalismo» del general Schneider, pretendían eliminar la Constitución de 1925, que los militares tenían que respetar, mientras ellos y el resto de la izquierda hacía desaparecer la Carta Fundamental.

Las expresiones del MIR y del Partido Comunista acentuaron el éxodo masivo de chilenos. Y también, esas misma expresiones, ratificaban en sus convicciones a quienes conspiraban para impedir, como fuera, que se le entregara la Presidencia de la República a Salvador Allende. Un plan estaba ya en marcha y a menos de un mes de ser ejecutado.

A veinte días de que el Congreso Nacional designara al presidente de la República estaba en marcha en el seno del Partido Demócrata Cristiano la elaboración de los llamados *Estatutos de Garantías Constitucionales* que se discutirían con representantes de la Unidad Popular, para garantizar el respeto a la legalidad vigente y a la Constitución, en un posible Gobierno de Salvador Allende. Si este acuerdo era firmado por Allende, la Democracia Cristiana le daría sus votos en el Congreso Pleno.

A fines de septiembre, la Policía de Investigaciones detuvo a miembros de la BOC[4], entre ellos Abelardo Meza, Enrique Schilling y Luís Meza Llancapán, cercanos a *Patria y Libertad* y a la *Democracia Radical*.

En los primeros cinco días de octubre de 1970 hubo más de quince atentados explosivos en Santiago y en otras ciudades de Chile, incluida una acción que pudo tener consecuencias altamente destructivas cuando se pretendió dinamitar un enorme estanque de combustible para aviones en el aeropuerto de Pudahuel. Además fueron detenidos tres terroristas que portaban cuarenta y dos cartuchos de dinamita en el momento en que preparaban volar un puente, hombres que afirmaron pertenecer a la desconocida Vanguardia Nacional Libertadora.

Múltiples acciones, circunstancias y protagonistas se mezclaron para forzar los acontecimientos destinados a frenar, a última hora, la llegada del marxismo a La Moneda. No se habían tomado las acciones políticas en su momento y ahora por la fuerza de los atentados se buscaba desesperadamente impedir que Salvador Allende fuera ungido como presidente de la República. Lamentablemente, una de estas golpeó profundamente el corazón de la República, ni más ni menos que el homicidio del comandante en jefe del Ejército, general de Ejército René Schneider Chereau.

Después del «tacnazo» del 21 y 22 de octubre de 1969; el principal protagonista de aquel motín militar, el general de brigada Roberto Viaux Marambio, quedó como una figura política a la cual muchos se querían acercar. Roberto Viaux mantuvo protagonismo en los medios de comunicación durante todo el año 1970; criticando sin límites al Alto Mando del Ejército, en particular a su comandante en jefe, general Schneider.

---

4   Brigada Obrera y Campesina, grupo violento de ultraderecha con un nombre de «falsa bandera», que se oponía a la ocupación de fincas e industrias.

El suegro de Viaux, coronel retirado del Ejército Raúl Igualt Ramírez, declaró el 2 de febrero de 1971 ante el tribunal que llevaba la causa por el asesinato de Schneider, unas palabras que recogieron tanto el libro *Bitácora de un Almirante. Memorias* del almirante José Toribio Merino Castro, como el artículo del propio Igualt Ramírez en la revista *Sepa* de febrero de 1971. En ella se afirmaba que el general retirado Roberto Viaux tuvo una intensa actividad durante todo el periodo preelectoral. Por una parte se le propuso que presentara su propia candidatura presidencial y, al no tomar esta decisión, fue buscado tanto por seguidores de Salvador Allende como de Jorge Alessandri, para que apoyara a esos candidatos. El coronel Igualt afirmó que previo a la elección del 4 de septiembre se personaron ante Viaux en representación de Allende, en primer lugar, un capitán retirado de apellidos Carrasco Vilches, quien buscaba concertar una reunión dónde, cuándo y cómo el general quisiera, con el mayor secreto, a fin de obtener el apoyo de Viaux a Allende. Según lo afirmado por Igualt, este se negó por no querer entrometerse en política partidista.

Según Igualt, antes de la elección del 4 de septiembre, visitaron a Viaux los miembros del Comité Central del Partido Socialista Jaime Suárez y Carlos Lazo, el senador socialista Carlos Altamirano y Alfonso David Lebón de la ibañista Acción Popular Independiente, todos buscando conseguir de Viaux el apoyo a Allende. Por el lado de Alessandri, Igualt recordaba a un político de apellido Beeche. El general se negó sistemáticamente a involucrarse pues, según el suegro, ninguno de los tres candidatos iba a entregar a Chile las soluciones que necesitaba.

En fechas posteriores a la elección y estando Chile y sus instituciones sometidos a gran presión por la decisión que debía tomar el Congreso, insistieron con sus visitas a Viaux los emisarios de Salvador Allende. Volvió a presentarse Carlos Lazo y, en un par de ocasiones, visitó el hogar de Viaux, Homero Julio, miembro del Comité Central del Partido Socialista.

En una de aquellas visitas acompañó a Julio, Guillermo Guzmán Ossa y esperó fuera de la residencia, dentro de un automóvil, José Tohá González, primer ministro del Interior de Salvador Allende. Raúl Igualt detalló en su testimonio que él mismo estuvo presente en la conversación de su yerno Roberto Viaux con Homero Julio y Guillermo Guzmán Ossa. Así mismo, el hijo de Raúl Igualt Ramírez, Raúl Igualt Ossa, también fue testigo de la presencia de Tohá en un automóvil en el exterior de la casa

Viaux comentó a su suegro que a cambio del apoyo a Allende se le había ofrecido la embajada de Chile en Estados Unidos o en Argentina, a su elección. Pero que nuevamente se negó a entregar su apoyo, argumentando que no podría colaborar con un Gobierno integrado por el Partido Comunista, no obstante respetar a la persona de Allende y estar dispuesto a trabajar con los socialistas.

Homero Julio manifestó que ellos, los socialistas, tenían conciencia de que en breve plazo los comunistas tratarían de minar las instituciones de la República e incluso de absorber al Partido Socialista. De suceder aquello, aseguró Homero Julio que no lo permitirían y recurrirían a Roberto Viaux. También hubo acercamientos de los partidarios de Jorge Alessandri, buscando que Viaux influyera para que el Congreso eligiera como presidente a la segunda mayoría relativa (la de Alessandri). El retirado general también se negó.

Una vez conocidos los resultados de la elección del 4 de septiembre se hizo evidente que había un sector de la Democracia Cristiana abiertamente anticomunista, en el que se encontraban varios ministros del Gabinete de Eduardo Frei, como Patricio Rojas, ministro de Interior Andrés Zaldívar, ministro de Hacienda; Carlos Figueroa, ministro de Economía y el ministro de Defensa, Sergio Ossa Pretot. Estos aconsejaban al presidente para que encontrara una solución ante la posibilidad de que el marxismo llegara al Palacio de La Moneda.

Raúl Igualt Ramírez aseveró que el vínculo entre el Gobierno de Eduardo Frei y Roberto Viaux fue el abogado Guillermo Carey por tener fácil acceso a Andrés Zaldívar, ya que ambos eran directores de una planta de celulosa en Arauco. A principios de octubre el núcleo de Viaux recibió la información, a través de Carey, de que el presidente había decidido actuar.

La solución de Frei contemplaba una exposición pública del ministro de Hacienda Andrés Zaldívar donde informaría de la pésima situación económica que ya se vivía en el país. Después de esto, renunciarían los ministros de Interior Patricio Rojas, de Hacienda Andrés

Zaldívar, de Economía Carlos Figueroa y de Defensa Sergio Ossa. Esto haría caer todo el gabinete ministerial ante lo cual Eduardo Frei formaría una llamada «Gabinete de Administración» en el que incluiría a amigos personales y militares en servicio activo.

De esta forma se sacaría al general René Schneider de la comandancia en jefe del Ejército y se mantendría la imagen de respeto a la Constitución y las Leyes del presidente como también del comandante en jefe del Ejército. No dejó escrito Raúl Igualt Ramírez qué pasos se darían después que Schneider se integrara en el «Gabinete de Administración».

Al final, expuso el ministro Zaldívar, pero Frei no quiso seguir adelante con el resto del plan. Es importante comparar este testimonio de Igualt con lo escrito por el general Carlos Prats en su libro *Memorias. Testimonio de un Soldado*. Afirma Prats que, sólo cuatro días después de la elección, el martes 8 de septiembre, el presidente Frei reunió a los tres comandantes en jefe y al jefe del Estado Mayor de la Defensa Nacional, Carlos Prats, instancia en la que Frei les informó del mal estado que mostraba la economía del país.

Schneider expresó que la tarea la tenía el Partido Demócrata Cristiano, buscando una solución política que devolviera la confianza al país. Al día siguiente, miércoles 9 de septiembre, se reunieron los tres comandantes en jefe y el jefe del Estado Mayor de la Defensa Nacional con los ministros Zaldívar (Hacienda), Figueroa (Economía) y Ossa (Defensa), donde Zaldívar y Figueroa detallaron la gravedad de la situación económica por la que estaba pasando Chile, algo que alteraría el flujo de divisas a través de créditos internacionales. Independiente de las fechas que consignó Prats, se puede apreciar, en lo fundamental, similitud con lo expresado por Igualt.

Raúl Igualt Ramírez señaló también que a través del abogado Guillermo Carey, Roberto Viaux conoció que el presidente Frei era partidario de un golpe de Estado que considerara su salida del país, mientras gobernara una Junta Militar. De esta forma su imagen de demócrata no se vería afectada dentro de Chile ni en el exterior y podría así volver a la Presidencia de la República sin ser cuestionado. Se hace necesario e interesante comparar este último testimonio de Igualt con lo relatado por Carlos Prats en sus Memorias:

El viernes 25 de septiembre me ocurre lo más insólito que podía esperar de ese tenso juego de muñequeo a que se nos sometía.

A las 09:30, un destacado demócrata cristiano me plantea directamente, en actitud nerviosamente complacida, que ante la intransigencia de Schneider para detener a la Unidad Popular, el presidente Frei estaba dispuesto a que yo encabezara un movimiento que lo derrocara y lo enviara al extranjero. Esto porque había que impedir a toda costa el acceso de los comunistas al gobierno, que 'soportarían dos años a Allende y después tomarían el control total.

En seguida desarrolla su plan: había que 'apoderarse de noche de La Moneda, enviar a Frei al extranjero, cerrar el Congreso, suspender la vigencia de los partidos políticos, utilizar en cargos claves a gente de confianza que ellos podrían señalar y, normalizada la situación, llamar de nuevo a elecciones.

Que el lector evalúe la coincidencia de la «solución» expresada en su testimonio por Raúl Igualt Ramírez y lo dejado escrito en sus *Memorias* por Carlos Prats González.

Dos días antes de esta conversación, acaecida exactamente a un mes de la muerte de Schneider, Frei dijo a Prats que le habían llegado rumores que indicaban que había altos mandos proclives a la intervención, pero que él se mantendría en la constitucionalidad hasta el último día de su mandato y que las Fuerzas Armadas debían hacer lo mismo. No obstante, los testimonios de Igualt y Prats, escritos en tiempos y circunstancias distintos, dan a entender que a finales de septiembre de 1970 ya había un «diseño de solución» que manejaban muchos, incluso dentro del Gobierno, para impedir la llegada de los marxistas a La Moneda.

El lunes 28 de septiembre el general Carlos Prats solicitó al ministro de Defensa Sergio Ossa que lo recibiera en su oficina, oportunidad en la que el alto oficial repitió lo que el representante democristiano le había dicho el viernes anterior. Ossa se mostró muy sorprendido con la información de Prats, quien, además, solicitó al ministro de Defensa que informara de aquello al presidente Frei. De acuerdo con lo relatado por Prats, el ministro, con un ademán de desgano pero con cortesía, descartó la sugerencia de informar a Frei y señaló a Prats que no hiciera caso del estado de nerviosismo de la gente de su partido.

En paralelo se mantenías múltiples reuniones conspirativas, que apoyaban los Estados Unidos, en las que participaron el general retirado Roberto Viaux, el comandante en jefe de la Guarnición Militar de Santiago, general de división Camilo Valenzuela, el comandante en jefe de la Primera Zona Naval y segunda antigüedad en la Armada, vicealmirante Hugo Tirado Barrios, la segunda antigüedad de la Fuerza Aérea, general Joaquín García y el director general de Carabineros, general director Vicente Huerta.

De acuerdo con lo indicado por el coronel en retiro Igualt Ramírez, también participaron en las reuniones él mismo, su hijo Raúl Igualt Ossa, Julio Fontecilla, Carlos Arriagada, Diego Dávila Basterrica, Luis Gallardo Gallardo y Fernando Cruzat, que oficiaba como guardaespaldas de Viaux.

Debatieron el medio más adecuado para justificar una intervención de las Fuerzas Armadas y Carabineros. Decidieron que la mejor alternativa era el secuestro del comandante en jefe del Ejército, René Schneider.

Cuando se hubiera producido, Carabineros efectuaría registros domiciliarios en diversos lugares donde se encontraban armas en manos de la extrema izquierda, que seguramente responderían con enfrentamientos. El rapto de Schneider y la violencia haría que las Fuerzas Armadas tomaran el control gubernamental, asumiendo como vicepresidente de la República el vicealmirante Hugo Tirado Barrios.

A través del contacto entre Julio Fontecilla y Carlos Arriagada se trató de sumar en el complot al general Carlos Prats, pero de acuerdo con el testimonio de Igualt y Prats, este último no quiso responder cuando empezaron a llamarle a partir del 10 de octubre.

Sobre la decisión de instalar como vicepresidente al almirante Hugo Tirado, resulta interesante considerar lo referido por el almirante José Toribio Merino en sus *Memorias*, sobre la forma en que Tirado llegó a la comandancia en jefe de la Armada. De acuerdo con el cargo que se le tenía asignado en el golpe al vicealmirante Tirado, había un escollo importante que resolver y era que Tirado tenía un superior jerárquico, el comandante en jefe, almirante Fernando Porta Angulo. La llegada de Tirado a la vicepresidencia tenía que resultar expedita, sin alterar la estructura jerárquica.

El texto del almirante José Toribio Merino en su obra *Memorias, Bitácora de un Almirante*, deja el siguiente comentario:

> Esta es la declaración, resumida, del coronel Raúl Igualt Ramírez al Tribunal que presidía don Fernando Lyon, Coronel en esa época, a cargo de la investigación. Esto revela claramente todo el plan que hubo para tratar de detener la asunción al poder de la Unidad Popular, y que terminó desgraciadamente con la muerte del general Schneider, que estaba totalmente ajeno a esta posición.
>
> Pero lo importante para nosotros, que estábamos en servicio, es que toda esta acción, en la cual estuvo involucrado el almirante Tirado, nunca fue conocida por el Mando Naval u otras autoridades de la Marina. De aquí que en el caso que hubiesen tenido buen éxito en su propósito, la Marina se habría encontrado frente a un hecho consumado, sin saber que su comandante en jefe, recién nombrado, que llevaba 14 o 15 días en su puesto, había sido uno de los promotores de esta acción para detener el tránsito de la Historia.

Que el lector no deje de tener presente la decisión que habían tomado los organizadores del Golpe de Estado, en el sentido que el almirante Hugo Tirado Barrios fuera quien asumiera la vicepresidencia de la República, una vez que Eduardo Frei hubiese dejado el Gobierno, como resultado del referido Golpe.

Dicho lo anterior, hay que remontarse a la noche del 4 de septiembre cuando el contralmirante José Toribio Merino, a los minutos de haber redactado su renuncia a la Armada, fue informado de la evidente existencia de infiltración marxista en las filas de dicha institución. Merino rompió su renuncia y tomó contacto telefónico con el comandante en jefe almirante Fernando Porta Angulo, solicitándole una entrevista, la que se concretó el día 6 de septiembre. En la reunión que sostuvieron Porta y Merino, este último le planteó a su comandante en jefe la necesidad de conversar con el candidato que había obtenido la primera mayoría relativa en la elección presidencial, es decir, con el senador socialista Salvador Allende Gossens.

De acuerdo con lo conversado previamente a la reunión, los almirantes Montero y Merino elaboraron un informe de lo tratado en el encuentro con el senador Allende y se lo entregaron a su comandante en jefe, almirante Fernando Porta, para que este a su vez lo entregara al ministro de Defensa. En relación a esto último el almirante Porta escribió en sus *Memorias* o testamento, como le llama el almirante Merino al incluirlo en su libro *Bitácora de un Almirante*:

> [...] posteriormente llevé a Ossa dos copias del informe que me pasaron los almirantes Montero y Merino, el que leyó sin comentarios. Yo le manifesté que los almirantes que habían participado en esta reunión habían demostrado valentía moral al dar a conocer las opiniones que sabían que no eran compartidas por los partidos Comunista, Socialista y la Unidad Popular incluso, ya que Allende siempre se había opuesto, en las comisiones de defensa del Congreso a autorizar los ejercicios navales UNITAS, con la Armada de Estados Unidos.

El almirante Fernando Porta en sus *Memorias* deja claro que al ministro de Defensa se le informó en la tercera semana de septiembre de 1970 de la reunión con Allende.

Resulta relevante que en una reunión posterior, es decir, a fines de septiembre, convocada por el ministro de defensa Sergio Ossa, a la que asistieron los generales y almirantes, Ossa expresó estar muy agradecido de los comandantes en jefe, es decir, de René Schneider del Ejército, Fernando Porta de la Armada y Carlos Guerraty de la Fuerza Aérea, por la gran colaboración, lealtad y eficiencia que habían tenido con él y que a su vez encontraba muy convenientes los contactos que generales y almirantes habían tenido con los líderes de Unidad Popular, ocasión en que los altos mandos habían manifestado con claridad el parecer de sus instituciones respecto de los Tratados Internacionales que Chile tenía vigentes y que tenían relación con la Seguridad Nacional, Defensa Continental y asistencia recíproca y en el caso de la Armada, la visión que esta institución tenía en el sentido de la necesidad de mantener a Chile dentro del Tratado Interamericano de Asistencia Recíproca, TIAR, en la Organización de Estados Americanos, OEA, con representantes en la Junta Interamericana de Defensa y que se continuara con el Pacto de Ayuda Mutua, PAM, que se tenía con Estados

Unidos, instancia fundamental para ir renovando el material de guerra. En resumen, la visión de las Fuerzas Armadas en general y de la Armada en particular, era que Chile debía mantenerse dentro de las naciones llamadas occidentales.

Pero, extrañamente, el ministro de defensa, Sergio Ossa, tuvo un inesperado y brusco cambio respecto de la gestión del almirante Porta y sus altos mandos. Acusó a Porta y a la Armada de haber roto las confianzas con las otras ramas de las Fuerzas Armadas, en particular con la Fuerza Aérea, por haber, supuestamente, solicitado a Allende un portaviones para la Marina si el senador socialista era en definitiva ratificado como presidente de la República, lo que era falso.

Es imperioso también considerar las acciones que tomó o quiso iniciar el Gobierno de Eduardo Frei después del triunfo de Salvador Allende y la situación en que quedó la Democracia Cristiana, el partido gobernante. Refiriéndose al Gobierno de Frei, el almirante Fernando Porta plasmó en su escrito lo siguiente, que coincide con las declaraciones y publicación del coronel retirado Raúl Igualt Ramírez:

> Pensaron de inmediato en formar un gabinete ministerial con miembros de las Fuerzas Armadas, aduciendo la situación que se vivía, actos de terrorismo, corrida[5] de Bancos y Asociaciones de Ahorro, etc., etc., con la intención de afirmarse en el poder. El presidente Frei no se atrevió a ello.

De la Democracia Cristiana, Porta dejó escrito:

> El Partido Demócrata Cristiano estaba dividido en dos facciones (eran en realidad tres facciones): una formada por los elementos más izquierdistas que no le hicieron asco a entenderse desde un primer momento con la Unidad Popular.
>
> La otra, formada por elementos más moderados, que exigían el Estatuto de Garantías, que Allende aceptó como medida «táctica» según sus propias declaraciones al periodista francés Debray, tiempo después de asumir el poder. Queda otra facción (esta es la tercera) de la Democracia Cristiana que junto con po-

---

5   Pánico bancario

líticos del Partido Nacional eligió la vieja fórmula de involucrar a las Fuerzas Armadas, convenciendo al general (R) Viaux que encabezara un movimiento en las Fuerzas Armadas para producir un autogolpe, tomar el poder y llamar nuevamente a elecciones, maniobrando en tal forma que saliera elegido el señor Frei. Para ello debían mover en su favor a los miembros de las Fuerzas Armadas, por medio de un operativo civil-militar que raptara al comandante en jefe del Ejército general Schneider y culpar del rapto a la Unidad Popular.

Como se ve, los Demócratas Cristianos no afrontaron su responsabilidad. No les gustaba la fórmula constitucional de votar en el Congreso Pleno por Alessandri, lo que si hicieron los nacionales, y no encontraron nada mejor que involucrar en un acto torpe, mal preparado y peor ejecutado, a las Fuerzas Armadas; y si esto fracasaba, tenían el Estatuto de Garantías.

Pero los políticos, en general, siempre buscan la manera de no involucrarse mucho, especialmente cuando están en la oposición y cuando, debiendo enfrentarse patriótica y resueltamente a la solución de problemas políticos delicados, tratan de envolver a las Fuerzas Armadas para que se los solucionen, manteniéndose apartados de la acción por si, fracasando esta, nuevamente puedan aparecer libres de todo pecado, práctica muy usual en los países latinos.

A buen entendedor, pocas palabras. Regresemos al extraño cambio de actitud del ministro de Defensa de Frei. Ossa parecía estar en un obsesivo estado de obcecación contra la persona del almirante Porta. Este, poniendo sobre la discusión el alto cargo que desempeñaba, solicitó al ministro que retirara las acusaciones en su contra. Sergio Ossa respondió que no lo haría y que las medidas a tomar las decidiría el presidente de la República. El almirante Fernando Porta puso su cargo a disposición del ministro argumentando que no podría seguir ejerciéndolo sin la confianza total del Gobierno. Con una discusión de algunos minutos, astutamente provocada y guiada por el ministro de defensa Sergio Ossa, se estaba logrando el objetivo de eliminar de su cargo al almirante Fernando Porta, a sólo dos semanas del asesinato de René Schneider. Porque el ministro tenía esa intención: no aceptó ninguna explicación, algo incomprensible si se consideran las complejas circunstancias que vivía Chile. Se retiró Ossa de la sala en que estaban y antes que Porta hiciera lo mismo, se acercó a este el general Schneider, y le dijo: «algo se está tramando. Por favor ten paciencia. Esto no puede quedar así, por el bien del país». Lo mismo le expresaron a Porta el comandante en jefe de la Fuerza Aérea Carlos Guerraty y el jefe del Estado Mayor de la Defensa Nacional Carlos Prats.

Cuando Frei nombró a Sergio Ossa ministro de Defensa y durante el año que trabajaron juntos, nunca hubo una desavenencia entre el ministro y el almirante, por el contrario, siempre se trataron los distintos asuntos institucionales e interinstitucionales con total altura de miras. El almirante Fernando Porta afirmó haber sufrido una gran desilusión al constatar la forma incomprensible e intransigente con que Sergio Ossa condujo la situación, pero, tal como intuyó el general Schneider, todo «fue una maniobra para producir mi retiro de la Institución y llevar al cargo al almirante Tirado que junto con el general Viaux y el general Valenzuela, comandante general de la Guarnición de Santiago, más otros uniformados y oficiales en retiro, estaban comprometidos con los políticos para producir el auto golpe», según los recuerdos textuales de Porta.

En la mañana del viernes 9 de octubre, el almirante Porta solicitó audiencia con el presidente Frei y uno de los edecanes presidenciales le comunicó que el Primer Mandatario lo recibiría en la tarde de ese mismo día. Al ir transcurriendo el día y no recibir una confirmación de la audiencia solicitada, el almirante llamó al ministro Ossa para preguntarle sobre su solicitud de ser recibido por Frei, respondiéndole Ossa que el presidente había viajado a Viña del Mar. El ministro de Defensa también señaló al almirante que Eduardo Frei lo recibiría el martes 13 pues el lunes era día festivo, pero que el mismo 13 de octubre debería traspasar su cargo al almirante Hugo Tirado quien asumiría en calidad de provisional hasta que su situación estuviera aclarada y decidida por el presidente.

El sábado 10 el almirante Porta invitó a los almirantes a cenar a su casa en la calle Sánchez Fontecilla. Estos últimos manifestaron que, al haber estado ellos involucrados en la reunión con Allende, harían causa común con su comandante en jefe, pero este negó la posibilidad de aquello pues se vería afectada la Institución. Los amigos personales de Eduardo Frei, almirantes Montero y Buzeta, ofrecieron hablar con el presidente en Viña del Mar. Porta tampoco aceptó e insistió en ser recibido él por Frei, sin obtener resultado positivo. Por la noche de ese sábado 10 de octubre, Eduardo Frei llamó al almirante Montero para citarlo al Palacio de Cerro Castillo. Inmediatamente el almirante Montero informó a Porta de la llamada del presidente Frei y le solicitó que se reunieran al día siguiente, domingo 11 de octubre; en su casa de Las Salinas en Viña del Mar, con los demás almirantes, para informar de lo conversado con el presidente. Montero, en su informe sobre la reunión con Frei, indicó que este se había mostrado muy preocupado por la situación entre Ossa y Porta, argumentando que a ambos les tenía gran estima y que lamentablemente el ministro Ossa le había puesto el cargo a disposición si él optaba por mantener a Porta como comandante en jefe de la Armada.

Pareciera que Frei quiso dar a entender que el conflicto era producto de una especie de incompatibilidad de caracteres entre el ministro y el almirante. Montero agregó que Eduardo Frei había expuesto algunas alternativas: que Porta se fuera en comisión de servicio al exterior o que fuera a pasar revista a la Tercera Zona Naval, con asiento en Punta Arenas, regresando a tomar nuevamente el mando de la Armada el 25 de octubre, precisamente al día siguiente de la sesión del Congreso Pleno donde se elegiría al próximo presidente de la República.

En lo que proponía Frei se mantenía incólume el objetivo de alejar al almirante Porta, no sólo de su cargo, sino también de Santiago e incluso de Chile, pero para que regresara al día siguiente de la trascendental sesión del Congreso. Cabe preguntarse, ¿qué tenía que ver la acusación hecha por Ossa al almirante Porta con la resolución del Congreso Pleno donde se elegiría al nuevo presidente de la República? A simple vista, nada. Lo que si quedaba claro es que Porta debía dejar en su puesto a Hugo Tirado Barrios, quien fue señalado en sus declaraciones por el coronel Raúl Igualt Ramírez como el hombre que asumiría la vicepresidencia de la República una vez ejecutado el complot que incluía el secuestro del general Schneider y un auto golpe con la salida de Frei al extranjero. Así se interrumpía el proceso de elección presidencial que se estaba desarrollando y que culminaba el 24 de octubre con la sesión del Congreso.

Claramente, el presidente Eduardo Frei estaba maniobrando en el mismo sentido que su ministro de Defensa. En esta reunión de almirantes efectuada en la casa del vicealmirante Raúl Montero, el almirante Fernando Porta no tomó ninguna de las proposiciones hechas por Frei manifestando que de Santiago no se alejaría y expresando que el presidente debía tomar una decisión definitiva.

El martes 13 de octubre el Vicealmirante Hugo Tirado fue llamado a Santiago para hacerse cargo de la comandancia en jefe de la Armada. El ministro de Defensa ordenó que se emitiera un mensaje a la Armada informando que por razones de salud, el almirante Porta había dejado en su cargo como jefe sustituto al vicealmirante Hugo Tirado Barrios.

El miércoles 14 de octubre se reunió el Consejo de Almirantes presidido por el comandante en jefe sustituto, oportunidad en la que se tomó la decisión de invitar al ministro de Defensa a ser parte de la reunión. El almirante Rodolfo Vío fue designado para hablar con Ossa e invitarlo a estar presente en este Consejo. El ministro se negó en un principio, informó a Frei lo acordado por los almirantes y el presidente le exigió que se incorporara a la reunión del Alto Mando Naval. Sergio Ossa no tuvo otra alternativa que aceptar la invitación de los almirantes.

Ya incorporado Ossa a la reunión, el primero en interpelarlo fue el contralmirante Ismael Huerta, quien le manifestó la gran preocupación que existía en la Institución por lo que ocurría con el comandante en jefe titular y que deseaba saber del propio Ossa una versión de lo acontecido. Ossa, contradiciendo la razón que el mismo esgrimió para apartar a Porta de la comandancia en jefe de la Armada, argumentó que nada se había resuelto aún respecto del almirante y que por razones de salud había sido apartado de su cargo, pues, según el mismo Sergio Ossa, el almirante Porta estaba enfermo, pero él no lo notaba.

Terminó Ossa señalando que respecto de las reuniones que algunos almirantes sostuvieron con Salvador Allende, él nada tenía que decir y que el problema se circunscribía a diferencias de opinión entre él y Porta, sobre atribuciones jerárquicas, pero que el presidente Frei tomaría decisiones para que todo quedara arreglado. Juzgue el lector el proceder del ministro de Defensa en esta secuencia de intrigas.

Desde el día en que comenzó la operación para sacar a Porta, la Armada había decidido enviar a cinco hombres armados con fusiles y armas cortas al hogar del almirante. Además, se reforzó la guardia de Carabineros, aumentando de uno a cinco los destacados en el exterior de la casa del almirante. Estos, además de retener la cédula de identidad de los visitantes a la casa, investigaban a cada uno de ellos. El mismo día del desarrollo del Consejo de Almirantes, el miércoles 14 de octubre, visitó al almirante Fernando Porta el general René Schneider, comandante en jefe del Ejército. Los carabineros quisieron retenerle la cédula de identidad al general pero este no lo permitió. Una vez en el interior de la casa, Porta informó en detalle a Schneider todo lo sucedido. El general emitió un intuitivo y premonitorio comentario al almirante: «algo va a pasar y hay que tener cuidado». Schneider comentó que él y el general Guerraty se habían entrevistado con Frei para hablar sobre su caso. Frei les señaló que se encontraba con el problema de la intransigencia de Ossa y su deseo, como presidente, de que Porta continuara en su puesto. Schneider y Guerraty ofrecieron hablar con el ministro, pero al tocar el asunto con Ossa, este cortó de inmediato la conversación. El objetivo de sacar a Porta no había cambiado y Ossa se negaba a dialogar sobre el asunto. Era evidente que había una muy poderosa razón para esto.

Al día siguiente, jueves 15 de octubre, Frei recibió a las 9 de la mañana en su casa al almirante Fernando Porta, quien se presentó vestido de civil. El presidente se mostró muy amargado por lo ocurrido y señaló que se tomara todo el tiempo que quisiera para contarle lo acontecido. Porta relató todos los hechos ocurridos desde el 4 de septiembre, mientras Frei tomaba nota y manifestaba no saber todo lo que oía. Es decir, se sobrentiende que el ministro Ossa no le transmitió al presidente la real situación de Porta. Después de dos horas, el almirante señaló a Eduardo Frei que solicitaba una decisión: o reasumía de inmediato en su cargo o se retiraba definitivamente del servicio, aduciendo su dignidad personal, el prestigio del alto cargo que ocupaba y también, los inconveniente de la situación en que se encontraba a pocos días de celebrarse un acto de tanta trascendencia para la vida nacional como el que tendría lugar en el Congreso.

Frei le aseguró a Porta que su situación quedaría clara en menos de dos horas, que se sentía muy disgustado por la forma en que se le había tratado y que el ministro Ossa era el más testarudo y porfiado que tenía en el Gabinete. Porta le agradeció a Frei sus palabras y le señaló que quería acompañarlo hasta el último día de su mandato, recordándole así mismo la lealtad que tuvo con él durante el amotinamiento del Regimiento Tacna en octubre del año anterior.

A pesar de las buenas palabras, Eduardo Frei ratificó en el cargo de comandante en jefe titular de la Armada al almirante Hugo Tirado Barrios, quien estaba comprometido en el complot para secuestrar a René Schneider y producir el auto golpe, con lo que Fernando Porta Angulo pasó a retiro total.

A una semana del atentado que sufriría el comandante en jefe del Ejército, general René Schneider, Hugo Tirado Barrios estaba en el cargo que debía ocupar para pasar sin inconvenientes a ser vicepresidente de la República una vez consumado el golpe.

A las 08:30 horas del jueves 22 de octubre sonó el teléfono interno en la oficina del general Carlos Prats, quien contestó la llamada. Del otro lado estaba el ayudante del general Schneider, teniente coronel Santiago Sinclair, quien muy conmocionado informó a Prats que el comandante en jefe del Ejército había sido herido de bala gravemente y que había sido trasladado al Hospital Militar.

Dos días antes de la sesión del Congreso se había intentado secuestrar a René Schneider, pero los secuestradores, incapaces de reducir al general, le habían disparado. Con esto se frustraba el plan de auto golpe para instalar al almirante Hugo Tirado como vicepresidente de la República.

Los generales Carlos Prats y Manuel Pinochet, acudieron inmediatamente al Hospital Militar donde el malogrado comandante en jefe del Ejército estaba siendo sometido a una intervención quirúrgica de máxima gravedad.

Ambos generales lograron conocer con mayor detalle lo ocurrido. Un grupo de automóviles rodeó el Mercedes Benz oficial en que se desplazaba Schneider. Al quedar este vehículo inmóvil procedieron a romper los vidrios traseros con un objeto contundente. El grupo de jóvenes terroristas se percató que el militar se aprestaba a usar su arma de servicio por lo que dispararon sobre él (las armas cortas) y huyeron.

Vale citar en forma textual los sentimientos que dejó expresados en sus Memorias el general Carlos Prats:

Veo el cuerpo inconsciente de Schneider, inmóvil sobre la camilla, con su rostro hecho mármol y su busto bañado en sangre. Uno de los tres balazos le había perforado los pulmones, le rozó el corazón y le destrozó su hígado.

Siento un intenso dolor ante la tragedia del gran amigo y me siento como si rodara por un negro precipicio en medio de una vertiginosa iluminación de imágenes siniestras en que se alternan multitudes enloquecidas y despavoridas que gritan desaforadamente en medio del agudo traqueteo de ametralladoras y el ronco estallido de bombas.

Cuando logro sobreponerme a esos instantes de desesperación, pienso en mi deber ineludible de ocupar de inmediato el sitial de mando del soldado caído y comprendo la trascendencia de actuar con la serenidad, decisión y rapidez con que él lo habría hecho, antes que los acontecimientos me sobrepasen.

Carlos Prats llamó inmediatamente al comandante general de la Guarnición de Santiago, general Camilo Valenzuela, quien se encontraba totalmente abatido. Prats supuso que el estado de ánimo de Valenzuela se debía a la impresión por la tragedia que se estaba viviendo. Acto seguido ordenó al general Manuel Pinochet que se trasladara al Ministerio de Defensa y tomara contacto con Valenzuela para que lo apoyara en las distintas acciones a tomar. Prats también tomó contacto con el jefe de Estado Mayor del Ejército, general Pablo Schaffhauser y le ordenó que dispusiera el acuartelamiento general del Ejército en todo el país y que se mantuviera en contacto con los comandantes de División en las provincias.

A las 10:00 horas se personó en el Hospital Militar el presidente Eduardo Frei acompañado por el ministro Ossa y las esposas de ambos. Frei se manifestó profundamente impresionado ante Prats, quien le informó las medidas que ya había tomado. El presidente le confirmó a Prats puesto en la comandancia en jefe del Ejército como autoridad accidental.

A las 11 de la mañana el general Prats se reunió con todos los generales de la Guarnición de Santiago, entre los que percibió un sentimiento de indignación. El grave atentado al superior jerárquico y camarada de armas se interpretó como un vejamen al Ejército.

Carlos Prats instruyó al Juez Militar, general Orlando Urbina para que abriera de inmediato la investigación para esclarecer el hecho, nombrándose como fiscal al teniente coronel Fernando Lyon.

A las 11:30 horas se inició una Junta de comandantes en jefe presidida por el ministro de Defensa que tuvo como resultado una declaración pública firmada por el ministro de Defensa Sergio Ossa Pretot, el comandante en jefe accidental del Ejército, general de división Carlos Prats González, el comandante en jefe de la Armada, almirante Hugo Tirado Barrios y el comandante en jefe de la Fuerza Aérea, general del Aire Carlos Guerraty Villalobos:

Santiago 22 de octubre de 1970.

La Junta de comandantes en jefe, reunida extraordinariamente en la mañana de hoy, presidida por el señor ministro de Defensa Nacional, acuerda condenar y repudiar con la máxima energía el cobarde atentado de que ha sido víctima, en la mañana de hoy, el comandante en jefe del Ejército, señor general don René Schneider Chereau.

Dicho atentado no sólo afecta al Ejército de Chile, sino a las tres Instituciones Armadas, las que lo califican solidariamente como un vejamen a dichos Institutos.

Advierte a toda la ciudadanía que acciones tan deleznables como esta, no harán variar su reiterada y permanente actitud de cumplimiento cabal de su misión.

La Justicia Militar inició de inmediato la investigación de estos hechos con el máximo de sus atribuciones, para sancionar inexorablemente a los culpables directos e indirectos. Por su parte, las tres Instituciones Armadas emplearán todos sus recursos para colaborar a su total esclarecimiento.

En este comunicado se hacía público el compromiso de las Fuerzas Armadas de mantener su posición de cumplimiento de la obligación constitucional que tenían y se señalaba que se llegaría a los culpables de tan desgraciado acto. El plan se caía por sí solo. Terminada la reunión de la Junta de comandantes en jefe, el general Carlos Prats se reunió con el general retirado Emilio Cheyre, quien actuaba como Coordinador de Inteligencia entre los Ministerios del Interior,

Relaciones Exteriores y Defensa Nacional. Prats le solicitó a Cheyre que aceptara la Dirección de la Policía de Investigaciones, si se lograba que el presidente Frei le ofreciera ese cargo.

Con la aceptación de Cheyre, Carlos Prats expuso el asunto al ministro Ossa, y solicitó que hablara con el presidente al respecto.

A las 16 horas de ese fatídico 22 de octubre de 1970 se llevó a cabo en La Moneda una sesión del Consejo Superior de Seguridad Nacional, CONSUSENA. El general Carlos Prats planteo la necesidad de una estrecha colaboración y coordinación entre la Policía de Investigaciones y los Servicios de Inteligencia de las Fuerzas Armadas. Seguido esto, el director de la Policía de Investigaciones Luis Jaspard da Fonseca puso su cargo a disposición del presidente, considerando las complejas circunstancias que se vivían, las que demandaban un trabajo con la mayor eficacia y coordinación.

Frei agradeció la disposición de Jaspard y nombró en el cargo al general Cheyre.

Se decidió declarar a varias provincias como zonas en Estado de Emergencia, suspensión de vuelos de aviones civiles y el control de puertos, aeropuertos y pasos fronterizos. (3) (16) (18) (19) (21) (27) (28)

XXI. ALLENDE PRESIDENTE.
CONDICIONES DE UN COMIENZO

El 24 de octubre se reunió el Congreso Pleno para elegir al próximo presidente de la República de Chile. El resultado fue de 153 votos para Salvador Allende, obtenidos de los partidos de la Unidad Popular y de la Democracia Cristiana, 35 votos para Jorge Alessandri y 7 votos en blanco. A las 13 horas, el presidente del Senado, Tomás Pablo Elorza, anunció:

> Con motivo de la votación producida, el Congreso Pleno proclama presidente de la República para el periodo comprendido entre el 3 de noviembre de 1970 y 3 de noviembre de 1976 al ciudadano Salvador Allende Gossens. Se levanta la sesión.

En elección popular, libre e informada, más la ratificación constitucional del Congreso Nacional, como imponía la situación electoral producida, los chilenos habían elegido y designado, como presidente de la República, al ciudadano doctor Salvador Allende Gossens, lo habían designado democráticamente en el cargo de «jefe supremo de la Nación», como lo explicitaba la Constitución de 1925 en su Artículo 60 y le habían confiado al doctor Salvador Allende «la administración y gobierno del Estado», como señalaba la misma Constitución vigente en 1970 en su Artículo 71. El pueblo, de acuerdo con la Constitución, le había dado a Salvador Allende y sólo a él, el cargo de Jefe Supremo de la Nación para que administrara y gobernara el Estado de Chile. Cualquier otra forma de Gobierno que se intentara era inconstitucional. Recordemos que Salvador Allende, en el momento de ser elegido candidato presidencial de la Unidad Popular aceptó que las decisiones y las acciones no las tomaría el presidente de la República, sino «plural e integradamente» por la totalidad de los partidos de la Unidad Popular, a través de un Comité Político donde estarían representadas todas las fuerzas. Este compromiso, mientras Salvador Allende fuera candidato, no tenía mayor importancia, pero una vez ratificado como «jefe supremo de la Nación» a quien se le había confiado «la administración y gobierno del Estado» se volvía inconstitucional, pues la ciudadanía y el Congreso no habían entregado el Gobierno de Chile a un Comité Político, sino al ciudadano Salvador Allende Gossens. Por lo tanto, Salvador Allende asumió el mandato que le dio el pueblo de Chile transgrediendo la Constitución vigente. En la práctica, tal condición inconstitucional del Gobierno de la Unidad Popular fue muy perjudicial para el propio Gobierno y para la gestión presidencial de Allende. Cuando Allende debió contar con total autonomía para tomar decisiones de alta relevancia para superar la grave crisis de Chile, aquel Comité Político de Unidad Popular no se lo permitió.

Había terminado un proceso electoral colmado de desconfianzas, agresiones verbales, contradicciones y lo peor y más dramático, con un atentado mortal.

La mañana del día 25 de octubre, muy temprano, se confirmó el fallecimiento del general Schneider. Nada pudieron hacer los médicos ante la gravedad de las lesiones que provocaron en su cuerpo las tres balas. Chile completo se conmocionó. El general Carlos Prats plasmó en sus *Memorias* el siguiente recuerdo:

> Contemplo acongojado su noble rostro y experimento una pena indescriptible, mientras médicos y enfermeras atienden el cadáver del querido amigo de tantos años y excelso cultor[6] de las más nobles virtudes militares. Siento que mi dolor personal se agudiza gradualmente en este instante desgarrador y experimento una extraña sensación de angustia y soledad ante el presentimiento de días borrascosos para el Ejército y la Patria.

---

6   Cultivador.

A medio día de ese domingo 25 de octubre, acompañados del presidente Eduardo Frei y el ministro de Defensa Sergio Ossa, los generales del Ejército trasladaron los restos del fallecido comandante en jefe al hall central de la Escuela Militar Bernardo O'Higgins, donde se levantó una capilla ardiente en la que estuvieron presentes todos los generales de la Guarnición de Santiago, gran cantidad de otros militares, el presidente Eduardo Frei, la viuda de Schneider, Elisa Arce y los hijos del malogrado general, entre los que destacaba Víctor, un joven cadete militar de 15 años, enfundado en su uniforme, flanqueado por dos generales y sentado frente al féretro en cuyo interior estaban los restos de su padre.

Se hicieron presentes también en la capilla ardiente el presidente electo, Salvador Allende y el expresidente Jorge Alessandri.

Allende señaló a los medios de comunicación:

Comparto la justa indignación de las Fuerzas Armadas y del pueblo por este crimen deleznable y comprometo mi palabra de hombre y de gobernante de impulsar todas las acciones y de agotar todos los medios para sancionar en la forma más ejemplar a los responsables.

Por su parte Alessandri expresó:

Nunca en mi larga vida creí que pudiera ocurrir en Chile algo tan alevoso. Es lo más vil que he visto. Les ruego no me pidan mas declaraciones, porque estoy muy impresionado.

Por su parte, el presidente Eduardo Frei declaró:

Las palabras sobran para referirse a este horrible crimen que ha hecho perder al comandante en jefe del Ejército. El general Schneider simboliza todo lo noble que tiene el Ejército de Chile. Es algo muy doloroso para el país y también personalmente para mí. El Ejército ha perdido un gran soldado; Chile, un gran chileno, y yo, un gran amigo.

Por supuesto, también se hizo presente el general Camilo Valenzuela Godoy, con el rostro dolorido señaló a los periodistas:

> Mi sentimiento como militar, tal como le dije a su compañero acá, no hay palabras ni adjetivos como calificarlo, porque son tan terribles, tan profundos y tan sinceros...

Y se alejó de los medios informativos.

El lunes 26 de octubre a las 8:10 de la mañana, escuchándose los sones de la marcha «Yo tenía un camarada», los generales retiraron desde la sala central de la Escuela Militar el féretro donde reposaban los restos de Schneider, para que estos fueran trasladados a la Catedral de Santiago. Al arribar a la catedral media hora después, esperaban a la columna mortuoria unidades militares de Santiago, las que presentaban armas bajo el sonido de la marcha fúnebre. Mientras se desarrolló la misa de réquiem, en las afueras de la catedral como en toda la Plaza de Armas de Santiago, se congregó una enorme masa humana para manifestar su pesar por el cobarde crimen que hería en lo más profundo a Chile. El traslado de los restos de Schneider desde la catedral hacia el Cementerio General de Santiago no se efectuó en auto cubierto, sino en una carroza descubierta que iba flanqueada por cadetes de la Escuela Militar, de la Escuela Naval, de la Escuela de Aviación, de la Escuela de Carabineros y dragoneantes[7] de la Escuela de Suboficiales. El pueblo homenajeó al general con enormes y sinceras muestras de cariño y gran dolor.

Detrás de la carroza caminaban, entre otros, el presidente Eduardo Frei, el presidente electo Salvador Allende y el presidente del Senado, Tomás Pablo.

Dentro del cementerio, en presencia del presidente Eduardo Frei, del presidente electo Salvador Allende, del comandante en jefe del Ejército accidental general Carlos Prats y ante los silenciosos restos del general Schneider, hizo uso de la palabra el ministro de Defensa Sergio Ossa Pretot:

---

7   Alumnos de escuelas militares que desempeñan interinamente cargos superiores a su graduación.

El general Schneider, por su vida y por su muerte, es un símbolo de lo mejor y de lo más puro que un hombre puede entregar a la Institución a la que consagra su existencia.

La investigación dirigida por el Fiscal Fernando Lyon y el general retirado Emilio Cheyre, con la participación de los mejores detectives de la Policía de Investigaciones, coordinados con los Servicios de Inteligencia de las Fuerzas Armadas, pronto dio buenos resultados. Comenzaron a aparecer los nombres de los implicados en el cobarde complot: Roberto Viaux Marambio, Camilo Valenzuela Godoy, Hugo Tirado Barrios, Raúl Igualt Ramírez, Raúl Igualt Ossa, Vicente Huerta Celis, Julio Fontecilla, Fernando Cruzat y León Cosmelli.

Obviamente también quedó identificado el grupo que actuó en contra de Schneider, el cual estuvo integrado por Allan Cooper, Juan Luís Bulnes, Julio Izquierdo Menéndez, Diego Izquierdo Menéndez, Carlos Silva Donoso, Carlos Ernesto Labarca Metzger, Andrés Widow, Luís Gallardo Gallardo, Jaime Requena Lever, José Melgoza Garay, Edmundo Berríos, Julio Bouchon Sepúlveda, Juan Diego Dávila Basterrica y Mario Montes Tagle. Fueron los integrantes del grupo que tenía como misión secuestrar al general Schneider para llevarlo a una casa de seguridad previamente habilitada.

Sólo unos unos días después de las elecciones del 4 de septiembre, el presidente de Estados Unidos Richard Nixon había ordenado textualmente al director de la CIA, Richard Helms, «evitar que Allende asuma el poder».

Junto con la asfixia económica, la CIA tomó contacto con tres grupos en Santiago, integrados por civiles y militares, grupos independientes entre sí, pero que tenían en común el ser nacionalistas de ultraderecha. El primero estaba liderado por el comandante de la Guarnición de Santiago, general de división Camilo Valenzuela Godoy, el segundo grupo liderado por el general retirado Roberto Viaux Marambio y un tercer grupo integrado por nacionalistas de ultra derecha integrantes del *Movimiento Cívico Patria y Libertad.*

El grupo encabezado por Valenzuela gozó de la confianza de la CIA por lo que le fueron suministradas subfusiles, munición, granadas de gas lacrimógeno y cincuenta mil dólares. Los grupos actuaron coordinadamente, de acuerdo con lo declarado por el coronel retirado Raúl Igualt.

Hubo tres intentos de secuestro de Schneider. El primero, ejecutado por el grupo dirigido por el general Camilo Valenzuela, se intentó la noche del 19 de octubre al término de una cena en que los generales de la Guarnición de Santiago celebraron a René Schneider por cumplir un año de estar a la cabeza del Ejército. Todos los asistentes se presentaron de civil y Schneider tomó una decisión importante que hizo fracasar el atentado: concurrió en su automóvil particular y no en el Mercedez Benz oficial de la comandancia en jefe del Ejército, lo que confundió a los terroristas y perdieron la oportunidad.

El día 20 de octubre hubo un segundo intento también ejecutado por el grupo que lideraba el general Camilo Valenzuela, intento que también falló. Ante esto, el grupo de Roberto Viaux, que operaba en paralelo, consiguió sus propias armas y obtuvo apoyo financiero de Estados Unidos. Decidió ejecutar un tercer intento, contrarreloj, que quedó fijado para el 22 de octubre en la mañana, el que tuvo el fatídico resultado ya descrito.

Valga decir que las armas entregadas al grupo de Camilo Valenzuela nunca se utilizaron y fueron devueltas a la CIA, pero de los cincuenta mil dólares nunca más se supo.

Una conspiración ejecutada por la extrema derecha nacionalista, pero en la que esta no estuvo sola.

El 3 de noviembre de 1970 a las 11 horas se inició en el salón Plenario del Congreso Nacional en Santiago, el acto en que el democristiano Eduardo Frei entregó el mando de la nación al socialista Salvador Allende. Se instalaba en Chile el proyecto que Allende bautizó como «socialismo con sabor a empanada y vino tinto», que significaba una revolución dentro de la institucionalidad chilena, distinta a la Rusia bolchevique y Cuba de Fidel Castro.

En el texto introductorio a la exposición del Programa de Gobierno de la Unidad Popular, quedó expresada esta relevante afirmación:

> Apoyar al candidato de la Unidad Popular no significa, por tanto, sólo votar por un hombre, sino también pronunciarse en favor del reemplazo urgente de la actual sociedad que se asienta en el dominio de los grandes capitalistas nacionales y extranjeros.

Con esto, la Unidad Popular le dio, unilateralmente, un carácter plebiscitario a la elección presidencial de 1970; pues la ciudadanía estaría decidiendo si apoyaba el «reemplazo urgente» de la sociedad chilena, no sólo a un candidato. Es importante recordar entonces que sólo el 36 % de los chilenos votó por Salvador Allende y por lo que la Unidad Popular proponía; el 4 de septiembre de 1970; por lo tanto, el pueblo de Chile mayoritariamente se pronunció en contra «del reemplazo urgente de la actual sociedad que se asienta en el dominio de los grandes capitalistas nacionales y extranjeros».

Allende y Unidad Popular siempre parecieron obviar que un 64 % de los chilenos no los votó y sólo llegó a ocupar Allende la Presidencia por la vía constitucional. Ni Allende ni la propuesta de Unidad Popular tuvieron el apoyo mayoritario del pueblo.

El Programa de Gobierno de la Unidad Popular definía un «Nuevo orden institucional» para Chile, llamado «Estado Popular». Este contemplaba el cambio de la Constitución de 1925 y la eliminación del Congreso Nacional, que sería reemplazado por una Asamblea Popular unicameral. Esta nueva estructura de poder se concretaría a través de la «movilización organizada de las masas».

Sin tener el respaldo mayoritario del pueblo, a la Unidad Popular no le quedaba otra que presionar con sus partidarios organizados en las calles para realizar los cambios, porque en el Congreso Nacional no tenía mayoría y los cambios necesariamente tendrían que comenzar en el Congreso o por medio de un golpe violento. Objetivamente no había otra alternativa.

En lo económico, Unidad Popular pretendió llevar a cabo cambios destinados a eliminar la participación privada en la producción del país, obviamente bajo la teoría de que dicha presencia de capitales privados era el causante de todas las desgracias que tenía Chile. De esta forma se definió un Área de Propiedad Social o 100 % estatal donde estarían la gran minería del cobre, hierro, yodo, salitre y carbón mineral, la Banca y Compañías de seguros, el comercio exterior, las grandes empresas de distribución y monopolios industriales estratégicos. De esta forma quedarían en total poder del Estado la

[...] producción y distribución de energía eléctrica, el transporte ferroviario, aéreo y marítimo; las comunicaciones; la producción, refinación y distribución del petróleo y sus derivados incluido el gas licuado; la siderurgia, el cemento, la petroquímica y química pesada, la celulosa, el papel.

Se mencionó también el Área de Propiedad Privada donde estarían las empresas de menor tamaño y un Área de Propiedad Mixta, donde se suponía que compartirían el control el capital privado y el estatal. Con el tiempo estas dos últimas áreas no se respetaron y activistas de izquierda, principalmente del MIR, ocuparon pequeñas plantas mineras, de producción de alimentos y otros, ante la impotencia de sus dueños y la pasividad del Gobierno para terminar con el ilícito.

Estas tres Áreas de la Economía nunca tuvieron existencia legal, el Gobierno requisó los medios de producción por medio de decretos que justificaba con el supuesto hecho de que una determinada empresa no estaba cumpliendo con los objetivos para los que había sido creada. Una permanente y estéril lucha hubo en el Congreso entre Unidad Popular y la oposición buscando dejar definidas en un cuerpo legal las tres áreas de la economía que había mencionado el Gobierno. La ausencia de un texto legal fue un factor importante en la paralización gradual de la producción nacional.

Respecto de la Reforma Agraria, el Programa de Gobierno de la Unidad Popular tenía como objetivo acelerar el proceso de expropiación de la tierra, incluyendo no sólo las fincas que estaban sin ser explotadas, sino también aquellas que el trabajo de empresarios agrícolas y campesinos tenían en producción. Se expropiarían también los animales y maquinarias, es decir, se comenzaba a desarrollar la usurpación de bienes de capital y el fruto del trabajo positivo de la tierra como es el ganado. Ya no se aplicaría sólo el ordenamiento territorial de los campos para aumentar la producción, según los conceptos básicos de la Reforma Agraria. Textualmente el Programa de la Unidad Popular al respecto decía lo siguiente:

Aceleración del proceso de Reforma Agraria expropiando los predios que excedan a la cabida máxima establecida, según las

condiciones de las distintas zonas, incluso los frutales, vitivi-
nícolas y forestales, sin que el dueño tenga derecho preferencial
a elegir la reserva. La expropiación podrá incluir la totalidad o
parte de los activos de los predios expropiados (maquinarias,
herramientas, animales, etc).

Había anunciado en su Programa de Gobierno que les quitarían
hasta los animales y maquinarias a los agricultores, y después Allende
les reprochaba no seguir produciendo, dejando implícitamente establecido que se trataba de saboteadores cuando en realidad eran productores que ya no tenían incentivo para producir.

El sabotaje a la estructura productiva de Chile era más bien quitar-
les maquinarias, herramientas y animales a quienes con el trabajo y
empuje de muchos años, los habían adquirido y/o producido.

En el plano de relaciones internacionales, el Gobierno de la Unidad
Popular estaba por profundizar el «latinoamericanismo», no el pana-
mericanismo donde estaba incluido Estados Unidos, aumentar las relaciones con los países de la órbita socialista y el alejamiento de Estados
Unidos, desahuciando el Pacto de Ayuda Mutua, PAM y el Tratado
Interamericano de Asistencia Recíproca, TIAR. Con esto se ratificaba
la convicción de abandonar el hemisferio occidental y sumarse, aunque
desde muy lejos, al hemisferio oriental de la órbita comunista soviética.

Aquello de desahuciar el PAM y el TIAR no era aceptado por las
Fuerzas Armadas, pues las tres ramas se nutrían de material de guerra estadounidense y esto le fue expresado por el mundo castrense a
Salvador Allende cuando aún era el candidato que había obtenido la
primera mayoría relativa en la elección de septiembre de 1970. Se le
señaló con claridad que era vital para las Fuerzas Armadas mantenerse
en el hemisferio occidental, lo contrario debilitaba la Defensa Nacional.
La extrema ideologización de los dirigentes de la Unidad Popular no les
permitió a estos hacer una correcta evaluación del escenario geopolítico mundial, evitando entrar en conflicto con Estados Unidos en su
búsqueda del esquivo y nulo patrocinio de la Unión Soviética.

Eran estas declaraciones del Programa de Gobierno de la Unidad
Popular, condimentadas con una permanente terminología militar:
«combate», «combatientes», «actitud de alerta y combatir sin tregua».

Un mensaje implícito en el que se demostraba que había voluntad de ir al choque, «sin tranzar[8]», como la misma izquierda vociferó durante los tres años en que estuvo en La Moneda. Que otros chilenos no estuvieran de acuerdo con su proyecto daba lo mismo, había que imponerlo como fuera porque ellos eran poseedores de la verdad revelada.

Se daba un complejo panorama para un Gobierno que pensaba llevar a cabo radicales cambios en lo interno y externo, considerando que tenía el apoyo de sólo un tercio de los chilenos.

En octubre de 1970 la economía de Estados Unidos vivía momentos de alta complejidad en cuanto a inflación y desempleo, situación que no experimentaba desde la gran crisis de 1929; con pérdida de presencia en los mercados mundiales y balanza de pago negativa. Como contraparte, Europa Occidental y Japón seguían mostrando su milagro económico de posguerra, con altas tasas de crecimiento económico y expansión de sus inversiones. Se hablaba del final del mundo bipolar, el que sería reemplazado por un mundo penta polar liderado por Estados Unidos, Japón, China, la Unión Soviética y Europa Occidental.

En el ámbito interno la oposición era mayoría en el Congreso Nacional, por lo que se vislumbraba una dura tarea para el Gobierno, en su objetivo de poner en marcha los cambios que buscaba implantar. No obstante, en aquellos meses finales de 1970 y los primeros de 1971 aún no existía una oposición organizada y coordinada, pues se mantenían fisuras y rencores de la Democracia Cristiana contra el Partido Nacional y la Democracia Radical, consecuencia de la férrea oposición que estos dos últimos ejercieron durante el gobierno de Eduardo Frei Montalva. Las circunstancias harían que se fueran limando las asperezas propias de aquella dura contienda política que ya había terminado. Por otra parte, el *Movimiento Cívico Patria y Libertad*, nacido después de la elección presidencial del 4 de septiembre de 1970; se disolvió el 24 de octubre, cuando el Congreso eligió a Salvador Allende como presidente de la República.

El lunes 9 de noviembre se comenzaron a conocer los detalles del asesinato del general René Schneider. El Juez Militar general Orlando Urbina y el Fiscal coronel Fernando Lyon, entregaron relevante información sobre el caso al comandante en jefe del Ejército, general Carlos

---

8   Pactar o transigir.

Prats. La declaración de uno de los implicados en el atentado, Julio Fontecilla, involucraba a varios altos oficiales en servicio activo de las Fuerzas Armadas, en particular a quienes eran comandante en jefe de la Armada, almirante Hugo Tirado Barrios, al director general de Carabineros, general Vicente Huerta Celis y al comandante de la Guarnición Militar de Santiago, general Camilo Valenzuela Godoy, quien diariamente almorzaba con el asesinado Schneider.

El jueves 12 de noviembre se reunieron para abordar el asesinato del general Schneider, el ministro de Interior, José Tohá, el ministro de Defensa Alejandro Ríos, los comandantes en jefe de las Fuerzas Armadas, general Carlos Prats del Ejército, almirante Raúl Montero de la Armada y general César Ruiz de la Fuerza Aérea, el director general de Carabineros, general José Sepúlveda y el director de Investigaciones, general en retiro Emilio Cheyre. El último informó que desde el punto de vista policial el caso estaba concluido y que restaba, desde ese momento, la labor judicial del Fiscal Lyon.

Por la tarde de este mismo día entró en vigencia el Decreto Supremo con el que el Gobierno de Salvador Allende indultó a condenados por los Tribunales de Justicia por actos terroristas, decisión que benefició a integrantes de grupos de ultra izquierda. Al mismo tiempo, se reanudaron relaciones políticas y económicas con Cuba.

El lunes 16 de noviembre hubo nuevas novedades en el caso Schneider. El Juez Militar Orlando Urbina y el Fiscal Fernando Lyon informaron que habían llegado a la conclusión que el almirante Hugo Tirado y el general Camilo Valenzuela debían ser declarados reos. Este último aún se encontraba en servicio activo por lo que de inmediato se cursó su retiro de las filas del Ejército. El general Carlos Prats informó de esta situación a los generales de la institución. El 5 de enero de 1971 el general de división Augusto Pinochet Ugarte ocupó el cargo dejado por Camilo Valenzuela como comandante de la Guarnición Militar de Santiago. El general Pinochet había ascendido de general de Brigada a general de División el 16 de diciembre de 1970 cuando aún era el comandante en jefe de la VI División de Ejército con asiento en Iquique. (9) (10) (11) (16) (21)(27) (28) (34)(39)(40)

1971

XXII. REFORMA A LA CONSTITUCIÓN Y NACIONALISMO

El año 1971 se inició con iniciativas gubernamentales que provocaron el pánico de la derecha, el éxodo de profesionales y empresarios hacia el extranjero, el acelerado descenso de los precios en los inmuebles; y la aplicación de la Ley de Reforma Agraria, para la que se crearon los Consejos Campesinos, que asesorarían al Ministerio de Agricultura en la aplicación de esta ley.

El 9 de enero de 1971 fue votada y promulgada la ley 17.398; mediante la cual se reformulaban veinticuatro aspectos de la Constitución de 1925; reflejándose en esto las llamadas Garantías Constitucionales que había firmado Salvador Allende con la Democracia Cristiana para su elección como presidente de la República en el Congreso.

El objetivo era poner límites a la Unidad Popular y su Programa de Gobierno, que expresamente pretendía cambiar la institucionalidad en lo político, social y económico. En lo fundamental quedó establecido en la ley 17.398 lo siguiente:

Se limitaba los casos para pérdida de la nacionalidad, ciudadanía y el derecho a voto.

Se garantizaba el libre ejercicio de los derechos políticos, manteniéndose el sistema como democrático y republicano.

Se garantizaba la libertad ideológica y la militancia libre en partidos políticos, además de proteger la autonomía de estos últimos.

Sede central en Santiago del Frente Nacionalista Patria y Libertad.

Símbolo del Frente Nacionalista Patria y Libertad.

Se garantizaba la libre organización de los partidos políticos, la posibilidad de estos de presentar candidatos, difundir pública propaganda y desarrollar intervenciones públicas.

Se aseguraba el pluralismo de los medios de comunicación y el hecho que todos los partidos políticos pudieran acceder y hacer uso de ellos para emitir libre y equitativamente sus opiniones.

Se fortaleció la igualdad ante la ley de todos los chilenos, sin ningún tipo de excepción.

Se fortaleció la libertad de expresión, no debiendo entenderse como un abuso a dicha libertad el hecho de difundir ideas políticas.

Se establecía el derecho de personas y organizaciones a dar su versión cuando ocurrieran sucesos deplorables.

Se estableció y garantizó la libertad de prensa, lo que incluía libertad de formar diarios, radios y la televisión limitada al Estado y universidades.

Se limitaba la expropiación de los medios de comunicación a quedar establecida por ley aprobada por mayoría en ambas cámaras del Congreso.

Se estableció la libertad de importar, circular, transmitir y comercializar libros, revistas, noticias e impresos, además de quedar prohibida la discriminación en el suministro de insumos para fabricar estos. Sólo a través de una ley podrían ser limitados por razones morales o de buenas costumbres.

Se garantizaba el derecho de reunión en espacios libres, sin autorización y de forma pacífica.

Quedó establecido un Sistema Nacional de Enseñanza, garantizando una educación democrática, pluralista y sin orientación partidaria, estableciéndose obligatoriamente la discusión pluralista para efectuar una modificación al sistema educacional.

Se creó una Superintendencia de Educación para inspeccionar y asegurar que los principios con los que se desarrollaría la educación se cumplieran.

Quedó establecida la libertad de los colegios para elegir los textos escolares, además de definir que la fabricación de dichos textos escolares se haría en forma pública y pluralista.

Quedó garantizada la autonomía universitaria, la libertad de cátedra y el financiamiento a estas.

Quedó garantizado el acceso y egreso de la universidad sin ningún tipo de discriminación, además de la no discriminación ideológica en la contratación de profesores e investigadores universitarios.

Quedó garantizada la diversidad y posibilidad de discrepar en el debate universitario, el pluralismo doctrinario en los textos y la plena libertad del estudiante para expresar sus ideas y elegir a sus profesores.

Quedó garantizada la privacidad de las cartas y de las comunicaciones telegráficas y telefónicas.

Quedó garantizada la libertad de trabajo, la libertad de empresa y la libertad de autonomía sindical.

Quedó garantizada la libertad de circulación de las personas, quedando limitadas las detenciones injustificadas.

Se garantizaba sin discriminación de ningún tipo el acceso a los derechos sociales, económicos y culturales.

Se garantizó la libertad de la vida social, cultural, cívica, política y económica, en plena igualdad.

Se garantizó la autonomía de las juntas de vecinos, centros de madres, sindicatos y cooperativas, exigiéndose que las elecciones internas de estas organizaciones fueran hechas democráticamente y se les prohibió arrogarse la representación del pueblo o el ejercicio de poderes del Estado.

Se estableció como únicas fuerzas existentes a las Fuerzas Armadas y Carabineros y se definieron como profesionales, jerarquizadas y obedientes, sólo pudiéndose ingresar a ellas por medio de sus propias escuelas.

Estos estatutos de garantías plasmados en una modificación constitucional fueron una barrera para que Salvador Allende desarrollara su programa de gobierno, que iba en un sentido contrario a este acuerdo. En aquel verano de 1971; queriendo convencer que él era un revolucionario que no daba pasos hacia atrás, Salvador Allende argumentó en la entrevista que le dio al francés Regis Debray, que había firmado dichos estatutos por una cuestión de orden táctico, para lograr que la Democracia Cristiana le diera su apoyo en el Congreso, ratificándolo como presidente de Chile. Mera táctica o no, lo cierto es que Salvador Allende estaba obligado a respetar los estatutos firmados, pues estos habían quedado establecidos en la Constitución.

Durante la segunda mitad de enero de 1971, el Gobierno envió al Congreso Nacional el Pr*oyecto de Reforma Constitucional destinado a la Nacionalización del Cobre.*

Por otra parte, entre el 28 y 31 de enero de 1971 se llevó a cabo en La Serena el *XXIII Congreso General Ordinario del Partido Socialista*, en el que estuvo presente Salvador Allende y donde fue desplazado del cargo de secretario general el senador Aniceto Rodríguez por la elección del senador Carlos Altamirano. Esto marcaría una progresiva radicalización del partido del presidente y, como consecuencia, de Unidad Popular.

Durante los dos primeros meses de 1971 se inició la expropiación de terrenos agrícolas de una superficie igual o superior a 80 hectáreas de riego básico, conforme con lo establecido en la Ley de Reforma Agraria del Gobierno de Frei. Como en el programa de gobierno de Unidad Popular no sólo se estipulaba la expropiación de la tierra, sino también maquinarias, herramientas y animales, los agricultores comenzaron a ver la forma de deshacerse de su ganado. En algunas ocasiones los campesinos, instigados por grupos de ultraizquierda, se adelantaban a la acción del Gobierno y procedían a tomar posesión de los predios agrícolas, situación que, evidentemente, generaba enfrentamientos con los propietarios.

En esta realidad, el 1° de abril de 1971 nació el *Frente Nacionalista Patria y Libertad*, de ultra derecha, nacionalista, corporativista y anticomunista, que tendría gran protagonismo en la oposición al Gobierno del presidente Allende. Tenía su origen en el *Movimiento Cívico Patria y Libertad*, fundado por el abogado Pablo Rodríguez Grez el 13 de septiembre de 1970; nueve días después de la victoria de Salvador Allende y disuelto el 24 de octubre del mismo año. El mismo abogado Rodríguez Grez convocó a un masivo acto en el Estadio Nataniel, cercano a la Plaza Bulnes, en pleno centro cívico de Santiago. En el acto Rodríguez definió de esta forma a la naciente agrupación:

> Somos antimarxistas porque es un hecho indiscutible que en este instante la Unidad Popular está integralmente dominada por el Partido Comunista, el que nos lleva paulatinamente a la tiranía, a la dictadura del proletariado.
>
> Se trata de destruir a las clases sociales, a los hombres que han podido formarse un patrimonio, a la industria progresista, al comercio; en el fondo, se trata de implantar ese fenómeno extraño a nosotros que es la dictadura del proletariado, sin el proletariado.

A tres días de la primera elección a efectuarse después que Allende llegara a La Moneda, Pablo Rodríguez hizo referencia al sentido de los comicios municipales que se efectuarían el domingo 4 de abril de 1971:

> Aspiramos, como lo he explicado, a ser un antipartido político, a representar a todos los chilenos por encima de las banderías partidistas, pero no podríamos ser ajenos a la próxima contienda electoral. El Frente Nacionalista ha luchado con todos sus medios, para que el domingo derrotemos al marxismo en las urnas. Tenemos el deber de demostrar que somos más y entonces habremos dado el primer paso para restablecer en Chile el imperio de la libertad.
>
> Pero, si somos derrotados, si los partidos democráticos son derrotados, tengan ustedes la convicción que los que están aquí presentes y los que no han podido llegar, seguiremos irreductiblemente esta lucha antimarxista desde donde quiera que estemos: en la cárcel, en el destierro o en la libertad.

Era el inicio de una lucha diaria que se daría sin tregua y que iría en aumento hasta la caída del Gobierno de la Unidad Popular.

Entre quienes escuchaban a Pablo Rodríguez estaba el primer Consejo Político del *Frente Nacionalista Patria y Libertad,* integrado por Jaime Guzmán Errázuriz, Eduardo Boetsch García Huidobro, Gisela Silva Encina y Federico Willoughby MacDonald, además de activistas en la campaña de Jorge Alessandri del año anterior.

A la hora en que se celebraba este acto en el Estadio Nataniel, el joven empresario de muebles Roberto Thieme se aproximaba a Santiago conduciendo un Peugeot 404 en lo que era el final de un viaje de negocios destinado a instalarse en Argentina. Thieme viajaba acompañado por Marietta su esposa y por un matrimonio amigo. Al sintonizar una radio pudo escuchar la alocución que en esos momentos emitía Pablo Rodríguez, Jefe Nacional del naciente *Frente Nacionalista Patria y Libertad.* El convincente discurso impactó a Thieme y trastocó los planes que tenía. Sobre la marcha deshizo la decisión de instalarse en Buenos Aires con su familia y se impuso presentarse a Pablo Rodríguez a quien no conocía. Thieme se integró a la naciente organización ganando la confianza de sus líderes, ocupo el cargo de secretario general y a partir de enero de 1973 fue jefe del Frente de Operaciones destinado a iniciar la lucha armada para derrocar el Gobierno del presidente Allende, razón por la cual concentró gran protagonismo.

Patria y Libertad llevaría a cabo violentas acciones callejeras para proteger las marchas y manifestaciones de la derecha, sus militantes portaban bastones y nunchacos, protegían sus cabezas con cascos mineros y se enfrentaban en las calles a grupos del Partido Comunista y del MIR, escalando posteriormente con atentados dinamiteros en instalaciones estratégicas del país, como torres de transmisión eléctrica, oleoductos y vías férreas.

Contó con financiamiento exterior y también interno. En sus marchas o actos públicos vestían camisas blancas con un brazalete en el que estaban dibujados dos eslabones de una cadena, que estaban abiertos, expresando liberación. Disponían sus brazos sobre su cabeza, similar a dos tibias cruzadas sobre una calavera y vociferaban «¡¡Frente Nacionalista!! ¡¡Patria y Libertad!!, ¡¡Chile!! ¡¡uno!!, ¡¡Chile!! ¡¡grande!!, ¡¡Chile!! ¡¡Libre!!», portando en algunas oportunidades antorchas encendidas.

El 4 de abril de 1971 hubo elecciones municipales en todo Chile, las que se llevaron a cabo con total normalidad, bajo el control habitual, en lo que a orden y seguridad se refiere, por parte de las Fuerzas Armadas y Carabineros. Unidad Popular obtuvo un importante respaldo con el 50,86 % de los sufragios.

En paralelo se llevó a cabo una elección de senador en la Décima Agrupación Senatorial, triunfando el socialista Adonis Sepúlveda, sobre el demócrata cristiano Andrés Zaldívar y el demócrata radical Jorge Ovalle.

Estos resultados electorales le dieron nuevas fuerzas a Unidad Popular y el convencimiento de que se habían transformado en mayoría.

Los triunfos de la izquierda intensificaron el trabajo del naciente Frente Nacionalista Patria y Libertad, movimiento que desplegó sus esfuerzos en las principales ciudades de Chile en la búsqueda de ir afianzando su acción. Pronto lograron tener alrededor de tres mil integrantes, los que estaban en su mayoría secretamente compartimentados. Se estructuró Patria y Libertad con tres jefaturas nacionales, norte, centro y sur, un aparato de inteligencia y grupos de choque y apoyo distribuidos en doce unidades territoriales en que habían dividido el país.

Toda esta estructura estaba bajo la dirección de una comisión política secreta. Los miembros de la agrupación comenzaron a ser adiestrados en defensa personal, manejo de armas, manipulación de explosivos, sistemas de enlace y otros conocimientos necesarios para desarrollar la subversión en forma clandestina.

El aparato militar se estructuró sobre la base de núcleos, pelotones y escuadras, entrenados en el mayor de los casos por exoficiales de las Fuerzas Armadas.

En Santiago operaban 20 grupos de choque de 25 integrantes cada uno. Estos grupos tenían un servicio de inteligencia con 25 vehículos dotados de radios para captar las comunicaciones de Carabineros, Policía de Investigaciones y del Ejército.

Por la efectividad demostrada en la acción de propaganda callejera, Roberto Thieme fue invitado a una reunión del Consejo Político de Patria y Libertad, la que se desarrolló en el barrio Pedro de Valdivia norte, en el domicilio del ingeniero Eduardo Boetsch, a los pies del Cerro San Cristóbal. Pablo Rodríguez, Jefe Nacional del movimiento, presentó a Thieme a Jaime Guzmán, Gisela Silva y Federico Willoughby. Después de analizar el contexto político, los altos dirigentes de *Patria y Libertad* le pidieron a Roberto Thieme que asumiera como secretario general del movimiento. Thieme aceptó inmediatamente y tomó una primera decisión, nombrar a su joven hermano de 21 años, Ernesto Miller Schiersand, como jefe de Propaganda. Otra acción inmediata que desarrolló Roberto Thieme fue viajar a Buenos Aires para entrevistarse con chilenos que habían salido del país tras del triunfo de Salvador Allende y obtener de ellos financiación.

A mediados de 1971 *Patria y Libertad* se instaló en una gran casa de tres pisos de estilo español, en la esquina de Irene Morales con la Alameda Bernardo O'Higgins, donde por muchos años funcionó un prostíbulo, siendo esta la sede más visible del movimiento. Esta ubicación era un desafío a la izquierda para dirimir quién ganaba el control de las calles. Se contrataron dos guardaespaldas para proteger a Pablo Rodríguez y se iniciaron cursos básicos de tiro para algunos militantes, logrando disponer de tres revólveres y una pistola Lüger.

En *Patria y Libertad* había dos corrientes ideológicas, un nacionalismo gremialista corporativista basado en el falangismo de José Antonio Primo de Rivera, con raíces también en el franquismo ultracatólico, encabezado por Jaime Guzmán Errázuriz. Por otro lado estaba Pablo Rodríguez y Roberto Thieme que reconocían el falangismo de Primo de Rivera como crítico del capitalismo, pero proponían un nacionalismo «portaliano» de origen puramente chileno, equidistante de izquierdas y derechas, para desarrollar un estado integrador, laico y con profundo sentido social. Este grupo se identificaba también con los principios del movimiento nacionalista de la llamada «Generación del Centenario», integrada por Guillermo Subercaseaux, Alberto Edwards, Francisco Antonio Encina, entre otros, quienes fundaron el primer Partido Nacionalista de Chile, mucho antes de la instalación del fascismo italiano, el marxismo soviético o el nazismo alemán.

El sector dentro de Patria y Libertad que encabezaba Pablo Rodríguez era partidario de la integración sudamericana en torno al eje «ABC», conformado por Argentina, Brasil y Chile. (16) (27) (28) (38)

XXIII. PRIMER DISCURSO AL CONGRESO NACIONAL

El 21 de mayo de 1971 el presidente Salvador Allende dio la primera cuenta pública al país frente al Congreso que iniciaba su periodo legisla- tivo ordinario. Fue un discurso polémico pues Allende parecía dar por hecho que en Chile definitivamente se abandonaba el capitalismo para pasar al ineludible destino de la historia humana, el socialismo. Una intervención en que se mezclaba una especie de clase de marxismo e his- toria de las revoluciones marxistas y de imposición hacia los senadores y diputados no marxistas, en el sentido que no tenían otra alternativa que ir aprobando todas las modificaciones que el Gobierno fuera enviando como Proyectos de Ley o reformas a la Constitución, en el camino uni- direccional hacia la sociedad socialista. Cabe preguntarse, ¿no conside- raba la Unidad Popular y el presidente Salvador Allende que su man- dato estaba acotado hasta el 3 de noviembre de 1976 y por lo tanto, en la lógica de la democracia republicana y de la alternancia en el poder, en el futuro podría haber un presidente de otro color político con otra visión de la sociedad y la economía? Al parecer no lo consideraba así Allende y la coalición que lo apoyaba, pues uno de los anuncios hechos frente al Congreso Nacional el 21 de mayo de 1971 fue el objetivo del Gobierno de cambiar la Constitución y eliminar el Congreso Nacional con la Cámara de diputados y el Senado, para reemplazarlo por una Asamblea Popular unicameral. Es decir, Unidad Popular había utilizado la democracia republicana para llegar a gobernar Chile y desde esa posición hacer desaparecer la misma democracia. Esto encendió las alarmas en la oposición y si algunos resquemores aún existían entre la Democracia Cristiana y los derechistas Partido Nacional y Democracia Radical, estos se fueron definitivamente diluyendo ante la necesidad de enfrentarse al Gobierno que sin tapujos mostraba sus objetivos totalitarios.

Comenzó el presidente su discurso poniendo de relieve la confrontación de clases, diferenciando entre chilenos dominantes y explotadores y chilenos oprimidos y explotados, el poder debía ser transferido de los primeros a los segundos, acompañado el proceso con profundas transformaciones socioeconómicas.

Planteaba Salvador Allende el espíritu refundacional de su Gobierno, en el que se revisaría todo lo existente:

Se nos plantea el desafío de ponerlo todo en tela de juicio. Tenemos urgencia de preguntar a cada ley, a cada institución existente y hasta a cada persona, si está sirviendo o no a nuestro desarrollo integral y autónomo.

Esto significaba que se revisaría si una ley o una institución o una persona servían al modelo que quería imponer la Unidad Popular y si una ley o una institución o una persona no eran útiles para eso, obviamente serían eliminadas, pues había que eliminar todo lo que no servía a la nueva sociedad.

El presidente Salvador Allende parecía estar dando una lección de marxismo a los senadores y diputados presentes en el Congreso Nacional, con el fin de convencerlos de que el fin del capitalismo había llegado y que Chile debía avanzar hacia la implantación definitiva del socialismo. Era un mensaje implícito de que ya no gobernarían mas en Chile el Partido Nacional, la Democracia Radical y la Democracia Cristiana, pues estos partidos no creían en el socialismo marxista y de llegar nuevamente a La Moneda cambiarían la sociedad que Allende quería estructurar en sus seis años de Gobierno.

Salvador Allende desarrolló un discurso de persuasión de las bondades del socialismo marxista a los políticos chilenos: «Las circunstancias de Rusia en el año 1917 y de Chile en el presente son muy distintas. Sin embargo, el desafío histórico es semejante», expresó.

La Rusia del año 17 tomó las decisiones que mas afectaron a la historia contemporánea. Allí se llegó a pensar que la Europa atrasada podría encontrarse delante de la Europa avanzada, que la primera revolución socialista no se daría, necesariamente, en las entrañas de las potencias industriales (contrario a lo afirmado por Karl Marx en sus obras). Allí se aceptó el reto y se edificó una de las formas de construcción de la sociedad socialista que es la dictadura del proletariado.

Como Rusia, entonces, Chile se encuentra en la necesidad de iniciar una manera nueva de construir la sociedad socialista: la vía revolucionaria nuestra, la vía pluralista, anticipada por los clásicos del marxismo, pero jamás antes concretada. Los pensadores sociales han supuesto que los primeros en recorrerla serían naciones más desarrolladas, probablemente Italia o Francia, con sus poderosos partidos obreros de definición marxista.

A aquellos senadores y diputados no les importaban las justificaciones teóricas de la «vía chilena al socialismo», simplemente no les interesaba que en Chile se llevara a cabo la revolución socialista, por ninguna vía. El presidente terminó esta justificación teórica con las siguientes palabras:

> Sin embargo, una vez más, la historia permite romper con el pasado y construir un nuevo modelo de sociedad, no sólo donde teóricamente era más previsible, sino donde se crearon condiciones concretas más favorables para su logro. Chile es hoy la primera nación de La Tierra llamada a conformar el segundo modelo de transición a la sociedad socialista.

Salvador Allende desafió al Congreso Nacional a transformarse en el Congreso del Pueblo, después de haber sido, según él, un poder al servicio de las «clases dominantes». En realidad, prácticamente la totalidad de los congresistas que lo escuchaban eran representantes del pueblo, pero en el imaginario de la Unidad Popular, «el pueblo» era sólo el 36 % de los chilenos que el 4 de septiembre de 1970 había votado por Allende.

En lo que parecía ser otro mensaje para los incrédulos de su proyecto, existentes dentro de la Unidad Popular y del resto de la izquierda, el presidente Allende expresó:

> Aún más, enfáticamente han dicho que las Fuerzas Armadas y Carabineros, hasta ahora sostén del orden institucional que superaremos, no aceptarían garantizar la voluntad popular decidida a edificar el socialismo en nuestro país.

Seguramente el presidente Allende veía «la voluntad popular» en la muchedumbre vociferante, con gritos, cantos, y pancartas, que respondía a las convocatorias de los líderes de la izquierda para congregarse en torno a un estrado donde se entonarían canciones que arengaban a las masas y por supuesto, donde también hablaría Salvador Allende. Pero en las democracias republicanas y representativas la voluntad popular no se mide con actos de expresión masiva de convencidos, se mide por los votos que emiten los ciudadanos y que no es otra cosa que la manifestación individual, soberana, libre e informada de cada individuo.

Respecto de las causas de los problemas sociales de Chile, el presidente Salvador Allende afirmó lo siguiente en su discurso al Congreso del 21 de mayo de 1971:

> Las causas del atraso estuvieron —y están todavía— en el maridaje de las clases dominantes tradicionales con la subordinación externa y la explotación clasista interna. Ellas lucraban con la asociación a intereses extranjeros, y con la apropiación de los excedentes producidos por los trabajadores, no dejando a estos sino un mínimo indispensable para reponer su capacidad laboral.

Es decir, no se aceptaría más en Chile el ingreso de capitales extranjeros y se confirmaba a «las clases dominantes tradicionales» que verían desaparecer el estado de cosas conocido hasta la fecha. El efecto inmediato de la convicción del presidente Allende iba a ser la ausencia de inversión en la industria. Nadie iba a invertir sus ahorros o el dinero de un crédito, para después tener que entregar lo que dicha iniciativa le rentara. Nadie que hable con sinceridad, podrá decir que estará dispuesto a eso. Si se aplicaba la convicción de Allende sólo quedaba la opción de un Estado invirtiendo en las distintas industrias. Como médico, Salvador Allende veía un Chile enfermo, pero su diagnóstico era errado y por lo tanto la receta no traería consecuencias positivas.

En la parte del discurso donde Salvador Allende habló sobre el «Camino al Socialismo» en el que estaba empeñada la Unidad Popular, en «pluralismo y libertad», reconoció que actuaban por ensayo y error. Textualmente indicó «La tarea es de complejidad extraordinaria porque no hay precedentes en que podamos inspirarnos. Pisamos un camino nuevo; marchamos sin guía por un terreno desconocido; a penas teniendo como brújula nuestra fidelidad al humanismo de todas las épocas —particularmente al humanismo marxista— y teniendo como norte el proyecto de la sociedad que deseamos, inspirada en los anhelos más hondamente enraizados en el pueblo chileno». Resalto la sinceridad de la metáfora: «marchamos sin guía por un camino desconocido».

Como reflexión basta decir que, una vez producido el golpe militar de 1973, los chilenos que abandonaron por razones políticas el país no se fueron masivamente a Cuba o a Europa comunista, sino a la capitalista Europa occidental. Basta dar un ejemplo, que puede servir para muchos casos, el del dirigente estudiantil Alejandro Rojas, quien el 11 de septiembre de 1973 era diputado y referente de las Juventudes Comunistas. Se fue al exilio primero a la República Democrática Alemana, la RDA gobernada por los comunistas, país del cual muchos querían salir y al que muy pocos querían llegar, entre estos Alejandro Rojas. Pero muy pronto Rojas salió de la RDA y se trasladó a Suiza, para finalmente instalarse de por vida en Canadá, país de economía capitalista y que es parte de la Mancomunidad de Naciones cuya cabeza es la Reina de Inglaterra, donde Rojas pudo desarrollar una importante labor académica y científica, previa ruptura definitiva con el Partido Comunista de Chile.

Sigamos revisando el discurso que Salvador Allende pronunció al Congreso el 21 de mayo de 1971.

Aludiendo a senadores y diputados, con la frase «Conciudadanos del Congreso», el presidente de la República expresó que el punto al cual había llegado Chile no aceptaba inmovilismo, detener los acontecimientos y menos una vuelta atrás, lo que según Allende significaría «una catástrofe nacional irreparable».

Indicó Allende que en el «proceso revolucionario» que se vivía eran cinco los puntos esenciales que daban forma al «combate político y social» de su Gobierno: la legalidad, la institucionalidad, las libertades políticas, la violencia y la socialización de los medios de producción.

En lo que se refería a la legalidad, Salvador Allende expresó que no es contra el principio de legalidad que protestaban los movimientos o partidos que lo apoyaban. Ellos cuestionaban y se oponían a un régimen legal que, de acuerdo con su visión, amparaba un sistema opresor y que respondía a las exigencias del capitalismo. Al respecto expresó el presidente:

> En el régimen de transición al socialismo, las normas jurídicas responderán a las necesidades de un pueblo esforzado en edificar una nueva sociedad. Pero legalidad habrá.

Legalidad habría, pero para los objetivos de la izquierda. Reafirmó Salvador Allende su convicción en la necesidad del cambio de la legalidad e instó a ambas Cámaras del Congreso a no bloquear el cambio del sistema jurídico que se disponía a concretar su Gobierno. Salvador Allende calificó como realismo que el Congreso no bloqueara el cambio de la legalidad capitalista por la legalidad socialista, lo que estaría en concordancia con las transformaciones económicas que el Gobierno buscaba implementar. Terminó el presidente Allende esta parte de su discurso expresando que de no aprobarse en el Congreso el cambio de la legalidad, se produciría «una fractura violenta de la juridicidad» vigente, lo que abriría «las puertas a arbitrariedades y excesos» por parte de la izquierda lo que en definitiva era algo que «responsablemente, queremos evitar». Esto era una evidente amenaza. El presidente Allende informó al Congreso que, o apoyaba el fin de la legalidad vigente o el cambio se haría por la violencia, situación que «responsablemente» el Gobierno quería evitar.

En lo referente al «Desarrollo Institucional», el presidente de la República afirmó que Chile contaba con un sistema institucional flexible, lo que le permitía esperar que no sería una «rígida barrera de contención» a los cambios que tenía proyectado ejecutar su Gobierno. En opinión del presidente, la institucionalidad vigente debía adaptarse a «las nuevas exigencias» para crear, por medio de los causes Constitucionales, una nueva institucionalidad, de acuerdo con el objetivo de terminar con el capitalismo; en palabras de Allende, para concretar la «superación del capitalismo».

En el mismo análisis el presidente Allende expresó:

Al mismo tiempo es necesario adecuar las instituciones políticas a la nueva realidad. Por eso, en un momento oportuno, someteremos a la voluntad soberana del pueblo (un plebiscito) la necesidad de reemplazar la actual Constitución, de fundamento liberal, por una Constitución de orientación socialista. Y el sistema bicameral en funciones, por la Cámara Única.

Quedaron notificados los senadores y diputados que el Congreso Nacional, de más de 150 años de antigüedad, nacido con la República, dejaría de existir y sería reemplazado por una «Cámara Única», definida en el Programa de Gobierno de la Unidad Popular como «Asamblea del Pueblo». La pregunta que seguro comenzaría a estar presente entre los congresistas era si aquella «Asamblea Popular» sería congruente con el sistema democrático y republicano que se debía mantener, de acuerdo con lo comprometido por Salvador Allende en los Estatutos de Garantías de 1970. Si los senadores y diputados no apoyaban estos radicales cambios institucionales, habían sido advertidos por Allende que aquello provocaría una «fractura violenta de la juridicidad», lo que abriría «las puertas a arbitrariedades y excesos» por parte de la izquierda, lo que «responsablemente» el Gobierno quería evitar. El desafío estaba planteado, la invitación a la arena de los gladiadores estaba hecha.

En lo que se refería a las libertades políticas, Salvador Allende señaló que para él y su Gobierno, como

[...] Representantes de las fuerzas populares, las libertades políticas son una conquista del pueblo en el penoso camino por su emancipación. Son parte de lo que hay de positivo en el periodo histórico que dejamos atrás. Y, por lo tanto, deben permanecer.

Respecto de la violencia, en el primer párrafo de esta parte de su discurso, el presidente Salvador Allende expresó:

El pueblo de Chile está conquistando el poder político sin verse obligado a utilizar las armas. Avanza en el camino de su liberación social sin haber debido combatir contra un régimen despótico o dictatorial, sino contra las limitaciones de una democracia liberal. Nuestro pueblo aspira legítimamente a recorrer la etapa de transición al socialismo sin tener que recurrir a formas autoritarias de gobierno.

Para analizar este párrafo del discurso de Allende, es necesario recordar nuevamente y enfatizar lo que estaba escrito en el propio programa de la Unidad Popular:

Apoyar al candidato de la Unidad Popular no significa, por tanto, sólo votar por un hombre, sino también pronunciarse en favor del reemplazo urgente de la actual sociedad que se asienta en el dominio de los grandes capitalistas nacionales y extranjeros.

Unidad Popular le dio a la elección presidencial del 4 de septiembre de 1970 el carácter de plebiscito, donde no sólo se votaba por su candidato, sino por la idea de reemplazar el tipo de sociedad imperante. Cabe recordar nuevamente que, si esto era así, un plebiscito, lo perdieron las izquierdas, pues un mayoritario 64 % de chilenos dijo no.

Más adelante el presidente Allende añadió:

Con todo, es mi obligación advertir, que un peligro puede amenazar la nítida trayectoria de nuestra emancipación y podría alterar radicalmente el camino que nos señala nuestra realidad y nuestra conciencia colectiva; este peligro es la violencia contra la decisión del pueblo.

En la alocución el presidente de la República mantuvo lo siguiente:

Si la violencia, externa o interna, la violencia en cualquiera de sus formas, física, social, económica o política llegara a amenazar nuestro normal desarrollo, y las conquistas de los trabajadores, correría el más serio peligro la continuidad institucional, el Estado de Derecho, las libertades políticas y el pluralismo.

En la última parte de su discurso, la que se denominaba «Lograr las Libertades Sociales», el presidente Allende manifestó lo siguiente en el primer párrafo:

> Nuestro camino es instaurar las libertades sociales mediante el ejercicio de las libertades políticas, lo que requiere como base establecer la igualdad económica. Este es el camino que el pueblo se ha trazado, porque reconoce que la transformación revolucionaria de un sistema social exige secuencias intermedias. Una revolución simplemente política puede consumarse en pocas semanas. Una revolución social y económica exige años. Los indispensables para penetrar en las conciencias de las masas.

¡Menudo desafío! Llevar a cabo un Programa de Gobierno por el método de ensayo y error, sin medir los costos que esta forma de gobernar tendría para los chilenos. Un discurso de carácter mesiánico y totalitario donde se establecía que la verdad absoluta para sacar a Chile del subdesarrollo la tenían el presidente Allende y Unidad Popular, pretendiendo imponer la voluntad de las minorías, sin el respeto de las mayorías y si estas mayorías se resistían, quedaba establecida la intención del Gobierno de efectuar una ruptura institucional, de terminar con el Estado de Derecho, de suprimir la libertades políticas y olvidarse del pluralismo. Quedaba planteado el desafío, el duelo que demostraría quien era más rápido para desenfundar y disparar. Con este discurso del presidente Allende no había cabida a las transacciones que implicaran llevar las cosas por un camino intermedio. Era el todo o nada. (16)

XXIV. ASESINATO DE EDMUNDO PÉREZ ZUJOVIC

A fines de mayo de 1971 el Gobierno ya había tomado el control de algunos bancos, se nacionalizaron las empresas textiles más importantes y, aún sin concretarse la nacionalización del cobre, se intervino el mineral de El Teniente. En esa fecha también ya se había requisado la planta de Ford Motor Company, que sus dueños habían decidido paralizar y comenzó la salida de los técnicos estadounidenses de los minerales cupríferos de Chuquicamata y El Salvador.

La mañana del martes 8 de junio de 1971 trajo a Chile otra trágica noticia. Se trataba del atentado mortal contra el exministro del Interior y exvicepresidente de la República Edmundo Pérez Zujovic.

En una fría y premeditada acción perpetrada por tres individuos en la calle Hernando de Magallanes en la comuna de Providencia de la capital de Chile, cerca de las 11 horas de la mañana, se consumó el crimen que fue precedido de amenazas de parte de grupos de izquierda hacia representantes del anterior Gobierno de Eduardo Frei y hacia el Partido Demócrata Cristiano en general.

El exministro del Interior abandonó su hogar a las 10:20 horas de la fatídica mañana, conduciendo un Mercedez Benz de su propiedad. Iba acompañado de su hija María Angélica Pérez Yoma, de profesión periodista.

Grupo de extrema izquierda asesina a Edmundo Pérez Zujovic

"En una acción de tipo comando, en que actuaron con fría crueldad y calculada premeditación, tres individuos ametrallaron y asesinaron al ex vicepresidente de la República durante el anterior Gobierno. La víctima recibió doce impactos de bala en diferentes partes del cuerpo cuando conducía su automóvil, en el que también viajaba su hija María Angélica, quien escapó milagrosamente ilesa", consignaba "El Mercurio" el 9 de junio de 1971.

Se añadía que el crimen ocurrió a plena luz del día (alrededor de las 10:50 horas) en la calle Hernando de Aguirre, Providencia, cuando el vehículo manejado por quien fuera ministro del Interior de Eduardo Frei Montalva fue interceptado y chocado por un automóvil Acadian Beaumont rojo en el que viajaban tres sujetos jóvenes. Uno de ellos rompió con la culata de la metralleta el vidrio lateral junto al volante, para luego abrir fuego. Al escuchar los disparos, algunos vecinos corrieron hacia el auto, uno de los cuales (Willy Arthur Errázuriz) condujo a gran velocidad hasta el Hospital Militar, aunque Pérez Zujovic ya había fallecido.

Informe de Prensa: Asesinato de Edmundo Pérez Zujovic

Después de recorrer tres cuadras, la hija del exministro, segura-mente en un estado de vigilancia permanente dada las continuas ame-nazas en contra de su padre, alertó a este de un automóvil que los seguía. Era un Acadian Beaumont rojo, robado, en el que se desplaza-ban los tres terroristas que se aprestaban a cometer el crimen. Por las ya referidas amenazas que continuamente recibían, siempre llevaban una pistola en la guantera del automóvil. Buscaron el arma, pero la habían dejado en casa. No podrían defenderse. El Acadian Beaumont se posicionó a la izquierda del Mercedez Benz conducido por Edmundo Pérez para luego cruzarse en diagonal, cerrándoles el paso. Al dete-nerse el auto atacante descendieron de él dos de los tres criminales, con el fin de concretar el atentado. Con la culata de una metralleta fue roto el vidrio de la ventana detrás de la cual estaba Edmundo Pérez y se disparó una ráfaga impactando en el cuerpo de la víctima entre 10 a 12 balas, lo que le produjo una muerte casi instantánea. Se decretó el Estado de Emergencia, quedando como jefe de la Zona en Estado de Emergencia el comandante de la Guarnición Militar de Santiago, general de división Augusto Pinochet Ugarte.

La policía civil, Investigaciones, determinó que las huellas dactilares encontradas en el Acadian Beaumont correspondían a Ronald Rivera Calderón, exsocialista y miembro del Movimiento de Izquierda Revolucionaria, MIR, e integrante de la Vanguardia Organizada del Pueblo, VOP.

Comenzó la cacería por parte de la Policía de Investigaciones, apoyada por secciones de carabineros y militares del Regimiento de Infantería N° 1 Buin. El sábado 12 de junio por la noche la Policía de Investigaciones, con el apoyo de los uniformados señalados, se enfrentó con la VOP. El domingo 13 a las 7 de la mañana fue abatido Ronald Rivera Calderón, el tirador que acribilló a Edmundo Pérez, su hermano Arturo se suicidó y otros tres terroristas quedaron heridos de gravedad. En uno de los bolsillos del ajusticiador de Pérez Zujovic se encontró una carta que tenía como destino la madre del asesino, en la que se podía leer «estamos felices por haber muerto a Pérez Zujuvic».

Edmundo Pérez Zujovic había estado en la lista de los «fusilables» por parte del grupo terrorista de extrema izquierda que cometió el crimen, y lo calificó de «fusilamiento revolucionario».

Edmundo Pérez, político y empresario de Antofagasta, de 59 años en el momento de su muerte, concentraba el odio de la izquierda por los trágicos sucesos acaecidos en Pampa Irigoin, Puerto Montt, en marzo de 1969. En aquella ocasión un grupo de alrededor de cien familias, impulsadas por el diputado socialista Luis Espinoza, ocuparon un predio agrícola en ese lugar. La situación real de los sin casa, como muchas otras debilidades de la sociedad chilena, era aprovechada por la izquierda para «agudizar las contradicciones» y «profundizar el movimiento de masas», calentando el ambiente a un año de iniciarse la campaña presidencial de 1970. Tomar un terreno era bloquear y poner en jaque la «legalidad burguesa». Era parte de la «lucha de clases» que levantaba la izquierda como principal pilar de campaña electoral. Según múltiples versiones de los hechos, se dio la orden de desalojo del predio por parte de las autoridades de Gobierno en la

Provincia de Llanquihue, sin conocimiento ni aprobación del ministro de interior Edmundo Pérez Zujovic, en Santiago. Al producirse la intervención de los carabineros para desalojar a las cien familias, estas presentaron resistencia, lo que generó que se abriera fuego sobre la masa de gente, quedando en el lugar alrededor de diez muertos. El ministro de Interior quien se caracterizó por su dureza para enfrentarse a la violencia callejera del MIR y de otros grupos de izquierda, asumió toda la responsabilidad de lo ocurrido, por ser el jefe directo de quienes tomaron la decisión de desalojo en Puerto Montt, liberando con esto de toda responsabilidad al presidente Eduardo Frei. Desde ese momento Edmundo Pérez Zujovic se convirtió en principal blanco de los medios de comunicación izquierdistas, que los utilizaron para levantar en torno a él un aura criminal y de potencial blanco de una agresión, como finalmente ocurrió.

Tras la masacre en Puerto Montt, el político socialista Adonis Sepúlveda, autor de la tesis insurreccional del Congreso Socialista de Linares de 1965; declaró:

> La única responsabilidad que reconocemos los socialistas es la de no haber sido capaces de crear los organismos necesarios para responder bala por bala, muerto por muerto.

Por su parte, el senador Salvador Allende expresó en la 36° Sesión del Senado del 13 de marzo de 1969:

> No queremos subversión ni violencia. ¡Pero basta ya de asesinatos aleves! A la violencia reaccionaria y asesina, responderemos con la violencia revolucionaria.

Al parecer la VOP recogió e hizo suyo lo manifestado por Adonis Sepúlveda y el propio Salvador Allende. Este grupo de ultra izquierda, terrorista, comenzó a operar en agosto de 1969. Fue liderado por los hermanos Ronald Rivera Calderón alias *Miguel Campillay* y Arturo Rivera Calderón alias el *Hippie*, Heriberto Salazar, alias el *Viejo* e Ismael Villegas Pacheco, alias *Francisco*. Los hermanos Rivera Calderón militaron en las Juventudes Comunistas, para emigrar posteriormente al

Movimiento de Izquierda Revolucionaria, MIR, del cual fueron expulsados. Heriberto Salazar perteneció a las filas de Carabineros de Chile y fue dado de baja de dicha institución en 1968. En el caso de Ismael Villegas Pacheco, también fue militante de las Juventudes Comunistas y creó en el interior de ellas una agrupación denominada «Arauco» que pretendió dar preparación militar a los jóvenes comunistas, aduciendo que debían prepararse para luchar contra las Fuerzas Armadas del «Estado burgués». Este habría sido el motivo de la expulsión de Villegas Pacheco de las Juventudes Comunistas. Emigró al MIR, pero en agosto de 1969 formó junto a los hermanos Rivera Calderón y Heriberto Salazar la *Vanguardia Organizada del Pueblo*, VOP. Una vez formada esta agrupación político-delictiva, comenzaron a desarrollar actos violentos: asaltos a mano armada, robos y ataques que terminaron con homicidios de carácter político. La VOP se definió como una «organización socialista y revolucionaria, dirigida por proletarios armados». Se decían marxistas leninistas. Definieron la violencia como una herramienta política, orientada a derrocar el sistema imperante, derrotando a la burguesía dentro del escenario de lucha de clases, proletariado contra la burguesía. Con un escueto manifiesto ideológico pudieron reclutar jóvenes de las poblaciones marginales de Santiago que habían tenido militancia tanto en las Juventudes Comunistas como en el MIR.

La VOP coincidió con el MIR en ser contraria al «reformismo» aparentemente tomado por la Unidad Popular y que Salvador Allende se empeñaba en convencer que no existía, argumentando que se estaba dentro de un proceso revolucionario

Entre diciembre de 1969 y julio de 1971 la VOP, que manifestó que para llevar a cabo la revolución se debía requerir del lumpen y delincuentes, ejecutó asaltos y robos a personas y empresas como bancos, supermercados, bodegas y almacenes, llamando a dichos robos de especies o dinero, «recuperación» o «expropiación». Esto los mantuvo en constante enfrentamiento con la Policía de Investigaciones y Carabineros de Chile.

Informe de Prensa: Muerte de Edmundo Pérez Zujovic

Como se dijo, al llegar Salvador Allende a La Moneda, una de las primeras decisiones que tomó fue indultar a quienes estaban presos por ejecutar acciones como las que desarrollaba la VOP. Uno de los beneficiados del indulto fue Arturo Rivera Calderón, quien participó del atentado y homicidio de Edmundo Pérez Zujovic y hermano de Ronald Rivera Calderón, el tirador que acribilló al exministro del Interior.

El presidente Salvador Allende, frente al brutal asesinato, expresó:

Denuncio ante el pueblo de mi patria que este odioso crimen representa una deliberada provocación destinada a alterar la marcha institucional de nuestro país.

Hubo una testigo que entregó un importante testimonio que permitió identificar rápidamente a los autores del crimen: María Angélica, la hija de Edmundo Pérez, quien por milagro salió ilesa de la lluvia de balas disparadas hacia el interior del automóvil en el que ella iba con su padre.

Ronald Rivera Calderón utilizó un subfusil Carl Gustav, similar a la que se le sustrajo al carabinero Tomás Gutiérrez, asesinado por la VOP dos semanas antes del atentado que costó la vida a Edmundo Pérez.

Sobre este asesinato quedó una sombra de duda, pues nunca se conoció a los autores intelectuales. Hubo versiones que relacionaban a Eduardo Paredes, socialista, director de la Policía de Investigaciones, con quienes perpetraron el homicidio. El haberse visto una camioneta de la policía civil en las afueras del inmueble donde se refugiaban los hermanos Rivera Calderón y otros militantes de la VOP, antes que estos fueran acribillados, hizo pensar sobre esta conexión.

Por otra parte, surgió otra versión o testimonio que indicaba que militantes socialistas integrantes del aparato de seguridad de su partido, detectaron la presencia de un japonés, un centroamericano y una supuesta monja de origen brasileño, que estaban en contacto con la VOP. Estos socialistas dudaron de la calidad de «combatientes internacionalistas» y denunciaron la presencia de estos ante los mandos de la Policía de Investigaciones cuyo director era el socialista Eduardo Paredes. Inmediatamente ocurrido el atentado que le costó la vida al exministro Edmundo Pérez fueron detenidos los tres extranjeros. Sin embargo, en forma inexplicable fueron rápidamente dejados en libertad, lo que aprovecharon para huir de Chile, perdiéndose para siempre su rastro.

El efecto político del homicidio de Edmundo Pérez fue el aumento de las desconfianzas de la Democracia Cristiana hacia el Gobierno de Unidad Popular, teniéndose presente el indulto que Salvador Allende había otorgado a cuarenta y tres violentistas de izquierda, refiriéndose a ellos como «jóvenes idealistas», entre los que estuvo uno de los participantes del homicidio del exministro Pérez.

Se terminó el acuerdo del Partido Demócrata Cristiano con la Unidad Popular en el momento de firmar las llamadas «Garantías Constitucionales». Según aquellos pactos, la presidencia del Senado la tendrían los democristianos y la de la Cámara de diputados, la coalición gobernante. Ahora, después del asesinato, la mesa en la Cámara de diputados la presidió, desde el 22 de junio de 1971, el demócrata cristiano Eduardo Cerda García, quien estuvo por casi un mes en el cargo, para ser sucedido por su correligionario Fernando Sanhueza Herbage, que presidió la Cámara de diputados desde el 20 de julio de 1971 hasta el 29 de mayo de 1973.

Otro episodio de ruptura fue una elección parlamentaria en Valparaíso el 18 de julio de 1971. Allende quiso convencer a la Unidad

Popular de no presentar candidato, para favorecer al candidato demócrata cristiano, con propósito de mantener a este partido cercano al Gobierno. Los partidos de izquierda no atendieron a lo planteado por el presidente de la República y presentaron la candidatura del socialista Hernán del Canto, secretario general de la Central Única de Trabajadores, CUT. La derecha, integrada por el Partido Nacional y la Democracia Radical, actuó como lo quiso hacer Allende y no presentó candidatura, apoyando por omisión al candidato democristiano, Oscar Marín Socías, quien resultó electo. Con este paso se evidenciaba un acercamiento entre los partidos de la oposición

El último acto de la VOP, asociado al crimen de Edmundo Pérez Zujovic, lo ejecutó Heriberto Salazar, quien entró disparando en el cuartel central de la Policía de Investigaciones en Santiago, en calle general Mackenna, e hirió mortalmente a tres detectives, justo antes de hacer explosionar dinamita que llevaba adosada a su cuerpo, que quedó esparcido alrededor de cuartel en un radio de treinta metros. (16) (22) (23) (24) (25) (27) (28)

XXV. DECRETO LEY 520
Y EXPROPIACIONES

Los debates en el Congreso serían progresivamente reemplazados por la violencia en las calles y en los campos. En adelante el protagonismo lo asumirían grupos de choque como la Brigada Ramona Parra del Partido Comunista, la Brigada Elmo Catalán del Partido Socialista, el MIR, el Comando Rolando Matus del Partido Nacional y el Frente Nacionalista Patria y Libertad.

A mediados de 1971 duraban los efectos buenos de la política económica impulsada por el Gobierno en los primeros ocho meses de su gestión. El importante aumento de salarios y el control de precios, tuvo como consecuencia un mayor aumento del poder adquisitivo de la población lo que se interpretaba como una mayor distribución de la riqueza. Aumentó el gasto público y se redujo el desempleo.

Pero esto no duraría mucho tiempo, pues la bonanza se basaba en intervenciones estatales. Por el contrario, al no definir el alcance de la política de estatización, se creaba incertidumbre que desincentivaba la inversión, la renovación de maquinaria y la adquisición de insumos. Algunas fábricas llegaron a detener sus operaciones, lo que significaba caer en una especie de trampa, pues a continuación el Gobierno nombraba un interventor y justificaba el paso de la empresa a manos del Estado, por el mismo hecho de no estar en producción. Para justificar esa estatización, el Gobierno recurrió al Decreto Ley 520 dictado en agosto de 1932 en la efímera República Socialista encabezada por Carlos Dávila, con la que se creó el Comisariato General de Subsistencias y Precios, dependiente del Ministerio del Trabajo. Esta ley contemplaba lo siguiente en los artículos que se indican:

Art. 5. Todo establecimiento industrial o comercial, y toda la explotación agrícola que se mantenga en receso, podrán ser expropiadas por el presidente de la República, a solicitud del Comisariato General de Subsistencias y Precios, previo informe favorable del Consejo de Defensa Fiscal y del Consejo Técnico respectivo.

Art. 6. El presidente de la República a propuesta del Comisariato General, podrá imponer a los productores la obligación de producir o elaborar artículos declarados de primera necesidad, en las cantidades, calidades y condiciones que determine.

El incumplimiento de dicha obligación lo autorizará para expropiar, con los requisitos señalados en el artículo anterior, el establecimiento, empresa o explotación del productor rebelde, todo sin perjuicio de las demás sanciones que establece la ley.

Art. 7. Decretada la expropiación, el Comisariato tomará, desde luego, posesión de los bienes expropiados. En lo demás la expropiación se regirá por las disposiciones contenidas en el Libro IV, Título XVI, del Código de Procedimiento Civil.

Art. 8. El Comisariato podrá explotar directamente las empresas que se expropien.

Es necesario hacer notar que se trataba de fábricas y talleres de distintas áreas y de mediano tamaño, que hasta 1970 estaban produciendo con normalidad.

Resumiendo el círculo vicioso: la falta de claridad el Programa de Gobierno creó inseguridad en la economía, los empresarios frenaron las inversiones y bajó la producción de las industrias y talleres ante la probabilidad de ser expropiados. A su vez, cuando esto sucedía, el Gobierno recurría a un viejo decreto y nombraba un interventor, de dudosa competencia, que expropiaba la fábrica o taller.

Pero este taller o fábrica, una vez expropiado, no se convertía en un lugar de actividad productiva, sino en un lugar de permanente debate y reflexión política. Tal era el resultado de la «vía chilena al socialismo»

El Partido Demócrata Cristiano manifestó al Ejecutivo que con este proceder se vulneraban los Estatutos de Garantía y, para llegar a entendimientos propuso, a través de los senadores Juan Hamilton y Renán Fuentealba, una reforma constitucional para crear legalmente las tres áreas de la economía propuestas por la Unidad Popular y así reglamentar las expropiaciones. De esta manera se terminaría con las incertidumbres que mantenían detenido gran parte del sistema productivo del país. Uno de los aspectos que tocaba la reforma constitucional propuesta por la Democracia Cristiana, y que aprobó el Congreso, era que los trabajadores fueran dueños de las empresas, pero el presidente Salvador Allende no lo aceptó. Iba en contra de sus principios, que alguien ajeno a la burocracia estatal pudiera ser propietario de una empresa.

En el verano de 1971 había señalado Salvador Allende en la famosa entrevista dada al francés Debray:

> Lo que nosotros hemos planteado como una necesidad es la presencia de obreros, empleados y técnicos en un porcentaje en la dirección de las empresas, pero eso no implica que esas empresas vayan a ser autónomas y vayan a tener independencia para producir, no, nosotros somos y seremos partidarios de una economía centralizada. Las empresas tendrán que desarrollar los planes de producción que fije el Gobierno.

Es decir, la tan anunciada entrega de libertad para los trabajadores quedaba sólo en el discurso. ¿Sería lo mismo con la entrega del poder político al pueblo?, ¿o también esto quedaría sólo en el discurso y el poder real lo ejercerían los altos dirigentes de los partidos instalados en el Estado?

El mundo agrícola no se presentaba mejor. La Ley de Reforma Agraria se estaba aplicando y aunque se usaba la ley gestada y aprobada durante la administración Frei, esta se estaba desarrollando con el objetivo de transformarla en uno de los pilares y símbolos de la vía chilena al socialismo, a través de una expropiación masiva de tierras. De los diez millones de hectáreas expropiadas durante los dos gobiernos, el de Eduardo Frei y el de Salvador Allende, siete millones lo fueron durante la administración Allende. Pero al igual que en las fábricas y talleres, se cayó en el grave error de no entregarle autonomía a los conocedores del trabajo, los campesinos, sino que se nombraba un interventor que no sabía de producción agropecuaria y cuyo único mérito era ser un teórico marxista militante de alguno de los partidos de la Unidad Popular.

A lo anterior había que sumar que las instituciones del Estado involucradas en el mundo agropecuario, como la Corporación para la Reforma Agraria, CORA y el Instituto Nacional de Desarrollo Agropecuario, INDAP, no tenían las capacidades técnicas ni operativas como para hacer producir las grandes extensiones de terrenos agrícolas expropiados. Comenzaba a manifestarse la incapacidad del Estado para acometer iniciativas productivas que son responsabilidad de los individuos, cuya consecuencia sería la falta de producción y por lo tanto, escasez de alimentos.

A esto se debe agregar la acción, al margen del Gobierno, del MIR, que era partidario de «tomas» de predios agrícolas «a puertas cerradas», es decir, con todo lo que había en el interior de los campos, lo que se traducía en una usurpación de bienes que iban más allá de la expropiación de las tierras. En la acción del MIR caían tierras cultivadas por sus dueños y como los nuevos dueños eran muy izquierdistas pero desconocían el trabajo de la tierra, las fincas terminaban sin producir. La consecuencia del caos en los campos fue el estancamiento de la producción, pero no de la demanda, pues se trataba de artículos de primera necesidad cuyos precios crecieron por la poca disponibilidad, y, al final, Chile tuvo que importarlos del extranjero. (16) (21) (26) (38) (40)

XXVI. NACIONALIZACIÓN DEL COBRE

El 11 de julio de 1971 el Congreso Pleno aprobó por unanimidad la Reforma Constitucional que permitió nacionalizar la gran minería del cobre y dejar bajo el dominio del Estado las riquezas básicas del país. En lo fundamental esta Reforma estableció lo siguiente: «el Estado tiene el dominio absoluto, exclusivo, inalienable e imprescriptible de todas las minas, las covaderas[9], las arenas metalíferas, los depósitos de carbono e hidrocarburos y demás sustancias fósiles, con excepción de las arcillas superiores».

Esta ley de Reforma Constitucional fue promulgada por el presidente Allende el 15 de julio de 1971. La nacionalización del cobre y el resto de las llamadas riquezas básicas eran otro estandarte del Gobierno de la Unidad Popular.

Rápidamente se procedió a tomar el control de las faenas cupríferas de Chuquicamata, Exótica, El Salvador, El Teniente y Río Blanco.

El Gobierno, envalentonado con la votación unánime recibida en el Congreso para la Reforma Constitucional que permitió la nacionalización del cobre, perseveró en la idea de expropiar las distintas faenas cupríferas sin pago de indemnización a las empresas estadounidenses.

Durante la campaña presidencial del año anterior, los candidatos Radomiro Tomic y Salvador Allende se reunieron por lo menos unas cinco veces. En una de esas reuniones, conversando ambos políticos

---

9   Espacio de tierra donde se extrae guano.

sobre el propósito de la Unidad Popular de nacionalizar el cobre sin pagar una indemnización a las empresas extranjeras, Radomiro Tomic afirmó: «Te equivocas, Salvador, si crees que los Estados Unidos te permitirán nacionalizar el cobre sin pago de indemnización». Allende respondió expresando su visión y la de la Unidad Popular, argumentando que no pagarían indemnización a las empresas estadounidenses. Tomic respondió con un escueto «Te caerán encima».

El 11 de octubre de 1971 el presidente Salvador Allende firmó el Decreto Supremo que nacionalizó las faenas cupríferas, definió el monto de las indemnizaciones a las compañías expropiadas, lo que incluía no solo las minas sino toda la infraestructura productiva instalada por las empresas. Para determinar el monto de la indemnización se aplicó el criterio de «utilidad razonable» que se definió en un 12 % anual entre 1955 y 1970. Con este criterio, no sólo se les privó a las empresas estadounidenses de una indemnización, sino que se determinó que estas tenían una deuda con el fisco chileno. Las utilidades determinadas por el Contralor[10] General de la República, con el apoyo de técnicos de las Fuerzas Armadas, fueron para la filial de la Anaconda, dueña de Chuquicamata y El Salvador, de 21,5 % sobre su valor libro y para la filial de la Kennecott, dueña del Mineral de El Teniente, un 52,8 %; con utilidades por el 100 % en el periodo comprendido entre los años 1967 y 1969. De esta forma, quedó definido en el decreto presidencial que por Chuquicamata y El Salvador la filial de la Anaconda adeudaba al Estado de Chile 68 millones dólares. En el caso de la filial de la Kennecott, se determinó que esta empresa le debía al Estado chileno más de 310 millones de dólares. Una filial de la Anaconda adeudaba algo más de 10 millones de dólares, por el mineral La Exótica, inaugurado en 1970. En cuanto a la Cerro Corporation, dueña del mineral de Río Blanco, su deuda era de más de 18 millones de dólares. (16) (21).

---

10   Alto tribunal para el control jurídico y económico de la República.

XXVII. PUGNAS Y ORGANIZACIÓN DE ACTORES ECONÓMICOS

En septiembre de 1971 la derecha presentó la primera acusación constitucional para remover de su cargo a un ministro del Gobierno de Salvador Allende, el ministro de Economía, Pedro Vuskovic. La iniciativa fracasó por no contar con los votos del Partido Demócrata Cristiano. Sin embargo, a pesar de esta divergencia entre nacionales y democristianos, la oposición en conjunto buscó darle al Congreso la prerrogativa de objetar por simple mayoría los vetos del Ejecutivo, invalidando la insistencia[11] de los proyectos de ley que el Gobierno enviaba al Congreso.

Por otra parte, el empresariado de gran, mediana y pequeña empresa, por iniciativa de la Sociedad de Fomento Fabril, SOFOFA, dirigida por Orlando Sáenz Rojas, la Confederación de la Producción y del Comercio liderada por Jorge Fontaine Aldunate, la Confederación del Comercio Detallista liderada por Rafael Cumsille Zapapa y la Sociedad Nacional de Agricultura dirigida por Benjamín Matte Guzmán, se agruparon en una única entidad que fue denominada Frente Nacional del Área Privada, FRENAP, organización que se declaró en estado de alerta frente a las iniciativas económicas del Gobierno. La FRENAP tuvo una relevancia estratégico táctica importante, logró llevar al redil de los grandes empresarios a los medianos y pequeños productores,

---

11 Insistencia es un mecanismo en la fase de discusión de las leyes entre los poderes Legislativo y Ejecutivo.

que hasta esa fecha se habían mantenido como observadores de las acciones gubernamentales. Con ello se alejó del Gobierno un sector muy importante de la producción y de la sociedad chilena.

En octubre de 1971; en una decisión que parece algo tardía por el desgaste y desconfianzas que se habían producido, el Gobierno definió su política económica a través de un Proyecto de Ley enviado al Congreso Nacional donde delimitó las áreas de la economía y la participación de los trabajadores en ella. En este Proyecto de Ley quedó establecido el tipo de empresas que pasarían a la llamada Área Social o Estatal. Serían aquellas empresas que se consideraban críticas para el abastecimiento del mercado interno, para el desarrollo del comercio exterior, el desarrollo científico y tecnológico del país y para cumplir las necesidades de la Defensa Nacional y tratados internacionales. No quedarían incorporadas al Estado aquellas empresas que al 31 de diciembre de 1969 tuvieran un patrimonio inferior a catorce millones de escudos. No obstante quedó la incertidumbre sobre qué empresas sería estatalizadas, pues el Gobierno no fue explícito y provocó, como consecuencia, una mayor cohesión de los empresarios para resistir a la expropiación y estatización de las empresas.

Por otra parte, el 28 de octubre de 1971; las empresas estadounidenses Anaconda y Kennecott, apelaron al tribunal especial en contra de la decisión presidencial que fijó las indemnizaciones por la nacionalización de sus faenas cupríferas.

XXVIII. PRIMER ANIVERSARIO DEL HOMICIDIO DE SCHNEIDER

El 22 de octubre se cumplió el primer aniversario del atentado mortal contra el comandante en jefe del Ejército, general René Schneider. Después de un año de guardar silencio, apareció en el diario democristiano, *La Prensa*, el testimonio escrito dejado por el comandante en jefe de la Armada de la época, almirante Fernando Porta Angulo. Sergio Ossa Pretot, exministro de Defensa, rindió homenaje al malogrado militar pero, con evidente resquemor, no dejó pasar la oportunidad para reprochar a los partidos de Unidad Popular las contradictorias actitudes que habían tenido en el pasado reciente, incitando a la intervención de las Fuerzas Armadas durante el Gobierno de Frei. Por una parte, con la permanente adulación a estas y por otra, negando el apoyo a la continuidad democrática en el país. Ossa expresó:

> Resulta extraño que algunos de los que hoy día lo alaban como el héroe que dio su vida por defender la democracia, fueron los que, antes, durante y después del 21 de octubre de 1969 (día del motín en el Regimiento Tacna, encabezado por el general Roberto Viaux), golpeaban las puertas de los cuarteles y sostenían la tesis del vacío de poder. En esos días hubo un solo partido político que no concurrió a La Moneda a dar su respaldo al gobierno legítimo de la nación. Aún más: solicitada su presencia, contestó: «Que se rasque con sus propias uñas».

Los que así actuaron, ocupan hoy altas posiciones, confiando siempre en la ligera memoria de los chilenos y no pierden oportunidad para referirse con elogiosas palabras al general René Schneider.

¡Que poco lo conocían!

Han creído que ensalzándolo, con oportunidad o sin ella, conquistaban las simpatías de su institución. Las Fuerzas Armadas no han buscado ni buscan el halago ni la adulación; piden si, respeto por lo que son y representan; y en este caso, la forma de manifestárselo es guardando en el corazón y en reverente silencio la memoria del ilustre general. (16)

XXIX. VISITA DE FIDEL CASTRO Y VIOLENCIA EN LAS CALLES

Chile, que en noviembre de 1971 formaba parte de los llamados Países No Alineados y tenía relaciones con las naciones del bloque socialista y capitalista, anunció la decisión de renegociar la deuda externa que tenía con Estados Unidos, Canadá, Japón y con Europa Occidental. Dicha deuda ascendía a tres mil novecientos quince millones de dólares, lo que equivalía a los ingresos de cuatro años por las exportaciones.

Por otra parte, sin tener una legislación que amparara el Programa de Gobierno, Allende se las había arreglado para estatalizar empresas, por la compra de acciones o aplicando el Decreto 520 de 1932 de manera que habían caído bajo el control del Estado alrededor de ochenta compañías.

El Gobierno pudo constatar la desaparición de la holgura financiera provocada por la nacionalización del cobre, que imposibilitaba el pago anticipado de impuestos por parte de las compañías expropiadas. Lógicamente, tampoco se contó con el apoyo de estas para obtener financiación adicional en el mercado de capitales externo. Sin crédito, ¿dónde se obtendrían los recursos para solventar los gastos del Estado chileno?

Al año del inicio del Gobierno de Unidad Popular, la oposición ya había superado las diferencias; por eso, en los dos últimos meses del año 1971, prepararon una gran ofensiva contra el Gobierno. Hubo un hecho que sirvió de ensayo para lo que vendría en 1972 y en 1973: la llegada a Chile, el miércoles 10 de noviembre de 1971, de Fidel Castro, líder de la revolución cubana.

Acto de la Unidad Popular en el Estadio Nacional de Santiago.

Se cumplían los deseos de la izquierda radical, que soñaba con ver a Chile convertida en una Cuba, con guerrilleros barbudos, armados y vestidos de verde oliva. Así mismo, se esperaba obtener del líder cubano las palabras justas, para convencer a los «incrédulos» que en Chile no se tenía un Gobierno de tibios reformistas, sino de revolucionarios, a la chilena, pero revolucionarios al fin.

Ante la anunciada visita de Castro, a inicios de noviembre de 1971 la dirección de *Patria y Libertad* instruyó a su Frente de Propaganda para pintar los muros de Santiago con mensajes de repudio al líder cubano. También se organizó a amas de casa de la capital para un acto de protesta por la falta de productos básicos.

Al llegar al Aeropuerto de Pudahuel en Santiago, Fidel Castro fue recibido con los honores de reglamento para el gobernante de un país amigo. Masiva fue la bienvenida que se dio al exguerrillero de Sierra Maestra en su traslado desde el terminal aéreo hasta la Embajada de Cuba, acompañado del presidente Allende. Lienzos con frases de bienvenida, enormes fotos del Che Guevara, banderas chilenas y cubanas, del Partido Socialista y las rojinegras del MIR, movimiento que actuaba como si fuera el interlocutor político del líder cubano. Es posible que la muchedumbre que vitoreaba, hiciera creer a Allende en que tenía el «apoyo mayoritario del pueblo». Los que le dieron tal recepción a Castro eran parte del pueblo, pero no todo el pueblo chileno.

Fidel Castro, vistiendo siempre su uniforme verde oliva, estuvo en recepciones oficiales y en actos en Santiago. Viajó por Chile visitando Iquique, Antofagasta, las oficinas salitreras de María Elena y Pedro de Valdivia, el mineral de cobre de Chuquicamata, Valparaíso, Rancagua, la mina de cobre El Teniente, Sewell y Caletones, Santa Cruz, la acería de Huachipato de la Compañía de Aceros del Pacífico en Talcahuano, las minas de carbón en Lota y habló en una gran concentración en la Universidad de Concepción. En esta hizo uso de la palabra el líder del MIR, Nelson Gutiérrez, quien fustigó la democracia chilena calificándola de «democracia del hambre». Posteriormente fue presentado Fidel Castro por el locutor del acto, con las siguientes palabras: «tenemos a continuación el agrado de dejar con ustedes al comandante de la revolución cubana, al comandante de la dignidad americana, al compañero y líder Fidel Castro Ruz».

Castro señaló que no haría un discurso y que se hablaría de lo que los asistentes quisieran, por lo que esperaba preguntas para responder. Sin el menor resquicio a la improvisación, el locutor señaló: «voy a leer entonces la pregunta correspondiente a la Juventud Socialista, la pregunta dice lo siguiente: se dice que este Gobierno es reformista y por lo tanto no se trata de un Gobierno revolucionario, ¿considera usted que nuestra experiencia o vía chilena, es un camino revolucionario que nos llevará a la patria socialista?». Fidel Castro respondió: «y si yo digo que no, ¡como me puedo quedar aquí!», añadiendo que si a él le preguntaran que está ocurriendo en Chile, respondería que estaba ocurriendo un proceso revolucionario, recibiendo tibios aplausos de la masiva concurrencia, mayoritariamente del MIR, que se había hecho escuchar unos momentos antes con los gritos de «¡Patria o muerte!¡-Venceremos!», «¡Patria o muerte! ¡Venceremos!».

La pregunta bien pudo haber salido desde La Moneda, con el objetivo de dejar claro que lo que vivía Chile era realmente una revolución y no un gobierno reformista y así calmar a quienes presionaban al Gobierno para «avanzar sin transar[12]» para que la nación viviera su «propia revolución».

---

12   Llegar a un acuerdo entre dos partes después de haber cedido algo en las

Noviembre de 1971. Fidel Castro Hablando a la izquierda chilena.

Castro también estuvo en Puerto Montt y Punta Arenas. Fueron 24 días que incomodaron al propio Salvador Allende. Casi un mes en que el visitante se paseó por Chile y por supuesto, el Gobierno no podía mostrarse públicamente incómodo o molesto, pues tal actitud le generaría ineludiblemente problemas con el MIR y los sectores ultra izquierdistas de la Unidad Popular.

Finalmente, el 2 de diciembre se organizó en el Estadio Nacional de Santiago un masivo acto de despedida, oportunidad en la que habló Salvador Allende, diciendo ante la muchedumbre enfervorizada:

> Yo les digo a ustedes compañeros, compañeros de tantos años, se los digo con calma, con absoluta tranquilidad, yo no tengo pasta de apóstol ni tengo pasta de mesías, no tengo condiciones de mártir, soy un luchador social que cumple una tarea, la tarea que el pueblo me ha dado, pero que lo entiendan aquellos que quieren retrotraer la historia y desconocer a la voluntad mayoritaria de Chile. Sin tener carne de mártir, no daré un paso atrás y que lo sepan, dejaré La Moneda cuando cumpla el mandato que el pueblo me diera. No tengo otra alternativa, sólo, acribillándome a balazos podrán impedir mi voluntad que es hacer cumplir el Programa del pueblo.

pretensiones iniciales.

Frente a Fidel Castro, a sus ministros y a la gran concurrencia que desbordaba el Estadio Nacional esa tarde, Salvador Allende notificó cuál era el camino que tomaría en la medida que todos los demás caminos se le fuesen cerrando.

Fidel Castro abandonó Chile el 4 de diciembre de 1971; en medio de la incomodidad de Salvador Allende y el malestar de una oposición que tuvo en Castro un factor de unidad antimarxista. Tres días antes que el líder cubano dejara Chile, el miércoles 1° de diciembre, se produjo la primera gran manifestación callejera opositora al Gobierno.

Mientras Fidel Castro ofrecía una recepción oficial de despedida en la Embajada de Cuba, miles de mujeres opositoras al Gobierno, que se habían convocado telefónicamente, marcharon por las calles haciendo sonar ollas vacías y sartenes, siendo resguardadas por grupos de choque opositores de Patria y Libertad, del Comando Rolando Matus del Partido Nacional y de la Juventud Demócrata Cristiana. En la intersección de Avenida Vicuña Mackenna con la Alameda Bernardo O'Higgins, fuerzas de choque izquierdistas esperaban a la columna de manifestantes y se produjeron recios enfrentamientos, con el resultado de muchos heridos de gravedad.

Las armas utilizadas fueron palos y nunchacos y, por el lado de la izquierda, las llamadas «papas checoslovacas», elemento fabricado con el tubérculo al cual se fijaban hojas de afeitar en varias partes de su superficie. Esos artefactos fueron arrojados a la columna de opositores con el fin producir cortes en los rostros, brazos, piernas o cualquier parte del cuerpo donde impactaran. Intervinieron las fuerzas de Carabineros para alejar a los dos grupos que se encontraban en una feroz lucha callejera. Fue tal la conmoción pública por los graves hechos que al día siguiente se reunió el Consejo Superior de Seguridad Nacional, CONSUSENA, para analizar la grave situación que se había generado por la «marcha de las cacerolas». Para evitar la repetición de hechos de tanta violencia, se declaró el Estado de Emergencia en Santiago, designándose como jefe de Zona en Estado de Emergencia el general Augusto Pinochet Ugarte.

Noviembre de 1971. La izquierda chilena y Fidel Castro.

1971. Uno de los tantos actos de Fidel Castro con la izquierda chilena

Este mismo día, el diario *El Mercurio* publicó lo siguiente:

A su paso, miles de transeúntes y habitantes de los edificios se
unían a sus gritos y exteriorizaban su adhesión sacando también a relucir las ollas o aplaudiendo. Banderas chilenas fueron
izadas rápidamente desde muchas ventanas, mientras desde la
terraza de la Escuela de Derecho, los estudiantes atrincherados
allí desde varias semanas saludaban haciendo flamear banderas
y agitando sus brazos. Papel picado lanzado desde los edificios

de Plaza Baquedano sembró el suelo y contribuyó a alentar a las mujeres que por primera vez en Chile realizan una manifestación de esa envergadura.

La tarde del día 3 de diciembre solicitó audiencia al comandante en jefe del Ejército el presidente del Partido Nacional, Sergio Onofre Jarpa, quien le expresó al general Prats su repudio por la acción de los grupos de extrema izquierda y el uso que la Policía de Investigaciones habría hecho de sus armas de fuego para amedrentar a jóvenes opositores en la intersección de la Avenida Providencia con Carlos Antúnez. Prats respondió que era repudiable toda la violencia desatada, incluida la de los grupos de choque de derecha que habían hecho una verdadera «demostración de fuerza», agregando que el problema tenía una raíz política que debía solucionarse dialogando la oposición con el Gobierno. Jarpa le declaró al general Prats que su partido también repudiaba a todos los grupos extremistas y que era la ciudadanía la que debía pronunciarse democráticamente respecto del tipo de Gobierno que se quería para el país y que las Fuerzas Armadas debían ser garantes del orden público. Sintiéndose aludido, Prats replicó que no era función del Ejército resguardar el orden público, tarea que estaba constitucionalmente encomendada a Carabineros.

El 4 de diciembre de 1971 Fidel Castro retornó a Cuba. En Chile habían comenzado violentos enfrentamientos callejeros, que no se detendrían hasta el 11 de septiembre de 1973. El país polarizaba cada vez más, a las ásperas e irreconciliables sesiones en el Congreso, se unía la de las calles, que en un principio enfrentaba a grupos de la izquierda gobernante contra el centro y derecha, pero que también acabó enfrenando a la izquierda gobernante y el MIR.

La extrema derecha se fortaleció. Muchos jóvenes se presentaron en las sedes de *Patria y Libertad* para ingresar al movimiento, y fueron destinados a distintos frentes. Desde el norte se enviaron invitaciones a la jefatura nacional para organizar filiales en esa zona del país. Por tal motivo el secretario general, Roberto Thieme, viajó en el avión *Bonanza* de su propiedad junto a Luciano Morgado y José María Reyes Lyon, organizando células en Arica, Iquique, Antofagasta, Calama, Tocopilla y Vallenar. (16) (21) (27) (28)

XXX. GUERRA DE COMUNICADOS Y EXPRESIÓN CASTRENSE

La violenta ofensiva de la oposición no se detendría, tras la «marcha de las cacerolas», emitió varios comunicados contra de las Fuerzas Armadas, con publicaciones ofensivas hacia altos oficiales y sus familias, incluso hubo un ataque físico a un cadete de la Escuela de Aviación.

El Gobierno inició una acción judicial en contra del diario *Las Ultimas Noticia*s por haber afirmado que «los días del actual gobierno están contados y pronto estallará una guerra civil en el país».

Por su parte, el ministro de Defensa, Alejandro Ríos Valdivia, denunció públicamente el ataque del que eran objeto las Fuerzas Armadas, y señaló

> [...] La deleznable actitud de quienes aparecen como responsables de estas ofensas y diatribas, confirma una sincronización perfecta en cuanto a mantener viva la injuria, destinada a destruir la imagen y prestigio de nuestros Institutos Armados. Dada la cobardía moral de quienes realizan esta oscura y antipatriótica labor, esta campaña no debe aceptarse ni debe continuar. Por ello se ha ordenado a los miembros de las FF.AA. que eviten cualquier forma de provocación; pero, si son arrastrados por la acción irreflexiva y violenta, deben actuar con la mayor energía, ejercitando el derecho a la legítima defensa, sin importar las consecuencias.

Este texto se podría llamar la «doctrina Ríos Valdivia».

Además, el jefe de Zona en Estado de Emergencia para Santiago, general Augusto Pinochet, decidió clausurar por 48 horas «Radio Balmaceda», del Partido Demócrata Cristiano, por emisión de expresiones de carácter sedicioso, que involucraban a las Fuerzas Armadas.

A mediados de diciembre de 1971 el presidente Allende se hizo presente al final de unas maniobras del Ejército en la zona de la Araucanía, con apoyo de la Fuerza Aérea. Allende llegó en helicóptero, acompañado del ministro de Defensa Alejandro Ríos y del comandante en jefe de la Fuerza Aérea, general César Ruiz Danyau. Los esperaban el comandante en jefe del Ejército, general Carlos Prats y el jefe del Estado Mayor del Ejército, general Pablo Schaffhauser. Estaban también los miembros de las comisiones de Defensa de la Cámara de diputados y del Senado.

Al terminar las maniobras expusieron el jefe de Estado Mayor del Ejército y el jefe del Estado Mayor de la Fuerza Aérea, general Gustavo Leigh. Allende contestó con grandes elogios hacia la labor profesional de las Fuerzas Armadas, no obstante la desconfianza suya y del ministro de Defensa en los integrantes del Alto Mando.

Cuando asumió Allende la Presidencia, inmediatamente tuvo que involucrarse en la cuestión que le hizo el general Carlos Prats respecto de los ascensos y retiros en el Ejército. En esa oportunidad Salvador Allende quiso forzar el retiro del general Manuel Pinochet, por haber sido el jefe de las fuerzas militares que participaron en una tiroteo en el mineral de El Salvador en 1965; que tuvo como resultado una importante cantidad de civiles fallecidos. También objetó la permanencia en el Ejército del general Alfredo Canales, quien, según Allende, efectuaba permanentes críticas al nuevo Gobierno. Prats se negó a acceder a la petición presidencial por no haber justificación institucional para ello y, porque de ejecutar dichas remociones, perdería ascendencia sobre todos sus subalternos. En esa oportunidad el presidente Allende autorizó al general Prats para que decidiera de acuerdo con su criterio, pero que mantener al Ejército dentro de la línea llamada «constitucional» era responsabilidad del comandante en jefe.

A fines de 1971 se repitió la situación. El presidente Salvador Allende volvió a objetar los nombramientos de Prats. En esta ocasión puso particular énfasis en quien había sido nombrado como comandante del Regimiento Buin, teniente coronel Felipe Geiger Stahr, de quien Allende señaló tener antecedentes de que manifestaba una postura claramente adversa al Gobierno. Aún sintiéndose objeto de la desconfianza presidencial, Prats no vaciló en señalar nuevamente que no podía remover a un alto oficial por un rumor, argumentando que si no había una acusación demostrable, no podía anular el nombramiento. Salvador Allende tuvo que ceder y le indicó, sin mucha amabilidad al general, que lo que ocurriera en el Ejército sería de su responsabilidad.

A principios de diciembre de 1971 el ministro de Defensa citó a su oficina a Carlos Prats para entregarle una lista de oficiales que, por expresa voluntad presidencial, debían ser nombrados en las unidades militares de Santiago. El general Prats, sin dar crédito a lo que escuchaba, respondió que revisaría si alguno de los oficiales señalados estaba destinado a una unidad militar de Santiago, quedando la inquietud de por qué dichos oficiales tenían tan especial consideración del presidente.

Finalmente, a mediados de diciembre, el general Prats informó al Gobierno que ninguno de los oficiales solicitados para Santiago estaba incluido con ese destino, por lo que sería imposible efectuar una modificación.

Así como el Gobierno manifestaba su desconfianza hacia algunos mandos del Ejército, dentro de las Fuerzas Armadas había desconfianza hacia el Gobierno. Como habían manifestado algunos almirantes a Salvador Allende, tras ganar la elección de 1970; las Fuerzas Armadas y Carabineros no eran ni serían marxistas. Se sentían parte del mundo occidental y eso no cambiaría a pesar que Allende había enviado al Ejército a Europa oriental a evaluar la adquisición de material de guerra en esos países.

En efecto, el 16 de julio de 1971 el ministro de Defensa comunicó a la Junta de comandantes en jefe la resolución del Comité de ministros para que evaluara el plan de adquisición de las tres instituciones de la Defensa Nacional.

Lo decidido por los ministros de Interior, Hacienda, Economía y Defensa era satisfactorio con los objetivos de cada una de las instituciones armadas, pero recomendaba evaluar la compra de nuevo material en los países socialistas, aduciendo que en estos países se podrían obtener líneas de créditos muy convenientes para Chile. A nadie se le escapaba que con este paso se movía un poco la línea geopolítica, pues se alejaba a Chile de Estados Unidos y de Europa occidental.

El mismo 16 de julio el presidente Allende propició una reunión entre el comandante en jefe del Ejército, general Carlos Prats con el embajador soviético en Santiago, para que sostuvieran una conversación preliminar respecto de las posibilidades de adquirir material de guerra en el mercado de la Unión Soviética. Prats se hizo acompañar por el director de operaciones de su institución, general Guillermo Pickering. Los dos generales expusieron que desconocían el mercado del mundo socialista y que cualquier decisión debía pasar por el desarrollo de una prospección en esa zona del mundo. De esta conversación surgió la decisión para que el director de operaciones viajara a Francia, único país de la Europa occidental incluido en el itinerario, y a la Unión Soviética, Checoslovaquia, Rumania, Polonia y Yugoslavia. De los informes que elevara el general Pickering al Estado Mayor del Ejército y del análisis de este, dependería la decisión que se tomara, considerando que en cualquier caso se mantendría la línea tradicional de suministros desde Estados Unidos y Europa occidental. Pickering viajó, pero la idea de comprar material de guerra en el mundo socialista fue perdiendo fuerza, no por razones técnicas y económicas, sino simplemente porque el Ejército veía en aquella decisión un problema de orden logístico y también ideológico:

> No se nos escapa la trascendencia de los factores psicológicos implícitos en un compromiso de connotaciones políticas internas e internacionales y nos preocupan las complicaciones logísticas de mantener una larga línea técnica de suministro de repuestos y de reposición de consumos.

Aunque existía en las Fuerzas Armadas la voluntad de permanecer dentro de los márgenes constitucionales, la relación que en general tenían con los representantes del Gobierno estaba estrictamente supeditadas a la formalidad que imponía el papel legal de cada uno, con matices que marcan siempre la capacidad de relacionarse de cada persona. El antimarxismo de las Fuerzas Armadas y la realidad de los acontecimientos que se vivían en Chile desde hacía seis años, hicieron que las formalidades no estuvieran exentas de roces.

Todo esto quedó en evidencia en dos hechos acaecidos en el mes de diciembre de 1971. El primero fue la noche del jueves 16 de ese mes, con motivo del acto de graduación de nuevos oficiales en la Escuela de Aviación. El público de la tribuna oficial, con intención política, dio largos y efusivos aplausos al Agregado Aéreo de la Embajada de Estados Unidos. Ahí estaba el otro Chile, el que no quería saber nada de la visita de Fidel Castro. Delante del anfitrión de Castro, el presidente de la República, los asistentes al acto de la Fuerza Aérea mostraban adhesión hacia Estados Unidos, como en semanas anteriores, otros chilenos se habían manifestado de igual forma hacia Cuba.

Al día siguiente, 17 de diciembre, correspondía el acto de graduación de nuevos oficiales de Ejército en la Escuela Militar, cuyo director era el coronel Alberto Labbé Troncoso. Por tal razón, el general Carlos Prats convocó a su oficina al general Enrique Garín, comandante de Institutos Militares y al director de la Escuela Militar, con el fin de revisar la planificación de la ceremonia que se llevaría a cabo más tarde y también el discurso del coronel Labbé.

El general Prats leyó el discurso, y realizó algunas correcciones al texto, acordando con Labbé la lectura de los cambios ordenados. Prats también le sugirió al director de la Escuela Militar que después de la ceremonia efectuara un ágape en la casa fiscal que ocupaba, e invitara al presidente de la República y a los generales presentes.

Durante la ceremonia hubo situaciones con clara connotación política, que afectaron a la figura presidencial, y que tal vez sucedieron por la certeza del coronel Labbé de su cercana salida del Ejército.

En su alocución, el director de la Escuela Militar expresó que el Ejército era «una Institución a quien no comprometen los halagos y no llegan las incomprensiones», en clara alusión a la permanente adulación que el presidente y el Gobierno hacían al Ejército y a las otras ramas de las Fuerzas Armadas y Carabineros.

Se escuchó por los altavoces del recinto una indicación al nuevo director de la Escuela Militar, coronel Nilo Floody, para que desfilara en honor al director que se iba, el coronel Labbé. Esto estaba fuera de reglamento, pues estando presentes superiores de ambos coroneles, incluido el presidente de la República, lo lógico era que se honrara a la mayor autoridad.

Por otra parte, al efectuarse la entrega de premios a los nuevos oficiales recién graduados, se repitió lo ocurrido la noche anterior en la Escuela de Aviación: intensos y sonoros aplausos hacia los representantes de Estados Unidos que hacían entrega de las distinciones.

Y por último, se efectuó el ágape en la casa del Coronel Labbé, con presencia de muchos amigos personales del anfitrión. Labbé no invitó a todos los generales presentes, sólo al comandante en jefe del Ejército, general Carlos Prats, al general Enrique Garín, superior inmediato que había tenido el coronel Labbé y al general Oscar Bonilla, además del presidente de la República, que en definitiva era el agasajado.

En la mañana del sábado 18 de diciembre, Prats reprendió con dureza al coronel Labbé, principalmente por el desfile de la Escuela Militar en su honor y no en honor del presidente de la República y por el «olvido» de no invitar a todos los generales, como se lo había sugerido.

La situación vivida en la Escuela Militar fue expuesta por Carlos Prats en reunión de generales de la Guarnición de Santiago el martes 21 de diciembre. Prats indicó que la responsabilidad del coronel Alberto Labbé estaba asociada a faltar al Reglamento de Servicio de Guarnición al hacer desfilar a la Escuela Militar en su honor cuando presidía el acto el presidente de la República y, también la de no haber invitado al agasajo al presidente de la República a todos los generales que estuvieron en el acto de graduación.

Acto seguido, en presencia de todos los generales, el comandante en jefe del Ejército le señaló al general Enrique Garín, superior inmediato de Labbé, que todo lo sucedido era de su responsabilidad y que procediera a imponer una sanción e informara de ella. El general Garín puso inmediatamente su renuncia a disposición del comandante en jefe del Ejército, quien le respondió que primero debía imponer la sanción y posteriormente vería si le aceptaba o no la renuncia.

Estas situaciones que iban mellando la cohesión interna del Ejército no terminaron con lo acaecido con el coronel Labbé. En la misma sesión el general Prats informó, con el aludido presente, que había recibido información de un alto funcionario de Gobierno que el general Oscar Bonilla en forma frecuente se reunía con el senador del Partido Demócrata Cristiano Juan de Dios Carmona y que exponía el hecho para que Bonilla aclarara la versión recibida. Óscar Bonilla protestó molesto y saliéndose del trato debido al comandante en jefe, indicó que se le quería «involucrar en una maniobra». Ante esa actitud, Prats le amonestó verbalmente y le exigió respuesta a la imputación que se le había hecho.

Al día siguiente el general Carlos Prats reunió nuevamente a los generales asentados en Santiago y les informó de los retiros y de los nuevos destinos para el año 1972. El general Óscar Bonilla pidió la palabra para excusarse públicamente por la actitud que tuvo en la sesión del día anterior e insistió en que estaba siendo víctima de una maniobra para perjudicarlo. El general Prats insistió en que no le satisfacía la respuesta y en una reunión privada entre ambos, Prats informó a Bonilla que la acusación sobre sus supuestas reuniones con el senador Carmona se las había dado el ministro de Interior José Tohá, autorizándolo a conversar directamente con él para clarificar el hecho.

El lunes 27 de diciembre el ministro Tohá le comentó al general Prats que había tenido una conversación muy franca con el general Oscar Bonilla, en la cual este le había asegurado no tener conexión política alguna con el senador Carmona, afirmaciones que lo dejaban satisfecho, por lo que daba el asunto por superado. Posteriormente el general Bonilla hizo llegar por escrito explicaciones al Carlos Prats, con copia a cada uno de los generales.

El 29 de diciembre el coronel Labbé presentó una reclamación al general Prats por el castigo que le habían impuesto. Al acoger la reclamación, Prats se enteró de que la sanción impuesta por Garín había sido por las expresiones que Labbé emitió en el discurso que había pronunciado en el acto de graduación de la Escuela Militar, un motivo que había sido descartado por Prats. La sanción tenía que haber sido por el desaire al presidente de la República. El comandante en jefe del Ejército dejó sin efecto la sanción a Labbé y solicitó a Garín que presentara su solicitud de retiro del Ejército. Posteriormente, el miércoles 19 de enero de 1972; se cerró el caso del coronel Alberto Labbé. En presencia del nuevo jefe del Estado Mayor del Ejército, general Augusto Pinochet, el general Carlos Prats, solicitó al coronel Labbé que presentara su solicitud de retiro y le dio 48 horas para que meditara su decisión. El viernes 21 el coronel Labbé respondió que no presentaría la solicitud de retiro voluntario, por lo que Prats, en presencia de Pinochet, le contestó que pediría que se le aplicara la facultad presidencial de llamarlo a retiro forzoso. (16)

XXXI. SITUACIÓN INTERNA EN EL EJÉRCITO

Con la creciente polarización, no debió ser fácil para Carlos Prats González ejercer su cargo de comandante en jefe del Ejército y mantener a la institución dentro de los límites constitucionales; es decir, con la obligación de respetar la Constitución vigente, pero estando bajo un Gobierno que había informado al país en su programa y, ratificado en el discurso presidencial del 21 de mayo de 1971, que tenía como objetivo eliminar la Constitución y cambiar radicalmente la democracia republicana.

Prats debía estar atento a lo que le demandaban desde La Moneda y resolver con el mayor acierto posible, y de acuerdo al reglamento, sin perder la confianza de sus subalternos y manteniéndolos dentro de lo que los reglamentos les imponían.

Entre tanto, Gobierno y oposición mantenían un fuego cruzado de comunicaciones en la que ambos bandos presionaban al Ejército y a su comandante en jefe para que tomaran acciones acordes con la visión política de cada parte. Un ejemplo de esto fueron las expresiones vertidas por la oposición en sus medios de comunicación escritos y radioemisoras, tras el caso Labbé. Acusaban al presidente de la República de «cortar su carrera al distinguido director de la Escuela Militar». Y el general Prats se vio obligado a emitir una declaración pública donde expresó que la salida del coronel Alberto Labbé era de su exclusiva responsabilidad y que había actuado conforme a la atribución como comandante en jefe, para salvaguardar los intereses del Ejército.

Manifestó también Prats que

[...] He expresado públicamente, en otras oportunidades, la conveniencia nacional de que se respete la irreductible posición profesionalista (sic) del Ejército, que lo mantiene serenamente marginado de las contingencias políticas.

Hizo una llamada a la opinión pública «para que —por el bien de la Patria— no se perturben nuestros inexorables postulados doctrinarios».

Este comunicado de Prats acentuó las críticas a su persona en los medios de la oposición y recibían la inmediata respuesta en los de Unidad Popular, situando de esta forma al Ejército y su comandante en jefe, en el centro del turbio huracán político.

El general Prats volvió a exponer, a principios de enero de 1972 frente a los directores de Escuela y comandantes de Regimientos de Santiago, cuatro puntos que consideraba ineludibles para el Ejército:

1. En el actual Estado de Derecho chileno, nuestro Ejército respeta la norma de subordinación del poder militar al control civil; es leal al gobierno legítimamente constituido y lo respalda.
2. No compete al Ejército calificar las situaciones conflictivas que surgen en el libre juego de una democracia constitucional, regida por los tres Poderes del Estado.
3. Rechazamos todo conato de intromisión política en nuestras filas; por lo tanto, tampoco deliberamos ni nos pronunciamos en los asuntos de política contingente.
4. La unidad y cohesión del Ejército es vital para su propia supervivencia como cuerpo armado; el factor fundamental de ellas es el ejercicio invariable del profesionalismo apolítico.

Las inquietudes en las filas castrenses no se circunscribían a Santiago, en el resto del país se vivían las mismas tensiones y la posición del comandante en jefe de mantener la llamada línea «constitucionalista», se iría haciendo cada vez más difícil. El Ejército se resistía al triunfo del marxismo en Chile, no estaba dispuesto a pasar a ser parte de la órbita soviética. Para muchos mandos resultaban pruebas suficientes de que eso era precisamente lo que buscaba el gobierno con acciones como el envío de un general para evaluar el mercado armamentístico de los países tras el «telón de acero» y la visita de Fidel Castro a Chile.

Los cambios que se introdujeron en el Alto Mando del Ejército en 1972 fueron los siguientes: el general César Benavides fue designado director de la Academia de Guerra, quien reemplazó en el cargo al general Alfredo Canales; que a su vez pasó a ser director de Instrucción del Ejército. El general Pedro Palacios Cámeron fue propuesto para la Dirección de Reclutamiento y Estadísticas de las Fuerzas Armadas. El general Guillermo Pickering ocupó el cargo de comandante de Institutos Militares que dejó vacante el general Enrique Garín. El general Héctor Bravo fue designado comandante de la Guarnición de Santiago, en reemplazo del general Augusto Pinochet, quien fue nombrado el 28 de diciembre de 1971 jefe del Estado Mayor del Ejército, en sustitución del general Pablo Schaffhauser, que se acogió a retiro, junto a los generales Manuel Pinochet y Raúl Poblete, por cumplir todos ellos el máximo de años de servicio en el Ejército. (10) (11) (16)

XXXII. PATRIA Y LIBERTAD ACENTÚA SU ACCIÓN SUBVERSIVA

La jefatura de Patria y Libertad hizo una evaluación de la protección que pudieron brindar los miembros de su organización en la «marcha de las cacerolas». Y concluyó que los militantes de la organización no poseían el entrenamiento adecuado para «ganar la calle» a los miembros de la Unidad Popular. Se decidió entonces que se comenzaran a impartir clases de karate y defensa personal a militantes escogidos, para cuyo efecto se arrendó un gimnasio en la calle Almirante Barroso, cercano a La Moneda.

Por otra parte, Roberto Thieme decidió efectuar su primer viaje a Mendoza para adquirir e introducir armas para equipar un cuerpo de guardias que protegería las sedes de Patria y Libertad.

Despegó Thieme desde el aeródromo de Melipilla el 19 de diciembre de 1971; pilotando el avión Bonanza de su propiedad. Entregó un plan de vuelo con destino hacia Algarrobo, pero tomó rumbo norte evitando los radares de Pudahuel y Santiago Centro, cancelando el plan de vuelo informando que ya había llegado a destino.

Estando a 10.000 pies sobre la ciudad de Los Andes, el avión comenzó a ascender por el cajón cordillerano que conduce a Portillo, Cristo Redentor y Juncal hasta alcanzar 13.500 pies. Ya en territorio argentino inició el descenso para pasar por el aeropuerto El Plumerillo de Mendoza y dirigirse al aeródromo de la ciudad de San Martín, donde aterrizó después de una hora y media de vuelo. Previo al viaje, Thieme había contactado a la familia Von der Heyde, en cuya finca pernoctó.

Al día siguiente, en compañía de Fernando Von der Heyde, Roberto Thieme se desplazó a Mendoza para visitar una armería previamente concertada. Evaluó las alternativas que se le ofrecieron. Se decidió por adquirir treinta fusiles Marcatti semiautomáticos, modelo Batán, de calibre 22 y veinte revólveres Rubi Extra, calibre 38, más cinco mil municiones, pagando por todo, mil dólares en efectivo.

Al día siguiente el armamento, desmontado, fue cargado en el avión Bonanza. Después despegó Thieme con rumbo al suroeste para pasar por sobre San Felipe y continuar directo hacia la costa con rumbo hacia Algarrobo, lugar donde aterrizó en un solitario aeródromo. A Thieme lo esperaban familiares de su esposa, quienes le ayudaron a trasladar los bultos con armas desde el avión hasta un automóvil y llevarlos a Santiago, donde fueron entregados a otros familiares de la esposa de Thieme, quienes, a su vez, dejaron las armas en un garaje que serviría de bodega y punto de reparto entre militantes de Patria y Libertad previamente escogidos.

En marzo de 1972 Roberto Thieme informó al jefe Nacional Pablo Rodríguez de la entrada clandestina de armas, en ese momento en que se descubrió una operación similar, pero en un avión de Cubana de Aviación, armas destinadas al grupo de seguridad del presidente Allende, agrupación conocida como GAP. (27) (28)

XXXIII. ACUSACIÓN CONSTITUCIONAL A JOSÉ TOHÁ

El año 1971 terminó con un hecho de alta relevancia. La oposición presentó una acusación constitucional en contra del jefe de Gabinete, el ministro de Interior José Tohá, por «infringir la Constitución, atropellar la Ley, omitir su cumplimiento y comprometer la seguridad de la nación», asociada en parte a los actos de violencia que se desataron en Santiago en la llamada «marcha de las cacerolas». Este hecho se desarrolló en medio de la acostumbrada ofensiva comunicativa de la oposición durante todo el mes de diciembre de 1971. El Congreso acusó también de incapacidad al Ministerio del Interior para terminar con los grupos armados al margen de la ley, citando el homicidio del exministro Edmundo Pérez Zujovic a manos de terroristas de la organización izquierdista Vanguardia Organizada del Pueblo, VOP, uno de los cuales había recibido, a inicios del Gobierno del presidente Allende, el indulto por actos terroristas y delictivos anteriores, con decreto de insistencia por parte del Gobierno. Además se denunciaba la permanente actividad de grupos armados en las provincias de Cautín, Valdivia y Osorno liderados por el militante del MIR José Liendo Vera, llamado el «comandante Pepe», operación de grupos guerrilleros en Entre Lagos, la acción, como grupos de combate, de las brigadas comunista y socialista «Ramona Parra» y «Elmo Catalán» respectivamente y la ya mencionada violencia desatada en la llamada «marcha de las cacerolas», donde la oposición declaraba noventa y siete personas lesionadas a manos de grupos de choque de la izquierda, que actuaron provistos de elementos contundentes e incluso con armas de fuego, ante la pasividad de la fuerza pública, Carabineros.

El ministro Tohá presentó su defensa en la Cámara de diputados el jueves 6 de enero de 1972. Manifestó que consideraba inconstitucional la acusación de la que era objeto, pues ninguno de los delitos que le imputaban era demostrado por los acusadores. No obstante, la acusación se votó favorablemente y Tohá fue suspendido de sus funciones como ministro de Interior. Como respuesta, al día siguiente el presidente Allende nombró como ministro de Defensa interino a José Tohá y al ministro de Defensa Alejandro Ríos, lo nombró como ministro de Interior interino.

Ante esta burla, vino la respuesta de la oposición. Los senadores opositores recurrieron al Tribunal Constitucional solicitando la inhabilitación de José Tohá como ministro de Defensa. Estos acontecimientos forjaron una oposición más coordinada. Hubo elecciones parlamentarias complementarias el domingo 16 de enero de 1972 en las provincias de O'Higgins y Colchagua para cubrir la vacancia senatorial dejada por la muerte del senador democristiano José Manuel Isla y en la Provincia de Linares para cubrir la vacante dejada en la Cámara de diputados por el parlamentario nacional Carlos Avendaño Ortúzar, quien renunció y se autoexilió. Para la elección senatorial la oposición presentó la candidatura del demócrata cristiano Rafael Moreno quien compitió con el candidato de la Unidad Popular Héctor Olivares, socialista y presidente de la Confederación de Trabajadores del Cobre. En la elección para diputados de Linares, el Partido Demócrata Cristiano apoyó a Sergio Diez, candidato del Partido Nacional, quien se enfrentó a María Eliana Mery Fuenzalida de la Izquierda Cristiana, hermana del jefe de la Corporación de la Reforma Agraria en Linares Hernán Mery, quien fue asesinado por terratenientes en abril de 1970, al terminar el gobierno de Eduardo Frei Montalva.

En Linares se dio una encarnizada campaña electoral, el MIR llamó a ocupar todos los predios agrícolas, al margen de la ley. Un día antes de la elección en Linares, María Cristina Mery, hermana de la candidata María Eliana Mery de Unidad Popular, llamó a votar por el nacional Sergio Diez.

En O'Higgins y Colchagua fue elegido senador el candidato de la oposición Rafael Moreno y en Linares fue elegido diputado, también opositor, Sergio Diez.

El martes 18 de enero el ministro Tohá debió acudir al Senado para presentar su defensa. El sábado inmediatamente siguiente, la Cámara Alta definió la acusación. Los senadores de la Unidad Popular, buscando aliviar de presiones la votación a algunos senadores de oposición y así salvar al ministro Tohá, pidieron votación secreta, pero esta petición fue denegada imponiéndose el criterio de la mayoría opositora para que la votación fuera pública.

José Tohá fue destituido de su cargo de ministro de Interior. El 27 de enero el Segundo Juzgado de Santiago dictó sentencia sobreseyendo de responsabilidad penal a Tohá y el presidente Allende lo nombró como titular en el cargo de ministro de Defensa. Para terminar con este caso el Tribunal Constitucional falló a favor del Gobierno al ratificar la atribución presidencial para nombrar ministro de Defensa a quien había sido destituido como ministro de Interior. Un gran triunfo jurídico para el presidente y su Gobierno, pero el caso Tohá, como ya se ha señalado, significaría un paso más en la cohesión de los partidos de oposición, que actuarían cada vez más unidos para impedir la aplicación del Programa del Gobierno. (16)

1972

XXXIV. PERSPECTIVAS ECONÓMICAS DESALENTADORAS

El año 1972 comenzó con perspectivas económicas y de relaciones internacionales muy poco alentadoras. El presidente de los Estados Unidos Richard Nixon declaró que emprendería acciones de orden económico en contra de los países que expropiaran empresas de capitales estadounidenses, sin la debida indemnización. En esa situación se encontraba Chile, por lo que se abría otro importante frente de dificultades para el Gobierno del presidente Allende.

Nixon tenía muy claro lo que haría: bloqueo de créditos externos para Chile y el apoyo financiero estadounidense para desestabilizar el Gobierno de Unidad Popular. De hecho, en 1971 los créditos del mundo occidental estaban paralizados debido a la situación de incertidumbre general en que se desenvolvía Chile a raíz del «camino desconocido» por donde había comenzado a caminar.

En 1971 Chile importó 260 millones de dólares en alimentos. El alza del precio de estos en el mercado internacional generó un déficit en la balanza comercial superior a 100 millones de dólares y, peor aún, un saldo negativo en la balanza de pagos por encima de 300 millones de dólares. Eso ocurría a pesar de haber bajado las importaciones de insumos, repuestos y maquinarias.

Los ingresos a las arcas fiscales fueron paupérrimos. Si por una parte había aumentado la producción de cobre en un 8 %, la disminución del precio de este metal en el mercado internacional trajo como consecuencia una reducción de ingresos en torno a 200 millones de dólares y, por otra parte, el aporte de los impuestos no fue significativo.

Otro fenómeno fue el aumento de la demanda interna. Esta, como resultado del aumento de los ingresos, mostró un crecimiento proporcionalmente mayor al aumento de la producción, por estar llegando esta última al máximo de la capacidad. Nadie iba a invertir un solo centavo en una fábrica que en unos meses más podría pasar a manos del Estado. Tendría que ser el Estado, como nuevo dueño, quien hiciera las inversiones, congruente con el papel empresarial que estaba adquiriendo. En la agricultura la situación no era diferente. Ante la inminente expropiación de sus campos, los agricultores tampoco invirtieron, considerando que, de acuerdo con la política gubernamental y la acción paralela del MIR, se efectuaba la ilegal expropiación a puertas cerradas, es decir, con maquinarias, herramientas y animales incluidos. El resultado final era la menor disponibilidad de alimentos.

Bajo este escenario, en conversaciones de carácter privado, el presidente de la Sociedad de Fomento Fabril, SOFOFA, Orlando Sáenz, expresaba su convencimiento que una crisis económica sería inevitable a fines de 1972; pues el aumento sostenido de la demanda no podría ser atendido con mayor producción, por estar esta en el máximo de la capacidad instalada, lo que tendría insospechados efectos inflacionarios.

La situación obligó a que el Congreso hiciera una importante reducción en el Presupuesto de la Nación para el año 1972; lo que generó conflictos dentro del Ejecutivo, entre distintos ministerios como Hacienda, Relaciones Exteriores y Defensa, al comprometerse el cumplimiento del pago de deuda externa asociado a este último ministerio.

Con un complejo panorama económico interno, a principios de febrero de 1972 comenzó la renegociación de la deuda externa de origen comercial con el llamado Club de París, que estaba integrado por Estados Unidos, Canadá, Japón, Gran Bretaña, Francia, Italia, Holanda, Bélgica, Suecia, Suiza y Alemania Occidental. Con antelación ya se había empezado a renegociar la deuda con la banca privada de Estados Unidos por un monto de 200 millones de dólares y se había pospuesto para abril de 1972 la negociación con la banca privada europea por una suma de 120 millones de dólares.

El canciller Clodomiro Almeyda propuso renegociar el capital adeudado e intereses que debían ser pagados en el periodo noviembre de 1971 a diciembre de 1974; para comenzar a pagarlos después de cuatro años sin hacerlo, durante diez años, con un interés de 3 % anual.

El Club de París reconoció la necesidad de renegociar la deuda externa de Chile, pero pusieron como condición que este se comprometiera con un congelamiento de pagos con el Fondo Monetario Internacional, proponiendo también una solución en lo que se refería al pago de indemnizaciones a las empresas nacionalizadas.

La delegación chilena rechazó ambas propuestas. En las tres ruedas de reuniones los representantes de Estados Unidos apoyados por Inglaterra y Alemania Occidental, adoptaron una línea dura hacia Chile, Francia se mostró neutral e Italia una actitud facilitadora de acuerdos. (16) (21)

XXXV. LA ITT Y LA DESESTABILIZACIÓN

La ITT era dueña del 70 % de la Compañía de Teléfonos de Chile y vio en el Programa de Gobierno de la Unidad Popular y en el discurso de Salvador Allende durante su campaña presidencial una evidente amenaza a sus intereses económicos. En junio de 1970 se decidió a actuar con contundencia: eligió a uno de los miembros del Directorio de la ITT, John McCone, exagente de la CIA, para que se entrevistara con Richard Helms, director de la CIA y con William Broe, encargado de operaciones en el hemisferio occidental, para adoptar acciones conjuntas en contra del proyecto de Salvador Allende. Además de estas coordinaciones, la ITT puso a disposición del objetivo cuantiosas sumas de dinero para abortar el posible triunfo de Allende en 1970.

Salvador Allende nombró como embajador en Washington al economista y militante socialista Orlando Letelier, hombre de reconocida trayectoria en el mundo financiero internacional. Letelier fue tratado con cortesía en la capital de Estados Unidos, pero aún así se comenzaron a cerrar las puertas del mundo financiero para Chile y se inició el embargo del cobre chileno en los puertos del mundo, por solicitud de las empresas cupríferas expropiadas en Chile. A fines de febrero de 1972; mientras se renegociaba la deuda externa, las empresas estadounidenses Anaconda y Kennecott emprendieron acciones orientadas a cobrarse el daño económico que la nacionalización del cobre les había causado. La Anaconda embargó bienes de Chile en Nueva York, aduciendo morosidad en el pago de cuotas comprometidas en el proceso de «chilenización» del cobre durante el Gobierno de Eduardo Frei. La Kennecott logró el embargo de las cuentas bancarias de la CORFO y de CODELCO en los bancos que estas instituciones mantenían en Estados Unidos. El Gobierno de Allende argumentó que esos embargos eran improcedentes.

En paralelo, las mismas empresas, Anaconda Company, Kennecott Copper Corporation y Cerro Corporation, apelaron al Tribunal Especial del Cobre y solicitaron la competencia de este para modificar los montos por concepto de utilidad excesiva con los que había calculado el Contralor General de la República. No obstante, el Consejo de Defensa del Estado informó que el Tribunal Especial del Cobre no tenía competencia para resolver esa querella.

Finalmente, a fines de marzo de 1972 Chile pagó a la Kennecott la cuota vencida el 31 de diciembre de 1971 por un monto de 92 millones de dólares por las acciones vendidas al Estado de Chile en el proceso de «chilenización» del cobre. El Gobierno también reconoció una deuda adicional de 84 millones de dólares a la misma Kennecott.

A fines de marzo de 1972 se conocieron mayores detalles de las maniobras de la ITT para impedir el acceso de Allende al Gobierno. Fracasado tal intento, las acciones de desestabilización se dirigieron ahora contra del Gobierno ya instalado.

El periodista estadounidense Jack Anderson fue quien sacó a conocimiento público este asunto, sustentado con 85 documentos que demostraban sus afirmaciones, los que establecían que el vicepresidente de la ITT William Merrian había escrito al Gobierno de Estados Unidos requiriendo su intervención para impedir la llegada de Salvador Allende a la Presidencia de la República en Chile, pues de concretarse esto, no sólo estaban en peligro las inversiones estadounidenses en Chile, sino también en toda Latinoamérica. Anderson aseveró que la ITT no se limitó a requerir la intervención del Gobierno de Estados Unidos, sino que también buscó liderar y coordinar a todas las empresas estadounidenses con inversiones en Chile para boicotear en conjunto la economía chilena, generándose el caos que justificaría finalmente la intervención militar en el país. A cargo de esta operación estuvo el jefe de la sección para Latinoamérica de la ITT, William Broe y el integrante del Directorio de esta Compañía y exmiembro de la CIA John Mc Cone.

Como se sabe, Salvador Allende fue elegido presidente de la República por el Congreso Nacional el 24 de octubre de 1970; mientras agonizaba en el Hospital Militar de Santiago el comandante en jefe del Ejército, general René Schneider. Al día siguiente, temprano por la mañana, falleció el militar. Ese mismo día, desde Buenos Aires, el agente de la ITT en esa ciudad, Robert Berellez, envió un memorándum a Nueva York, en calidad de privado y confidencial, en el cual se puede leer un interesante análisis y visión respecto de la situación chilena a esa fecha:

TO HALL Hendrix, ITT HQ NY
FROM Robert Berrellez, ITT LA BA CHILTELCO
DATE Oct. 25, 1970 (enviado por viajero).
SUBJECT Chileans

1. El marxista Salvador Allende ha sido elegido a la Presidencia de Chile por el Congreso y se ha dado el primer paso hacia la comunización (sic) total de este país.

2. En vista de importantes sucesos recientes es cuestión fundamental qué pasos inmediatos darán los comunistas para consolidar su punta de lanza. Un blanco inmediato plausible es Allende mismo. Aunque marxista y admirador de Castro, Allende se ve a sí mismo como un Tito del hemisferio Occidental que forjará su propia versión utópica del socialismo, aceptable al mismo tiempo por Washington y Moscú.

3. Como Washington acaba de dar a Tito una bendición presidencial personal, con seguridad indignará a los liberales de todas partes si le vuelve la espalda a Allende. Estas inconsistencias son combustible para las páginas editoriales.

4. Sin embargo, si Washington sencillamente se sienta y no hace nada para frustrar a Allende, estará invitando a un vuelco más firme hacia un nacionalismo de izquierda entre los países Latinoamericanos que se traduce en mayor peligro para las inversiones extranjeras.

5. Allende no tiene el gran arrastre personal de que gozó el presidente Frei anteriormente, y por lo tanto no tiene una verdadera base de poder desde la cual moverse independientemente como espera hacerlo. Le falta el carisma de Castro y en un aprieto no podría —como puede Fidel— sacar las masas a la calle

para demostraciones masivas de apoyo. Por lo menos no sin la conformidad de los comunistas y el bloque izquierdo que lo puso en el poder.

6. Así los comunistas pueden tomar, y probablemente tomarán, las medidas necesarias para moldear a Allende a su gusto. Un factor clave en este sentido es el económico.

7. El consenso general es que la elección de ALLENDE por el Congreso sacó el tapón de bajo la anémica economía chilena. Sin ayuda de Washington, Allende se verá obligado a volverse a los comunistas y a Moscú. Los rusos no quieren otro Tito entre sus manos. Para fortificar su dominio, los comunistas deberán empezar a manipular el Congreso, los sindicatos y los militares. Esto les traerá serios problemas a los comunistas.

8. La contención principal a todo esto siguen siendo las Fuerzas Armadas. La eliminación del general René Schneider desde un puesto clave de comando (jefe de las Fuerzas Armadas) hace a Allende y a los comunistas aún más vulnerables que antes. El general Schneider, herido mortalmente en un atentado la semana pasada, ha sido descrito como favorable a Allende. Se sabe que continuamente bloqueó los esfuerzos golpistas de generales más decididos.

9. Su sucesor, el general Carlos Prats, es descrito como políticamente moderado, un profesional que no tolerará interferencia externa con las Fuerzas Armadas.

10. Contra lo que todos esperaban, los militares no se movieron contra Allende el fin de semana. Se creía que el asesinato de Schneider era el preludio del golpe.

11. Una opinión generalizada es que el complot Schneider se manejó desde dentro del Ejército. El trabajo fue demasiado profesional para civiles corrientes, excluyendo aquellos entrenados en Rusia y Cuba. Se piensa que si los balazos a Schneider no fueron realmente el preludio al golpe, fueron una hábil maniobra para eliminar de las alturas al único hombre que habría permitido a Allende infiltrar y neutralizar al Ejército.

Cc: EJ Gerrity ER Wallace K Perkins E Dunnett

La ITT reconoció la veracidad de toda la información revelada por el periodista Jack Anderson. (2) (3) (16) (21) (27) (28)

XXXVI. VERANO DE 1972: CONVULSIÓN POLÍTICA Y MILITAR

Con Salvador Allende instalado en La Moneda, Estados Unidos se propuso a desestabilizar al Gobierno contando con opositores chilenos. El socio más relevante de los Estados Unidos era el Frente Nacionalista Patria y Libertad, que a su vez tenía relación con militares activos que estaban dispuestos a dar un Golpe para deponer a Allende.

Uno de los militares que estuvieron en la mira del Gobierno desde un primer momento fue el general de brigada Alfredo Canales Márquez, quien al parecer no disimulaba su animadversión hacia la Administración instalada en Chile a principios de noviembre de 1970. Esto hizo que en diciembre de este año el presidente Allende objetara la permanencia de Canales en el Ejército. Allende hizo ver tal objeción al comandante en jefe, general Carlos Prats, quien argumentó ante el Primer Mandatario que no había una justificación institucional para la salida del cuestionado general. Ante sucesivas insistencias presidenciales Prats se mantuvo inflexible en su determinación.

Un estudio técnico efectuado a inicios de 1972 por la Dirección de Personal del Ejército, concluyó que se debía promover y cubrir seis vacantes de generales, de las cuales una debía ser ocupada por una nueva plaza, por lo que en 1971 debían salir cinco generales. Cuatro ya estaban fuera de la Institución: los generales Pablo Schaffhauser, Manuel Pinochet, Enrique Garín y Raúl Poblete. Para Carlos Prats, el quinto debería ser Alfredo Canales.

El 12 de febrero el general Prats viajó a Valparaíso para asistir a la despedida, a bordo del buque insignia de la Escuadra, que el Alto Mando de las Fuerzas Armadas le haría al exministro de Defensa Alejandro Ríos Valdivia. Prats aprovechó el viaje para pasar por Viña del Mar, para conversar con el general Canales, quien estaba en esta ciudad haciendo uso de algunos días de vacaciones.

Reunidos ambos generales, Prats expresó a Canales que, considerando su disposición contraria al Gobierno, era conveniente que presentara su solicitud de retiro voluntario. Canales, esforzándose para contener la ira, respondió a Prats que entre todos los generales él era el menos indicado para pasar a retiro pues dentro de los oficiales él tenía más prestigio que quien en esos momentos le solicitaba la salida del Ejército. Le informó a Prats que debía tomar conocimiento de un oficio que se había presentado en su contra en la III División de Ejército, reafirmando que no presentaría su renuncia voluntaria, desafiando a Prats para que se atreviera a solicitar al presidente de la República utilizar su facultad legal para llamarlo a retiro temporal. Si Prats hiciera esto, Canales amenazó con hacerlo caer de la comandancia en jefe en menos de dos meses, utilizando los medios de comunicación. Duro desafío del subalterno al superior jerárquico. El general Prats acusó el golpe y dejó de insistir en que Canales debía abandonar el Ejército, pero replicó que se reservaría la opción de solicitar la utilización de la facultad presidencial para llamarlo a retiro forzoso de las filas. Estaba claro que se le seguía moviendo el suelo debajo de los pies al general Prats y que dentro del Ejército se producían pequeños temblores que evidenciaban la acumulación de energías invisibles, las que en cualquier momento podrían generar un gran terremoto.

Sólo dos días antes de este suceso, el jueves 10 de febrero, Prats se había reunido en Concepción con la oficialidad de las distintas unidades militares de la III División de Ejército, acompañado por el comandante en jefe de esta, general Ervaldo Rodríguez. El comandante en jefe centró su mensaje en los conceptos habituales: que el Ejército se mantuviera abocado a sus tareas profesionales, evitando las presiones de la ultraderecha y los intentos de infiltración de la ultraizquierda. Solicitó hablar el comandante del Regimiento «Guías», teniente coronel Horacio Toro, quien manifestó su preocupación por «la entronización del marxismo en la marcha del Gobierno». Tales expresiones eran las primeras que se emitían frente al comandante en jefe y sinceraban la preocupación que tenían los oficiales del Ejército al ver que el desarrollo de sus tareas profesionales dependía también de la coyuntura política.

El general Prats respondió repitiendo las ideas expresadas al inicio de la reunión, y agregó que si bien era cierto que el presidente y Unidad Popular eran marxistas, un régimen de esta ideología no era factible en Chile, pues dos tercios de la ciudadanía no era partidaria del marxismo.

El general Rodríguez no informó de una investigación del teniente coronel Toro, que tenía que ver con el oficio al que el general Canales hizo referencia durante la áspera conversación que sostuvo con Prats en Viña del Mar.

El lunes 14 de febrero, dos días después de aquella hostil conversación, el general Canales se presentó en la oficina del comandante en jefe, general Prats, acompañado del jefe del Estado Mayor del Ejército, general Augusto Pinochet. Canales llegó en una actitud conciliadora, y táctica para alejar de su persona todo tipo de sospecha. Canales pidió autorización a Prats para solicitar audiencia con el ministro de Defensa y con el presidente, a lo que Prats accedió.

Al día siguiente, martes 15 de febrero, se presentó ante el comandante en jefe del Ejército el general Ervaldo Rodríguez, quien puso en conocimiento de Prats un Oficio Reservado, emitido por el comandante del Regimiento «Guías» de Concepción, teniente coronel Horacio Toro, al que le daba carácter de «informe oficial», informando que en un viaje que efectuó a Santiago a fines de diciembre de 1971 pudo recoger «la opinión mayoritaria de que el comandante en jefe era débil y estaba entregado al Gobierno» y que además, el cuerpo de generales estaba dividido por las intrigas en la disputa por la sucesión en el mando de la institución. Rodríguez le informó a Prats que el teniente coronel Toro se negaba a revelar los nombres de los oficiales que habrían conversado con él en Santiago, por lo que más que un «informe oficial» el asunto estaba pareciendo un cuento.

No obstante, el general Prats ordenó al general Augusto Pinochet investigar en forma personal los detalles de este hecho.

El jueves 17 de febrero el general Canales se reunió con el ministro de defensa José Tohá, oportunidad en la que este le expresó al visitante que no había cargos de índole político en su contra y que por lo tanto no había necesidad de conversar con el presidente Allende.

Terminada esta reunión, Canales concurrió a informar a Prats lo tratado, además de entregar más detalles del oficio de Concepción que le había referido en la conversación que sostuvieron en Viña del Mar. Reveló que por correo y de un remitente anónimo le había llegado una copia de este documento, ofreciendo además su lealtad a Prats. Parecía que Canales enmendaba la imprudente actitud frente a su comandante en jefe, una actitud con la que había puesto en riesgo su permanencia en el Ejército, cuando lo que necesitaban sus objetivos, era que permaneciera en las filas por si, finalmente, se daban las condiciones para una acción militar contra el Gobierno. Canales era visto como líder por muchos oficiales, especialmente por los que lo habían tenido como director en la Academia de Guerra.

El miércoles 8 de marzo Augusto Pinochet informó sobre la investigación que desarrolló en Concepción referente al oficio del teniente coronel Horacio Toro. Entre otros detalles, señaló que escribió personalmente el documento, con el original y una copia, enviando el original al general Ervaldo Rodríguez y quedándose él con la copia.

Esto no coincide con lo informado por Canales, pues si hubo un original con sólo una copia según Toro, ¿de dónde salió el tercer documento que Canales aseguraba haber recibido por correo? Claramente Toro mentía y Prats resolvió removerlo del cargo de comandante del Regimiento «Guías».

Quedaba dudas sobre la difusión que había tenido el documento escrito por Horacio Toro y si el general Canales estaba también involucrado en la decisión de elaborarlo y distribuirlo. Sus acaloradas palabras de Viña del Mar hacían presumir esto último.

El 24 de marzo, el general Augusto Pinochet informó al general Carlos Prats de un suceso donde nuevamente aparecía involucrado el general Alfredo Canales. Se trataba de un complot presuntamente dirigido por el ex Mayor Arturo Marshall, quien durante el Gobierno de Frei retrasó la llegada del batallón del Regimiento Yungay de San Felipe que debía formar para rendir honores al presidente en su paso hacia el Te Deum de Fiestas Patrias. En el complot habrían estado involucrados oficiales del Batallón Blindado Nº 2 de Santiago y de la Escuela de Paracaidistas. Uno de los detenidos declaró que los comprometidos tenían contactos con el general retirado Alberto Green Baquedano y con el general Alfredo Canales.

Así como en las filas castrenses había movimientos que se salían de los marcos legales, también la extrema izquierda comenzaba a hacer ejecutar acciones «revolucionarias», que incluían la vía armada. Jóvenes chilenos, principalmente del Movimiento de Izquierda Revolucionaria, eran llevados a Cuba a recibir preparación militar. En marzo de 1972 el Servicio de Inteligencia Militar, SIM, logró reunir antecedentes de la existencia de agrupaciones paramilitares del MIR en Antofagasta, Santiago, Concepción y Temuco y en Curimón, en el valle de Aconcagua, cerca de Los Andes.

A raíz de un accidente automovilístico ocurrido el 31 de marzo, fueron apresados miembros del MIR, que transportaban en el automóvil siniestrado material propagandístico, municiones y una granada.

A su vez, *Patria y Libertad* continuaba sus acciones para desestabilizar al Gobierno. Durante enero de 1972 Ernesto Miller, jefe de propaganda de este movimiento, se instaló en Valdivia con un grupo de miembros de la organización. Durante tres semanas pintaron con consignas la ciudad. Al abandonar Valdivia, Miller dejó operando una jefatura provincial de *Patria y Libertad* y posteriormente se trasladó a Valparaíso para desarrollar durante febrero acciones de propaganda en el puerto, Viña del Mar, Reñaca, Concón, Quintero, Quilpué y Villa Alemana. El trabajo propagandístico se estaba efectuando con éxito hasta que una noche Miller y dos acompañantes fueron tiroteados. Los tres heridos lograron llegar a la casa de Iván Arteaga, un médico de Patria y Libertad que veraneaba en Reñaca, el que los auxilió y les dio protección hasta que se recuperaron de las heridas.

En otra faceta del convulsionado escenario que agitaba a Chile, Eduardo Paredes, director de la Policía de Investigaciones, volvió a estar en el ojo del huracán. El 11 de marzo de 1972 Paredes aterrizó desde Cuba con su familia en un avión de Cubana de Aviación. Del mismo aparato fueron descargados más de 20 bultos de madera, que fueron trasladados en automóviles de la Policía de Investigaciones bajo la supervisión de Paredes, sin pasar por el control de aduanas. El Servicio Aduanero insistió en revisar los bultos, antes que fueran retirados del aeropuerto. Frente a la insistencia de los agentes aduaneros intervino el ministro del Interior para ordenar la salida del aeropuerto del cargamento, sin que este fuera inspeccionado. Según las denuncias hechas por el senador demócrata cristiano Rafael Moreno, siete de los bultos habrían sido llevados a la casa presidencial de la calle Tomás Moro en Santiago.

A raíz de estos hechos, el domingo 2 de abril se reunió el comandante en jefe del Ejército, general Carlos Prats, acompañado del director de Inteligencia del Ejército, general Mario Sepúlveda Squella, con el presidente de la República y el ministro de defensa José Tohá en la casa presidencial de calle Tomás Moro. Ambos militares, refiriéndose a los hallazgos descubiertos al MIR, manifestaron al presidente y al ministro de la gravedad de la situación. El presidente y su ministro solicitaron que la Inteligencia del Ejército continuara con su investigación, pero que se tratara el asunto en forma discreta para no crear repercusiones políticas por un problema aún no confirmado. Después de esta reunión, el general Prats dio instrucciones al general Pinochet, para que se efectuara una actualización del Plan de Seguridad Interior de forma se pudiera responder adecuadamente ante una acción subversiva y al mismo tiempo ordenó fortalecer las medidas de protección de todas las instalaciones militares.

No conforme con esto, Carlos Prats solicitó al presidente de la República que se presentara al Congreso un Proyecto de Ley para que las Fuerzas Armadas controlaran las licencias y el uso de armas en el país.

En función de lo anterior, en la mañana del viernes 7 de abril de 1972 se efectuó una reunión en la que estuvieron el ministro de Defensa José Tohá, los tres comandantes en jefe, el jefe de Estado Mayor de la Defensa Nacional, el Subsecretario de Guerra y el auditor de la Subsecretaría de Guerra Hernán Concha, instancia en la que se expuso el resultado de las investigaciones desarrollada por el Servicio de Inteligencia Militar respecto de los grupos guerrilleros del MIR, abordándose también lo relacionado con el Anteproyecto de Ley de Control de Armas, cuyo borrador había presentado el general Carlos Prats.

El ministro de Defensa decidió formar una comisión integrada por el Subsecretario de Guerra y un auditor de cada una de las Instituciones de la Defensa Nacional, designado por cada comandante en jefe, para que redactaran el *Proyecto de Ley de Control de Armas* sobre el borrador presentado por el general Prats.

En paralelo, el partido escindido en 1971 del histórico Partido Radical, llamado Partido de Izquierda Radical, PIR, se retiró de la coalición de Gobierno, por no estar de acuerdo con los postulados marxistas que dominaban hegemónicamente en Unidad Popular. Pronto, el PIR pasaría a formar parte de la oposición, aliándose con sus primos hermanos, la Democracia Radical, y con los partidos Nacional y Demócrata Cristiano.

En la segunda quincena de marzo de 1972 fueron convocadas dos marchas, una por la oposición unida y la otra, por las mujeres de los trabajadores de la Compañía Manufacturera de Papeles y Cartones, para oponerse a la estatización de la empresa bajo el argumento que esta decisión atentaba contra la libertad de expresión. Por radio Agricultura se hizo una llamada a Patria y Libertad para que sus grupos de choque se hicieran presentes en ambas marchas con el fin de prestar protección. El ministro del Interior reaccionó expresando «no puede permitirse que un grupo de fascistas actúe impunemente en las calles de Santiago. Seremos inflexibles para impedir cualquier desmán. Por lo tanto no se permitirá ninguna marcha y si lo intentan se pondrán fuera de la ley y la Constitución». El Gobierno se querelló en contra de Patria y Libertad por infracción a la Ley de Seguridad Interior del Estado. El ministro Rubén Galecio ordenó el allanamiento de las sedes de la agrupación nacionalista. En la casona de la calle Irene Morales fueron encontrados cascos, laques[13], nunchacos y tres pistolas. Roberto Thieme fue detenido por los detectives, junto a una decena de militantes. Pablo Rodríguez se presentó a los tribunales de justicia y quedó detenido. Tras los interrogatorios fueron trasladados a la Cárcel Pública en calidad de incomunicados, lugar donde permanecieron por una semana.

El Ministerio de Interior acusó a Patria y Libertad de tener preparado un golpe de Estado que incluía rescatar al general Roberto Viaux de la Penitenciaría, efectuar un asalto a La Moneda la noche del 24

---

13   Cachiporras.

al 25 de marzo, matar a Salvador Allende e instaurar una dictadura militar. Por parte de la oposición, el senador Pedro Ibáñez, del Partido Nacional denunció la presencia de no menos de seis mil cubanos que entrenaban militarmente a grupos de izquierda.

La oposición solicitó autorización para efectuar una manifestación el martes 12 de abril. El presidente pidió a los partidos de Unidad Popular abstenerse de efectuar contra manifestaciones y se dispuso el acuartelamiento en primer grado para las Fuerzas Armadas y Carabineros de la Guarnición de Santiago para el día señalado. El 12 de abril había tensión en Santiago. Por la tarde la oposición mostró su fuerza con un gran desfile en protesta por habérsele negado autorización para efectuar marchas que habían programado para fines del mes anterior. Pero la razón de fondo era demostrar el descontento ciudadano a los extranjeros presentes en la Conferencia de las Naciones Unidas para el Desarrollo y el Comercio, UNCTAD, que se inauguraba al día siguiente, 13 de abril de 1972. Los militantes de Unidad Popular no se hicieron presentes, pero aún así el ministro de Interior, Hernán del Canto, modificó la ruta que seguiría la marcha por las calles y avenidas de Santiago, con el fin de evitar explosiones de violencia urbana. (16) (27) (28)

XXXVII. LAS ÁREAS DE LA ECONOMÍA Y LA INCERTIDUMBRE

En mayo de 1972; a un año y medio de iniciado el Gobierno, la Administración Allende iba alcanzando sus objetivos. El objetivo de nacionalizar las grandes riquezas básicas ya estaba cumplido: cobre, hierro, carbón y salitre estaban en manos del Estado. El sistema financiero estaba casi totalmente estatalizado, 19 de los 26 bancos privados ya pertenecían al fisco, quien controlaba el 90 % del crédito interno. Además, 140 empresas de diferentes ramos de la producción habían pasado también al control estatal.

La agricultura mostraba un panorama muy poco favorable. Sumando las expropiaciones efectuadas en el Gobierno de Frei con lo expropiado por el Gobierno de Allende hasta mediados de 1972; se tenía un total de 8,5 millones de hectáreas de tierras regadas que estaban bajo control de la Reforma Agraria, de las cuales 4,3 millones habían sido expropiadas en los primeros 18 meses del Gobierno de la Unidad Popular. Lo lamentable era que del total de la tierra expropiada no se había logrado poner en producción ni el 10 % de la superficie, es decir, más de 7.650.000 hectáreas no producían, por deficiente organización y falta de recursos técnicos y financieros. A este problema debe sumarse la anarquía propiciada por el MIR en los campos a través de su brazo operativo en el agro, el Movimiento Campesino Revolucionario, MCR, que impulsaba a los Consejos Campesinos a llevar a cabo la Reforma Agraria fuera de los plazos y políticas gubernamentales. El resultado de la falta de recursos técnicos y financieros, de la falta de organización orientada a la producción agrícola y de la anarquía impulsada por el MIR, fue una disminución en un 45 % de las exportaciones agrícolas, con la consiguiente merma en el ingreso de las tan necesarias divisas para la economía chilena. Muy por el contrario, se proyectaba un aumento en las importaciones de alimentos en 1972 respecto de 1971 por sobre el 50 %; con el efecto negativo de fuga de divisas al exterior.

La política aplicada por el Gobierno en los campos y la acción anarquista del MIR empobrecía a Chile, lo que en la práctica significaba que se tenía que salir al exterior a buscar lo necesario para que los chilenos pudieran comer. No se veía llegar la independencia económica tan anunciada por el presidente Allende como objetivo de su Gobierno, muy por el contrario, a la luz de las cifras, la independencia económica se alejaba y los chilenos dependían de otros países para alimentarse.

En junio de 1972 Chile estaba prácticamente paralizado, no había inversión pública ni privada, como consecuencia de la falta de divisas y por supuesto, como consecuencia de la falta de incentivos y permanente incertidumbre existente en la pequeña y mediana industria. El Gobierno quiso llegar a un acuerdo con la Democracia Cristiana, presidida por el senador Renán Fuentealba, buscando avanzar en proyectos de ley que para Allende y la Unidad Popular eran prioritarios, como era el caso de la definición de las áreas de la economía y la participación de los trabajadores en las empresas. Las negociaciones fracasaron y ambos sectores se culparon mutuamente de esto. A principio de julio de 1972 se conocieron las razones del fracaso. En una entrevista efectuada por el diario El Mercurio al ministro de Justicia, Jorge Tapia, este reveló que las conversaciones habían terminado el 29 de junio. El problema de fondo era llegar a un acuerdo respecto del *quórum* de aprobación de la Insistencia del Congreso Nacional frente al veto o no aceptación presidencial de la ley referente a las Áreas de la Economía que aprobaría el Poder Legislativo. El criterio del Gobierno, por tratarse de un Proyecto de Ley de Reforma Constitucional, era que la Insistencia frente al Veto Presidencial debía cursarse con la aprobación de los dos tercios en ambas Cámaras del Congreso. La oposición era partidaria que la Insistencia al Veto presidencial debía hacerse con aprobación por simple mayoría. Era también un criterio que buscaba aplicar el Gobierno el hecho de que el Tribunal Constitucional tenía facultades para interpretar la Constitución en lo que concernía a esta materia.

Terminadas las conversaciones el 29 de junio, la Unidad Popular pidió una prórroga al Partido Demócrata Cristiano cuando este decidió reanudar la tramitación del Proyecto de Ley de Reforma Constitucional para definir las áreas de la economía y lo referente al quórum para insistir sobre los Vetos Presidenciales. Unidad Popular recurrió al presidente del Partido Demócrata Cristiano, con el fin de hacer ver el grado de acuerdo alcanzado y las pocas diferencias que existían aún sobre las materias tratadas entre ambos bandos, frente a lo relevante que era delimitar las tres Áreas de la Economía, es decir, qué empresas y en qué condiciones serían expropiadas. Esto eliminaría las incertidumbres existentes en las distintas industrias, y los miedos que tenían paralizada la producción y la inversión.

Se habían abordado las materias que pondría claridad en el escenario al que cada industrial y la economía en general se enfrentarían:

1. Fueron definidas y nombradas cien empresas y bancos que serían nacionalizados o expropiados. Quedó sin definirse y se mantendría en discusión lo referente a la Compañía Manufacturera de Papeles y Cartones, asunto sensible, pues el destino de esta se ligaba a la libertad de prensa escrita.

2. Se acordó la participación de los trabajadores en los Bancos, por medio de la participación de estos en el Directorio.

3. Respecto de las Normas que definirían la forma de indemnizar a las empresas nacionalizadas, expropiadas o reservadas para el Estado, quedaba por establecer el plazo y forma de pago. Esto era de alta sensibilidad para la extrema izquierda, la que estaba dentro de la Unidad Popular y la que estaba fuera de ella, como el MIR. Para ellos no correspondía pago de indemnización, pues quienes poseían medios de producción tenían un pecado original que merecía castigo de quitárselos sin indemnización.

4. Respecto de las empresas mixtas, es decir, con capitales del Estado y de privados, la Democracia Cristiana no tuvo objeciones.

5. Se había llegado a acuerdo en la definición de la pequeña y mediana empresa.

6. Respecto de la participación de los trabajadores en las empresas, la Democracia Cristiana proponía que esto se concretara sin excepción, lo que la Unidad Popular objetaba en el caso de empresas consideradas estratégicas.

La respuesta del senador Fuentealba propició un acuerdo para que el Ejecutivo retirara algunos de sus vetos y presentara un Proyecto de Ley que abordaría lo concerniente a pequeña y mediana propiedad rústica, industrial, extractiva, comercial y de familia; la reglamentación de las requisiciones e intervenciones y la adquisición de empresas privadas o derechos en ellas. La Democracia Cristiana se comprometió a apoyar este Proyecto de Ley. No obstante, cuando el ministro de Justicia concurrió a la Vicepresidencia del Senado con el documento redactado para retirar los vetos presidenciales a las leyes aprobadas en el Congreso, el senador Fuentealba le informó que finalmente la larga negociación había fracasado, pues más tarde deberían votarse los vetos al Proyecto de Ley de las Áreas de la Economía y se había acordado que los parlamentarios se retirarían de la sala para no dar *quórum* a dicha votación.

Sin embargo el PIR, que hasta hacía poco tiempo era parte del Gobierno, se negó a retirar a sus parlamentarios. De esta manera se votaron los vetos presidenciales en el Senado. El Senado rechazó por mayoría simple los vetos que el presidente Allende había hecho sobre la ley que definía las áreas de la economía. Ante esto, la Unidad Popular solicitó que se votara en la sala del Senado por la insistencia de esta Cámara frente a los Vetos Presidenciales con aprobación de dos tercios de los congresistas presentes.

Ante este requerimiento, la Mesa del Senado, presidida por el demócrata cristiano Ignacio Palma, señaló que no correspondía votar por el porcentaje de aprobación para la insistencia del Proyecto de Ley. Así, la ley que definía las áreas de la economía no sería promulgada, manteniéndose con esto la incertidumbre en las industrias y en consecuencia la casi nula producción.

El mismo día que esto ocurría en el Senado, se publicó el informe que el empresario Jorge Fontaine leyó en la Confederación de la Producción y del Comercio, donde señaló que, transcurridos los primeros veinte meses de Gobierno de la Unidad Popular, este, que había llegado aparentemente para mejorar la calidad de vida de los estratos populares, parecía estar empeñado en dividir y destruir a la empresa privada.

En su discurso, Fontaine textualmente expresó:

Chile vive como si estuviera en guerra. Nuestra nación es hoy una sociedad dividida y su economía está quebrantada, porque se ha hecho todo lo posible por ahuyentar la inversión y la iniciativa privadas, con el efecto consiguiente en la inversión pública. En la agricultura, el Gobierno sostiene que está realizando una Reforma Agraria en beneficio de los campesinos, pero estos quedan condenados a no ser propietario, sino siervos de los Centros de Reforma Agraria. En la minería, el régimen de exportación sujeto a cotizaciones irreales de las divisas, hace imposible la subsistencia del pequeño y mediano minero. En la gran minería, fuente principal de nuestras exportaciones, la ineficiencia y el sectarismo —reconocido por las propias autoridades— afectan gravemente los programas de producción del llamado «sueldo de Chile».

La industria, de cuya capacidad técnica estábamos orgullosos todos los chilenos, es la víctima perseguida por la política gubernativa, que quiere apoderarse de las más importantes empresas.

En el campo de la construcción, tienden a la destrucción de la empresa privada, sin que se vea la posibilidad de su reemplazo directo por parte del Estado.

El comercio, por su parte, ha sufrido el ataque de una política que lo priva de márgenes justos de comercialización y lo persiguen las llamadas Juntas de Abastecimiento y Precios. Las J.A.P. constituyen una peligrosa herramienta de control político.

El poder gremial tiene una fuerza de incalculables proyecciones. Es necesario, en consecuencia, contar con un amplio número de dirigentes que sepan dirigir, con implacable disciplina interna, un movimiento que interprete lo que mujeres y hombres de trabajo reclaman cada vez más insistentemente: unidad gremial, acción conjunta. La acción gremial debe impulsar a hombres y mujeres en la ansiosa búsqueda y realización de los grandes ideales de libertad, nacionalidad y autoridad.

Chile no es marxista-leninista. Tampoco es socialista, por mucho que se le añaden al término socialismo ciertos calificativos que lo atenúan. Chile es Chile. Busca su propio camino. Este camino lo ha abierto el hombre de trabajo, quien a través de sus gremios está demostrando a la faz del país que el futuro ofrece soluciones y tiene la firme voluntad de no doblegarse ante la violencia, la arbitrariedad y el despojo.

Esta intervención fue una arenga y declaración de principios que movilizaría a los gremios empresariales en los catorce meses que restaban del Gobierno de la Unidad Popular. (16)

XXXVIII. DESCONFIANZA POLÍTICA Y MILITAR

Otro asunto que generaba malos presagios era la constatación de que continuaba el contrabando de armas, tanto de la extrema izquierda como de la extrema derecha. Esto era de preocupación permanente en el Ejército. El general Carlos Prats, a principios de mayo de 1972; transmitió dicha inquietud al presidente Allende y, en presencia del ministro de Defensa , José Tohá, reiteró la necesidad de avanzar con celeridad en la Ley de Control de Armas y Explosivos. Este problema lo abordaron también los parlamentarios de la Democracia Cristiana. Los diputados Luís Pareto, Humberto Palza, Alberto Zaldívar, Ricardo Tudela y José Monares se reunieron con el general Prats para manifestarle sus aprehensiones por lo que ellos calificaron como «evidente tráfico de armas» en Santiago.

El senador democristiano Juan de Dios Carmona presentó una moción de *Ley de Control de Armas*. El Gobierno reaccionó con la presentación de una indicación que contenía el Ante Proyecto que el Ejército había enviado al Ministerio de Defensa, buscando sustituir el Proyecto de Carmona.

Por otra parte, en el mundo castrense continuaba la permanente y visceral animadversión hacia el gobierno marxista de Salvador Allende. Una actitud que hacía estériles los esfuerzos que el comandante en jefe efectuaba para mantener al Ejército dentro de la llamada «línea constitucional». Las Fuerzas Armadas veían al Gobierno como un potencial sepulturero de la democracia y de la Constitución, por lo tanto, para una parte importante de uniformados no cabía con él otra actitud que un silencioso repudio. Bastaba tener a la vista las resoluciones del Partido Socialista en los Congresos de Linares en 1965 y de Chillán en 1967 para sustentar aquella posición.

El 9 de julio de 1972 se realizó en todas las unidades militares del país el tradicional juramento a la bandera. El acto central se llevó a cabo en el regimiento más antiguo de la República, el Buin, unidad militar que estaba bajo el mando del coronel Felipe Geiger. En dicha ceremonia estuvo presente el comandante en jefe del Ejército y como invitados el presidente de la República, el presidente del Senado y el presidente de la Corte Suprema, es decir, las máximas autoridades de cada uno de los poderes del Estado. No obstante, el coronel Geiger, en el discurso que glosaba el significado de la ceremonia militar, en ningún momento hizo mención a la presencia de las más altas autoridades del país que estaban presentes, haciendo pasar bochorno al comandante en jefe, general Prats. El nombramiento de Geiger como comandante del Buin había sido cuestionado por el presidente Allende, pero Prats había defendido al coronel, lo que provocaba mayor contrariedad a Prats frente a un Allende visiblemente molesto, pero inmutable. Antes del desfile militar que terminaba la ceremonia, Prats se puso de pié y se dirigió al micrófono, realzando la importancia del acto de juramento y el honor que significaba para los jóvenes soldados el hecho de jurar a la bandera en presencia de las más altas autoridades de los tres Poderes del Estado. Fue la forma de salir del paso ante una omisión casual o intencional del coronel Geiger, quien no se dio por aludido.

Se sucederían continuamente actuaciones en las que Prats podía comprobar que iba quedando solo.

La noche del 17 de julio de 1972 cenó en casa del general Carlos Prats el comandante de la División de Caballería, con cuartel general en Valdivia, general Hernán Hiriart y su esposa, quienes estaban de paso en Santiago.

Durante la cena, Hiriart le sinceró a Prats su deseo de ser nombrado para el año 1973 como Agregado Militar en Washington. Prats respondió a Hiriart que había un general más antiguo y con menos permanencia en el extranjero que él, a quien le correspondía tal cargo, señalándole además que era positivo que estuviera al frente de la División en Valdivia un año más para lograr un desarrollo profesional efectivo. Hiriart no logró disimular su insatisfacción frente a su jefe y anfitrión. Pasadas dos semanas, el 2 de agosto, el general Prats recibió inesperadamente la solicitud de retiro voluntario del general Hiriart. Al día siguiente Prats llamó por teléfono a su subalterno, conversación en la que le expresó a Hiriart la dificultad que generaba por no ser fácil su reemplazo en la comandancia en jefe de la División de Caballería a esa altura del año, y que había que considerar además lo conflictivo de la zona por la actividad de extrema izquierda en Panguipulli y por la agresividad política de los agricultores. Hiriart expresó estar frustrado por no haberse resuelto problemas logísticos en su área jurisdiccional conforme con los objetivos que se había planteado y admitió que la negativa del comandante en jefe de enviarlo a Washington como Agregado Militar para el año 1973 también era un factor para su decisión de renunciar.

El viernes 1° de septiembre se efectuó en Valdivia la ceremonia de entrega del mando por parte del general Hernán Hiriart a su jefe de Estado Mayor, coronel López, quien quedó como comandante en jefe interino de la División de Caballería. Presidió la ceremonia el comandante en jefe del Ejército.

Después del acto, Prats se reunió con oficiales y suboficiales, a quienes previno contra la campaña que desarrollaba algunos sectores de la derecha, que presentaba al Ejército como una institución al servicio del marxismo.

Por la noche hubo una cena de despedida de la oficialidad al general Hiriart. Estuvo presente el comandante en jefe del Ejército, y Prats pudo escuchar opiniones de los oficiales de Caballería en una conversación de carácter informal. Al día siguiente, 2 de septiembre, el general Prats volvió en avión a Santiago con la sensación de estar predicando en el desierto. Su discurso no estaba llegando a sus subalternos y el fantasma por la entronización del marxismo en Chile, bloqueaba cualquier otro argumento en las filas castrenses. (16)

XXXIX. DISCURSO DEL PRESIDENTE SALVADOR ALLENDE DE 24 DE JULIO DE 1972

El 24 de julio de 1972 el presidente Salvador Allende emitió una alocución para todo Chile. En la primera parte de su discurso reafirmó las bases ideológicas de su Gobierno, las que parecían ser inflexibles y aplicadas como si fueran una verdad ineludible para los destinos del país. En la segunda parte de sus palabras, el presidente Allende abordó los problemas reales que vivía la nación pero sin conectarlos con sus propias decisiones. La prometida independencia económica, no era más que eso, una promesa. Todos los países dependen unos de otros, ninguno puede tener una independencia económica absoluta como la historia nos va demostrando década tras década, y tras veintiún meses del inicio de su mandato, Allende, sin querer o por incapacidad para reconocer su error, implícitamente lo admitía. Fustigaba al «imperialismo» por reducir drásticamente las líneas de crédito a Chile. Allende no quería saber nada de relaciones con Estados Unidos, pero al mismo tiempo reprochaba que este país dejara a Chile sin recursos financieros. Parecía ser que el presidente Allende creía que todos los problemas estaban causados por acciones ajenas, nunca por la mala política de su Gobierno:

> La presión del capital foráneo está poniendo a prueba la cohesión interna de nuestro pueblo y nuestra capacidad de respuesta digna y patriótica. Estamos enfrentando el poder del imperia-

lismo. Nuestra posición se fortalece, porque contamos con la ayuda de los gobiernos revolucionarios del mundo entero que solidarizan con la lucha del pueblo chileno como testimonian los créditos y la cooperación técnica concedido.

En este primer párrafo queda la sensación que aquello de «alcanzar la independencia económica» no era más que darse el gusto de pelearse con «los yanquis» y salir a buscar ayuda financiera y técnica a otras latitudes y golpear la puerta de los «gobiernos revolucionarios del mundo entero».

Los cambios revolucionarios y el desarrollo económico, constituyen para el gobierno popular su misión fundamental. El buen éxito de nuestro proceso revolucionario depende, en gran medida, del rápido crecimiento de la economía y, a su vez, del desarrollo económico generalizado a las grandes mayorías del pueblo.
Depende de la autenticidad y vigor de la obra revolucionaria. El proceso de transformaciones económicas básicas ha supuesto la reincorporación al patrimonio nacional de los recursos estratégicos, mineros, industriales y financieros, poniendo bajo el control de Chile actividades de singular connotación tecnológica, como la gran minería del cobre.
Este hecho hay que medirlo en toda su magnitud. En él tiene planteado nuestro pueblo uno de los más importantes desafíos históricos que jamás haya encontrado: el de crear nuevas relaciones de producción y organización que, apoyada en una disciplina laboral de elevada conciencia política, permitan desarrollar la economía sobre un criterio de racionalidad y justicia, que anteponga el interés de los trabajadores al de los monopolistas y monopolios.
Sin embargo, es necesario analizar algunos desequilibrios y dificultades que han surgido simultáneamente con el aumento de producción que comentamos.

En los siguientes párrafos el presidente pasó del molde ideológico al mundo real:

El aumento del ingreso ha significado un gran crecimiento de la demanda de alimentos que el sector agrícola no puede satisfacer. También el periodo de reactivación ha impulsado considerablemente la necesidad de mayores cantidades de materias primas, repuestos y equipos para el sector industrial, creando así una gran presión sobre la disponibilidad de divisas.

Aunque aumentáramos la producción de cobre en un quince por ciento, meta en si misma difícil, Chile recibiría menos ingresos al estar el precio internacional en situación desfavorable respecto de los promedios alcanzados en 1970.

La desvalorización del dólar en el mercado mundial elevó el precio de las mercaderías que nosotros importamos, alzándolas en un diez por ciento como promedio.

Importante es señalar que en los últimos dos párrafos anteriores queda muy claro que la «independencia económica» levantada por Salvador Allende como una de sus banderas de lucha, no pasaba a ser más que un eslogan de campaña electoral, sin sustento real. En lo que se refiere a los ingresos por exportaciones de cobre, no obstante aumentar la producción, variable que podríamos calificar como endógena, manejable al interior de Chile, se presentaba desfavorable la variable exógena no manejada dentro de Chile como es el precio internacional del cobre.

No había posibilidad de independencia económica en esto. Chile debía seguir importando múltiples artículos e insumos, pero por efecto de la tasa de cambio estos se habían encarecido. Las soluciones a los problemas de Chile no pasaban por los conceptos que manejaba el presidente Allende para abordarlos. Resulta interesante continuar revisando este discurso del Primer Mandatario para verificar las contradicciones y debilidades que tenían las ideas del Gobierno de Unidad Popular:

La rigidez en la capacidad para importar, se manifiesta también en la necesidad que tenemos de pagar nuestras deudas. A pesar del acuerdo alcanzado para renegociar parcialmente los servicios de 1972, no por ello debemos dejar de desembolsar este año más de 240 millones de dólares. Esta cifra significa que estamos destinando un 22 por ciento de nuestras exportaciones al pago de la deuda contraída por gobiernos anteriores.

En este cuadro de dificultades habría que subrayar la deliberada disminución de las líneas de créditos a corto plazo desde Estados Unidos que, de 220 millones de dólares en agosto de 1970, cayó a 32 millones en junio de 1972.

No menos importantes son las dificultades que nos han impuesto algunos organismos multinacionales de crédito a los que tenemos derecho a acudir.

Las cuotas al contado por bienes de capital, representarán, en promedio, un 30 por ciento sobre el valor de estos (en vez del quince por ciento tradicional).

Las dificultades que estoy señalando forman parte de un virtual bloqueo económico que la población no alcanza a percibir en toda su magnitud.

En realidad no había tal bloqueo, simplemente, el presidente Allende anunció que rompería con lo que él llamaba «el imperialismo» y el «capital transnacional» y en julio de 1972, se quejaba que tanto «el imperialismo» como el «capital transnacional» no le cursaban créditos. Lo que estaba ocurriendo era el resultado de la política rupturista que practicaba el presidente Salvador Allende y su Gobierno.(16)

XL. SUBVERSIÓN Y ANARQUÍA IZQUIERDISTA

Transcurría 1972 y diariamente había manifestaciones y protestas de trabajadores democristianos y nacionales, amas de casa y estudiantes en contra del Gobierno y sus políticas generadoras de escasez y el alza en los precios de alimentos y de otros bienes de primera necesidad.

Por su parte, las fuerzas de izquierda presionaban para la formación de las que llamaban «Asambleas del Pueblo» y «Consejos Comunales» como expresión del llamado «poder popular» y que en la práctica vendrían a reemplazar al Congreso Nacional y a los municipios constitucionalmente vigentes. Es decir, se buscaba establecer una institucionalidad que estaba al margen de la Constitución. El MIR convocó en Concepción, a mediados de 1972; a la formación de una «Asamblea Popular», poder no sólo paralelo al Congreso sino también al propio Gobierno. Se buscaba crear una institucionalidad paralela dentro del territorio nacional, lo que obviamente no podría tener otro destino que no fuera el enfrentamiento.

La izquierda respondía con violencia a lo que llamaba la «provocación golpista». En la población Lo Hermida, en la periferia de Santiago, la Policía de Investigaciones y Carabineros, trataron de capturar al extremista de izquierda Héctor Prieto Callupil, y se desató una batalla campal entre quienes pretendían proteger a Prieto y los carabineros y policías civiles, hecho que se saldó con la muerte de uno de los defensores de Héctor Prieto. También, a inicios de agosto de

1972; en Ventanas, al norte de Viña del Mar, explosionó un arsenal de extremistas de izquierda, hecho que causó varias víctimas entre sus integrantes.

Por otra parte se podía constatar una sensible baja en la producción de las empresas estatizadas, por las dificultades que estas tenían para la obtención de repuestos e insumos para sus procesos de producción, pero también por la ineficiencia de los Interventores designados por el Gobierno, quienes desarrollaban su gestión en base a un criterio político y no técnico. A esto se sumaba la permanente acción de grupos izquierdistas que no tenían como objetivo la producción en las fábricas, sino mantener un permanente estado de efervescencia social entre los trabajadores con el desarrollo de interminables asambleas y reuniones políticas sin ningún sentido productivo, sino el mero activismo ideológico marxista.

En esos mismos primeros días de agosto de 1972 el Servicio de Inteligencia Militar, SIM, obtuvo información de la existencia de células extremistas de izquierda del Ejército de Liberación Nacional, ELN, llamados «Elenos», facción ultraizquierdista del Partido Socialista que en la segunda mitad de la década del 1960 estuvo ligada a la guerrilla de Ernesto «Che» Guevara. El grupo chileno tenía como líder al socialista Elmo Catalán y en él se integraron Eduardo Paredes, que fue nombrado por Salvador Allende director de la Policía de Investigaciones y Beatriz, la hija del presidente.

Por este caso fue abierto en la Justicia Militar un proceso por infracción a la Ley de Seguridad Interior. El jueves 10 de agosto el comandante en jefe del Ejército, general Carlos Prats, sostuvo una larga reunión con el presidente Salvador Allende, quien había vivido difíciles momentos políticos por aquellos días. El general le expresó a Allende algo que en el último año que quedaba de Gobierno de la Unidad Popular, muchos le manifestarían al presidente: la preocupación por el orden público. Prats expuso también los antecedentes recogidos por el SIM respecto de las células extremistas del ELN, permitiéndose Prats indicar a Allende no saber donde tenía el presidente a sus peores enemigos, si en la implacable oposición centro derechista o en la Unidad Popular.

XLI. IMPASE CON EL
GOBIERNO ARGENTINO

En agosto de 1972 Allende debió afrontar una difícil coyuntura internacional, en la que se vio involucrado su Gobierno y el de Argentina, encabezado por el general Alejandro Agustín Lanusse, con quien hasta esa fecha se tenían excelentes relaciones. Argentina, al igual que Chile, vivía en esa época los influjos revolucionarios de influencia cubana. A diferencia de Chile, en Argentina los grupos subversivos se declaraban en lucha contra gobiernos *de facto*, que habían gobernado casi ininterrumpidamente desde el derrocamiento de Juan Domingo Perón en 1955; con la excepción de los gobiernos de Arturo Frondizi y Arturo Umberto Illia. Tampoco es que los gobiernos civiles estuvieran exentos de dificultades sociales, particularmente el de Frondizi, pues en el periodo que gobernó, de 1958 a 1962; hubo múltiples atentados y movimientos callejeros. Al igual que en Chile, la influencia de la Revolución Cubana se hacía sentir y el escenario de la Guerra Fría marcó el ritmo de la vida política argentina. Jóvenes argentinos, al igual que chilenos, fueron a recibir preparación militar y formación ideológica revolucionaria a Cuba. Así, durante la dictadura de Onganía nacieron movimientos revolucionarios armados de extrema izquierda, que manifestaban tener dos objetivos: terminar con el Gobierno Militar e instaurar la llamada «Patria Socialista».

Tuvieron especial protagonismo el Ejército Revolucionario del Pueblo, ERP, la Fuerza Armada Revolucionaria, FAR, la Fuerza

Armada Peronista, FAP y Montoneros, facción armada de extrema izquierda inserta dentro del peronismo, a la que combatió el propio Juan Domingo Perón al regresar del exilio en España en 1973.

Este grupo, Montoneros, hizo su debut armado y violento en 1970; secuestrando y posteriormente asesinando, en lo que llamaron un «juicio revolucionario», al expresidente de facto Pedro Eugenio Aramburu. Este hecho hizo caer al Gobierno del general Onganía. La violencia política que descomponía Argentina aumentaría de intensidad y frecuencia hasta marzo de 1976.

En los primeros años de aquella década fueron detenidos los líderes de los principales movimientos insurgentes que tenían la violencia como método de acción política. Para alejarlos de los centros políticos de mayor importancia, fueron internados en la cárcel de Rawson, en la Provincia de Chubut, en la Patagonia. Allí estaban Mario Roberto Santucho y Enrique Gorriarán Merlo del ERP, Marcos Osatinky, Roberto Quieto y Domingo Menna de la FAR y Fernando Vaca Narvaja de Montoneros, grupo de líderes que en definitiva idearon, diseñaron y encabezaron la ejecución de la fuga del penal de Rawson, que contemplaba llegar hasta el aeropuerto de Trelew, secuestrar una aeronave y salir de Argentina con rumbo a Chile. El plan contemplaba la fuga de 110 detenidos, con apoyo desde las afueras de la cárcel, disponiendo de unos camiones para el traslado de los fugados. En el aeropuerto también recibirían apoyo para retener el avión mientras llegaban los guerrilleros que escapaban. El plan se ejecutó el 15 de agosto de 1972. Dentro del penal los guerrilleros pudieron disponer de armamento, provocando un corto tiroteo entre Juan Gregorio Valenzuela, único guardián que opuso resistencia y el líder de la FAR Marcos Osatinsky, quien dio muerte al primero. La balacera hizo alejarse del exterior de la cárcel a los camiones que transportarían a los guerrilleros fugados. Sólo un automóvil permaneció en el lugar, el que fue abordado por los seis cabecillas del plan: Mario Roberto Santucho, Marcos Osatinsky, Fernando Vaca Narvaja, Enrique Gorriarán Merlo, Roberto Quieto y Domingo Menna. Al llegar al aeropuerto de Trelew los guerrilleros vieron que estaba retenido y con motores encendidos un avión de la línea Austral, el que debía retornar a Buenos Aires. Tres guerrilleros lo tenían secuestrado en tierra esperando a los fugados. Ya a bordo del avión, los seis cabecillas esperaron diez minutos la llegada de más evadidos del penal. Al no producirse esto, ordenaron el despegue al comandante del avión. El destino fue Puerto Montt y finalmente Santiago. Al aterrizar en Chile pidieron asilo al Gobierno de Allende, quien quedó entre atender la presión de la izquierda chilena y el hecho de tener que cumplir los tratados internacionales. Por su parte, el Gobierno argentino inmediatamente anunció que solicitaría la extradición de los guerrilleros que arribaron a Santiago en el avión comercial secuestrado.

Las negociaciones comenzaron en los más altos niveles. El viernes 18 se trasladó a Buenos Aires, como emisario del presidente Salvador Allende, el director de Inteligencia del Ejército, general Mario Sepúlveda Squella, para tratar el asunto directamente con el presidente Alejandro Lanusse. Este mismo día llegó a Santiago el exagregado militar de Argentina en Chile, coronel Colombo, quien colaboraba con el Gobierno de Lanusse. La misión de Colombo era expresar que su Gobierno tenía la firme decisión de avanzar hacia la reinstalación de la democracia y en consideración de esto, el presidente Lanusse esperaba que el Gobierno de Chile sometiera a los guerrilleros evadidos a los Tribunales de Justicia para así hacer factible y concretar la solicitud de extradición, por considerarlos el Gobierno argentino como simples delincuentes comunes.

También llegó a Santiago Ramón Huidobro, Embajador de Chile en Argentina, quien expuso al Gobierno la visión de Lanusse sobre esta delicada materia.

El sábado 19 de agosto muy temprano, el general Prats recibió en su casa al coronel Colombo y al Agregado Militar de Argentina en Chile, coronel Ibarra. Prats explicó que el asunto pondría al presidente Allende en dificultades con los partidos de la Unidad Popular, si no otorgaba el asilo a los guerrilleros fugados. Explicó también Prats a los dos militares argentinos que era aconsejable esperar el regreso del general Sepúlveda para que este informara al presidente Allende la posición del presidente Lanusse.

Ese mismo sábado a las 11:30 de la mañana, se reunieron con Salvador Allende en la casa de la calle Tomás Moro, el ministro de Defensa José Tohá, los tres comandantes en jefe de las Fuerzas Armadas y el embajador Huidobro, instancia en la que Allende hizo un análisis explicando las vías de solución al problema.

La primera vía de solución era someter a los tribunales chilenos a los guerrilleros argentinos, bajo la acusación de «piratería aérea», de acuerdo con el Convenio Internacional sobre la materia, ratificado por Chile en marzo de 1972; el cual no especificaba una pena de castigo. Esta alternativa si dejaba la opción para que Argentina solicitara la extradición de los guerrilleros, lo que provocaría graves inconvenientes entre Allende y la izquierda chilena, lo que no excluía una escalada de violencia por parte de esta.

La segunda vía de solución era la expulsión de los fugados, pero esto escalaría un conflicto internacional, incluido el Gobierno argentino, acusándose a Chile de no respetar los Tratados Internacionales.

Los tres comandantes en jefe y el embajador Ramón Huidobro plantearon al presidente que aplicara la primera opción, que se sometiera a proceso a los evadidos y que la Corte Suprema decidiera sobre la solicitud de extradición que llegaría desde Argentina.

El domingo 20 de agosto almorzaron en casa del general Prats, el general Álvarez, el coronel Colombo y los agregados militar, naval y aéreo de Argentina en Chile, Ibarra, Favergioti y González Llanos. En un momento de conversación privada, el coronel Ibarra comunicó al general Prats que uno de los pasajeros del avión secuestrado había declarado que los guerrilleros expresaron que desde antes de fugarse de la cárcel de Rawson estaban en contacto con el director de la Policía de Investigaciones, Eduardo Paredes y que les extrañaba que este no los esperara a su arribo al aeropuerto Pudahuel en Santiago. Prats respondió que consideraría tan grave acusación sólo si esta le era planteada al general Mario Sepúlveda en Buenos Aires.

El lunes 21 de agosto por la noche se reunieron a comer en casa del ministro de Defensa, José Tohá, el ministro de Relaciones Exteriores, Clodomiro Almeyda, el senador y secretario general del Partido Socialista Carlos Altamirano y el comandante en jefe del Ejército, general Carlos Prats . Por la tarde de ese día había regresado de Buenos Aires el general Sepúlveda, por lo que el general Prats informó a los comensales respecto del resultado del viaje del emisario. El presidente Lanusse había señalado comprender las dificultades políticas internas que provocaba al Gobierno de Chile la presencia en el país de los guerrilleros fugados del penal de Rawson. Sin embargo, la Cancillería argentina solicitó al Gobierno chileno, a través de su embajada en Buenos Aires, que se sometiera a los Tribunales chilenos y se aplicaran los convenios internacionales a los extremistas argentinos. Nada se le dijo en Buenos Aires al general Mario Sepúlveda respecto de las supuestas declaraciones de los pasajeros del avión secuestrado, mencionadas por el Agregado Militar argentino en Santiago, coronel Ibarra, al general Prats.

Terminada la comida en casa de Tohá, Prats habló con sinceridad al senador Altamirano, teniendo por testigos al dueño de casa y al canciller Almeyda. Prats le expresó a Altamirano que en las Fuerzas Armadas se pensaba que él era el principal impulsor del extremismo izquierdista.

Altamirano, casi sin inmutarse, dibujando una leve sonrisa en su rostro, respondió al general que estaba en un error, que él era de línea dura, pero que se mantenía dentro de la legalidad, y que no aceptaba debilidades que fortalecían a la oposición y debilitaban a Unidad Popular. Terminó Altamirano su respuesta responsabilizando a la prensa opositora de la violencia extremista del MIR, por ser ellos quienes daban difusión a este movimiento. Para Altamirano, la ausencia de cobertura periodística terminaría con la vocación violenta del MIR.

El Consejo Superior de Seguridad Nacional, CONSUSENA, fue citado por el presidente de la República para el miércoles 23 de agosto por la mañana, sesión en la que estuvieron presentes los Embajadores de Chile en Washington y en Buenos Aires, Orlando Letelier y Ramón Huidobro, respectivamente.

La sesión del CONSUSENA comenzó con un análisis de los problemas creados por la suspensión de los créditos por parte de Estados Unidos y el hecho de no alcanzar acuerdos bilaterales con este país y con Alemania Federal y Japón para la renegociación de la deuda externa.

Obviamente se abordó la presencia de los extremistas argentinos en Santiago. Allende expuso las dos alternativas de solución: procesarlos dando curso a la solicitud de extradición o expulsarlos del país.

El canciller Clodomiro Almeyda señaló que la solución pasaba por procesar a los evadidos de Rawson y dar curso a la solicitud de extradición, que seguro llegaría desde Argentina, con todos los riesgos que esto implicaba, evitando así el desprestigio internacional que traería para Chile la decisión de expulsar a los extremistas. La mayoría de los integrantes del CONSUSENA estuvieron de acuerdo con este criterio.

El presidente Allende señaló que conocida la opinión mayoritaria dentro del CONSUSENA, él asumiría la responsabilidad de tomar la decisión según lo que consideraba lo más conveniente para los intereses de Chile.

El jueves 24 de agosto José Tohá reunió a los comandantes en jefe para informarles la decisión presidencial de conceder asilo a los guerrilleros argentinos y de inmediato expulsarlos de Chile.

No era fácil tener claridad en ese momento respecto de qué decisión protegía mejor los intereses de Chile, pero quedó claro que el presidente Allende había escuchado dos voces, la del CONSUSENA, donde marcó el criterio a seguir el canciller Almeyda y la de la extrema izquierda, entre ellos el Partido Socialista y el MIR. Esta última postura prevaleció en la decisión de Allende. La Noche del viernes 25 de agosto los extremistas argentinos abandonaron Chile con destino a Cuba.

Este suceso volvía a aún más compleja realidad interna. Se crispaba el ambiente con recurrentes rumores, ataques a las Fuerzas Armadas y «cacerolazos» diarios en distintos barrios de Santiago. (16)

XLII. CINCUENTA DÍAS PREVIOS AL GRAN PARO DE OCTUBRE

El penúltimo día de agosto de 1972 el presidente Allende inició una ronda de reuniones con los principales responsables de la Defensa Nacional, los tres comandantes en jefe y el ministro de Defensa. El primero en reunirse con el presidente fue el comandante en jefe del Ejército, general Carlos Prats. Allende estaba visiblemente preocupado por la evolución de los acontecimientos políticos que calificaba de muy graves, generados por la ofensiva opositora y por dificultades en el interior del Gobierno y de la izquierda. El general Prats expresó que la situación que se vivía podía derivar hacia un enfrentamiento sin control, si Unidad Popular mantenía el criterio de aplicar aceleradamente su programa, condición que propiciaría la aparición de nuevas resistencias al Gobierno con el lógico fortalecimiento de la oposición, existiendo la posibilidad de que en esa escalada se llegara al punto de no ser posible una solución democrática del problema.

En realidad, lo que menos se vislumbraba para Chile era una solución democrática al problema político, muy por el contrario, cada día se iba metiendo al país en un largo y estrecho callejón sin salida que sólo hacía presagiar un amargo futuro.

Como ejemplo de lo anterior, el 30 de agosto se produjeron desórdenes callejeros en Concepción. Los altercados terminaron con la vida de un carabinero, por un balazo presuntamente disparado desde la sede del Partido Socialista. Al día siguiente viajó a Concepción el ministro de Interior Jaime Suárez, para reunirse con el Intendente[14] de la Provincia e informarse de los sucesos. Coincidió el ministro con la presencia del comandante en jefe del Ejército, que inició ese día una corta gira por las guarniciones del sur.

Llegó a la Intendencia el general Prats, acompañado del comandante en jefe de la III División de Ejército, general Ervaldo Rodríguez, para inquirir mayores detalles. El ministro Suárez, acompañado del Intendente, expresó a ambos militares su extrañeza por haber quedado estampado en el Parte de Carabineros que el disparo que dio muerte al carabinero, de apellido Aroca, había salido desde la sede del Partido Socialista, sin desarrollarse la necesaria investigación. El general Rodríguez respondió que sería el fiscal que sustanciaba el proceso en el III Juzgado Militar quien determinaría las responsabilidades.

Llegó septiembre de 1972 y Chile vivía un lamentable estado de división, en el se preveían nuevos enfrentamientos. La derecha había organizado dispositivos defensivos ante la posibilidad de que las tomas de fábricas fueran seguidas por asaltos y tomas de las residencias de los barrios acomodados de Santiago. Todo tipo de armas se tenían en las casas para defenderse, si llegaba el caso.

El 4 de septiembre el Gobierno conmemoró con una gran concentración el segundo aniversario del triunfo de Salvador Allende. El mismo día el diario *El Mercurio* publicó un discurso emitido la jornada anterior por el presidente de la SOFOFA, Orlando Sáenz, quien expresó lo siguiente:

> El gobierno, en la primera fase de su política económica, ha aplicado el «populismo económico», una irresponsable estrategia política que busca el halago fácil de las grandes mayorías, creándoles condiciones de vida mejores por un efímero lapso y luego hay que pagar con un sacrificio enorme, pues su mejoramiento no sólo no ha estado basado en una realidad económica sólida, sino que frecuentemente se logra dilapidando los medios en que la estructura económica se ha basado, de manera que cuando el populismo económico hace crisis, ni siquiera el nivel de vida anterior es ya posible. En resumen, la diferencia entre «economía

---

14   Intendente: representante del Gobierno en una región o provincia.

popular» y «populista» es la misma que existe entre favorecer y halagar, entre vivir mejor y farrear. La «Era Vuskovic» (Pedro Vuskovic, primer ministro de Economía de Allende) no fue otra cosa que un desenfrenado populismo económico...

El Gabinete Millas-Matus (se refería a los ministros de Hacienda y Economía, Orlando Millas y Carlos Matus, respectivamente, sucesores de Américo Zorrilla en Hacienda y Pedro Vuskovic en Economía) ha significado una intensificación, si ello cabe, de la agresividad contra el sector privado. Las requisiciones descaradas, por desabastecimiento, que ni Vuskovic se atrevía al final a usar, han vuelto al tapete. Los decretos de insistencia «hacen cola» en la Contraloría[15] para imponer (por parte del Gobierno) situaciones abiertamente ilegales. Se anuncian oficialmente políticas discriminatorias en cuanto a la fijación de precios, desconociendo el mandato legal de Dirinco (Dirección de Industria y Comercio) de fijar precios «justos y oportunos». Se desconocen fallos de la Justicia que favorecen a los acosados empresarios. Tan solo desde que asumió el nuevo ministerio, se han requisado 15 empresas y se han intervenido decenas. Se sigue hablando hipócritamente de las 91 empresas, cuando se sabe que son alrededor de 250 las empresas industriales que han caído en manos de este régimen. Se hace lo mismo que se hizo en la «Era Vuskovic»: entrar a saco en empresas, aún cuando la enorme mayoría de los trabajadores sea contraria al proceso «estatificador», usando para ello el supremo argumento de la fuerza. Conocidos son los desmanes en los sectores agrícolas, del comercio y otros que han sido virilmente denunciados por las agrupaciones gremiales.

Si los países pudieran quebrar, tendríamos que decir que el nuestro está quebrado. Salir de esta situación, aunque empezáramos hoy la marcha ascendente, va a costar muchos años de esfuerzos y sacrificios compartidos por todos los chilenos. Cuando este pueblo comprenda claramente las severas limitaciones a sus perspectivas que le significará la experiencia vivida, será realmente implacable con los culpables por acción, esto es, con los responsables del actual Gobierno. Pero también será impla-

---

15   Tribunal de Cuentas.

cable con los culpables por omisión, los muchos que pudieron hacer algo para evitar lo ocurrido o para paliar sus efectos y se mostraron en ello remisos.

Esta dramática descripción de Sáenz, relata una política de despojo aplicada no siempre con el uso de los llamados «resquicios legales», sino también con la prepotencia de quienes se sienten dueños de la verdad absoluta. Terminó Orlando Sáenz sus palabras con una advertencia. En algún momento llegaría la respuesta y sería «implacable». No se perdonaría a quienes estaban aplicando aquella doctrina del saqueo. En septiembre de 1972 ya no había Estado de Derecho en Chile, muchos estaban sufriendo atropellos y se sentían vulnerados en sus derechos. La respuesta sería en las mismas condiciones.

En el Gobierno circuló el rumor de que *Patria y Libertad* estaba organizando un golpe para el mes de septiembre, con la complicidad de altos jefes militares. El plan incluía la fuga de la cárcel y la participación de Roberto Viaux. Sin embargo nada sucedió y los servicios de inteligencia no probaron nada al respecto.

Sin embargo, en de las Fuerzas Armadas se volvieron habituales los incidentes que demostraban el estado de inquietud en que se vivía. En la Armada, el almirante Raúl Montero, comandante en jefe, recibió un «planteamiento» desde la Escuela de Ingeniería Naval, que le obligó a relevar al director de dicho instituto. En la Fuerza Aérea se habría emitido un memorándum de «inquietudes», supuestamente elaborado por los generales Agustín Rodríguez y Germán Stuardo. El comandante en jefe de esta institución, general César Ruiz, guardó reserva al respecto. Por su parte, el director general de Carabineros, general José Sepúlveda, hizo ver el cansancio de su gente y además, una ostensiblemente disminución del stock de elementos de disuasión.

Ante lo crítico de la situación, Andrés Zaldívar, exministro de Hacienda de Eduardo Frei, se reunió con el comandante en jefe del Ejército a quien señaló que era necesario establecer una especie de tregua en la escalada de violencia verbal, comunicacional y de acciones callejeras; y así evitar un enfrentamiento mayor. Agregó que era el Gobierno quien debía dar el primer paso hacia la tregua, otorgando garantías democráticas. Si por garantías democráticas se refería Zaldívar al hecho de terminar con las ilegales «tomas» de campos y fábricas o requisición de fábricas, estaba proponiendo una quimera. En gran parte de la Unidad Popular y en la izquierda que no era parte del Gobierno primaba el «avanzar sin transar» y cualquier acción en sentido contrario a lo que estos grupos consideraban parte del «avance revolucionario», sería calificado como «debilidades de algunos vacilantes». Como Allende no quería recibir este calificativo, no haría nada para cambiar el curso de los acontecimientos y cuando intentó hacer algo, no tuvo éxito.

Por su parte, el comandante en jefe del Ejército, general Prats, continuaba con sus esfuerzos estériles: que el Ejército respetara la Constitución, en un escenario donde nadie parecía tener interés en respetar la Carta Fundamental. Sólo a las Fuerzas Armadas y al Ejército en particular se le asignaba dicha obligación. Prats recorría una y otra vez regimientos, escuelas y academias con su mensaje de abstención política y la necesidad de mantener la verticalidad del mando. Esto último lo imponía para evitar asonadas al estilo «tacnazo» de octubre de 1969. El general Prats quería asegurar que unidades militares no salieran a la calle o se acuartelaran contra del Gobierno. «Mantener la verticalidad del mando» también serviría para evitar una guerra civil, pues la guerra civil se daría sólo si el Ejército y el resto de las Fuerzas Armadas y Carabineros se dividían, como ocurrió en Chile en 1891 y en España en 1936.

El viernes 8 de septiembre de 1972 el general Carlos Prats visitó la Academia de Guerra del Ejército para reunirse con profesores y alumnos, a quienes repitió el mensaje dado en otras unidades militares: no debían prestar oídos a quienes buscaban llevar al Ejército a aventuras en contra del Gobierno Constitucional, reiterando que no se permitiría ningún intento de romper la cadena del mando.

Por la noche del mismo día 8 llegó Raúl Montero de Valparaíso, comandante en jefe de la Armada, quien se dirigió inmediatamente a hablar con el general Prats, para hacerle saber, bajo reserva, una información inquietante. El almirante Horacio Justiniano, durante una competencia de esgrima entre las instituciones de la Defensa, celebrada la mañana de ese mismo día en Valparaíso, sostuvo una conversación con el general Alfredo Canales, con quien Justiniano aseveró no tener relación alguna. Canales transmitió a Justiniano varios asuntos: que con los generales del Ejército no se podía hablar, que dentro de los siguientes 60 días se produciría un golpe militar, que el comandante en jefe del Ejército evitaba tener problemas con el Gobierno lo que hacía que no tomara acciones; que dentro del Ejército la oficialidad subalterna estaba dispuesta a actuar y que si no tomaba la iniciativa un general para actuar en contra del Gobierno, lo haría un coronel. Canales agregó también que Carabineros habían estado a punto de sublevarse, calmando la situación el no haber sido sancionado el mayor de Carabineros que hizo declaraciones contra del Partido Socialista, en el caso de la muerte del carabinero Aroca.

Habría dicho también Canales que existía la convicción en la Fuerza Aérea de que el Gobierno no podía continuar. El general Canales terminó señalando que él sabía que no le darían mando, pero si lo sacaban del Ejército, él sabría «como mover a los muchachos».

Tras escuchar con atención toda la información que le proporcionaba Montero, Prats analizó la situación y concluyó que el general Canales no era un estúpido como para cometer una imprudencia tan burda y lo que en realidad buscaba era que se tomaran medidas en su contra para entrar en una actitud de rebeldía arrastrando en eso a la oficialidad del Ejército. Acto seguido, Prats y Montero, se trasladaron a la oficina del ministro Tohá, ocasión en que el almirante repitió lo que acababa de relatar al comandante en jefe del Ejército.

El 11 de septiembre el presidente Allende citó al general Prats y, en presencia del ministro Tohá, le consultó sobre las medidas que adoptaría con Canales. Prats solicitó al presidente que le dejara resolver el asunto dentro del Ejército, en el momento oportuno y sin injerencias políticas.

El martes 12 de septiembre se reunieron con el almirante Montero el general Carlos Prats y el almirante Horacio Justiniano, en la oficina del primero. Justiniano ratificó todos los dichos del general Canales. Prats le solicitó la información por escrito y Justiniano, junto con afirmar que lo haría, le solicitó al comandante en jefe del Ejército que no tomara sanciones hasta que se entrevistara con Canales. Prats se comprometió a proceder de esa forma y por la tarde del mismo 12 de septiembre se reunió con los comandantes de las distintas unidades militares de Santiago, exponiendo una vez más la doctrina institucional.

Al día siguiente, el general Prats se reunió en su oficina con el general Óscar Bonilla, quien le planteó la necesidad de precisar la doctrina institucional, en el sentido de que a las Fuerzas Armadas no sólo les correspondía respetar la Constitución, sino también hacerla respetar.

Prats le respondió que a los militares no les correspondía hacer respetar la Constitución, pues actuar en ese sentido implicaba no respetar la misma Carta Fundamental. En esta corta conversación quedó claro que en el generalato se discutía sobre la obligación de respetar la Constitución que se imponía a las Fuerzas Armadas, cuando los políticos la vulneraban cotidianamente.

Pasadas las Fiestas Patrias, el general Carlos Prats se reunió con el general Alfredo Canales y en presencia del jefe de Estado Mayor suplente del Ejército, general Óscar Bonilla, le informó que pediría su retiro por aplicación de la facultad presidencial, ya que había perdido la confianza del comandante en jefe, y por su actitud de abierta deliberación.

La salida de Canales dio lugar a una escalada de comunicados desarrollada por el propio general ya retirado, que usó la prensa escrita y las radios opositoras al gobierno, para atacar al comandante en jefe del Ejército.

Una vez fuera de las filas, el exgeneral Canales creó un movimiento llamado Junta Unificadora Nacionalista. (16) (27) (28)

XLIII. PARO NACIONAL DE TRANSPORTISTAS Y OTROS GREMIOS

El 9 de octubre de 1972 comenzó el paro de la Confederación de Dueños de Camiones de Chile, presidida por León Vilarín. Al día siguiente se efectuó una masiva marcha en repudio a la administración de la Unidad Popular.

El Gobierno decretó el Estado de Emergencia para las provincias de Curicó y Talca y denunció judicialmente a los dirigentes de los transportistas, lo que se tradujo en que el jueves 12 el paro de los camioneros tomara más fuerza y paralizara en todo el país la distribución de alimentos e insumos. También se sumaron al movimiento la Confederación del Comercio Detallista, la Federación de Sindicatos de Choferes de Taxis, la Confederación de la Producción y del Comercio y la Confederación Nacional de la Pequeña Industria y Artesanado.

En septiembre de 1970 Salvador Allende amenazó con paralizar Chile si el Congreso no lo ratificaba como presidente de la República, dos años más tarde, en octubre de 1972; el país se paralizaba en su contra. Ante la agudización del problema, el Gobierno amplió el Estado de Emergencia a las provincias de Santiago, Valparaíso, O'Higgins, Colchagua, Ñuble, Concepción, Arauco, Bío Bío y Cautín y anunció la intervención de empresas, incautación de camiones y la movilización de los trabajadores en defensa «del gobierno popular».

De esta manera eran 11 las provincias que ya estaban en Estado de Emergencia. Se enfrentaba una situación sin precedentes en Chile y no había ni experiencia ni plan de acción para afrontarla. Eran miles de empresarios dueños de uno o varios camiones con los que trabajaban en base a contratos privados o públicos con centros de producción de alimentos, combustibles, materiales para la construcción, bienes de consumo, insumos para la agricultura y para el normal desarrollo de la vida del país. Los dueños de camiones estaban agrupados en numerosos sindicatos existentes en cada provincia o municipio y a través de estos, se agrupaban nacionalmente en la Confederación de Dueños de Camiones de Chile. A principios de 1972 esta confederación había logrado la aprobación de una ley aparentemente intrascendente pero que le otorgaba gran poder. Dicha ley demostraba que este movimiento de los transportistas se llevaba planificando desde hacía mucho tiempo con el objetivo de hacer caer el Gobierno. Quedó legalmente establecido que el propietario de un camión debía estar asociado a un sindicato de dueños de camiones afiliado a la confederación como requisito para que los ayuntamientos otorgaran la patente al vehículo de carga.

Así, ante un movimiento como el iniciado el 9 de octubre, los transportistas no tenían otra opción que sumarse a lo que dispusiera la Confederación de Dueños de Camiones.

La relación que había tenido esta confederación con el Gobierno distaba de ser tormentosa. Se puede afirmar que era una relación con los encuentros y desencuentros habituales entre un gremio y el Gobierno.

El 23 de mayo del mismo año 1972; la Confederación había llegado a un acuerdo con la Comisión Automotriz y el Comité de Operaciones Automotrices de la CORFO, es decir, con el Gobierno. El acuerdo contemplaba la entrega de 1500 camiones Fiat y la reserva de 400 camiones Pegaso importados, el compromiso de una atención preferencial de los distribuidores de repuestos de la Empresa Nacional de Repuestos Automotrices, ENARA y la entrega mensual de 4000 neumáticos de la Industria de Neumático Sociedad Anónima, INSA. Sin embargo hubo dificultades para cumplir este compromiso, principalmente en el montaje e importación de camiones, por el déficit en la producción de neumáticos y por problemas en la presentación de documento necesarios para activar el acuerdo. Ante esta circunstancia, el 7 de septiembre, el ministro de Economía Carlos Matus diseñó un acuerdo con los transportistas que consideraba un reajuste en un 120 % sobre las tarifas vigentes en marzo de 1972; asumir el compromiso de no subir el precio de la gasolina corriente y el de los neumáticos para los transportistas de carga, tomar el compromiso de distribuir 5000 neumáticos por mes de INSA, a partir del mismo mes de septiembre de 1972; creándose una comisión Gobierno-Confederación de Dueños de Camiones para resolver las deficiencias en el suministro de este importante insumo.

En lo que se refería a la renovación del parque de camiones, quedó establecido que se ampliaba en 60 días el plazo para reunir la documentación necesaria para poder acceder a las nuevas máquinas comprometidas y se garantizaba un 15 % de descuento sobre el precio de lista de los camiones si se pagaba un 20 % del valor total de estos al contado en el momento de la adquisición. Al evaluar el ofrecimiento del Gobierno, se puede concluir que era conveniente para los empresarios y que había una voluntad de facilitar el negocio, considerando las favorables condiciones para la compra de nuevos camiones, el aumento en los ingresos por medio de un alza en las tarifas, una mantenimiento de los costos operacionales a través de la fijación de precios del principal insumo como eran la gasolina corriente y los neumáticos. Por lo tanto, nada hacía prever que un paro de ribetes estrictamente gremiales acabaría dañando en forma importante al país. Había evidentemente una motivación política oculta en la organización de la protesta. Bastó como pretexto la posibilidad que el Gobierno tuviera la intención de crear una empresa estatal de transporte en la provincia de Aysén, para convocar el paro nacional que dañaría la economía aún más de lo que ya estaba después de dos años de Gobierno de la Unidad Popular.

El segundo día del paro de los camioneros resultó evidente el carácter político del movimiento. En todas las radios opositoras se escucharon llamadas para que la ciudadanía se sumara en apoyo público hacia los transportistas paralizados. El jefe de zona en estado de Emergencia en Santiago, general Héctor Bravo, al constatar el incumplimiento por parte de las radios de lo dispuesto en los bandos que él había emitido, organizó una cadena de emisoras de radio en la capital para recordar a los ciudadanos que las manifestaciones públicas estaban prohibidas.

Octubre de 1972. Miles de camiones detenidos en todo Chile

Mientras tanto, *Patria y Libertad* apoyó el paro de transportistas y del comercio. En las sedes de este movimiento había una actividad incesante, se organizaron grupos de mujeres para recolectar alimentos, carpas y frazadas que llevaron a los lugares donde se encontraban concentrados los camiones. Los hombres de Patria y Libertad formaron brigadas de defensa para proteger los campamentos establecidos en los lugares donde estaban detenidos los camiones. Los dirigentes de los camioneros pidieron apoyo armado, como también lo hicieron algunos industriales y agricultores que temían la ocupación ilegal de sus fincas agrícolas.

Al día siguiente de decretada la cadena radiofónica, el senador del Partido Radical, Hugo Miranda, y el presidente de la Central Única de Trabajadores, CUT, el comunista Luis Figueroa, sin el consentimiento del Jefe de Zona en Estado de Emergencia, utilizaron la cadena de emisoras que estaba bajo control de la Oficina de Informaciones y Radiodifusión, OIR, dependiente de la Secretaría General de Gobierno, para difundir alocuciones en contra del paro de los transportistas, contraviniendo todas las disposiciones que se habían tomado a fin de evitar una escalada de comunicados tanto de la oposición como de Unidad Popular.

Evidentemente esta situación no la iban a dejar pasar los opositores y por la tarde del mismo día el presidente del Senado, el democristiano Ignacio Palma, llamó al comandante en jefe del Ejército, general Carlos Prats, para expresarle que a él le parecía que el establecimiento de una cadena de radio era ilegal, pero más grave y repudiable era que representantes de la Unidad Popular y la CUT hicieran uso de dicha cadena, creada por el general Bravo, con el fin de emitir juicios en contra del paro de los transportistas y que la situación daría lugar a un acuerdo de censura en el Senado en contra del general Héctor Bravo. Prats le respondió que trataría con el Gobierno el delicado asunto que él desconocía. En presencia del mismo general Bravo, Prats trasladó al ministro de Defensa su malestar por el uso partidista de la cadena radial. José Tohá respondió que el problema había que tratarlo con el presidente por lo que se trasladaron a La Moneda, donde se reunieron con Salvador Allende y el secretario general de Gobierno, Hernán del Canto, quien reconoció la vulneración que la OIR había hecho de las disposiciones emitidas por el Jefe de Zona en Estado de Emergencia. Ante esto el presidente Allende llamó por teléfono al presidente del Senado para tratar de calmar la situación. Muchas explicaciones no se podían dar, pues estaba claro que el Ejecutivo había contravenido lo dispuesto para la creación de cadena de emisoras.

Pero el Gobierno no era el único que contravenía lo dispuesto en la cadena radial. Patria y Libertad hizo lo mismo. El jefe de prensa y comunicaciones de esta organización, Manuel Fuentes Wendling, tenía contacto con el técnico electrónico de origen estadounidense Michael Townley, quien instaló una emisora en un automóvil, con lo que se contrarrestó la cadena radial establecida por los militares y comenzaron a difundirse programas diarios por la emisora de barra móvil, la que bautizaron «Radio Liberación».

Al final se acordó que el general Héctor Bravo suspendería la cadena radial, previa reunión con los directores de todas las radio emisoras de Santiago para obtener de parte de ellos el compromiso de no emitir proclamas de apoyo al paro de los transportistas. Esto se consideraba vital para evitar que se produjera una escalada de comunicaciones que podía convertirse en la antesala de la acción violenta. Bravo informó que se suspendía la cadena radial pero sería clausurada cualquier emisora que no acatara lo dispuesto por el jefe de Estado de Emergencia. El Estado de Emergencia se amplió a las provincias de Valdivia, Osorno y Llanquihue.

Rápidamente se pudo constatar que las radios opositoras «Nuevo Mundo» y «Agricultura», hicieron caso omiso al compromiso adquirido y comenzaron a emitir permanentes llamadas a los chilenos para que salieran a la calle a apoyar el paro de los camioneros, en un abierto desafío a lo dispuesto por la autoridad militar. El general Bravo quedó en una situación muy incómoda, si no clausuraba las emisoras rebeldes se podría llegar a tener una gran cantidad de manifestantes en la calle, con la consiguiente reacción de partidarios del Gobierno, quienes saldrían a enfrentarse a sus adversarios y se tendría la violencia que se quería evitar. Por lo tanto, lo lógico era ir clausurando todas las radios opositoras que infringieran las disposiciones vigentes, pero, al adoptar esta opción, se podría llegar a que sólo transmitieran las radios partidarias del gobierno, situación que tampoco era recomendable. Era necesario entonces volver a imponer nuevamente la cadena radial. El general Bravo respondió que a él no le correspondía imponer la cadena, pues esta tendría que tener alcance nacional y él sólo era Jefe de Zona en Estado de Emergencia de la Provincia de Santiago. Prats respondió que asumiría toda la responsabilidad y que solicitaría al Gobierno que decretara la cadena nacional de emisoras obligatoria a fin de evitar que la situación se convirtiera en ingobernable en un momento en que ya dieciocho de las veinte provincias estaba bajo el control del Ejército.

Aquella misma jornada, 15 de octubre, el general Prats se reunió con el presidente Allende, le expuso la crítica situación que se enfrentaba y solicitó que el Gobierno decretara cadena nacional radial obligatoria. Allende accedió a la petición y la cadena quedó sujeta a la presencia de censores militares en la OIR, con el fin de asegurar ecuanimidad.

El lunes 16 de octubre el conflicto subió un peldaño al sumarse al paro de camioneros los ingenieros, médicos, trabajadores municipales, dentistas, estudiantes universitarios y secundarios, marinos mercantes y la locomoción colectiva. Comenzaron agresiones de grupos de derecha hacia los comerciantes que no se sumaban al movimiento, obligándolos a cerrar sus negocios. El Gobierno continuó requiriendo judicialmente a los dirigentes de cada sector en paro y León Vilarín aseguró que el movimiento continuaría hasta las últimas consecuencias.

A medio día del 16 de octubre se presentó en la oficina del general Carlos Prats un grupo de parlamentarios, los senadores Patricio Aylwin, Juan de Dios Carmona, Luis Papic, Pedro Ibáñez y Rafael Moreno y los diputados Eduardo Cerda, Arturo Frei, Bernardino

Guerra, Jorge Ibáñez y José Manuel Tagle. Comenzaron la reunión exponiendo a Prats su malestar por la cadena radial obligatoria «impuesta por el jefe de la Zona de Emergencia de Santiago», calificando el paro como justo y de ilegal la forma en que el Gobierno estaba enfrentando la situación.

Prats aclaró a los congresistas que la cadena nacional radial no la ordenó el Jefe de Zona en Estado de Emergencia de Santiago, sino que había sido él quien le solicitó al Gobierno que la decretara conforme con el Reglamento de Radio Difusión vigente. También expresó el general que la situación que se vivía por el paro de los camioneros tenía a Chile en la antesala de la subversión.

Ante estas palabras, el senador Carmona recriminó al general que estaba emitiendo un «juicio político» y este respondió que se trataba de un «juicio técnico» que calificaba el estado de conmoción interna del país.

El senador Aylwin reprochó a Prats que advertía en sus afirmaciones «una inclinación a favor de la línea del Gobierno». El general rechazó la grave acusación de la que era objeto, argumentando que no obstante mantener el Ejército la neutralidad política, la institución tenía el deber de restablecer la normalidad considerando que un paro de la magnitud del que se estaba desarrollando llevaría a Chile al caos.

Finalmente, en una actitud que mostraba que el diálogo entre oposición y Gobierno estaba roto, los congresistas dieron al general Prats el papel de emisario y solicitaron que obtuviera del Gobierno una cadena nacional de radio para que hablara al país el presidente del Senado, Ignacio Palma. Prats se comprometió a efectuar la petición, pero aclaró que era el Gobierno quien finalmente decidiría. Carlos Prats transmitió la petición al mismo presidente de la República quien invitó a La Moneda, para el día siguiente, al senador Ignacio Palma.

La Dirección de Industria y Comercio, DIRINCO, comenzó a requisar establecimientos comerciales que tuvieran artículos de primera necesidad y que se hubieran adherido al paro, acciones que, independiente de responder a una necesidad de abastecimiento, empeoraron la crisis. Se requisaron vehículos para el transporte de alimentos y se organizaron columnas de trabajadores voluntarios con el mismo fin.

Octubre de 1972. La llamada «olla común» entre los transportistas en paro.

Desde el Congreso se solicitó al Contralor General de la República que se pronunciara respecto de la vigencia del Reglamento de Radio Difusión que facultaba al Gobierno para establecer cadenas radiales obligatorias. La Contraloría respondió que la Reforma Constitucional de enero de 1971; que plasmó las Garantías Constitucionales con las que se comprometió Allende con la Democracia Cristiana para ser elegido en el Congreso como presidente de la República, había derogado automáticamente el Reglamento de Radio Difusión. Por otra parte, el Contralor confirmó las facultades que la Ley de Seguridad Interior del Estado entregaba a los jefes de Zona en Estado de Emergencia para tomar la decisión de imponer emisoras obligatorias en su zona jurisdiccional.

En medio del clima de tensión, el viernes 20 de octubre se promulgó la Ley N° 17.798 que estableció el «Control de Armas» de acuerdo con el documento base que fue elaborado en el Ministerio de Defensa y que sirvió como indicación a la moción presentada por el senador Juan de Dios Carmona de la Democracia Cristiana. La recién promulgada ley establecía el tipo de armas que quedaban sometidas a control, las penas por la creación y funcionamiento de milicias armadas, por la posesión o porte de armas prohibidas y por el ingreso sin autorización a recintos militares o policiales.

El sábado 21 de octubre se celebró una importante reunión en el Palacio de La Moneda. El presidente Allende convocó al ministro de Defensa José Tohá, al comandante en jefe del Ejército, general Carlos Prats, al comandante en jefe de la Armada, almirante Raúl Montero, al comandante en jefe de la Fuerza Aérea, general César Ruiz y al director general de Carabineros, general José María Sepúlveda. Allende expuso la complejidad del momento que se vivía y la escasa posibilidad de llegar a una solución o a un entendimiento en el corto plazo. Además, deslizó la posibilidad de requerir la participación de las Fuerzas Armadas en responsabilidades de Gobierno, argumentando que de esa manera «el pueblo» estaría más identificado con ellas en el intento de frenar la intentona «golpista» del paro que se estaba viviendo.

No fue más explícito el presidente ni ninguno de los presentes esbozó objeción ni consulta alguna. Allende y su Gobierno estaban al borde del abismo en octubre de 1972 y evaluaba integrar a las Fuerzas Armadas en tareas de gobierno. Allende se estaba viendo obligado a pedir el apoyo de los militares, cuando su coalición de Gobierno, la Unidad Popular, lo había tenido sin libertad para crear acuerdos que dieran mayor estabilidad a su gestión y salvar la democracia republicana en Chile. Otro punto de no menor importancia era el hecho que el cuerpo de Carabineros no era una institución que participara en reuniones a las que fuera citado el ministro de Defensa y los tres comandantes en jefe de las Fuerzas Armadas, pues dependía del Ministerio del Interior. A menos de un año de que Carabineros se integrara a las Fuerzas Armadas para conformar una Junta Militar de Gobierno, el presidente Allende los integró en instancias de información, análisis y toma de decisiones junto a aquellas.

El domingo 22 de octubre, se reunieron a solas Allende, Tohá y Prats. El presidente deseaba conocer la opinión del general respecto de la insinuación que les hizo el día anterior en el sentido de integrar a un miembro de cada una de las instituciones armadas a su Gabinete de Gobierno, como una forma de frenar el intento de golpe que estaba detrás del paro que ya se extendía por casi dos semanas. Prats habló con franqueza y comenzó haciendo un análisis muy realista de la situación. El país se encontraba dividido en dos bandos irreconciliables. Prats emitió una proyección numérica al señalar al presidente que dos tercios de la oposición estaba de acuerdo con los cambios que impulsaba el Gobierno, pero si estos se desarrollaban respetando las garantías constitucionales acordadas en 1970.

Carlos Prats pareció estar de acuerdo con el democristiano Andrés Zaldívar, quien a principios de septiembre le planteó la necesidad de una especie de tregua política, necesidad que el general trasladó al presidente, agregando que bajo esa condición de tregua, la oposición debía comprometerse a apoyar al Gobierno en los esfuerzos para superar la crisis económica y neutralizar el bloqueo de Estados Unidos. Por su parte, el Gobierno debería ofrecer las más amplias garantías de seguir aplicando su programa con respeto absoluto de la Constitución y las leyes. De acuerdo con lo expresado por el diligente militar, sólo bajo esa condición de tregua política era posible una colaboración directa de las Fuerzas Armadas en labores de Gobierno. En caso contrario la integración de las Fuerzas Armadas al Gobierno se vería como una toma de posición a favor de uno de los dos bandos que se enfrentaban; situación que provocaría división en las instituciones armadas y dejaría a Chile al borde de una guerra civil.

Ante el análisis expresado por Prats, Allende no emitió opinión ni se la pidió al ministro de Defensa, por lo que este tampoco emitió juicio alguno. Es probable que a Allende le pareciera una solución salvadora la propuesta de la tregua, pero en su fuero interno sabía que el Comité Político de la Unidad Popular y fuera de esta el MIR, del cual era militante su hija Beatriz, no estarían de acuerdo con pactar una tregua con la oposición. Las treguas las pactaban «los débiles y los vacilantes», aquellos que comenzaban a traicionar «la revolución».

Las visitas, reuniones y conversaciones se sucedían. Políticos y empresarios se acercaban a menudo al general Prats para exponer sus puntos de vista e indagar cuál era la postura de este. El 24 de octubre se hizo presente en la oficina del comandante en jefe toda la dirección de la SOFOFA, encabezada por Orlando Sáenz, que integraban Raúl Sahli, Eugenio Ipinza, Sergio López y Hernán Errázuriz. Informaron a Prats sobre la pésima situación que vivía el sector industrial por las requisiciones de DIRINCO.

El general señaló que ellos, el mundo empresarial, habían asumido un riesgo al apoyar un paro con perfil político y que la solución frente a la encrucijada que vivía Chile era también política. Repetía Prats la misma recomendación hecha al presidente Allende cuarenta y ocho horas antes.

Al día siguiente, 25 de octubre, se presentó en la oficina del comandante en jefe del Ejército el presidente de la Confederación de la Producción y del Comercio, CPC, Jorge Fontaine Aldunate, quien sin rodeos le manifestó a Carlos Prats querer «saber qué salida ve el Ejército a esta grave situación nacional». El general reiteró el mismo concepto transmitido al presidente Allende y a la directiva de la SOFOFA: un acuerdo político.

Entre tanto, continuaba la «guerra de posiciones» en el ámbito de las comunicaciones. Por la noche de este día, Carlos Figueroa, exministro de Economía de Eduardo Frei, visitó al general Prats. Figueroa era en esos momentos presidente de la Asociación de Radio Difusoras de Chile, ARCHI y directivo de radio «Minería». Mientras Prats y Figueroa conversaban, el general recibió una llamada telefónica de la comandancia de Guarnición de Santiago, en la que se le informó que la radio «Minería», precisamente la que dirigía el político que tenía enfrente, se había desconectado de la cadena nacional para a emitir ataques contra del gobierno y contra el comandante en jefe del Ejército.

Prats ordenó que se informara al general Guillermo Pickering quien tomó inmediatas acciones concurriendo a las dependencias de la radio para terminar con la agitación y obligar a los congresistas opositores a terminar con sus proclamas de insurrección ciudadana.

El jueves 26 de octubre el presidente Allende convocó a La Moneda a una nueva reunión al ministro de Defensa, a los tres comandantes en jefe de las Fuerzas Armadas y al director general de Carabineros. El motivo de esta nueva convocatoria era informar de los esfuerzos para terminar con el paro, por medio de múltiples concesiones propuestas a transportistas y comerciantes, quienes se habían negado intransigentemente a aceptar.

Estaba claro que los gremios estaban actuando por un objetivo político y no profesional, y lo hacían en abierta coordinación con los partidos opositores. Ante las afirmaciones del presidente, el general Prats le sugirió que hablara al país y que él mismo suspendiera la cadena radial que ya duraba mucho tiempo. Allende accedió a lo planteado por Prats.

Al día siguiente comenzó un ataque sincronizado de la oposición democristiana contra del comandante en jefe del Ejército, usando el

Senado como tribuna. La raíz de esta ofensiva estaba en el hecho que Prats había señalado que el Ejército no podía anticiparse a lo resuelto por la Contraloría en lo que se refería al Reglamento de Radiodifusión y menos actuar sin que este asunto jurídico terminara de desarrollarse. El expresidente del Senado, Tomás Pablo, criticó en duros términos las palabras de Prats. Por su parte, el senador Patricio Aylwin expresó que el general estaba errado al afirmar que las Fuerzas Armadas no eran un árbitro de lo que era legal o ilegal.

Lo que estaba viviendo Chile era dirimir qué bando lograba el control de las armas. Los ataques a Prats no eran más que eso, buscar que el Ejército y como consecuencia el resto de las Fuerzas Armadas, tomara partido por la oposición. Las permanentes adulaciones de la izquierda, invocando constantemente la «constitucionalidad» de las Fuerzas Armadas y la «doctrina constitucionalista de Schneider» buscaban el mismo objetivo: poner a las Fuerzas Armadas de su parte. Lo más delicado era que en estas instituciones, en definitiva conformadas por hombres, se produjera una división, una parte con el Gobierno y la otra con la oposición.

Ante las críticas de Pablo y Aylwin, el general Prats envió una carta al presidente del Senado, camarada de partido de ambos senadores, en los siguientes términos:

> En relación con el planteamiento del H. senador Pablo en cuanto a que espera que tendré la «suficiente espina dorsal» para reconocer mi error, le manifiesto que pienso que el error consistiría en que este comandante en jefe del Ejército diera el paso que recomienda el H. senador; puesto que —en circunstancias que la Reforma Constitucional está vigente desde enero de 1971 y sólo recientemente el señor Contralor general de la República ha opinado sobre la derogación tácita del Decreto 4581 (49)— las instituciones dependientes del Poder Ejecutivo deben esperar que el gobierno culmine el procedimiento legal y reglamentario, derivado de la novedosa situación jurídica creada, para actuar en consecuencia...

El mismo 27 de octubre el Gobierno terminó con la cadena radiofónica, cumpliendo con un fallo judicial preventivo a raíz de una querella presentada por la ARCHI en contra del secretario general de Gobierno, Hernán del Canto.

Como era de suponer, inmediatamente terminada la cadena radial, las emisoras opositoras comenzaron a emitir ataques al Gobierno, trasgrediendo sin escrúpulos las disposiciones del jefe de zona en estado de Emergencia, general Héctor Bravo, quien por su inacción provocó el malestar del presidente de la República, al no hacer cumplir lo dispuesto en sus bandos.

El general Bravo, sintiéndose incómodo, en medio del torbellino levantado por la oposición y el bando gubernamental, solicitó su salida del Ejército en el proceso de calificación de finales de 1972.

Este mismo día explotó un conflicto en la empresa Elecmetal, especializada en el suministro de repuestos para la minería, cuya fábrica había sido paralizada por sus dueños, lo que había tenido como respuesta la ocupación de las instalaciones por parte de los trabajadores, quienes la pusieron en funcionamiento de forma deficiente. El ministro de Economía, Carlos Matus, solicitó que la empresa fuera intervenida, dada su estratégica posición dentro de la economía nacional. Los empleados y técnicos exigieron un interventor militar y los obreros un interventor civil del Gobierno.

La Corte Suprema, órgano máximo del tercer poder del Estado, presentó al Gobierno el incumplimiento de las decisiones de los tribunales, hecho que dio mayor impulso a una inflamación que amenazaba con una pronta explosión.

Ante la insostenible situación, el 1 de noviembre el presidente Allende convocó nuevamente a una reunión al ministro de Defensa y los tres comandantes en jefe y les informó que se hacía imperiosa la incorporación de militares al Gabinete de ministros, conformando así un gabinete cívico-militar que denominó de «salvación nacional». En ese momento el presidente solicitó al comandante en jefe del Ejército que se hiciera cargo del Ministerio del Interior, debiendo ejercer también el general Prats sus funciones habituales dentro del Ejército. Al almirante Raúl Montero de la Armada y al general César Ruiz de la Fuerza Aérea les solicitó los nombres de un almirante y un general; para los Ministerios de Obras Públicas y Transporte, el almirante y para el de Minería el general de la Fuerza Aérea.

Al día siguiente, jueves 2 de noviembre, Carlos Prats informó a los generales del Ejército de la decisión presidencial y de su aceptación para asumir el Ministerio de Interior. Por la tarde juraron los nuevos ministros. En el Ministerio de Obras Públicas y Transporte el contralmirante Ismael Huerta, en el Ministerio de Minería el general de brigada aérea Claudio Sepúlveda, en el Ministerio de Agricultura asumió el secretario general de la CUT, el socialista Rolando Calderón, en el Ministerio de Justicia el comunista Sergio Insunza, en el Ministerio de Educación el radical Jorge Tapia, en el Ministerio de Economía el mapucista Fernando Flores y en el Ministerio del Trabajo el presidente de la CUT, el comunista Luís Figueroa.

El nuevo gabinete tenía como misión básica resolver la grave crisis que se vivía, devolver al país la paz social y también, mirando con un horizonte de un par de meses, conducir adecuadamente las elecciones parlamentarias de marzo de 1973; garantizando con esto la continuidad del Gobierno Constitucional.

El general Prats tomó su cargo de ministro del Interior afirmando que «no es un compromiso político, sino una colaboración patriótica en aras de la paz» y con la decisión de poner término al prolongado paro, buscando no caer en el estéril «tira y afloja» que se venía viviendo desde hacía semanas.

La mañana de viernes 3 de noviembre, Prats efectuó una declaración pública en la cual dio un plazo de 48 horas para que se pusiera término al paro, y posteriormente iniciar las conversaciones con los gremios involucrados. Por la tarde del mismo día el nuevo ministro del Interior se reunió con el máximo dirigente de los transportistas, León Vilarín, a quien, en presencia de los ministros Orlando Millas de Hacienda y Fernando Flores de Economía, le repitió los conceptos que había emitido en su declaración pública.

El sábado 4 de noviembre, después de un primer Consejo de Gabinete del nuevo equipo ministerial, los ministros Prats, Millas, Flores y Figueroa, discutieron y redactaron una declaración pública del Gobierno respecto del gremio del transporte, que en su parte sustancial expresaba lo siguiente:

—Fecha de término del paro, el lunes 6 de noviembre.

—Los problemas se resolverán con criterio de justicia y con sujeción a la ley.

—El gobierno se desistirá de las querellas entabladas y no habrá represalias por actividades vinculadas al paro.

—Se dejarán sin efecto los partes y requisiciones motivadas por el paro.

—Se dejarán sin efecto los decretos que eliminan la personería jurídica de las instituciones ligadas al paro.

—El gobierno no planteará la estatalización del transporte carretero.

—Se propondrá un Proyecto de Ley para delimitar y garantizar la actividad de los transportistas privados.

—El gobierno exigirá el cumplimiento de las tarifas establecidas y de los compromisos contractuales de los camioneros.

A las 18 horas del lunes 6 de noviembre de 1972 los camioneros aceptaron todos los puntos de la propuesta del Gobierno y pusieron fin a un paro que duró 28 días. Por fin se había producido algo parecido a una tregua.

El paro dejó claro el enorme poder de la alianza y coordinación entre los políticos y los gremios, que tuvo al Gobierno de Salvador Allende muy cerca del fin.

Podría parecer también que el movimiento había tenido como objetivo el ingreso de los militares en el Gobierno, pues rápidamente se aceptaron las propuestas cuando el Ministerio de Interior lo asumió el comandante en jefe del Ejército. El nombramiento de tres ministros militares había terminado el diseño original del Gobierno de Allende.

Ahora, por decisión del presidente Allende, la izquierda se sentaba en la misma mesa con las Fuerzas Armadas para evaluar y decidir asuntos de Gobierno. Ante la «agudización de las contradicciones» provocadas por su Gobierno, Allende se vio obligado a darle un papel político a las Fuerzas Armadas, que habían estado cuatro décadas al margen de esos torbellinos.

Terminó el paro de camioneros y de todos los gremios que se fueron sumando al movimiento, pero eso no significaba que los problemas globales de Chile hubieran terminado. (16) (21) (27) (28)

XLIV. ANARQUÍA ECONÓMICA

El aumento de la demanda, el desorden administrativo estatal como consecuencia de casi un mes de paro, reducción en la capacidad de producción por falta de repuestos y piezas de maquinarias en la industria, reducción en casi un 60 % de las importaciones de productos no agrícolas, la falta de alimentos básicos como carne y papas y también de bienes de consumo como telas, medicamentos, neumáticos y artículos eléctricos, iban conformando un pésimo panorama. Por falta de neumáticos, alrededor de un 25 % de los microbuses y taxis se encontraban parados. Para asegurar la disponibilidad de alimentos debió intervenir el Banco Central, fijando una tasa de cambio preferencial, a la baja por supuesto, para la importación de estos, cuyo monto a noviembre de 1972 ya alcanzaba la astronómica cifra de 320 millones de dólares. Al iniciarse la reforma agraria en el Gobierno de Eduardo Frei, Chile importaba sólo 150 millones de dólares en alimentos.

Valga señalar que la fijación de un dólar bajo para la importación de los alimentos se transformaría en pan en el momento y hambre en el futuro, pues la experiencia indica que la tasa de cambio no se podría mantener fija arbitrariamente por un tiempo ilimitado y en algún momento el asunto reventaría como un globo y el precio del dólar reflejaría la realidad de la economía chilena, empobrecida y escasa de divisas para comerciar en el mercado internacional. La independencia económica tan prometida por el presidente Allende se la llevaba el viento, lastrada por la caída de producción interna y la reducción de las exportaciones.

Año 1973. Desabastecimiento en Chile. No hay productos
de primera necesidad para la población

Las estratégicas empresas Chilectra y Empresa Nacional del
Petróleo, ENAP, por falta de divisas tenían dificultades para dar continuidad a sus operaciones, pues tenían que pagar al contado los repuestos de origen estadounidense.

Otra empresa de alta importancia, la Compañía de Aceros del
Pacífico, CAP, también se vio afectada negativamente. Por la falta de
dólares, y de equipos, debió suspender sus planes de expansión.

El mundo agrícola no estaba mejor. En noviembre de 1972 se había
decretado la expropiación de la totalidad de los predios de regadío, con
superficie superior a 80 hectáreas, es decir, más de la mitad de la superficie total bajo riego. En esas circunstancias las siembras de primavera
no se hicieron a tiempo, por falta de semillas e insumos utilizados en
la agricultura, la reducción en la intensidad del trabajo durante el paro

de octubre, más la incompetencia de quienes tenían la responsabilidad de dirigir la producción de las fincas expropiadas. En una gran mayoría, había recaído tan vital tarea en teóricos marxistas y no en técnicos preparados para hacer producir la tierra.

Los puestos de nivel medio de la administración del Estado fueron saturados por funcionarios cuyo mérito residía en ser militantes de algún partido de Unidad Popular. Los interventores de las empresas requisadas actuaban con total autonomía sin responder a una supervisión superior, por lo que la forma en cómo administraban las operaciones de las fábricas y la comercialización de la producción de estas, los asemejaba a los señores feudales de la Edad Media. En una línea similar, los llamados «Comités de Producción» de las empresas estatalizadas, obtenían muy pobres resultados por las mismas razones: el «feudalismo» en la acción de los interventores y la inexistencia de una coordinación central. Estos «Comités de Producción» los integraban trabajadores que estaban enfrentados a los sindicatos, pues estos los veían como competidores de la hegemonía sindical.

Los efectos del prolongado paro de octubre se harían sentir durante un tiempo, estimándose las pérdidas en aproximadamente 170 millones de dólares.

Aunque se estuvo un mes sin trabajar, en el mercado negro se constató una significativa baja del precio del dólar, lo que significaba obviamente que hubo abultadas entradas clandestinas de moneda estadounidense durante las semanas de paro. Estaba claro que desde el exterior se financiaba la desestabilización de Chile. (16)

XLV. ABANDONO DE LA UNIÓN SOVIÉTICA

La presencia militar venía a dar garantías a todos, sin partidismo alguno y había impedido una intentona golpista definitiva. No obstante, para el Gobierno había terminado el esquema ideológico inicial, dentro del cual se contemplaba la eliminación de las Fuerzas Armadas o por lo menos un cambio radical de ellas, según los acuerdos aprobados por el partido del presidente. Los militares realizaron en el interior del Gobierno una defensa de principios del interés general nacional, sin mirar las conveniencias partidistas. De acuerdo con su visión, esto mejoraría la estabilidad del país, tarea por la cual en más de una ocasión sostuvieron una ardua lucha frente a los ministros civiles de la Unidad Popular.

En la mañana del jueves 30 de noviembre el presidente de la República inició un extenso viaje por varios países. Chile quedó en manos del ministro de Interior Carlos Prats, en calidad de vicepresidente de la República. Un militar quedaba como la máxima autoridad dentro del territorio chileno mientras el presidente Allende efectuaba su viaje que tuvo un extenso itinerario, que incluyó una corta escala en el aeropuerto de Lima, donde sostuvo una reunión con el presidente Juan Velasco Alvarado. Visitó México, país donde fue objeto de un gran recibimiento y sostuvo variadas reuniones. Dejó México y llegó a Nueva York para hablar en el Pleno de la Organización de Naciones Unidas. Estuvo de paso en Argelia, país desde el cual prosiguió hasta Moscú. En esta ciudad desplegó una amplia agenda de reuniones y ceremonias. Si bien es cierto logró firmar algunos convenios comerciales y acuerdos de cooperación técnica para el desarrollo de la industria cuprífera y pesquera, no se logró de la Unión Soviética el apoyo financiero que el presidente Allende esperaba. Los líderes rusos les indicaron a los chilenos, en forma pragmática y realista, que Chile para ellos estaba muy lejos, mas lejos aún que Cuba y por lo tanto, no tenían interés en desarrollar una colaboración más profunda. Tal vez el proceso de distensión que en 1972 se estaba produciendo entre la Unión Soviética y Estados Unidos inhibió al Gobierno ruso a involucrarse en un área del mundo que dentro de la geopolítica mundial estaba bajo la influencia estadounidense. El viaje continuó en Cuba, país donde Allende fue recibido con una gran concentración popular. Posteriormente el avión presidencial hizo escala técnica en Venezuela, donde Allende se entrevistó con el presidente Rafael Caldera.

Finalmente, a las 19:00 horas del jueves 14 de diciembre de 1972; tras dos semanas de viaje, el presidente Allende fue recibido en el Aeropuerto de Pudahuel en Santiago.

En diciembre de 1972 se constató el agravamiento de la respuesta de Estados Unidos a la política rupturista que vociferó Allende en grandilocuente discurso contra «el imperialismo» de los Estados Unidos. Ahora el Gobierno de Salvador Allende se vio obligado a negociar, a través del Embajador de Chile en Washington, Orlando Letelier. Al comenzar a negociar, Letelier declaró:

> Existen represalias contra Chile, en virtud de la calificación que el gobierno norteamericano hace del derecho internacional y del uso de una serie de instrumentos relacionados con el financiación internacional, donde tiene mucha influencia. Desde luego, esto sucede en los fondos que dependen del Eximbank, que es como se sabe una entidad dependiente del gobierno norteamericano donde a Chile no se le han dado financiación. También existe la situación en los organismos multilaterales, como el Banco Interamericano de Desarrollo y el Banco Mundial, a los que Chile ha presentado proyectos, sin haber logrado financiamiento. No se trata de que nosotros estemos diciendo que se nos den créditos de la A.I.D. a 40 años con el dos o tres por ciento.

Se trata de que se utilicen los canales y los instrumentos normales de financiamiento para operar con Chile. Y eso no ocurre hoy. Que quede bien en claro: no estamos con la mano estirada, como diría la derecha, sino buscando el establecimiento de una relación financiera normal.

A principios de diciembre de 1972; en la visita a Moscú, las gestiones orientadas a obtener financiamiento de los soviéticos habían sido un rotundo fracaso. El viaje efectuado a la Unión Soviética tenía como objetivo lograr un crédito de doscientos millones de dólares, necesarios para dar vida a las vacías arcas fiscales y mantener a flote el experimento socialista chileno. En palabras de Carlos Altamirano, secretario general del Partido Socialista de Chile, la opción de financiamiento soviético se esfumó con un «no hay plata» expresado por los rusos. Leonid Brezniev no estuvo dispuesto a prestar el dinero que requería Chile.

Altamirano señaló que el líder soviético, Brezniev, se puso de pié frente a un gran mapa que tenía en su oficina, dando a entender que no hablaría de economía sino de geopolítica, y dijo: «mire, aquí estamos nosotros, acá están ustedes. Cuba ya nos queda más cerca que ustedes».

Un portazo en pleno rostro. La Unión Soviética no estaba dispuesta a entrometerse en una lejana zona del mundo que indiscutiblemente era de influencia estadounidense. Enorme error de cálculo de Allende, enorme error de cálculo de los comunistas chilenos que, por su fanatismo ciego, llevaron a Salvador Allende a pedir dinero a Moscú para que tuviera que volver a Chile con las manos vacías. El presidente de la República de Chile fue llevado a la Unión Soviética sin que hubiera un preacuerdo establecido, sometido a una humillación por parte de los comunistas chilenos, quienes presumieron que en Rusia recibiría la ayuda del comunismo. Nada de eso ocurrió. Había entonces que carraspear, desprenderse de la blanca guayabera cubana y sentarse a negociar con «el imperialismo», con Estados Unidos. La tarea se la dieron, como ya se indicó, a Orlando Letelier. La primera reunión entre Letelier y Charles Meyer no tuvo resultados positivos y se acordó continuar las negociaciones una vez que el presidente Richard Nixon iniciara su nuevo periodo gubernamental. (16) (21)

XLVI. INICIO DE LA CAMPAÑA PARLAMENTARIA Y VIOLENCIA

En diciembre comenzó una enconada campaña para las elecciones parlamentarias de marzo de 1973. Eran consideradas decisivas para el futuro del país. En este contexto, el miércoles 20 la Democracia Cristiana empezó la lucha con una concentración en el teatro Caupolicán de Santiago, el principal orador fue el expresidente y candidato a senador, Eduardo Frei.

Frei centró su discurso en la caída productiva que había tenido la industria cuprífera chilena durante el tiempo que llevaba a cargo del país la Unidad Popular e hizo una velada alusión a las Fuerzas Armadas, indicando que debilitándose económicamente y dividiéndose el país, necesariamente se verían debilitadas las instituciones de la Defensa Nacional. Estas fueron algunas de las expresiones de Frei en dicha ocasión:

> Éramos los terceros productores de cobre en el mundo. Primero, Estados Unidos, después, Rusia y después Chile. El plan de inversiones (se refiere al establecido en su propio Gobierno) nos permitiría ser los segundos y con orgullo así lo podíamos mostrar al mundo.
>
> Ahora nos acaban de sobrepasar Canadá y Zambia y estamos a punto de que nos sobrepase el Congo. De segundo o tercer lugar, ahora estamos en el quinto, con amenaza de llegar al sexto.

No hay seguridad cuando otros crecen y este (nuestro país) disminuye. No hay seguridad sin expansión de la economía y mucho menos cuando el país se divide en grupos irreconciliables. Las Fuerzas Armadas no actúan en el vacío. Son la expresión de un país. Si este país se debilita, no pueden ser fuertes. Por todo esto creemos que el país vive una crisis tan profunda.

Es esa la razón por la cual afirmamos que la elección de marzo tiene un carácter de plebiscito. Sabemos que la Constitución no permite plebiscitar la permanencia en los cargos públicos. ¿Qué se plebiscita? —preguntó Frei en su alocución— a) El programa de gobierno y sus resultados. b) Quiénes son los responsables de la política que nos ha llevado a estos extremos, pues su responsabilidad es intransferible y exclusiva. c) Si los chilenos están de acuerdo con el modelo marxista-leninista que se tiende a imponer.

Esta reconstrucción no será tarea de un gobierno o de un partido. Es tarea de Chile. Tiene que haber una movilización social de la inmensa mayoría de los chilenos y nosotros tenemos que dar ejemplo de amplitud para reconocer estos hechos. La Democracia Cristiana reafirma, en esta hora, su espíritu de lucha por una sociedad justa, democrática y pluralista.

Frei manifestó el sentido que le darían a la elección parlamentaria del 4 de marzo de 1973; un plebiscito en la búsqueda de lograr en el Congreso Nacional un quórum de dos tercios con el que se podría acusar constitucionalmente al presidente de la República y removerlo de su cargo utilizando una vía legal. Al parecer Frei tenía confianza en que esto se lograría y llamó a los electores vinculando la reconstrucción de Chile con la votación que debería recibir mayoritariamente la oposición.

Culminaba el año 1972 con Chile dividido ideológicamente en forma irreconciliable, con violencia callejera sin precedentes, donde grupos de choque progubernamentales se enfrentaban a grupos de choque de la oposición. A manera de ejemplo, el 21 de diciembre de 1972 se desarrollaron en la Plaza de Armas de Chillán feroces enfrentamientos entre integrantes del grupo nacionalista «Patria y Libertad» con grupos marxistas progubernamentales. Este día habían arribado a Chillán los dirigentes nacionales de *Patria y Libertad*, Pablo Rodríguez, Roberto Thieme y John Schaeffer, para reunirse con los miembros del movimiento en dicha ciudad. Cerca de las 18:00 horas, mientras Pablo Rodríguez le hablaba a unas cien mujeres, decenas de partidarios de Unidad Popular, alertados por la presencia de los dirigentes nacionales del movimiento de ultra derecha, atacaron el lugar de la reunión generándose una verdadera batalla entre izquierdistas y nacionalistas, que comenzó a pedradas, continuó con palos y laques[16] y terminó a balazos, perdiendo la vida el miembro de *Patria y Libertad* Héctor Castillo Fuentealba, técnico de INDAP, quien recibió un balazo en el tórax. Este hecho dio fuerza a la iniciativa que quería desarrollar Roberto Thieme en el interior de su agrupación: formar un Frente de Operaciones, que no era otra cosa que la organización de un grupo preparado y equipado militarmente para comenzar a combatir al Gobierno por las armas. Thieme había insistido con esta idea cuando terminó la huelga de los gremios y se instaló un gabinete ministerial integrado por tres militares. Eso, de acuerdo con la evaluación de Thieme, significaba que se tendría a las Fuerzas Armadas respaldando la política del Gobierno marxista.

El Frente de Operaciones sería el grupo de civiles preparados para sumarse a la facción de las Fuerzas Armadas que se levantase contra el Gobierno cuando se desencadenase la guerra civil. Pablo Rodríguez no había apoyado la iniciativa de Thieme por estar convencido que las Fuerzas Armadas terminarían actuando unidas en contra de Allende y su Gobierno, lo que alejaba la posibilidad de guerra civil. Los sucesos de Chillán hicieron cambiar de opinión al jefe Nacional de Patria y Libertad y dio el visto bueno al proyecto paramilitar de Thieme.

Durante el paro de transportistas, de octubre de 1972; los altos dirigentes nacionales de Patria y Libertad efectuaron un viaje de prospección operacional y política. El 17 de octubre muy temprano se reunieron en el aeródromo de Tobalaba Federico Willoughby, el recientemente retirado general Alfredo Canales, quien viajaba con identidad falsa, el dirigente universitario Francisco Prat Alemparte y Roberto Thieme, quien pilotaría el avión Cessna 172 que había permutado por el Bonanza de su propiedad, con el fin de pasar inadvertido por ser el Cessna un avión más común dentro de la aviación civil y así desarrollar con mayor tranquilidad las operaciones.

---

16   Cachiporras.

En medio de la lluvia pasaron sobre Curicó y aterrizaron en Chillán para reabastecer combustible. Un suboficial de la Fuerza Aérea se acercó al avión para verificar la identidad de los pasajeros. Tras ver la documentación de identificación falsa que le mostró el general Canales, el suboficial se cuadró y se retiró sin decir palabra, lo que demostraba el conocimiento que se tenía en círculos castrenses respecto de ese viaje.

Continuaron vuelo poniendo rumbo hacia la precordillera y aterrizaron en la pista del fundo «El Lavadero» perteneciente a la Colonia Dignidad, lugar donde eran esperados por la directiva encabezada por su presidente Hermann Schmidt y el jefe administrativo del recinto, Paul Schäfer, quien en realidad era el verdadero líder de la Colonia. Las cuatro visitas llegadas desde Santiago fueron invitadas a almorzar junto a otros dirigentes políticos y gremiales de la zona aledaña a Colonia Dignidad. Durante el almuerzo se habló de reforzar un trabajo conjunto para derrocar el Gobierno de la Unidad Popular, incluso algunos propusieron al general Canales que encabezara una nueva organización política que aglutinara a antimarxistas, nacionalistas, universitarios y gremios, con el fin de solicitar la inmediata intervención de las Fuerzas Armadas.

Después de la sobremesa, los visitantes recorrieron parte del fundo. Thieme constató que este predio se encontraba prácticamente en la misma latitud que una mina de manganeso que estaba en territorio argentino, cercana a Malargüe, lugar al que, en julio de 1972; había sido invitado a cazar. La mina de manganeso era de propiedad del argentino-alemán Guillermo von Zedwitz, quien simpatizaba con los nacionalistas chilenos. Thieme identificó ese aislado lugar como apto para establecer el campamento donde se entrenaría la milicia que tenía como objetivo formar.

En días posteriores a esta visita a la Colonia Dignidad, Thieme pilotó su Cessna con destino a Osorno, llevando como acompañantes a Helga Thieme y John Scheaffer, con el fin de sostener una importante reunión con el comandante del Regimiento Arauco, teniente coronel Manuel Contreras Sepúlveda, en el marco de coordinaciones que se comenzaban a efectuar entre Patria y Libertad y militares con graduaciones de coronel y teniente coronel, para llevar a cabo un levantamiento en medio del paro de los distintos gremios que se verificaba en Chile.

Durante aquellos vuelos, Thieme y Schaeffer se convencieron de que el lugar de entrenamiento del cuerpo paramilitar no debería estar dentro de las fronteras de Chile y obviamente eligieron Argentina para tal propósito. Concordaron también que debían viajar cuanto antes a Mendoza para visitar los terrenos seleccionados por Thieme y también a Buenos Aires para buscar contactos y apoyos.

Fue a fines de noviembre de 1972 que concretaron su viaje a Argentina Roberto Thieme y John Schaeffer, cruzando la cordillera a la cuadra de Chillán, en el avión Cessna 172. Sobrevolaron el área donde desarrollarían las operaciones, comprobando una vez más lo desolado que era y que estaba a sólo una hora de vuelo de Colonia Dignidad. Inmediatamente prosiguieron vuelo a Buenos Aires, ciudad donde Schaeffer tenía muchos contactos que Thieme desconocía. Se reunieron con empresarios, banqueros y profesionales liberales, donde expusieron y analizaron la situación chilena y las perspectivas futuras desde el punto de vista nacionalista.

Inmediatamente recibieron el apoyo de muchos chilenos residentes, decididos a trabajar por lograr un cambio de Gobierno en Chile y se estableció una directiva del movimiento en Buenos Aires encabezada por Juan Schönennbeck y Macarena Rivera, quienes se mantendrían en contacto a través del empresario y miembro del Comité de Finanzas de Patria y Libertad Jorge Lyon Subercaseaux y su esposa Blanca Echeverría Mac Fadzen, dirigente del Frente Femenino de Patria y Libertad, quien, por tener negocios en Santiago y Buenos Aires, viajaba frecuentemente entre ambas ciudades.

En Mendoza quedó como coordinador el empresario gastronómico chileno Alfredo Délano Concha.

Por la violencia desatada en Chillán a fines de diciembre de 1972; compareció en el Senado el ministro de Interior general Carlos Prats, para dar explicaciones referentes a la actuación de Carabineros en los sucesos. Negros nubarrones cubrían los cielos de Chile al iniciarse la campaña para la renovación parcial del Senado y la renovación total de la Cámara de diputados.

Paradójicamente, las dos grandes potencias, Estados Unidos y la Unión Soviética, daban casi por terminada la «guerra fría» para dar pasó a la llamada «distensión». (16) (27) (28)

1973

XLVII. NUEVO INTENTO POR CERTEZAS EN LA ECONOMÍA

Se inició el decisivo e histórico 1973, el año del siglo XX que más se recuerda en Chile.

El 2 de enero se reunió en La Moneda el Consejo Económico de ministros. El ministro de Interior quien no era parte de dicho Consejo pero que estuvo presente por especial invitación del presidente, planteó un asunto que el Gobierno no había podido ni querido resolver y cuya puesta en agenda era recurrente: la necesidad imperiosa de dar una definición legal a las áreas de la economía, asunto que, por el ideologismo imperante en los que tomaban las decisiones en la Unidad Popular, no tenía solución, interpretando la definición legal planteada como un ceder «frente a la burguesía y los reaccionarios», algo así como traicionar a la «revolución».

Nuevamente el Gobierno comenzó a trabajar un Proyecto de Ley cuya meta era dar una solución al callejón sin salida en que se encontraba el Ejecutivo por no haber podido definir legalmente las áreas de la economía, asunto que ya tenía larga duración y por el que se había debatido ampliamente con la Democracia Cristiana. Por otra parte, ante la presión de los trabajadores instigados por el MIR, facciones ultraizquierdistas del Partido Socialista y la facción del MAPU liderada por Óscar Guillermo Garretón, el Gobierno se veía obligado a insistir en la aplicación del Decreto 520 que lo avalaba en las requisiciones de fábricas, lo cual, evidentemente envenenaba las relaciones con la oposición y el mundo empresarial.

Cabe señalar que la ocupación de empresas para abrir las puertas a otras medidas como la intervención o requisición, se basaba en una decisión unilateral de la izquierda, sector que definía que había empresas que debían ser estatizadas, sin una demostración de orden numérica o científico económica de por medio.

Dicha definición se basaba sólo en las concepciones marxistas leninistas de quienes gobernaban Chile. La aplicación del Decreto Ley 520 se prestó para todo tipo de intrigas que llevaban a alcanzar el objetivo de quitar los medios de producción a sus dueños y pasarlas al dominio estatal.

Aquel decreto databa de la época de la fugaz República Socialista de Carlos Dávila en 1932 y que entregaba la facultad al Gobierno de requisar las empresas que no estuvieran cumpliendo con el cometido para el cual hubieran sido creadas. Entonces, por cualquier motivo, activistas de izquierda provocaban la paralización de una empresa. Después de un par de semanas de mantenerse la paralización, hacían una llamada al Gobierno donde los camaradas de los mismos activistas que habían provocado la situación, conseguían que el Gobierno requisara o nombrara a un interventor. De esta manera muchas empresas fueron usurpadas a sus dueños y traspasadas al Estado, y entraron en la espiral de improductividad que destrozó la economía chilena.

En el nuevo Proyecto de Ley para delimitar las áreas de la economía trabajó el ministro de economía Orlando Millas, apoyado por el ministro de interior general Prats. En él se propuso que el presidente de la República quedara facultado para expropiar las empresas que cumplieran con las siguientes condiciones:

1. Aquellas que estuvieran en la lista de 91 empresas para estatalizar según lo informado por el Gobierno en el inicio de su administración y que aún no hubieran pasado al Estado.

2. Treinta y dos empresas requisadas o intervenidas, no incluidas dentro de las 91 empresas inicialmente informadas y que hubiesen sido definidas como estratégicas, de acuerdo con la experiencia adquirida en el paro de octubre de 1972.

3. En el caso de las empresas consideradas expropiables y cuyo decreto de requisición o intervención lo hubiera rechazado la Contraloría, se establecería la fórmula de «coadministración» transitoria, mientras se tramitara en el Congreso el Proyecto de Ley de expropiación.

4. Las empresas intervenidas, pero que no tenían carácter monopólico o estratégico, serían devueltas a sus propietarios, sujeta la decisión al estudio de una «Comisión de Casos Especiales», sobre los problemas que podrían producirse al levantar la intervención por parte del Gobierno.

Cabe preguntarse, ¿qué problema provocaban estas empresas en manos de sus dueños antes de la llegada de la Unidad Popular al Gobierno? Este último punto generaría una reacción adversa dentro del Gobierno y de la izquierda en general, pues devolver una empresa a sus dueños significaba para la Unidad Popular «dar un paso atrás en el proceso revolucionario».

Otra consideración que provocó resistencias dentro del Gobierno y de la izquierda en general fue el hecho de que, junto con enviar el Proyecto de Ley de Expropiación al Congreso, se estudiaría un acotamiento del Área Social o Estatal, considerando la venta de acciones a inversores privados.

Por último se definió la creación de otra comisión, la «Comisión Permanente de Negociación», la que centralizaría las expropiaciones a inversionistas extranjeros y a inversores nacionales o extranjeros residentes en Chile.

Puede resultar tedioso para el lector tener que leer la lista de todas las empresas involucradas en el Proyecto de Ley de Expropiación que envió el Gobierno al Congreso en el verano de 1973; pero es interesante leer y analizar dicha relación de empresas que estaban en la mira del Gobierno o de los activistas de izquierda, pues hay empresas cuya inclusión no deja de resultar jocoso por su evidente poca importancia para fortalecer al Estado. Pero el fanatismo ideológico daba lugar a todo.

I. SITUACIÓN DE LAS 91 EMPRESAS DEFINIDAS PARA SER INCORPORADAS DEL ÁREA SOCIAL O AL ESTADO

A. EMPRESAS INTEGRADAS AL ÁREA SOCIAL O ESTATAL

1. Sociedad Pesquera Guanaye S.A.
2. Algodones Hirmas S.A.
3. Fábrica Nacional de Loza Penco.
4. Compañía Chilena de Navegación Interoceánica.
5. Industrias Químicas Du Pont S.A.
6. Refractarios Lota Green S.A.
7. Cía. Nacional de Teléfonos S.A. (Valdivia).
8. Agencias Graham S.A.C.
9. Embotelladora Andina S.A.
10. Transportes Vía Sur.

B. EMPRESAS REQUISADAS CON TOMA DE RAZÓN POR PARTE DE CONTRALORÍA

1. S.A. Yarur Manufactureras Chilenas de Algodón.
2. Industria Nacional de Rayón S.A. (Rayonhil).
3. Tejidos Caupolicán S.A.
4. Textil Progreso S.A.
5. Manufacturas Sumar S.A.
6. Paños Oveja Tomé S.A.
7. Lanera Austral S.A.
8. Textil Banvarte S.A.
9. Comandari S.A. Hilados, Paños de Lana.
10. Fábricas de Paños Continental S.A.
11. Industrias Textil Pollak Hnos. y Cía. S.A.
12. Cía. de Gas de Concepción.
13. Compañía Cervecerías Unidas.
14. Consorcio Nieto Hnos. S.A.C.I.
15. Compañía Industrial El Volcán S.A.
16. Compañía de Teléfonos de Chile.
17. Fábrica de Envases S.A. (FESA).
18. Rayón Said Industria Química S.A.

19. Cía. De Consumidores de Gas de Santiago (Gasco).
20. Empresa Manufacturera de Metales S.A. (Mademsa).
21. Sociedad Industrias Eléctricas Nacionales S.A.C.I. (Sindelen).
22. Industrias Chilenas de Soldaduras S.A. (Indura).

C. Empresas requisadas sin toma de razón por parte de Contraloría

1. Ferriloza Industria de Metales S.A.
2. Fábrica de Enlozados S.A. (Fensa).
3. Cía. Industrias Chilenas CIC S.A.
4. Cristalerías de Chile S.A.
5. Aceros Andes S.A.
6. Cemento Bío Bío S.A.
7. Cía. Industrial Aceites y Alcoholes Patria S.A.
8. Unidades y Complementos de Refrigeración Codesa S.A.
9. Fábrica Nacional de Aceites S.A. (Fanac).
10. Compañía Productora Nacional de Aceites S.A. (Coprona).
11. Sociedad Productora de Leche S.A.

D. Empresas intervenidas con toma de razón por parte de Contraloría

1. Manufacturas de Cobre S.A. (MADECO).
2. American Screw Chile S.A.

E. Empresas intervenidas sin toma de razón por parte de Contraloría

1. Fábricas de Materiales Eléctricos S.A. (Electromat).
2. Vidrios y Cristales Lirquén S.A.

F. Empresas en la que no se ha tomado la dirección, pese a ser el Estado accionista mayoritario

1. Compañía Sudamericana de Vapores S.A.

G. Empresas no expropiadas, ni intervenidas, ni requisadas, estando en la lista original de 91 empresas expropiables o para ser estatizadas

1. Industrias de Alambres S.A. (Inchalam).
2. Naviera Interoceánica S.A.
3. Aga Chile S.A. (Representaciones).
4. Indus Lever S.A.C.I.
5. Phillips Chilena S.A.
6. Compañía Chilena de Tabaco S.A.
7. Bata S.A.C.
8. Manufacturera de Caucho, Tejidos y Cueros S.A.
9. Cobre Cerrillos S.A. (Cocesa).
10. Sociedad Industrial de Calzado (Soinca).
11. Compañía Industrial Hilos Cadena S.A.
12. Compañía Chilena de Fósforos.
13. Sociedad Industrial Pizarreño S.A.
14. Compañía Chilena de Productos Alimenticios S.A. (Chiprodal).
15. Compañía Manufacturera de Papeles y Cartones S.A.
16. Compañía general de Electricidad Industrial.
17. Confecciones Burger S.A.C.I.
18. Calderón Confecciones S.A.C.
19. Confecciones Oxford S.A.
20. Compañía Petróleos de Chile S.A.
21. Compañía Refinería de Azúcar de Viña del Mar S.A. (CRAV).
22. Carburo y Metalurgia S.A. (Carbomet).
23. Gildemeister S.A.C.
24. Compañía Nacional de Fuerza Eléctrica.
25. Grace y Co. S.A. (Chile).
26. Licores Mitjans S.A.
27. Dos Álamos S.A.C.I.
28. Lechera del Sur S.A.
29. S.A.C. Saavedra Benard.
30. Laja Crown S.A. Papeles Especiales.
31. Elaboradora Productos Químicos Sentex S.A.
32. Oxiquim S.A.
33. Farmoquímica del Pacífico S.A.

34. Empresa Pesquera Eperva S.A.
35. Maderas Prensadas Cholguán S.A.
36. Compañía Industrial.
37. Fideos y Alimentos Carozzi S.A.
38. Refractarios Lota Green S.A.
39. Compañía Industrial Metalurgia S.A.C.
40. Compañía de Tejidos El Salvador S.A. (Cotesa).
41. Maderas y Sintéticos S.A. (Masisa).
42. S.A. de Navegación Petrolera,
43. Compañía Standard Electric S.A.C.

Si examinamos la lista de empresas y su situación en el verano de 1973 se aprecia que hay casos en los que es evidente que se trataba de pequeños y medianos empresarios a los cuales se les había aplicado el ya nombrado Decreto 520 para intervenirlos. Fueron innumerables los casos de pequeñas empresas desarrolladas con esfuerzo y el conocimiento técnico por parte de sus creadores que terminaron ocupadas por barbudos que instalaban sus banderas partidistas, imágenes del «Che» Guevara y algún letrero con un slogan alusivo al acto redentor que habían ejecutado, quedando la unidad productiva detenida. Así se fue paralizando la economía chilena y como cada unidad productiva suma el todo, se fue llegando a la bancarrota y a la escasez.

Continuemos con este necesario recuento:

II. SITUACIÓN DE EMPRESAS NO DEFINIDAS PARA SER INCORPORADAS DEL ÁREA SOCIAL O AL ESTADO

A. EMPRESAS INTERVENIDAS O REQUISADAS CON TOMA DE RAZÓN DE LA CONTRALORÍA Y QUE EL ESTADO SE INTERESABA EN NEGOCIAR

Resulta surrealista que después de que el Estado requisaba el esfuerzo, inventiva y desarrollo técnico de años de algunos chilenos, ese mismo Estado requisador, en un acto de «magnanimidad», estuviera dispuesto a «negociar» lo ajeno.

1. Ford Motor Co.
2. Empresa Pesquera Coloso.
3. Aguas Minerales Cachantún S.A.
4. Astilleros y Maestranzas de las Habas S.A.
5. Criadero de Aves Save.
6. Ferrocret S.A.
7. Industrias Conserveras Cisne.
8. Planta Deshidratadora (Sidevel).
9. Acumuladores Helvetia S.A.
10. Viña Concha y Toro S.A.
11. Industria Ceresita S.A.C.
12. Fábrica Fibras Sintéticas Químicas Industrial S.A. (Polycron).
13. Fábrica Nacional de oxígeno S.A.
14. Industria Metalúrgica Incopa Ltda.
15. Industrias Kores Ltda.
16. Astilleros Marco Chilena S.A.C.I.
17. Aluminio Las Américas.
18. Aluminio y Enlozado Fantuzzi S.A.

B. Empresas intervenidas o requisadas sin toma de razón de la Contraloría y que el Estado se interesaba en negociar

1. Dow Química Chilena S.A.
2. Petroquímica Dow S.A.
3. Industria Procesadora de Acero S.A. (Ipac).
4. Compradora de Maravillas S.A. (Comarsa).
5. Industria general y Complementación del Gas (Indugas).
6. Compañía Electro Metalúrgica S.A.
7. Compañía Industria Metalurgia S.A. (Cimet).
8. Compañía Industrial de Tubos de Acero S.A. (Cintac).
9. Empresa Crown Cork de Chile S.A.I.
10. Industria de Complementación Electrónica S.A. (Incesa).
11. Industria Electrónica S.A. (Electromecánica).
12. Industria Electrónica Condensa S.A.
13. Industria de Componentes Electrónicos S.A. (Coelsa).
14. Sociedad Industrial de Componentes de Televisión (Sintel).

C. Empresas intervenidas o requisadas con toma de razón por parte de la Contraloría, que quedaban sujetas a revisión por parte del Gobierno para posible inclusión en casos especiales, es decir, empresas calificadas como no monopólicas sobre las cuales se evaluaría los problemas que podrían producirse al levantar la requisición o intervención por parte del Gobierno

1. Financieras de automóviles.
2. Industria Metalúrgica Española S.A. (Indumet).
3. Industria de Accesorios Zeus S.A.C.I.
4. Fundición José Kahn Block.
5. Ferromat.
6. Industria Estructuras Metálicas Monseveli.
7. Soldaduras González. (Al parecer era de vital importancia para la economía chilena que esta empresa no siguiera en manos de los González)
8. Estructuras Metálicas Martin.
9. Maestranza Alí.
10. Mecánica de Concepción.
11. Fábrica de Resortes Sur.
12. Estructuras Metálicas Arca de Noé.
13. Industria Metalúrgica Alejandro Riquelme.
14. Estructuras Metalúrgicas Ruiz.
15. Maestranzas Standard.
16. Maestranza Jemo S.A.
17. Maestranza Valenzuela. (Tal vez le quepa el mismo comentario hecho para Soldaduras González).
18. Fundición y Mecánica Badilla. (Misma situación que los González y Valenzuela de los puntos 7. y 17.).
19. Fábricas de Tejidos Evita Coruña. (Es difícil creer que una empresa de pequeña escala como esta, estuviera requisado por el Estado; pero el dogma lo podía todo).
20. Fábrica de Confecciones Miriam.
21. Confecciones Unidas de Santiago.
22. Fábrica de Confecciones Ronitex S.A.
23. Fábrica de Confecciones Velarde y Cía.

24. Empresa Emasil Industria de Terciados S.A.

25. Industria Maderera Monteverde.

26. Industria Maderera La Central Alaska.

27. Maderera Leopoldo de Miguel.

28. Industria Maderera San Carlos.

29. Agrícola y Maderera Fami.

30. Barraca Los Canelos.

31. Aserradero Millaco.

32. Barraca La Frontera.

33. Fábrica de Materiales Prefabricados (Preface).

34. Fábrica de Calzado Topsi.

35. Industria Montespinos.

36. Academia de Estudios Universo. (también requisado).

37. Industria de Pretensados y Construcciones (Inapreco).

38. Fábrica de Muebles de don Arcadio Beltrán López (don Arcadio intervenido por la revolución).

39. Soc. Marítima Industrial Prochele.

40. City Service Tintorería. (¡Una tintorería requisada por la revolución!)

41. Soc. Construcciones Navales.

42. Instituto Profesional Kennedy (aunque no se crea, también requisado por la revolución un Instituto Profesional. Tal vez incomodó que se llamara Kennedy).

43. Pinturas Pintesa.

44. Casas Prefabricadas.

45. Industria Reno Rosati.

46. E.E. de Bahía de Arica y Agencias Navieras.

47. Restaurante Nogaro (al ser intervenido por la revolución, ¿mejoraría el menú?)

48. Calzados Verona Ltda.

49. Recauchajes y Gomas Santiago Ltda.

50. Institutos de Investigaciones Agropecuarias (Chillán).

51. Terminal Buses Chañaral (un terminal de buses de la pequeña comuna de Chañaral en la otrora Provincia de Atacama, requisado o intervenido por la revolución).

D. Empresas intervenidas o requisadas sin toma de razón por parte de la Contraloría, que quedaban sujetas a revisión por parte del Gobierno para posible inclusión en casos especiales, es decir, empresas calificadas como no monopólicas sobre las cuales se evaluaría los problemas que podrían producirse al levantar la requisición o intervención por parte del Gobierno

1. Carlos Rosemblut y Cía. (Confites Ro-Ro).
2. Mellafe y Salas Ltda.
3. Concretos Ready Mix S.A.
4. Empresas Constructoras Desco S.A.
5. Chilevisión (Arica).
6. Industria Electro Andina S.A. (Arica).
7. Integradora Electrónica S.A. (Arica).
8. Satel (Arica).
9. Cantolla y Compañía S.A.C.I. (Arica).
10. Sindelen Electrónica (Arica).
11. Inelsa (Arica).

E. Empresas requisadas o intervenidas por el Gobierno con toma de razón por parte de la Contraloría y que el Estado no se interesaba en negociar, pero que eran considerados casos especiales de acuerdo con la definición dada anteriormente

Acá se aprecia la acción de la izquierda y del Gobierno conduciendo a las empresas por un laberinto jurídico sin dejarlas en libertad y en tranquilidad para producir para el país. Indudablemente el Gobierno se autosaboteaba.

1. Laboratorio Interifa Ltda.
2. Calaf.
3. Criadero de Aves Las Pataguas.
4. Granja Avícola Cerrillos.
5. Industria de Conservas Unidas Perlak S.A.
6. Industria del Estaño y Acero S.A.
7. Aceros Franklin.

8. Industria Metalúrgica Aconcagua.

9. Fábrica Maquinarias Marhfoll.

10. Mapesa.

11. 18 empresas mineras.

12. Cía. Pesquera Camanchaca Ltda. (Tomé).

13. Empresa Pesquera Harling Ltda. (San Antonio).

14. Pesqueras Unidas.

15. Motoristas Flotas Pesqueras.

16. Empresa Ostrícola Benmar.

17. Empresa Cía. Pesquera Arauco y Kon Tiki.

18. Molinera Santa Rosa.

19. Muebles Easton.

20. Guías y Publicidad.

21. Industria Montero

22. Molino de Talca (Saco).

23. Asoc. Expreso Sol del Pacífico. (micro buses que unían Valparaíso con distintos destinos dentro de la Provincia de Valparaíso).

24. Ferretería Montero.

25. Industria Distribuidora de Gas Notrogas.

26. Fábricas de Aceites Acelco.

27. Industria Salcon.

28. Industria Tratamiento de Minerales.

29. Línea Interprovincial Lit (Buses interprovinciales).

30. Radio Taxi 33 (Así, como se lee).

31. Empresa Hidrófila Chilena.

32. Empresa Envases industriales Eduardo Chamy Falaha.

F. Empresas requisadas o intervenidas por el Gobierno sin toma de razón por parte de la Contraloría y que el Estado no se interesaba en negociar, pero que eran considerados casos especiales de acuerdo con la definición dada anteriormente

1. Martonfy (Muebles).

2. Industria Técnica Tisol.

3. Industria Conservera Parma.

4. Industria Pesquera Llanquihue.

5. Indalum.
6. Cristavid.
7. Maestranza Austral.
8. Pinturas El Adarga.
9. Metalúrgica Cerrillos Concepción.

En total eran 243 empresas que estaban en situación de expropiación definitiva, o intervenidas o requisadas, estás últimas a la espera de ser regularizadas.

No obstante, existía una cantidad similar de empresas o unidades productivas de distintos ramos que no estaban en los registros gubernamentales por no haberse pedido su requisición, pero que estaban ocupadas por elementos de izquierda, principalmente por miembros del MIR.

El Proyecto de Ley fue sometido a discusión en el Comité Económico de ministros el 5 de enero de 1973; instancia donde tuvo fuerte resistencia de índole doctrinario, porque claro, el Proyecto de Ley daba la opción de devolver a sus dueños las empresas requisadas, lo que era inaceptable para la izquierda. Por intervención del presidente Allende se fueron sumando adhesiones al Proyecto de Ley para que este fuera enviado al Congreso. El complejo obstáculo superado en el Comité Económico de ministros no se superó en el Congreso Nacional. Evidente, no cabían acuerdos entre la oposición y el Gobierno, en medio de una lucha electoral ya desatada, a dos meses de la crucial elección parlamentaria. El resultado fue que nuevamente fracasaba el intento de dar una forma legal a la división de las áreas de la economía y el Proyecto de Ley quedó archivado y por lo tanto continuaría la anarquía. (6)

XLVIII. DELIBERACIÓN MILITAR

El revés que se había tenido en un nuevo intento por establecer algo de orden en el estado caótico por el que transitaba Chile, acentuaba el desabastecimiento de la población. Tal situación provocaba una enfebrecida voluntad de acaparamiento por parte de los consumidores, que buscaban, como fuera, mantener el consumo alimenticio familiar. La compra desenfrenada, de lo poco que se iba encontrando disponible, se lograba a precios más altos que aquellos fijados artificialmente por el Gobierno. En el mercado negro los precios respondían a la escasez de los productos respecto de la demanda. En realidad era un fenómeno económico simple. Al fijar los precios, el Gobierno creó las condiciones óptimas para el «mercado clandestino». Agravaba la inflación el que se continuara emitiendo papel moneda, como si la riqueza la diera la impresión de billetes.

Ante este escenario el Gobierno anunció la implantación de una «economía de guerra», con racionamiento de algunos alimentos y controlando la producción de trigo y otros productos industriales de primera necesidad. Cuando asumió Salvador Allende la Presidencia de la República en noviembre de 1970; Chile era un país con múltiples dificultades, con un bajo poder adquisitivo relativo, pero existía una economía que en general satisfacía las necesidades básicas de la población. Con el inicio del recorrido por «un camino desconocido» al Socialismo, se caía en la necesidad de una «economía de guerra».

Al parecer, en enero de 1973 ya no había remedio alguno que pudiese salvar a la agonizante democracia chilena. El anuncio de las medidas económicas que se tomarían lo hizo el ministro de Hacienda

Fernando Flores, con un texto sectario, sin el mínimo sentido conciliador que aconsejaban las circunstancias que se vivían y las extremas soluciones que se proponían.

Los términos usados en el anuncio público que hizo el ministro Flores, militante del MAPU, más un documento interno del propio MAPU difundido por el diario *El Mercurio*, dejaron en evidencia la división en que se encontraba este partido, por la decisión del presidente Salvador Allende de llamar a las Fuerzas Armadas al Gobierno. Esa medida era una derrota a la tan citada «doctrina Schneider» y una derrota para el comandante en jefe del Ejército, general Carlos Prats, quien a toda costa había procurado mantener al Ejército alejado de la política y centrado en la misión que la Constitución le asignaba.

Sin embargo, el propio general Prats, ante los requerimientos del presidente, se vio obligado a involucrarse en la política, aunque definió la incorporación castrense como un acto patriótico, única alternativa viable para frenar la escalada de enfrentamiento entre chilenos.

Chile había llegado a tal punto de su crisis que el único camino que vio Salvador Allende para salvar la democracia a fines de 1972 fue sacar a las Fuerzas Armadas de su misión constitucional y llamarlas a gobernar en coordinación con los políticos. Desde ese punto al que se había llegado, a que las Fuerzas Armadas pasaran a gobernar sin estar bajo la dirección de los políticos, sólo había un paso.

El anuncio del ministro Fernando Flores de implantar una «economía de guerra», y la publicación del documento interno del MAPU en el diario *El Mercurio*, produjo una importante fisura dentro de los ministros militares. La mencionada publicación revelaba la división del MAPU entre los que querían continuar la llamada revolución chilena dentro de un marco «legalista» y otro grupo que, al igual que gran parte del Partido Socialista y por supuesto el MIR, creía que el camino era avanzar hacia la «dictadura del proletariado», lo que ponía en duda la vigencia del imperio de la Constitución de 1925 y por lo tanto empujaba a los ministros militares a renunciar a sus cargos.

En esta postura estuvieron el contralmirante Ismael Huerta y el general de brigada aérea Claudio Sepúlveda. El 11 de enero se reunieron los tres ministros militares, instancia en que Huerta y Sepúlveda le manifestaron su malestar a Prats, principalmente por la declaración del ministro Flores, que los obligaba a renunciar. Prats estuvo de acuerdo en que las declaración de Flores habían sido desafortunadas y que no contribuían a bajar la presión que se vivía, no obstante, les manifestó que no compartía su punto de vista, pues la renuncia desataría el caos en el país, en medio de una campaña parlamentaria muy convulsionada, y la presencia militar en el Ejecutivo garantizaba el desarrollo normal del proceso electoral que terminaría el 4 de marzo de aquel 1973.

Los tres militares decidieron exponer sus puntos de vistas divergentes al presidente de la República, quien se manifestó de acuerdo con la gravedad de las palabras de Flores, pero indicó que se encontraba en una encrucijada, pues no podía desautorizar al ministro de hacienda por producirle esto una ruptura política con el MAPU. Tampoco podía ignorar el planteamiento de los ministros de las Fuerzas Armadas, convertidas ya en una nueva corriente de opinión dentro del Gobierno. En definitiva, el presidente Allende autorizó a los tres uniformados a efectuar una deliberación pública y a emitir una declaración por los medios de comunicación donde manifestaron su desacuerdo con la declaración del ministro de Hacienda Fernando Flores. Esto, obviamente, molestó a la directiva de Unidad Popular. El Gobierno estaba desbordado por todos los flancos.

En paralelo, la campaña electoral vivía con cruentos enfrentamientos entre los dos bandos y comenzó a dejar víctimas. Con el fin de frenar la violencia, sostuvieron reuniones con el ministro del Interior los jefes de campaña de Unidad Popular y de la oposición. Se acordó que se presentaría un Proyecto de Ley al Congreso, que contaría con el apoyo de todas las fuerzas políticas para asegurar su rápida tramitación, en el que se contemplaba la prohibición de la propaganda hecha con carteles, lienzos y murales en las paredes públicas. Este Proyecto de Ley en la práctica terminaba con la propaganda electoral por lo que no tuvo ninguna acogida en el Congreso. Quedó archivado.

El 15 de enero los ministros militares Ismael Huerta y Claudio Sepúlveda insistieron en dimitir por lo que se efectuó una reunión en la casa presidencial de la calle Tomás Moro, en la que estuvieron el presidente de la República, el ministro de Defensa José Tohá y los tres comandantes en jefe, general Prats, almirante Montero y general Ruiz.

El general Prats manifestó que la renuncia de Huerta y Sepúlveda le obligaba a renunciar, pero, sin querer aferrarse al conflictivo cargo que desempeñaba, pensaba que la permanencia de los tres ministros militares era vital para asegurar la libre expresión ciudadana en las elecciones parlamentarias que se avecinaban y que si aquello obligaba a un sacrificio por parte de los miembros de las Fuerzas Armadas que estaban en el Gobierno, dicho sacrificio se justificaba. La discusión tomó un tono acalorado y franco frente al presidente, lo que provocó que Prats se retirara molesto de la reunión.

Al día siguiente el almirante Montero y el general Ruiz informaron a Prats que habían convencido a sus representantes de permanecer en sus cargos en el Gobierno, en consecuencia fueron citados todos por el presidente Allende a una reunión donde este manifestó su satisfacción por la decisión de declinar sus renuncias por parte del almirante Huerta y del general Sepúlveda. Pero en la misma reunión Huerta manifestó nuevamente que deseaba dejar su cargo de ministro de Estado en un breve plazo, palabras que sorprendieron al comandante en jefe de la Armada, almirante Montero, quien salió del paso indicando que buscaría otro almirante en reemplazo de Huerta. (16)

XLIX. JUNTAS DE ABASTECIMIENTO Y CONTROL DE PRECIOS

Otro problema del verano de 1973 fue el papel que el ministerio de economía asignaba a las Juntas de Abastecimiento y Precios, JAP, que muchas veces sobrepasaba el marco legal dentro del que debían actuar.

Atendiendo las necesidades que tenía Chile se reunieron los ministros del Interior, general Carlos Prats, de Defensa José Tohá y de Economía Orlando Millas, para tratar de resolverlo. Valga señalar que el problema que estaba significando la JAP se eliminaba atacando su causa raíz y esta era la fijación de precios por parte del Ejecutivo y la baja en la producción, producto de las políticas expropiadoras.

Pero claro, no se podía dar paso atrás en estas medidas que el marxismo imponía, por lo que había que aplicar «creatividad» para llegar a posibles soluciones, cuando lo más simple era fortalecer la producción devolviendo las unidades productivas a quienes sabían hacerlas trabajar como lo habían hecho hasta noviembre de 1970. Liberar precios y aumentar producción eran armas verdaderamente útiles para combatir el mercado negro y el acaparamiento. Recordemos que antes de la Reforma Agraria iniciada por el presidente Eduardo Frei, Chile importaba anualmente 150 millones de dólares en alimentos, lo cual fue un poderoso argumento para expropiar los campos. En 1972, con todos los campos ya expropiados, Chile importó 400 millones de dólares en alimentos.

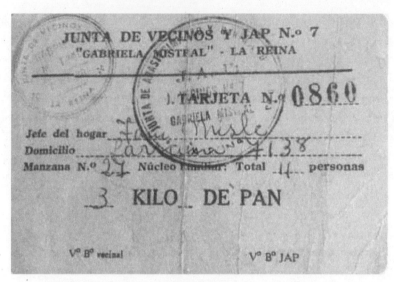

Tarjeta de racionamiento de alimentos a la población
durante el gobierno de Salvador Allende

Los tres ministros también coincidieron en que las JAP podían convertirse en una herramienta de uso político, lo que crearía un problema adicional con la oposición. El ministro del Interior insistió en que las JAP debían operar cumpliendo con lo dictaminado por la Contraloría General de la República en la toma de razón del Decreto Supremo con que se daba vida a la Junta de Abastecimiento y Control de Precios. El ministro de Economía, el comunista Orlando Millas, señaló que la dificultad existente era que las JAP eran organismos directivos y no ejecutivos, por lo que sugirió la creación de una «Secretaría Nacional de Distribución», la cual debería contar con la cooperación de las Fuerzas Armadas. ¡En el simple consumo de la población debían involucrarse las Fuerzas Armadas! Claramente las políticas públicas del Gobierno estaban fracasando y uno de sus ministros insistía en seguir comprometiendo a las Fuerzas Armadas para solucionar los problemas que el propio Gobierno generaba. Los ministros Prats y Tohá estuvieron de acuerdo con el ministro Millas en su propuesta, la que consideraron aceptable como una medida transitoria. Millas planteó la propuesta al presidente Salvador Allende, quien la aprobó, requiriendo el propio presidente al comandante en jefe de la Fuerza Aérea la designación del general de brigada aérea Alberto Bachelet para dirigir la

Secretaría Nacional de Distribución, pues Bachelet tenía experiencia en Abastecimiento dentro de su institución.

Por su parte, el ministro de Interior Carlos Prats, emitió una declaración pública en la que señaló que las JAP debían actuar dentro de los límites que había dispuesto la Contraloría General de la República, instruyendo a Carabineros de Chile para que fiscalizaran el comercio, facultando a este cuerpo policial y militar para eso. También el ministro del Interior emitió instrucciones para verificar que las JAP no se salieran de las atribuciones que tenían y no suplantaran a la Dirección de Industria y Comercio, DIRINCO ni a Carabineros. El texto emitido el 19 de enero de 1973 señalaba lo siguiente:

Instrucciones del Ministerio del interior para inspeccionar el funcionamiento de las JAP.

En diversas publicaciones de prensa y radio, se ha puesto énfasis en presuntas arbitrariedades en que estarían incurriendo las Juntas de Abastecimiento y Control de Precios (J.A.P.), en diversas Unidades Vecinales del País, lo que estaría provocando alteraciones del orden público, insistiéndose —también— en que tales ligas de consumidores están marginadas de la Ley.

Al respecto, el ministro del Interior esclarece —tanto a intendentes y gobernadores, como a la opinión pública en general— que las JAP fueron creadas por Resolución N°112, del 3-II-1972 de la Dirección de Industria y Comercio, conforme a sus atribuciones legales de promover la fundación de ligas de consumidores que le cooperen en sus funciones de lograr el mejor aprovechamiento de los medios de subsistencia.

Con este objetivo, en la mencionada resolución se creó el Departamento de Juntas de Abastecimiento y Control de Precios, el que dicta las normas para la organización de las J.A.P. y supervigila su funcionamiento.

La Contraloría General de la República cursó la Resolución N°112 de 1972 de la Dirección de Industria y Comercio con el alcance N°20.093 del 22-III-1972, señalando que las atribuciones que competen a las J.A.P. «tienen un carácter meramente asesor y cooperador a la función pública que corresponde legalmente a la Dirección de Industria y Comercio y, por ende, carecen de toda facultad ejecutiva o decisoria».

Por consiguiente, la función pública de Dirinco se ejecuta a través de Inspectores del Servicio, de Inspectores ad honórem y de funcionarios de Carabineros.

Paralelamente, Dirinco está realizando una labor de información a las J.A.P. respecto a las modalidades específicas de su labor de asesoría que, en todo caso, está planteado que debe ser abierta y no discriminatoria.

Con respecto a los inspectores ad honórem, sus atribuciones se encuentran legalizadas a través de los correspondientes decretos supremos que les confieren calidad de ministro de Fe. Su ámbito de acción se limita a la comuna correspondiente y se ha dispuesto su registro en las comisarías de Carabineros correspondientes.

Como una directa cooperación a la labor en que está empeñado el Sr. ministro de Economía, en su acción contra la especulación, acaparamiento y clandestinaje comercial, el ministro infrascrito, en reunión efectuada a medio día de hoy, con el Intendente de la provincia, el Prefecto jefe de Carabineros de Santiago, director de Dirinco y el jefe del Departamento de J.A.P., destinada a coordinar las atribuciones de las J.A.P. con la función pública de Carabineros, dispuso realizar una inspección en el Departamento de Santiago, con el propósito de verificar, durante la presente semana, los siguientes aspectos esenciales:

1. Existencia de una o más J.A.P. en cada unidad vecinal de cada comuna o de J.A.P. que abarquen más de una unidad vecinal.

2. Comunas en que se han constituido J.A.P. comunales.

3. Si cada J.A.P. se creó en Asamblea Constitutiva, de la unidad vecinal, precisándose qué organizaciones estuvieron representadas en ellas (juntas de vecinos, centros de madres, sindicatos, agrupación de comerciantes detallistas, centros de estudiantes, clubes deportivos, etc.) y qué inspector de Dirinco actuó de ministro de Fe.

4. Si está constituida la directiva de cada J.A.P. (3 a 9 miembros); quienes la integran y quien la preside.

5. Si cada J.A.P. existente está inscrita en el registro que lleva el Departamento de J.A.P. de Dirinco.

6. Si las J.A.P. que han dejado de existir, por erradicación u

otra causa, han sido eliminadas del registro.

7. Modalidades específicas del desarrollo de la labor de asesoría y cooperación a Dirinco que cumple cada J.A.P.

8. Si alguna J.A.P. está ejerciendo, por error de información, facultades ejecutivas o decisorias, que signifiquen suplantar la competencia de Dirinco o Carabineros.

Paralelamente, el ministro del Interior dispone que los intendentes de las restantes provincias procedan —en coordinación con el Prefecto de Carabineros y con el jefe de la Oficina Provincial de Dirinco— a informarle, hasta el 31 del presente, al tenor de los mismos ocho puntos precedentemente especificados, a fin de reunir los antecedentes de todo el país, que pondrá en conocimiento del Sr. presidente de la República y del Sr. ministro de Economía para los fines consiguientes.

Carlos Prats Gonzalez
ministro del Interior

Estas instrucciones, de claro tinte castrense, fueron emitidas para ordenar y delimitar legalmente el funcionamiento de las Juntas de Abastecimiento y Precios.

Se verifica que, cuando en Chile, en 1973, para la venta y compra de un kilógramo de pan, se involucra al ministro de Interior, a la Dirección de Industria y Comercio, a los Intendentes, a los Carabineros y a un largo asambleísmo para constituir a la JAP del barrio o la comuna, se está rozando el absurdo por el fracaso de las políticas gubernamentales.

Sólo la liberación de las variables económicas solucionaría el comercio clandestino o «mercado negro», que había creado la fijación de precios, pues obligaba a los comerciantes a vender a un precio menor al que ellos habían pagado al mayorista por el artículo que vendían. Por lo tanto, el comercio, minorista, y mayorista, optó por el acaparamiento de productos, vendiéndolos a escondidas o protegidos por las penumbras de la noche.

Las JAP fueron un argumento útil en la campaña de la oposición. El expresidente y candidato a senador, Eduardo Frei, declaró: «Esta es una acción clara y definitiva para el control totalitario del país. El pueblo de Chile no puede tolerar que se le someta a esta dictadura sin regreso». Por su parte, el senador democristiano Rafael Moreno expresó:

Los chilenos tienen la obligación y el deber de resistir las medidas dictatoriales que el gobierno marxista de la Unidad Popular ha decidido implantar en nuestra patria. No vamos a tolerar que se nos instalen las checas cuadra por cuadra, ni que se no vaya a encuestar familia por familia, para entregarnos un pedazo de pescado, un poco de sal o un poco de aceite. (16) (21) (27) (28)

L. VIOLENCIA Y ANARQUÍA ANTES DE LAS ELECCIONES

En el caluroso verano[17] de 1973 también subía la temperatura de la lucha preelectoral, por los comicios del domingo 4 de marzo. La oposición buscaba alcanzar dos tercios en ambas Cámaras con el propósito de acusar constitucionalmente al presidente de la República y destituirlo. Era el camino que la Constitución vigente entregaba como alternativa para terminar anticipadamente con el Gobierno de Unidad Popular.

En consecuencia, los bandos enfrentados utilizaban todos los medios para imponer su postura en todos los espacios de propaganda y por tal motivo, los incidentes callejeros, diurnos y nocturnos, entre las distintas brigadas propagandísticas fueron creciendo en violencia, a pesar de la constante vigilancia del cuerpo de Carabineros y de los policías civiles de Investigaciones.

Nuevamente fue el general Carlos Prats el que debió tomar medidas como ministro de Interior buscando demostrar a la ciudadanía que ninguno de los bandos en disputa omitía la violencia. Para esto, emitió y publicó un documento donde entregó antecedentes de la situación, las medidas que se habían tomado e información cuantitativa respecto de personas afectadas por los actos violentos:

---

17   Obviamente habla del verano austral.

Campaña parlamentaria 1973. Acto de la Democracia Cristiana.

El gobierno —ya sea por declaraciones expresas del señor presidente de la República o por intermedio del ministro infrascrito— ha reiterado su firme propósito de asegurar un proceso electoral que ofrezca las más amplias garantías a todas las corrientes de opinión.

Esta decisión, que caracteriza a un gobierno democrático, no se ha limitado a enunciaciones retóricas, como ciertos órganos de difusión se empeñan intencionadamente en hacer creer a la opinión pública.

Por el contrario, con suficiente anticipación se han adoptado medidas concretas, destinadas a resguardar el orden público y a cautelar la pureza del proceso electoral, tales como las siguientes:

1. Instrucciones a intendentes, gobernadores, Dirección General de Carabineros y Dirección de Investigaciones, sobre la aplicación de la Ley 17.798 de «control de armas» y su coordinación con las autoridades de las FF.AA. y Tribunales Militares.

2. Cooperación del personal idóneo de las FF.AA. a la Dirección del Registro Electoral y a la Dirección del Registro Civil, para la verificación de las nuevas inscripciones electorales.

3. Instrucciones a Carabineros de Chile en cuanto al control riguroso de la propaganda electoral y detención de los infractores, sin distinción de militancia política.

4. Instrucciones a intendentes y gobernadores sobre control de la prescindencia electoral de los funcionarios públicos y de la restricción legal del uso de vehículos fiscales.

5. Instrucciones a intendentes, gobernadores y Carabineros de Chile sobre procedimientos para denunciar a los infractores a la Ley 17.798 de «control de armas», sorprendidos con armas de fuego, elementos inflamables, contundentes, cortantes o punzantes en incidentes políticos o en actividades propagandísticas, sin perjuicio de las otras denuncias que proceden por crímenes, simples delitos o faltas.

6. Instrucciones a los ministerios y servicios públicos, transcribiendo las normas señaladas por la Contraloría General de la República para la aplicación de los artículos 156 y siguientes de la Ley 10.336 y 17.054, respecto a sanciones disciplinarias de petición de renuncia y de destitución, suspensión de traslados y comisiones de servicio, 30 días antes de la elección; así como respecto a la prohibición de uso de vehículos fiscales en días sábados después del medio día, domingos y festivos y empleo de estos sólo en el cumplimiento de funciones del servicio.

A pesar de la preocupación y diligencia que las autoridades administrativas y policiales han puesto en la aplicación de las normas específicas dictadas por el ministro infrascrito, en el transcurso del mes de enero se han producido numerosos incidentes de carácter político, de sensibles consecuencias, como pueden apreciarse en el resumen del Cuadro N° 1:

La lectura de dicho cuadro —extractado de los partes diarios oficiales de Carabineros de Chile y de Investigaciones— permite apreciar con claridad que la violencia política no depende sólo del ejercicio de la autoridad y del celo funcionario de los responsables del orden público.

Es indispensable además una participación responsable de los dirigentes de todas las colectividades políticas, que tienen el deber de requerir de sus bases partidarias una sincera disposición a no provocar enfrentamientos, en los que es corriente exhibir armas de fuego, cortantes, punzantes o contundentes, cuyo sólo porte ilegal está drásticamente sancionado por la Ley 17.798 de «control de armas».

Lo anteriormente expuesto no debe entenderse como que el ministro del Interior pretende eludir su responsabilidad primaria, en cuanto al mantenimiento del orden público, frente al proceso electoral de marzo, pero ningún ciudadano democrático podrá dejar de compartir el criterio de que se necesita de una resuelta voluntad cívica generalizada, para evitar que la fiebre electoral arrastre a las corrientes antagónicas a acciones cruentas que, en cualquier momento, pueden generar situaciones de extrema gravedad.

Por lo tanto, el ministro infrascrito continuará actuando con la mayor decisión en la previsión de incidentes electorales y con absoluta imparcialidad en la solución de los conflictos que se susciten.

En los próximos días, con motivo del término del periodo de feriados anuales, se apreciará una notoria intensificación en la acción pública de Carabineros de Chile.

En la eventualidad de que, pese a la abnegada labor policial que desarrolla esta noble Institución, la presión de los acontecimientos sobrepasare las posibilidades de su despliegue, requeriré del señor presidente de la República y del señor ministro de Defensa Nacional la activación de los jefes de plaza —a quienes, en conformidad al decreto N° 1085 del año 40, les corresponde recibir instrucciones del gobierno por conducto de los intendentes respectivos— para que las FF.AA., en conjunto con Carabineros, participen en patrullajes y controles intensivos de los puntos neurálgicos, urbanos y rurales, a lo largo del país. Santiago, 2 de febrero de 1973.

CARLOS PRATS GONZALEZ
General de Ejército
ministro del Interior

CUADRO N°1

RESUMEN DE INCIDENTES CON MOTIVO DE LA PRÓXIMA ELECCIÓN PARLAMENTARIA PERIODO DEL 6 AL 31 DE ENERO DE 1973
DETENIDOS:
Por propaganda mural sin permiso:
PARTIDOS DE GOBIERNO..241
PARTIDOS DE oposición 208

TOTAL..449
POR PORTAR ARMAS DE FUEGO
PARTIDOS DE GOBIERNO...6
PARTIDOS DE oposición 9
TOTAL..15
ATENTADOS
A representantes y sedes de partidos de gobierno...............................12
A representantes y sedes de partidos de oposición 18
TOTAL..30
MUERTOS Y LESIONADOS EN ENFRENTAMIENTO,
AGRESIONES Y DESORDENES
MUERTOS:
1 Partido Nacional
1 Partido Comunista
1 Mov. Patria y Libertad
SUMAN: 3
LESIONADOS GRAVES:
2 Partido Nacional
2 Partido Radical
1 Partido Socialista
SUMAN: 5
LESIONADOS MENOS GRAVES:
1 Partido Socialista
1 Democracia Cristiana
2 sin filiación
SUMAN: 4
LESIONADOS LEVES:
Partidos de Gobierno: 8
Partidos de oposición :31
Sin filiación: 2
SUMAN: 41
(Fdo.) Ernesto L. Cerda Pinto, capitán de Carabineros
Ayudante ministro del Interior

Tal era la dinámica que iba tomando la campaña electoral parlamentaria de 1973.

En la misma Unidad Popular se verificaban diferencias de visión política y de criterios de acción. En el MAPU, entraron en pugna una corriente liderada por Jaime Gazmuri que propiciaba el desarrollo de cambios en el país dentro de la legalidad, algo parecido a lo que proponía el Partido Comunista; y otra que lideraba Oscar Guillermo Garretón y que se alineaba con el sector más extremista del Partido Socialista, el de Carlos Altamirano, y con el MIR. Garretón al final se puso al lado de Altamirano y del líder del MIR Miguel Enríquez.

El 31 de enero se produjo un cambio de ministro. El contralmirante Ismael Huerta dejó definitivamente el Ministerio de Obras Públicas y Transporte, asumiendo el cargo el contralmirante Daniel Arellano Mac-Leod.

El viernes 9 de febrero, el ministro de Interior general Carlos Prats, se reunió con intendentes y gobernadores de todo Chile, además de los jefes de las fuerzas de la Provincia de Santiago, con el fin de instruirlos respecto de la salvaguarda del orden público, las garantías en la libertad de sufragio para los ciudadanos y respecto de la absoluta imparcialidad durante las elecciones del 4 de marzo y en los días previos a las mismas.

Otra preocupación para el ministro Prats eran las denuncias que se recibían de posible doble inscripción en el Registro Electoral. Por tal motivo se reunió con el director del Registro Electoral y el director del Registro Civil a fin de evaluar la efectividad de las denuncias recibidas. El director del Registro Electoral afirmó que de haber una doble inscripción estas serían muy pocas, pues se habían tomado resguardos electrónicos con apoyo de personal idóneo de las Fuerzas Armadas y Carabineros, puestos a disposición de su servicio en la cantidad que él había solicitado.

Para evitar enfrentamientos entre los dos bandos en que estaba dividido el país, Carlos Prats intentó aunar criterios entre Unidad Popular y la oposición, de tal manera que ambos bandos renunciaran al uso del derecho legal de efectuar concentraciones públicas inmediatamente antes y después de las elecciones. El Partido Demócrata Cristiano no tuvo problema en señalar que si la Unidad Popular suspendía su concentración de masas previas a las elecciones, este partido haría lo mismo. En Unidad Popular no se llegó a un acuerdo y simplemente hubo que ceñirse a la Ley, permaneciendo la libre disposición para efectuar las concentraciones. Para afrontar esta cuestión, el martes 27 de febrero de 1973 se efectuó una reunión en La Moneda dirigida por el ministro de Interior en la que estuvieron presentes el Intendente de la Provincia de Santiago Jaime Faivovich, los dirigentes de los partidos en la capital y los jefes de Fuerzas de los distintos municipios de la provincia de Santiago. El objetivo era definir los lugares de concentración de masas posterior a las elecciones, de tal manera evitar que las distintas facciones se encontraran y así eliminar la posibilidad de enfrentamientos violentos.

Este mismo día acudieron a la oficina del general Prats el comandante en jefe de la Armada, almirante Raúl Montero y el comandante en jefe de la Fuerza Aérea, general César Ruiz, para evaluar la permanencia de los llamados ministros militares una vez terminada la elección parlamentaria. Prats manifestó a sus pares que si Unidad Popular no daba señales de una definición clara para solucionar los graves problemas que estaba enfrentando Chile, como el desabastecimiento, el caos en la agricultura, la anarquía y desarticulación en la industria, era imposible continuar colaborando con el Gobierno más allá de las elecciones, pues este fue el objetivo planteado en noviembre de 1972 cuando los militares aceptaron integrarse en el Gobierno.

El jueves 1 de marzo el general Carlos Prats se reunió con el presidente Allende. Sostuvieron una larga conversación en la que el general trasladó al jefe de Estado lo conversado con los otros dos comandantes en jefe el día 27 de febrero. A los militares no les parecía adecuada la permanencia como ministros después de la elección.

Además existía consenso entre el alto mando castrense respecto a la imperiosa necesidad de cambiar radicalmente la política económica para solucionar los problemas que agobiaban a Chile.

Allende contestó que meditaría lo que Prats le planteaba, lo que, en el fondo, significaba que tenía que consultar al Comité Político de la Unidad Popular, si estaba de acuerdo con ese cambio.

Por la noche de este día, el general Carlos Prats comió en la residencia del Vice presidente del Banco del Estado, Carlos Lazo Frías, junto al secretario general del Partido Socialista, Carlos Altamirano, al exministro de Agricultura Rolando Calderón, entre otros. Durante la comida el general Prats reiteró los conceptos trasladados al presidente de la República, en el sentido de que era imperioso que la Unidad Popular convergiera en torno a políticas de la llamada «vía legal», lo que permitiría terminar con la anarquía en la producción. Si esto no se lograba, en un plazo inmediato o mediano, sobrevendría un cruento enfrentamiento y un lamentable derramamiento de sangre. (16) (21)

LI. FRENTE DE OPERACIONES DE PATRIA Y LIBERTAD

A pocos días e incluso horas de la elección parlamentaria, el extremismo de derecha y de izquierda se hacía presente. En los últimos días de febrero, el Frente Nacionalista Patria y Libertad ejecutó un montaje de grandes proporciones, para que uno de sus principales líderes pasara a la clandestinidad. Roberto Thieme, que hasta enero de 1973 fue secretario general de la agrupación, comenzó a constituir el Frente de Operaciones, y entregó su cargo a John Schaeffer, con quien llevó a cabo una gira aérea desde Arica a Puerto Montt, presentándolo a dirigentes y militantes.

En primer lugar, Thieme tomó contacto con Miguel Sessa, un joven ingeniero jefe del grupo de universitarios que se adiestraba en defensa personal. Sessa era hijo único de una familia de origen italiano dueña de la fábrica de fideos Imola. Thieme lo eligió para que seleccionara a los militantes más preparados entre los universitarios que lideraba, para que estos conformaran células que a su vez formarían una nueva estructura denominada Brigadas Operacionales de Fuerzas Especiales, BOFE, distribuidas en todo Chile con unos 500 comandos que serían instruidos por exoficiales comandos de las Fuerzas Armadas, que serían llamados por el mismo Miguel Sessa.

Para reunir recursos, Thieme vendió el apartamento de su madre donde operaba el centro de propaganda de Patria y Libertad. Con la venta de este inmueble obtuvo dos mil dólares con los que adquirió en Mendoza una nueva partida de 70 fusiles «Batán» semiautomáticos calibre 22 y treinta revólveres «Rubi extra» calibre 38, además de municiones.

En un vuelo clandestino, acompañado de John Schaeffer y su cuñado Eugenio Délano, Roberto Thieme introdujo las armas a Chile cruzando la cordillera a la altura de Juncal. Aterrizó en Rancagua donde eran esperados por el jefe de Patria y Libertad de esta ciudad, quien recibió el armamento y lo trasladó a una finca cercana.

Thieme organizó también un grupo de transporte y comunicaciones integrado por pilotos del Club Aéreo de Santiago y pilotos comerciales de LAN Chile que integraban Patria y Libertad.

Para disponer de dinero, Thieme vendió su Cessna 172 y su automóvil, recibiendo nueve mil dólares, parte de cuyo monto invirtió en una casa de la calle Jorge VI en Las Condes para que fuera ocupada por su esposa y sus tres hijos y se reservó mil quinientos dólares para los gastos de la clandestinidad.

La operación requería discreción y seguridad. Desaparecería de la actividad pública uno de los principales líderes de Patria y Libertad, pero esto no debería ser interpretado como una fractura entre los nacionalistas con el consiguiente debilitamiento del movimiento. Por eso idearon un accidente que explicara la «desaparición» de Thieme. En medio de la intensa campaña electoral parlamentaria, un accidente aéreo sería una tragedia «perfecta» para que la desaparición de Thieme fuera justificada.

La constitución del Frente de Operaciones respondía al nombre Sierra Alfa. Durante dos semanas, en febrero de 1973; Roberto Thieme se sometió a un intenso curso básico de comando en la Colonia Dignidad, teniendo como instructores a exoficiales alemanes que residían en el lugar y que estaban bajo las órdenes de Paul Schäfer. También fue instruido en la navegación aérea instrumental.

Desde Colonia Dignidad, Thieme efectuó frecuentes vuelos al territorio argentino donde se emplazaría el campamento de instrucción paramilitar, eligiendo una zona donde había galpones y una pista aérea apta para aviones de carga que había dejado abandonada una empresa dedicada a las prospecciones petroleras.

La ejecución del plan comenzó el 23 de febrero de 1973, muy temprano. John Schaeffer recogió a Thieme a las 07:30 al domicilio de este en calle Málaga 810. En Tobalaba esperaba el piloto Manuel Balbontín, uno de los más jóvenes que militaba en Patria y Libertad, el que pilotaría el avión más nuevo del Club Aéreo de Tobalaba, un Piper Cherokee 180, cuadriplaza, que tenía las mejores condiciones para la misión a desarrollar. A Balbontín nada se le dijo respecto del plan que comenzaba a ejecutarse para evitar que el joven piloto incurriera en contradicciones en la investigación que se haría por el falso accidente.

A las 08:30 despegaron con destino a Chillán, donde los esperaba un grupo de líderes del movimiento para almorzar en la casa de uno de los principales dirigentes de Patria y Libertad en dicha ciudad, el capitán de Ejército en retiro Rafael Piedra. Balbontín y Schaeffer continuaron viaje a Temuco donde este último estaría por varios días. Después de almorzar, Thieme instruyó al empresario Julio Autonell para que confirmara en Colonia Dignidad su arribo en horas de la tarde y esperó en el aeródromo de Chillán el retorno de Balbontín desde Temuco. Ocurrido esto despegaron hacia el aeropuerto Carriel Sur de Concepción, donde los esperaba el dirigente Sergio Santandreu. Thieme tuvo que explicarle que haría en solitario un corto vuelo de reconocimiento buscando indicios de un supuesto campamento de guerrilleros marxistas. Mientras Thieme despegaba solitario en el Piper Cherokee, Balbontín ingería una merienda. Se dirigió hacia la costa y quince minutos después comunicó por radio una emergencia a bordo, informando estar en posición «vertical frente desembocadura río Itata». Declaró que se había producido un incendio a bordo con mucho humo en el interior del avión. El controlador de Carriel Sur solicitó a Thieme que mantuviera la calma, señalándole que se enviaban de inmediato medios para su rescate. Thieme respondió no tener visibilidad agregando que el avión se precipitaba al mar en la posición anteriormente dada y dejó de comunicarse. El dirigente de Patria y Libertad ascendió y se mantuvo unos minutos en la frecuencia que le permitía escuchar la comunicación entre el controlador de vuelo y los helicópteros que salieron en su búsqueda. Thieme puso rumbo hacia Chillán para continuar con la operación. Estando sobre esta ciudad inició el descenso en medio de la intensa lluvia que había comenzado a caer, en completo silencio de radio. Efectuó un vuelo rasante sobre el río que cruza Colonia Dignidad y aterrizó casi una hora después de declarar la emergencia en Concepción.

Al borde de la pista lo esperaban tres alemanes, quienes subieron el pequeño avión a un carro de arrastre para ser tirado por un tractor hasta un galpón en cuyo interior procedieron a cambiar la pintura de la aeronave.

Roberto Thieme fue trasladado a la casa principal de Colonia Dignidad, donde junto a Paul Schäfer y uno de sus ayudantes evaluaron los resultados de la operación, además de quemar la licencia y documentos del piloto Balbontín, las bitácoras y matrícula del avión.

En todas las informaciones de radio y televisión se daba por hecho que el avión había caído al mar, sin que hubiera posibilidades que Thieme salvara con vida. Como un homenaje a Roberto Thieme, la radio Agricultura repetía una y otra vez el último comentario político del alto dirigente nacionalista. Al día siguiente *El Mercurio* informó que en el mar, frente a la desembocadura del Río Itata, se habría detectado una gran mancha de aceite. Para todos, Thieme estaba muerto.

El grupo de alemanes trabajó toda la noche cambiando los colores y las líneas al Piper Cherokee, transformándolo completamente, incluida la incorporación de una patente argentina en el timón: LV-JME.

A las 6 de la mañana del 24 de febrero el avión estaba en el cabezal de la pista, con sus estanques al máximo de combustible. Tras despedirse de sus amigos de Colonia Dignidad, Thieme emprendió vuelo. El frente de mal tiempo había pasado y el vuelo se desarrolló en una limpia atmósfera. Una hora después aterrizó en la mina de manganeso «Ethel», propiedad de Guillermo von Zedwitz.

Thieme cubrió el avión con una lona y saludó a los pocos operarios que había en el lugar. Con un perfecto acento argentino explicó que viajaba desde Bariloche a Mendoza y que había aterrizado para saludar al dueño de la mina, solicitando al jefe de la explotación minera que lo llevara a Malargüe. Después de almorzar un «puchero» argentino, Thieme viajó en un camión hacia el destino solicitado, lugar donde llegó al atardecer.

El Frente Nacionalista Patria y Libertad denunció un sabotaje al avión de Thieme y organizó un funeral para el líder supuestamente perdido en el Océano Pacífico.

La otra acción insurgente la ejecutó la izquierda. A sólo unas pocas horas de la elección parlamentaria, asaltaron el polvorín de la empresa

Schipigel, instalación ubicada a 10 kilómetros al nororiente de la ciudad de San Antonio. Estuvieron involucrados en este hecho O'Higgins Palma, Patricio Rodríguez Zúñiga, Héctor Silva Guerrero, Pedro Matte Prado y Leandro Matte Prado, estos dos últimos, hermanos.

O'Higgins Palma pertenecía al Partido Socialista y era director del Departamento de Ejecución del Ministerio de Vivienda.(16) (27) (28)

LII. ELECCIÓN PARLAMENTARIA DE MARZO DE 1973

Llegó el 4 de marzo, día de la decisiva elección para renovar todo el Senado y la mitad de la Cámara de diputados. De ganar los dos tercios del electorado, la oposición podría destituir al presidente por medio de la acusación constitucional. Pero las cifras que arrojarían las urnas estarían muy lejos de lo que necesitaba la CODE, la alianza opositora. El proceso electoral, como era habitual, a pesar de lo convulsionado que estaba Chile, se llevó en total calma.

Los problemas comenzaron una vez que se conocieron los resultados definitivos. Amaneció el lunes 5 de marzo y el país aún no los conocía, por el atraso en la entrega de los escrutinios en Santiago. El Partido Demócrata Cristiano y el Partido Nacional, comenzaron a reclamar con insistencia, pues hasta las 18:00 horas el Ministerio del Interior aún no entregaba los resultados. Lo propio hizo ante el ministro del Interior el presidente del Senado Ignacio Palma. Solamente a las 21 horas, 24 horas después de terminada la elección, fue posible que se entregaran los resultados. Unidad Popular obtuvo el 43,39 % de los votos, lo que privó a la oposición de los dos tercios en el Congreso. Esto provocó desazón en quienes pretendían terminar con el Gobierno de Salvador Allende y se comenzó a abrir la idea del golpe de Estado. Los partidos opositores acusaron de fraude. Lo que se podría calificar como un triunfo de Unidad Popular por haber anulado la posibilidad de destitución de Allende, no cambiaba el calamitoso estado en que se encontraba Chile.

El 8 de marzo se reunió el presidente Allende con todos sus ministros. Se respiraba un ambiente de contrastes: satisfacción por el resultado electoral y alegría opacada por los diarios y duros problemas que cada uno afrontaba en su Ministerio.

El presidente de la República manifestó su satisfacción por el resultado electoral y expresó la necesidad de que se mantuvieran en sus cargos los ministros militares. Al término de esta reunión el ministro de interior, Carlos Prats, insistió en señalar al presidente lo expresado antes de las elecciones. Prats, con sentido táctico, entregó un documento al presidente Allende en que exponía que las divisiones internas del Gobierno estaban llevando a acentuar la crisis y a fortalecer a la oposición.

Prats también mencionó la inflación galopante de 163,4 % que Chile sufrió en 1972; lo que había anulado las mejoras salariales de 1971 y que la falta de productividad de la mano de obra obligaría a inyectar mas billetes a la economía, simple papel que volvería aún más agresiva la inflación; formando todo ello un perfecto caldo de cultivo para problemas sociales descontrolados. Respecto de las Fuerzas Armadas, el comandante en jefe del Ejército y hasta ese momento ministro del Interior planteó con franqueza que estas observaban con preocupación la crisis y en ese escenario se podrían generar pugnas internas que rompieran la cohesión y disciplina de las instituciones armadas, incurriendo en pronunciamientos que terminarían con su neutralidad. Con la misma sinceridad, señaló que en las Fuerzas Armadas se vio con desconfianza el manifiesto político del MAPU para llevar a Chile a una dictadura marxista leninista.

El general, en su escrito, también expresó la convicción de las Fuerzas Armadas de que Chile estaba fuera del alcance geopolítico de la Unión Soviética, lo que impedía una cooperación económica y militar con esta potencia.

Como siempre, el presidente respondió que analizaría con atención lo planteado en el documento. Quien se encargó de responder fue el secretario general del Partido Socialista Carlos Altamirano. En un discurso público emitido la noche del viernes 9 de marzo, afirmó que Unidad Popular no debía hacer concesiones a la política desarrollada hasta la fecha. Esto, obviamente, alejaba la posibilidad de mantener la presencia de los llamados ministros militares, pues dichas políticas eran lo que el mundo castrense solicitaba modificar. Al parecer no había nada más que hacer. Altamirano dejaba a Allende desautorizado para tomar decisiones ante el Partido Socialista y el resto de la izquierda y en consecuencia sin posibilidades de maniobrar para solucionar la crisis que se vivía en Chile.

Hubo un cambio de ministros el martes 27 de marzo de 1973. Fueron cinco los reemplazos. En el Ministerio del Interior ingresó el abogado socialista Gerardo Espinoza Carrillo en sustitución del general Carlos Prats; en el Ministerio de Obras Públicas y Transporte el contralmirante Daniel Arellano MacLeod fue reemplazado por Humberto Martones Morales; en el Ministerio de Minería tomó el cargo Sergio Bitar Chacra, quien reemplazó al general de brigada aérea Claudio Sepúlveda Donoso, en Tierras y Colonización dejó el cargo Humberto Martones Morales para ser reemplazado por Roberto Cuéllar Bernal. Por último, en la Secretaría General de Gobierno, Hernán del Canto Riquelme fue reemplazado por Aníbal Palma Fourcade. Ya no había militares en el Gobierno, pero eso no significó que estos no volvieran a ser incorporados en los meses siguientes, pues hasta el mismo 11 de septiembre de 1973 el Gobierno de Salvador Allende tuvo una importante cantidad de militares como ministros de Estado.

Se iniciaba la última etapa del Gobierno de Unidad Popular, el comandante en jefe del Ejército llevaba casi cinco meses fuera del mando efectivo de su institución por haber accedido a la petición del presidente Salvador Allende. Le había suplido como comandante accidental el jefe de Estado Mayor, general de división Augusto Pinochet Ugarte, quien, de acuerdo con las memorias de Carlos Prats, había manejado la institución «con sentido de responsabilidad y lealtad».

No pasarían tres meses para que el presidente Salvador Allende, buscando salvar su Gobierno, volviera a acudir a las Fuerzas Armadas, y llevara al Ejército a una abierta deliberación. Desde fines de marzo de 1973 y en adelante, el protagonismo de las Fuerzas Armadas se haría ineludible. Esta convicción la tenían todos, el presidente de la República, el presidente de la SOFOFA Orlando Sáenz, el secretario general del Partido Socialista, Carlos Altamirano, políticos de derecha y democristianos. Los únicos que no estaban del todo convencidos de intervenir eran los propios militares, por lo menos así se manifestaba en el Consejo de generales del Ejército, no obstante estar en marcha desde fines de 1972 un sigiloso apresto para hacerse cargo de los destinos del país, como lo testimonió en sus escritos el general Augusto Pinochet.

Los resultados de la elección parlamentaria de marzo de 1973 habían alejado la posibilidad de destituir constitucionalmente a Allende. Se evaluaba entonces la opción de extremar las condiciones políticas, sociales y económicas de tal forma que el presidente diera un paso al costado casi en forma natural. Esta alternativa presentaba un problema: Allende no cedería aunque el país o el Palacio de La Moneda se cayeran a pedazos. La segunda alternativa era un golpe militar que derrocara el Gobierno, instalándose un directorio de corta duración para que se procediera rápidamente a devolver el control a los políticos. El golpe militar finalmente ocurrió, pero no hubo corta permanencia de los militares en el poder.

Después de la ausencia, a fines de marzo de 1973, el general Carlos Prats debió informarse de la marcha de la institución de la que era comandante en jefe. Prats también informó, con realismo, a los generales sobre la gran crisis económica que vivía Chile, que se acentuó en los primeros meses del año por la polarización política extrema. Advirtió también respecto de la previsible escalada de odio y violencia por una nueva ofensiva de la oposición y la sorda división interna en Unidad Popular, lo que acentuaría la división de la comunidad nacional.

El comandante en jefe de la I División de Ejército, general de brigada Joaquín Lagos, preguntó con franqueza de qué forma el Ejército debía enfrentar la situación. El comandante en jefe respondió a este y todos los generales señalando que era imperativo preservar la doctrina institucional, enfatizando la necesidad de mantener la verticalidad del mando y neutralidad política frente a una evidente campaña orientada a politizar a la oficialidad. Indicó Prats a los generales que ellos eran los que debían dar ejemplo en garantizar la inmunidad del Ejército frente a las presiones de la derecha y los intentos de infiltración de la izquierda. Esto les daría autoridad moral para ejercer acciones disciplinarias en forma implacable a los oficiales que se inmiscuyeran en política. (16) (21)

LIII. LA ESCUELA NACIONAL UNIFICADA, ENU

Dos días después de la elección, el Gobierno presentó su proyecto llamado Escuela Nacional Unificada, ENU. Era una reforma que tomaba recomendaciones hechas por las Naciones Unidas y que consideraba una transformación integral de la educación chilena. En su diseño habían participado desde 1971 docentes, estudiantes, padres y organizaciones sociales. No obstante la oposición reclamó la exclusión de amplios sectores en este proceso. La ENU contemplaba que la educación debía ser permanente, es decir durante toda la vida, democrática, participativa, pluralista y concordante con las necesidades económicas del país. Este trabajo dio como resultado un documento donde se proponía la integración de los distintos niveles de la educación en un solo sistema y la eliminación de las diferencias entre la enseñanza humanista y científica.

El sistema educativo único en Chile lo monopolizaría el Estado. Todo esto provocó que el proyecto despertara muchas resistencias en distintos sectores del país, entre ellos la Iglesia Católica y también las Fuerzas Armadas. Se sospechaba que el proyecto educacional de la Unidad Popular estaba destinado a efectuar un control de conciencias a través de una educación marxista.

La Federación de Estudiantes de la Universidad Católica de Santiago publicó un documento llamado «ENU. El Control de las Conciencias. Informe crítico preparado por FEUC», estudio donde participaron

Arturo Fontaine, Cristián García-Huidobro, Erwin Hahn, Alberto Hardessen, Ramón Infante, Felipe Lamarca, Manuel Melero, Cecilia Mohor y Maité Sepúlveda, todos del Departamento de Estudios de la Federación de Estudiantes de la Universidad Católica, FEUC, con la colaboración de los profesores Josefina Aragoneses, Jaime Guzmán, Hernán Larraín, Raúl Lecaros, Elena Sánchez y Juan de Dios Vial Correa.

La publicación comenzaba con dos escritos firmados por Javier Leturia, presidente de la FEUC. El primero de ellos, fechado en abril de 1973; se refería a la «gravedad» del proyecto educativo del Gobierno, planteando la necesidad de analizar detalladamente el proyecto desde el punto de vista jurídico e ideológico. Leturia indicó que con dicho análisis la FEUC cumplía con el pensamiento gremialista que la inspiraba. En el segundo documento firmado también por Javier Leturia con fecha 15 de marzo de 1973, denominado «Declaración pública inicial de FEUC», se desarrolla una crítica más focalizada y concreta hacia el proyecto de la ENU. En él se decía lo siguiente:

FEUC llama a defender la libertad educacional.

El Gobierno ha publicado un informe destinado a impulsar la implantación de la llamada «Escuela Nacional Unificada». En conocimiento de su texto, la Federación de Estudiantes de la Universidad Católica (FEUC) estima necesario declarar que:

1. Detrás de una hueca afirmación de «pluralismo», el informe en referencia pretende convertir a la educación chilena en un instrumento de concientización política al servicio del marxismo. Todo su texto demuestra confundir el concepto «educación» con el de «adoctrinamiento». Se reconoce la pretensión de «moldear nuevas generaciones de chilenos», subordinadas en lo político al «proceso de transición al socialismo» y sometidas en lo personal «a los valores del humanismo socialista». Se admite incluso que la Escuela Nacional Unificada está llamada a «afianzar el naciente sistema social de vida», elevando para ello «la capacidad de organización y unidad del pueblo en función de los grandes objetivos y tareas del proceso de cambio revolucionario».

Nadie puede engañarse en torno a lo que semejante lenguaje significa en boca de un Gobierno de abrumador predominio marxista-leninista. Abusando del concepto de «educación permanente» y procurando anular toda posible influencia divergente, se procura colocar a los chilenos —desde la cuna hasta la ancianidad— bajo el monopolio concientizador de un Estado dogmático, construido sobre conceptos, valores y categorías de pensamiento marxista.

En una actitud común a todos los regímenes de inspiración totalitaria, el actual Gobierno parece creer que su advenimiento al poder es históricamente irreversible. Es así como, olvidando su carácter transitorio y su condición minoritaria, pretende apoderarse del futuro del país como si este fuese propiedad definitiva de su particular concepción ideológica, cambiando de raíz el sistema educacional chileno, para amoldarlo a sus designios políticos. (hay que leer lo planteado por el presidente Salvador Allende en su discurso al Congreso el 21 de mayo de 1971; el cual fue analizado en páginas anteriores de este libro, para entender que él y la Unidad Popular parecían creer que su llegada al poder era históricamente irreversible).

2. Lo anterior, que en sí mismo vulnera el espíritu y la letra del Estatuto de Garantías Constitucionales (Art. 10, N°7 de la Constitución Política), se ve agravado por la insistencia del Gobierno para seguir actuando en esta materia al margen de la ley y por la vía meramente administrativa. No debe olvidarse que fue este uno de los principales motivos que tuvo en vista la Contraloría General de la República para rechazar el llamado «Decreto de Democratización de la Enseñanza», cuya aprobación está estrechamente ligada al proyecto de Escuela Nacional Unificada.

Es urgente, así mismo, reclamar el cumplimiento verdadero de la exigencia constitucional de realizar «toda modificación al sistema nacional de educación», «en forma democrática, previa libre discusión de los organismos competentes de composición pluralista». No podrá convencer a nadie que una sustitución total del sistema educacional chileno, pueda tener como suficiente base de apoyo los muy generales puntos de vista de un discutido «Congreso Nacional de Educación», el visto bueno de un organismo de Gobierno como el Consejo Nacional de Educación o una vaga discusión futura en ciertos organismos de la comunidad. Son todos los padres y apoderados, profesores y estudiantes del país los que deben pronunciarse a este respecto. Son también los sectores universitarios quienes tienen mucho que decir sobre un proyecto que afectaría, obviamente, a la educación superior. Es por cierto el Poder Legislativo el que, como genuino representante del pueblo chileno, debe tener la palabra decisoria sobre el particular. En definitiva, es la comunidad nacional entera la que se ve directamente comprometida por la iniciativa en referencia. (aquel «Congreso Nacional de Educación» fue la instancia «amplia y pluralista» creada por el Gobierno del presidente Allende para discutir y diseñar la ENU, eludiendo al legítimo y constitucional Congreso Nacional, poder donde este proyecto gubernamental no podría avanzar)

3. Ante la gravedad de que esté en marcha el más grave intento por implantar el totalitarismo en Chile, la FEUC llama a todos los sectores democráticos del país, especialmente a aquellos más ligados a la educación, a constituir un gran Comando Nacional para defender la libertad educacional y luchar en contra del modelo gubernativo de Escuela Nacional Unificada.

Como jóvenes, no podemos aceptar que se pretenda encasillar la mente de nuestra generación y de las que vengan en moldes estrechos, anticuados y copiados de otros países. El mundo progresa demasiado rápido como para que una minoría dogmática pretenda colocar a la juventud chilena al margen de su legítima posibilidad de optar con amplitud entre los muchos caminos que hoy se abren ante los ojos del hombre contemporáneo. No queremos que el marxismo empobrezca por muchos años el espíritu de una juventud a la cual pertenecemos, intentando en la práctica clavar la rueda de una historia cada día más dinámica y apasionante. En nombre de la espiritualidad y trascendencia de la persona humana exigimos, además, que se respete la libertad de su inteligencia, y rechazamos el intento por uniformar a la fuerza todas las conciencias porque jamás saldrá de ellos una sociedad más libre, sino por el contrario, más pobre, chata y sometida.

JAVIER LETURIA M.
presidente de FEUC
Santiago 15 de marzo de 1973

Lo más complejo no era que los gremios ejercieran un liderazgo superior al de los partidos políticos, sino que comenzaba a aparecer otro actor de la vida nacional: las Fuerzas Armadas. Estas harían ver su posición frente a la ENU.

En el Ministerio de Educación se editó y publicó un folleto para difundir el proyecto de la Escuela Nacional Unificada. El documento era marxista desde el prólogo. Lo que acrecentó la desconfianza respecto de esta iniciativa gubernamental. El folleto emanado desde el Ministerio de Educación no fue desautorizado ni por el ministro ni por el presidente de la República, lo que hizo sonar «la campanada de la deliberación» en las Fuerzas Armadas.

Buscando poner claridad en el mundo castrense, se programó una reunión para el 11 de abril de 1973 en la que el ministro de educación Jorge Tapia, del Partido Radical, expondría el proyecto. Estuvieron en la reunión el ministro de defensa José Tohá, los comandantes en jefe, algunos generales y almirantes y oficiales superiores y medios.

El ministro de Educación describió los alcances y objetivos del proyecto que se ejecutaría, en primer lugar, en de la Educación Parvularia, que se atendería niños hasta los 6 años en salas cunas y jardines infantiles y que se haría extensiva al hogar a través de programas de educación familiar y una segunda fase que contemplaba 12 años de estudios en el que todos los estudiantes egresarían con un grado técnico medio. No pudo profundizar más pues aún no habían sido diseñados los programas de estudios para los 12 años de formación general y politécnica. Si buscó aclarar el ministro de Educación que la aplicación del proyecto ENU no se concretaría antes de someterlo al debate del país, debiendo pronunciarse el Consejo Nacional de Educación, donde había una amplia representatividad doctrinaria y ciudadana.

Terminada la intervención del ministro, tomó la palabra el contralmirante Ismael Huerta, quien criticó ácidamente el proyecto de reforma educacional, centrándose en el prólogo del documento emitido por el Ministerio de Educación, afirmó que el Gobierno buscaba concienciar a la juventud para imponer su régimen marxista, lo que concordaba con la visión ideológica del presidente de la República. Espontáneos y ruidosos aplausos de los oficiales presentes en la reunión cerraron las palabras del almirante.

Procurando mantener la serenidad, habló nuevamente el ministro de Educación, indicando que el Gobierno no compartía los conceptos vertidos en el folleto, pues el proyecto de reforma educacional estaba lejos de estos, pues buscaba desarrollar una modalidad pedagógica moderna y pluralista sin intenciones ideológicas.

Como era de esperar, las palabras del ministro de Educación no tuvieron buena acogida pues no era creíble que un documento ministerial se hubiera emitido de la nada, y nadie se hiciera responsable del mismo. Así que, lejos de calmar la situación, las palabras de Tapia acentuaron la molestia y las airadas intervenciones de los militares. Hablaron por el Ejército el general Javier Palacios, el coronel Pedro Espinoza y el coronel Víctor Barría, además, oficiales jefes de la Armada. Todos manifestaron que el objetivo de la reforma era la ideologización marxista, situación que como padres de familia no aceptaban, derivando las intervenciones en abiertas acusaciones hacia el Gobierno. Cada intervención de algún uniformado generaba ruidosas exclamaciones y aplausos. Las intervenciones del ministro terminaban en un incómodo silencio. Aquel 11 de abril no hubo límites en los militares para expresar su descontento con el Gobierno en presencia de los comandantes en jefe y de dos ministros, el de Educación y el de Defensa. Intervino el general de aviación Gustavo Leigh Guzmán, quien centró sus palabras en señalar que primero era conveniente conocer los contenidos que consideraría la reforma, lo que permitiría a los chilenos formarse una opinión de la conveniencia del sistema que se proponía.

Esta intervención obviamente fue recibida en silencio por el resto de los oficiales. Lo mismo la intervención del general Prats, que buscó derivar el debate hacia el punto tocado por el general Leigh, para ayudar al ministro de Educación a salir de la incómoda situación en que estaba.

En esta reunión se había roto totalmente la disciplina. En otras condiciones, después de la intervención del general Prats, ningún otro oficial debió haber hablado. Sin embargo un capitán de Navío tomó la palabra para continuar con más fuerza la crítica hacia el Gobierno.

Fue la primera vez que un importante número de oficiales se manifestaba públicamente en contra del Gobierno y de uno de sus proyectos, sin importarles la presencia de superiores. El proyecto de la Escuela Nacional Unificada fue echar más leña al fuego.

Carlos Prats decidió reunir en el teatro de la Escuela Militar a unos seiscientos oficiales de la Guarnición de Santiago, desde general hasta subteniente. El comandante en jefe del Ejército buscaba recomponer la disciplina y la cohesión en las filas. La pregunta que surge, ¿cuál era el límite para ello?, ¿esperar el enfrentamiento armado entre civiles en las calles?, ¿o esperar el escenario del desabastecimiento total?

No parecía fácil que se impusiera la voluntad de aquel comandante en jefe que remaba contra una corriente que no había creado ni él ni el Ejército. Prats insistía en mantener a toda costa la verticalidad del mando, pero dicha condición militar era aplicable en dos escenarios, sin la intervención militar y con la intervención militar. En ambos casos, mantener la verticalidad del mando significaría evitar la guerra civil, cualquiera fuera la decisión que el mando tomara.

Prats nuevamente habló de evitar las presiones de la derecha y los intentos de infiltración de la izquierda.

También criticó ácidamente en esta masiva reunión el comportamiento de los oficiales que participaron en la reunión con el ministro de Educación. Hubo asomos de protesta frente a eso, con algunos carraspeos dentro de los asistentes, a las que Prats puso fin golpeando la mesa. Era evidente que Carlos Prats tenía enormes dificultades para mantener el ascendiente sobre sus subalternos.

La prensa opositora informó que la oficialidad había reaccionado con hostilidad hacia su comandante en jefe. (16) (41)

LIV. PROYECTO SIERRA ALFA

Como se recordará, el líder de Patria y Libertad Roberto Thieme llegó a Malargüe, Provincia de Mendoza, al atardecer del 24 de febrero de 1973. En Chile ya había sido dado por muerto, por la supuesta caída al mar del avión que pilotaba. La desaparición y viaje a Argentina tenía como objetivo establecer en la precordillera mendocina un campamento para la preparación paramilitar de alrededor de 500 miembros de Patria y Libertad que ya habían sido preparados en defensa personal bajo la dirección del ingeniero Miguel Sessa. Fue acogido Thieme por su amigo, el empresario Guillermo von Zedwitz y familia. Thieme había seleccionado desde el aire, en uno de los varios vuelos que desarrolló sobre la zona en 1972; un área en el sector de Sierra Nevada donde había una pista aérea y unos galpones abandonados. Lo primero fue desplazarse por tierra a este lugar para verificar las reales condiciones y si estas se adecuaban al uso que preveían. Acompañado del hijo y del yerno de von Zedwitz y de un arriero que conocía en detalle toda la zona, el exempresario del mueble realizó un reconocimiento a bordo de una camioneta muy bien equipada. Cruzaron dos sierras por un camino pedregoso en muy mal estado, apto sólo para vehículos doble tracción. Al anochecer y después de ocho horas de viaje acamparon en una extensa planicie cercana a la pista de aterrizaje. El lugar estaba deshabitado en cien kilómetros a la redonda. Al día siguiente, después de recorrer la zona en distintas direcciones, Thieme no tuvo dudas que el lugar era apto para la misión a desarrollar.

El exempresario cambió su apariencia. Se dejó crecer la barba y la esposa de von Zedwitz le tiño el pelo en un tono castaño oscuro. Unas gafas completaban el nuevo aspecto de Roberto Thieme, quien recibió identificación argentina con el nombre de Walter Thieme, instalándose en Mendoza después del viaje a Malargüe, en el apartamento del abogado cuyano Enrique Cardoso, quien apoyaba la causa de los nacionalistas chilenos.

Una semana después Roberto Thieme viajó a Buenos Aires para relacionarse con argentinos que a su vez lo podrían contactar con representantes del Gobierno Militar del general Alejandro Lanusse. De esta forma Thieme llegó hasta la oficina de un Brigadier General de la Inteligencia del ejército argentino, quien le aseguró que ellos no harían nada para impedir la misión que quería desarrollar en la precordillera mendocina, con la única condición que en ella no se preparara militarmente a ciudadanos argentinos.

El militar argentino le confió que en su Gobierno y en las Fuerzas Armadas argentinas existía gran preocupación por cómo se iba perfilando el Gobierno marxista chileno. Añadió el militar que las relaciones con Chile se habían enfriado a raíz de la actuación del presidente Allende en el caso de los guerrilleros argentinos fugados desde la cárcel de Rawson.

Finalmente el alto oficial argentino le dio a Thieme los nombres de proveedores para obtener el equipamiento y armas que necesitaba. Por último acordaron que el contacto entre ambos sería en adelante Juan Schönnenbeck.

A fines de marzo, después de comprar equipamiento para constituir el campamento en Sierra Nevada y obtener una promesa de que le harían llegar el material comprado en un avión carguero a mediados de mayo, Thieme regresó a Mendoza. Compró también en Buenos Aires un equipo de radio que instaló en Malargüe, con el cual se comunicaría en forma permanente con Colonia Dignidad.

Para desplazarse entre Malargüe y Mendoza y hacia Buenos Aires, el líder de Patria y Libertad volaba el avión Cherokee utilizado para su «desaparición» en Chile. Hacia Buenos Aires utilizaba la ruta desde San Rafael hasta la ciudad de general Villegas. En el aeródromo de esta última ciudad, Thieme dejaba guardado el avión en un hangar y se desplazaba en tren hasta la Capital Federal.

Desde inicios de 1973 el Gobierno de Allende se negó a autorizar la llegada a Concepción de las transmisiones televisivas del opositor Canal 13 de Santiago. Finalmente, después de dirimir judicialmente su opción, el Canal 13 pudo llegar a Concepción a través del Canal 5 de Talcahuano. Para impedir las transmisiones, miembros de Unidad Popular comenzaron a efectuar interferencias para obstaculizar la señal. Se abría otro frente de lucha.

El dirigente de la Democracia Cristiana en la Universidad Católica, Enzo Pistacchio, denunció que el Gobierno violaba la autonomía universitaria, apoyándose en el dictamen de la Contraloría General de la República y en la resolución del Consejo Nacional de Televisión, que establecían el derecho del canal 13 a extender su señal por todo Chile. Por su parte, los directivos del Canal 13 que dirigía el sacerdote Raúl Hasbún, se entrevistaron con Patria y Libertad solicitando apoyo para solucionar lo que ocurría en Concepción. El grupo ultra derechista decidió enviar un grupo técnico operativo a cargo de Miguel Sessa e integrado por los técnicos electrónicos Rafael Undurraga y el estadounidense Michael Townley. Después de un par de días de investigación, Townley y Undurraga pudieron dar con la interferencia: se encontraba en el edificio de la empresa estatal de Servicios Eléctricos.

Miguel Sessa decidió entrar en el recinto para sustraer el equipo causante de la interferencia. En su interior se encontraron con el guardia Jorge Henríquez González, a quien maniataron, amordazaron y encerraron en una pequeña bodega, con el propósito de no ser denunciados, lugar donde el hombre falleció unas horas después.

Conocido el inesperado y fatal desenlace de la operación, Patria y Libertad decidió hacer salir clandestinamente de Chile a Miguel Sessa con destino a Argentina y recomendaron a Michael Townley marcharse a Estados Unidos. El sacerdote Raúl Hasbún, director de Canal 13 de la Universidad Católica, frente a estos hechos afirmó:

> Todos tenemos un pecado de omisión, pero llegará la hora en que esta horrible pesadilla que está viviendo Chile le será disipada, porque toda pesadilla tiene un despertar. No nos arredran las campañas de injurias, de calumnias, porque nosotros estamos con la verdad y ellos con la mentira.

En los primeros días de abril de 1973 Miguel Sessa, Federico Ringeling, Carlos Vial y otros miembros de Patria y Libertad cruzaron clandestinamente la cordillera por la zona sur, apoyados por integrantes del movimiento de la Provincia de Cautín. En el lado argentino recibieron apoyo del estanciero Andino Grandi, para finalmente llegar a Buenos Aires, e instalarse en el barrio Martínez, mientras Thieme lo hacía en un apartamento de la calle Cangallo, cerca de Florida y Avenida Corrientes.

En Chile había que reemplazar a Miguel Sessa en la misión que este desarrollaba dentro del llamado proyecto «Sierra Alfa». Para tal efecto John Schaeffer designó a Vicente Gutiérrez, exoficial comando de la Armada, con cursos en Quántico, Estados Unidos, para que organizara las nuevas brigadas que recibirían finalmente instrucción en Sierra Nevada en la precordillera mendocina. Gutiérrez actuaba con la identidad falsa de Javier Palacios.

Roberto Thieme decidió que a fines de mayo de 1973 comenzara el traslado de militantes que recibirían instrucción en el campamento de Sierra Nevada. Volarían desde el fundo El Lavadero de Colonia Dignidad hacia la pista del campamento Sierra Alfa a bordo de un carguero bimotor Douglas DC-3 para 30 personas que proporcionaría el financiador de Patria y Libertad Juan Costabal, socio y gerente general de la Línea Aérea del Cobre, LADECO.

Este avión operaría complementado con un avión de seis plazas Cessna Skymaster perteneciente al diputado Patricio Phillips, del Partido Nacional. El avión sería pilotado por el comandante de LAN Chile Mario Esquivel y también por el instructor del Club Aéreo de Santiago Mario Anfrunz. Los pilotos del DC-3 serían seleccionados, coordinados y dirigidos por el piloto de LADECO, Jorge Arturo Prat.

El plan consideraba que cumplido el periodo de entrenamiento paramilitar de un mes, los militantes retornarían a su lugar de origen en Chile completamente equipados y portando un fusil automático FAL.

Roberto Thieme y Miguel Sessa se quedaron en Buenos Aires para atender los últimos detalles que precisaba la instalación del campamento. En el apartamento de la calle Cangallo había archivadores, mapas, cuadernos y libretas. Los equipos y pertrechos se acumularon en una bodega en la periferia de Buenos Aires, cerca de la base aérea de Morón.

En los últimos días de abril Thieme y Sessa dejaron Buenos Aires viajando en tren hasta general Villegas. En el aeródromo de esta ciudad esperaron a que se terminara de repintar el avión y se le pusiera una nueva matrícula para poder volar desde Sierra Alfa hacia Chile.

A las 14 horas despegaron hacia Mendoza sin que los dos ocupantes del avión sospecharan que los sucesos tendrían un brusco y casi definitivo vuelco.

Dos horas después el motor comenzó a fallar bajando sus revoluciones. Thieme decidió dirigirse a Luján de Cuyo a una pista privada perteneciente a la viña Arizu, al sur de Mendoza, lugar donde aterrizaron ya sin potencia. Dejaron el avión bajo unos árboles y caminaron hacia las casas del predio. No había nadie. Después de una hora de espera decidieron caminar hacia Luján. Cuando habían recorrido unos 15 kilómetros vieron venir las luces de tres automóviles que se acercaban a toda velocidad por la ruta.

Casi sin darse cuenta, los dos chilenos estaban tendidos boca abajo con las botas de los policías federales sobre sus espaldas y los cañones de las metralletas apuntando sus cabezas. Thieme y Sessa fueron subidos a distintos automóviles para llevarlos al cuartel central de la policía de Mendoza. Durante el viaje los interrogaron con rudeza. La Provincia de Mendoza estaba en estado de emergencia por la subversión de los Montoneros y el Ejército Revolucionario del Pueblo y los agentes argentinos creían que habían detenido a dos extremistas de izquierda chilenos.

Al llegar al cuartel fueron insultados, esposados y encerrados en un calabozo. Thieme, tratando de evitar que la situación se tornara más compleja, pidió hablar con el jefe provincial de la policía. Se presentó ante este como un nacionalista y antimarxista desaparecido en Chile desde febrero y solicitó al jefe policial que comprobara la veracidad de sus palabras con el alto oficial de la inteligencia del ejército argentino que sabía de sus actividades en Argentina.

Una hora después Thieme fue llevado nuevamente a la oficina del jefe de la policía en Mendoza. El trato cambió: se le quitaron las esposas, se le proporcionó café y sandwich, mientras iban a buscar a Miguel Sessa.

Posteriormente fueron llevados al regimiento de Mendoza, donde fueron recibidos cordialmente por su comandante, quien les proporcionó un cómodo dormitorio con baño privado, donde pudieron dormir algunas horas.

Fueron invitados a almorzar con el comandante del regimiento y tres oficiales de inteligencia de las tres ramas de las Fuerzas Armadas que habían llegado desde Buenos Aires para entrevistarlos. Luego de informar sobre el estado de avance del proyecto Sierra Alfa, los militares le ofrecieron a Thieme apoyo en todo lo que necesitaran. El avión Cherokee fue revisado y reparado por personal de la Fuerza Aérea argentina y trasladado a la base de la Cuarta Brigada Aérea ubicada en el aeropuerto internacional El Plumerillo.

Desde ahí podrían volar nuevamente a donde quisieran, de acuerdo con lo señalado por los uniformados argentinos, quienes tenían sólo una inquietud, el temor de que el aterrizaje forzado del avión se hubiera filtrado a los medios de comunicación, a pesar de haberse dado órdenes de mantener el hecho bajo total secreto. Se decidió esperar hasta el día siguiente para evaluar los acontecimientos.

A la mañana siguiente, a las 7:00; le llevaron el desayuno y los diarios de Mendoza a Thieme y Sessa. En las portadas aparecían fotografías del avión y en el interior información sobre la detención de ambos. Minutos después estaban sentados frente a los oficiales de Inteligencia quienes les aconsejaron que pidieran asilo político en Argentina y que ellos se encargarían de apurar los trámites ante el presidente Lanusse, para posteriormente continuar apoyando en secreto el proyecto Sierra Alfa.

Durante la tarde, mientras izquierdistas argentinos protestaban en contra del ejército por dar protección a dos fascistas chilenos, los dos dirigentes de Patria y Libertad prepararon la documentación necesaria para solicitar asilo al Gobierno argentino. Por la noche ambos cenaron con el comandante del regimiento y dos de sus ayudantes. En forma imprevista se acercó otro militar al comandante y le susurró algo al oído. El jefe militar se puso de pie y salió del comedor en silencio. Quince minutos después retornó para reintegrarse a la mesa con una evidente expresión de preocupación en el rostro. Mirando a Thieme señaló:

Roberto, tenemos malas noticias de Chile. Su hermano Ernesto y otros jóvenes del Patria y Libertad cayeron en una emboscada y hay muertos.

334

Ernesto Miller, hermano de Roberto Thieme y líder del Frente de la Juventud de Patria y Libertad, se encontraba en coma después de haber recibido siete balazos y Mario Aguilar, jefe de la Juventud de la comuna de Quinta Normal, había fallecido al recibir a quemarropa un disparo en el estómago. El joven militante Kurt Handwerk de quince años también estaba herido a bala. Los hechos habían ocurrido la tarde de ese día cuando Miller encabezaba una manifestación juvenil de Patria y Libertad en el centro de Santiago. En la esquina de Huérfanos con Ahumada, desde una camioneta bajaron cinco individuos con cara cubierta, disparando armas semiautomáticas y pistolas calibre 9 milímetros en contra de Miller. Los atacantes huyeron entre la gente que circulaba por las calles. Mario Aguilar siguió a uno de los pistoleros, quien se escondió en el acceso del hotel Carlos V. Al verse acorralado disparó sobre Aguilar y lo hirió mortalmente.

La aparición en Argentina del supuestamente accidentado Thieme y la balacera en el centro de Santiago causó gran impacto en Chile. El Gobierno denunció otro intento de desestabilización y pidió autorización al Congreso para decretar el estado de Sitio. Mientras tanto, en la clínica Santa María, los equipos médicos operaron en varias oportunidades de sus múltiples heridas a Ernesto Miller, que recibió un impacto de bala en la cabeza, otro en el cuello, otra bala en el pulmón, dos en el estómago, una en un testículo y una en un muslo.

En Mendoza también se generó alarma, por las protestas que comenzaron a producirse fuera del regimiento donde estaban Thieme y Sessa. Estos fueron sacados del cuartel donde se encontraban custodiados por soldados fuertemente armados y fueron trasladados secretamente al Batallón de Comunicaciones del ejército argentino, ubicado al sur de la ciudad de Mendoza.

Durante una semana el Gobierno de Chile presionó para que no se le concediera asilo político en Argentina a quienes calificaba de golpistas y sediciosos. El Gobierno argentino decidió conceder el asilo a Thieme y Sessa condicionando esta decisión a que ninguno de los dos asilados residiera en territorio argentino limitando con Chile ni desarrollar actividades políticas en Argentina.

Roberto Thieme y Miguel Sessa dejaron Mendoza en el avión

Cherokee desde la base de la Cuarta Brigada Aérea. Los despidió el comodoro Fernández, comandante de dicha base, quien abrazándolos les expresó: «si tienen otra emergencia en el futuro aterricen directamente aquí», además de ratificar su total disposición a ayudarlos. Dos días después de llegar a Buenos Aires, ambos asilados fueron informados de que el Gobierno de Chile había presentado la solicitud de extradición y aunque esta no sería otorgada por las autoridades argentinas, los procedimientos diplomáticos indicaban que deberían ser arrestados mientras fuera tramitada y resuelta la extradición, por lo que los mismos argentinos les aconsejaron que abandonaran el país e ingresaran nuevamente con identidad falsa.

Los dos chilenos analizaron la situación que se les presentaba. Acordaron que Miguel Sessa volviera clandestinamente a Chile para continuar con la organización de las Brigadas Operacionales. Roberto Thieme viajó a Paraguay para retornar pronto a Buenos Aires con el fin de continuar organizando la base Sierra Alfa, proyecto que no detendría con el inicio del Gobierno peronista de Cámpora. Thieme tenía inmejorables relaciones con las Fuerzas Armadas argentinas y contaría con ello. (27) (28)

LV. GIRA MILITAR Y GUERRA CIVIL A LA VISTA.

Uno de los objetivos permanentes de la prensa opositora era desprestigiar al comandante en jefe del Ejército ante sus subalternos. El viaje que este efectuó durante mayo de 1973 a Estados Unidos, Inglaterra, la Unión Soviética, Yugoslavia, Francia y España, con cortas escalas en Lima, Roma, Río de Janeiro y Buenos Aires se tildó de viaje «turístico», pero respondía a invitaciones hechas por las máximas autoridades militares de los referidos países. Desde el punto de vista político institucional, el 17 de abril debió ir el general Prats a la Comisión de Defensa del Senado a explicar los motivos de su viaje.

Con motivo de su gira internacional, el jueves 26 de abril el comandante en jefe del Ejército Carlos Prats hizo entrega del mando a quien lo supliría durante su ausencia, el jefe de Estado Mayor, general Augusto Pinochet. El acto se realizó en el gabinete de la Comandancia en Jefe del Ejército, con la presencia de altos oficiales.

En la ceremonia, Carlos Prats afirmó tener la certeza que el general Pinochet «conducirá la Institución por la senda del cumplimiento imperturbable del deber militar». Además sostuvo que

> [...] Mi ausencia servirá para comprobar el principio de validez de la continuidad en el mando de la Institución de tan gloriosas tradiciones y que está al servicio permanente de la patria sin dejarse perturbar por las pasiones contingentes.

Reiterando sus convicciones indicó que

La solidez de la cohesión institucional de sus oficiales y cuadros
se debe en lo fundamental a que la Institución se ciñe al rol que
la Constitución le ha asignado inspirada en los principios de su
doctrina sin dejarse arrastrar por las pasiones partidistas. De
modo que quienes calumnian e injurian al comandante en jefe
del Ejército empañando su prestigio profesional y debilitando
su ascendiente de mando (se refería a la derecha), se equivocan.
Quienes buscan introducir una cuña entre la oficialidad y la sub
oficialidad (se refería a la izquierda, particularmente al Partido
Socialista y al MIR), también se equivocan.

Prats terminó expresando su seguridad en que durante su ausencia
los oficiales «colaborarán con el general Pinochet con la mayor abnegación, decisión, entusiasmo en sus funciones específicas».

Pinochet deseó al general Prats éxito en sus gestiones, e indicó que
«cada uno de nosotros cumpliremos nuestro deber con abnegación,
respeto y lealtad».

En la noche del 2 de mayo inició su extensa gira el general Carlos
Prats, después de despedirse a medio día del presidente Allende, a quien
encontró, como ya era costumbre, extremadamente preocupado por
la situación inmanejable que se vivía. Viajaban en la delegación militar Prats y su esposa, los generales Óscar Bonilla y César Benavides y
el coronel Rigoberto Rubio, cada uno con sus respectivas esposas, el
mayor Osvaldo Zavala y el capitán Latorre. Integraba también la delegación chilena, Cecilia, la hija menor del general Prats.

Durante más de un mes, se entrevistaron con las más altas autoridades militares de los países incluidos en el itinerario, con proveedores de equipos militares y también, disfrutaron de la hospitalidad
de los anfitriones, visitando lugares históricos y patrimoniales. La
extensa gira incluyó una visita al Vaticano, donde el comandante en
jefe del Ejército fue recibido en audiencia privada por el Papa Pablo
VI. Una vez terminada esta reunión, la máxima autoridad de la Iglesia
Católica de Roma departió amenamente con toda la comitiva chilena.
En Madrid Carlos Prats se entrevistó con El Caudillo, capitán general

Francisco Franco Bahamonde, quien manifestó su visión respecto de la necesidad de cambios en América Latina, la América española, pero bajo un esquema de orden.

A la 01:30 horas de la mañana del martes 5 de junio de 1973 despegó desde Barajas el vuelo LAN que llevaría a la delegación militar de regreso a Chile. Después de una escala técnica en Río de Janeiro, donde se presentó para saludar a los militares chilenos el comandante de la Guarnición Militar, el vuelo efectuó otra escala técnica en Buenos Aires. En esta ciudad se volvió a la triste y preocupante realidad de Chile. Después de haber recibido los protocolares y a la vez cordiales saludos del recién nombrado comandante en jefe del Ejército argentino, general Jorge Carcagno, se presentaron en el aeropuerto de Ezeiza el Embajador de Chile en Argentina, Ramón Huidobro, acompañado de los agregados militar y naval. Huidobro buscó conversar a solas con Prats para manifestarle la gran preocupación que tenía por la cada vez más grave situación que se vivía en Chile. Solicitó el Embajador al comandante en jefe del Ejército que hablara con el excanciller Clodomiro Almeyda a quien Huidobro había escrito expresándole que el Gobierno debía agotar todas las alternativas que permitieran mantener el régimen democrático en Chile, antes que el país se viera envuelto en la tragedia de una guerra civil, que el Embajador del Gobierno de Salvador Allende en Argentina veía venir en el corto plazo. La preocupación manifestada por Huidobro impresionó profundamente a Carlos Prats, hasta el punto que el vuelo entre Buenos Aires y Santiago lo efectuó envuelto en oscuros presentimientos. Al haber estado tan lejos de Chile había sentido con mayor fuerza la necesidad de paz social, sin comprender como los políticos, de los distintos colores, eran incapaces de darse cuenta que la peor solución a los problemas de Chile era el enfrentamiento entre hermanos. Recordó el general lo leído respecto de la Guerra Civil de 1891; en la que las Fuerzas Armadas se dividieron. Aquella guerra interna provocó diez mil muertos y en ella se cometieron los peores actos de inhumanidad. Por simple proporción de número de habitantes, era esperable en una guerra civil en 1973 una cantidad de treinta y ocho mil muertos. Esta simple proporción demográfica no considera la diferencia de letalidad entre las armas de 1891 y las de 1973. ¿Cuántos chilenos habrían muerto en una guerra civil en 1973?, ¿10 veces, 15 veces, 20 veces los fallecidos en 1891?

A las 12:30 horas del 5 de junio aterrizó en Santiago Carlos Prats y su comitiva. Les esperaban los generales Augusto Pinochet y Orlando Urbina, quienes de inmediato informaron brevemente de la situación con una expresión de tensión en sus rostros. En realidad la situación general era deplorable y sin salida pacífica a la vista. (16)

LVI. PUGNA DE
PODERES Y CAOS

Durante mayo se habían producido en Santiago violentos incidentes y desmanes entre el grupo derechista Patria y Libertad y la extrema izquierda, lo que obligó al Gobierno a declarar el estado de Emergencia en Santiago y otras provincias. Se habían requisado armas en inmuebles donde operaba el grupo de ultraderecha.

Paralelamente, al viaje de Prats por el extranjero, el 19 de abril se inició una huelga de los mineros del nacionalizado gran mineral cuprífero de El Teniente, efectuando exigencias salariales. Después de un mes, el conflicto de los trabajadores de El Teniente permanecía sin variaciones.

En otro plano, el Gobierno continuaba en guerra con los otros dos poderes del Estado. El secretario general de Gobierno, Aníbal Palma, había sido sometido a proceso por decisión de la Corte Suprema, al no cumplir una orden judicial de terminar con la clausura de la radio Agricultura, lo que desencadenó un conflicto entre el Poder Ejecutivo y el Poder Judicial.

Las cosas no andaban mejor entre el Poder Ejecutivo y el Poder Legislativo. La Cámara de diputados acusó constitucionalmente al ministro de minería Sergio Bitar y de trabajo Luís Figueroa, precisamente por no solucionar el conflicto en la Mina El Teniente.

Manifestantes de izquierda por las calles de Santiago.

Mayo de 1973. Marcha de comunistas por las calles de Santiago.

Otra espina en la permanente lucha entre el Gobierno y el Congreso se reavivó por el insoluble asunto del «Área de la Economía». Por simple mayoría se aprobó una Reforma Constitucional que estableció la necesidad de la existencia de una ley que definiera cuales empresas pasarían a la llamada Área Social o al control total del Estado y cuáles empresas pasarían al Área Mixta, donde los controladores serían el Estado y privados.

El Ejecutivo vetó esta Reforma Constitucional y el Congreso rechazó el veto. Se recurrió al Tribunal Constitucional el cual se declaró incompetente para resolver el conflicto, quedando nuevamente la definición de las empresas que deberían pasar a poder del Estado al arbitrio del Gobierno y lo que es peor, en muchos casos, al arbitrio dogmático de agitadores extremistas de izquierda. No había acuerdo sobre este álgido problema, no se daba solución a uno de las causas fundamentales de la crisis.

Patricio Aylwin, presidente de la Democracia Cristiana, actuaba bajo el criterio de «no dejar pasar una al Gobierno». Ante esta lapidaria definición se levantaba otra pétrea e inflexible, «avanzar sin transar» de Carlos Altamirano con el Partido Socialista y el MIR, que también ejercía presión sobre el Gobierno con esta misma consigna.

Otro hecho de gran relevancia fue la publicación, por parte de la Subcomisión de Relaciones Exteriores del Senado de Estados Unidos, de un informe que confirmaba la ejecución de acciones por parte de la empresa de comunicaciones de Estados Unidos ITT y la CIA, para sabotear la economía chilena y de generar el caos que obligara a las Fuerzas Armadas a intervenir en 1970 y Salvador Allende no pudiera acceder a la Presidencia de la República. (16) (21)

LVII. LA POLITIZACIÓN DEL GENERAL CARLOS PRATS

El miércoles 6 de junio de 1973 se reunió el general Prats con el presidente Salvador Allende en la casa presidencial de la calle Tomás Moro. Fernando Flores, ministro de Hacienda, estuvo también en la reunión. El comandante en jefe del Ejército informó al presidente aspectos generales de la extensa gira que acababa de terminar. Allende lo escuchó con preocupación en su rostro por la creciente agresividad de la oposición, pero también por los agudos problemas económicos que no se podían resolver debido a las inmanejables disputas internas que había en Unidad Popular, situación que impedía revertir el escenario político y económico tan adverso.

Una vez terminada la corta exposición del general, el presidente Allende tomó la palabra y reveló haber expuesto con crudeza a los partidos de Unidad Popular el escenario de dura disputa existente entre el Gobierno y los otros dos poderes del Estado, manifestado a los partidos de Gobierno la necesidad de bajar la tensión, dirimiendo el rechazo de los vetos del Gobierno a la Reforma Constitucional que definía respecto de las áreas de la economía, el problema insoluble que tuvo el Gobierno de Allende y que provocó la paralización de la producción nacional. Allende tenía la convicción de la necesidad de que el asunto se resolviera convocando a un plebiscito. Sin embargo, creía que la mayoría de los partidos de Unidad Popular rechazarían su propuesta, porque eso significaba ceder frente a la oposición y frenar «la revolución», convencidos que el plebiscito lo perdería el Gobierno. El presidente complementó este relato manifestando su convicción de que no había solución posible sin la participación de las Fuerzas Armadas en el Gobierno, especialmente el Ejército. A poco más de dos meses de la salida de los militares del Ejecutivo, Allende volvía a llamarlos para gobernar junto a él.

El general Prats respondió que, a diferencia de noviembre de 1972; el escenario que se vivía en junio de 1973 no justificaba la presencia militar en el gabinete ministerial. A finales del año anterior se había explicado por la complejidad que tomó la huelga de los gremios, situación que ponía en duda que se pudieran efectuar de manera normal las elecciones de marzo de 1973. En cambio, la crisis económica de esos momentos, debía ser resuelta por los políticos: el nombramiento de ministros militares haría creer que las Fuerzas Armadas tomaban partido por del Gobierno, situación que no les correspondía. De acuerdo con las palabras de Prats, era necesario que se diseñara un «programa de emergencia nacional» que los partidos opositores estuvieran dispuestos a aceptar y los partidos de la Unidad Popular a ejecutar.

Fernando Flores manifestó estar de acuerdo con lo propuesto por el comandante en jefe del Ejército. Difícil tarea: lograr que los partidos de la izquierda flexibilizaran su posición de «avanzar sin transar» y estuvieran dispuestos a lograr un mínimo de acuerdo con la oposición. Por eso, la tarea que implícitamente le había puesto el comandante en jefe del Ejército al presidente le vino inmediatamente de vuelta al general.

Allende, en un evidente estado de desesperación y sin medir lo que propondría, solicitó al general Prats que se involucrara en tareas de carácter netamente político, pidiéndole que le ayudara a convencer a los partidos de Unidad Popular y de la oposición para que aceptaran llegar a un acuerdo.

El general entraba definitivamente en contradicción con su propio discurso y lo hacía empujado por el presidente de la República. Con la politización del general, inducida por el presidente Allende, se politizaba al mismo Ejército. Emergía el riesgo de que en las Fuerzas Armadas se dibujaran distintas posiciones deliberantes y eso sería sinónimo de estar al borde de una guerra civil. La no deliberación, el mantenimiento de la verticalidad del mando, pasaban por la no politización del Ejército, pero el presidente, en su desesperación extrema, empujaba al primer soldado del Ejército a bajar a la arena política.

Prats aceptó la petición de Allende con la convicción de que todos debían contribuir a impedir que Chile cayera definitivamente en el abismo. No obstante, el comandante en jefe del Ejército, dejó testimonio escrito de su sentir íntimo en aquel momento:

> Desde ese momento y durante dos meses y medio, vivo la situación paradojal de un alto jefe militar que pregona la prescindencia política de las Fuerzas Armadas y que, a la vez —al apreciar el brusco vuelco de la situación interna en un mes de ausencia—, se ve violentado a moverse políticamente, actuando sin la experiencia necesaria en estas lides, entre profesionales de la política del gobierno y la oposición. Todo ello, en el anhelo supremo de evitar que su propia Institución fuese arrastrada a pronunciamientos fatales para la supervivencia del Estado de Derecho.

Por la noche de aquel miércoles 6 de junio de 1973, comieron juntos el general Carlos Prats con el excanciller Clodomiro Almeyda, en casa de Prats. Almeyda expuso al general una breve síntesis del panorama político, expresando que el Gobierno se encontraba en un estado de gran debilidad y que él, al igual que el presidente, consideraba indispensable la colaboración de las Fuerzas Armadas. El excanciller manifestó comprender que las Fuerzas Armadas exigirían concesiones programáticas que permitieran llegar a acuerdos con la oposición y así descomprimir la caldera política en la que se había convertido Chile. Almeyda también manifestó que veía muy difícil que los partidos de la Unidad Popular estuvieran dispuestos a realizar concesiones programáticas, ratificando su convencimiento de la importancia que significaba la colaboración del general Prats para convencer a los dirigentes de los partidos de Gobierno a aceptar el «programa económico de emergencia», No obstante, tanto Almeyda como el nuevo canciller, Orlando Letelier, creían que sería imposible convencer a los partidos de Unidad Popular.

El mismo 6 de junio fueron suspendidos de sus cargos por decisión de la Cámara de diputados, los ministros Sergio Bitar y Luís Figueroa. Al día siguiente, 7 de junio de 1973; comenzó a desarrollar el general

Prats la misión política que se le había dado. Pero no alcanzó el objetivo buscado: convencer a los partidos de Unidad Popular de la necesidad de crear un escenario económico y político que permitiera llegar a un acuerdo con los partidos opositores, particularmente con la Democracia Cristiana. Lo que finalmente se logró fue que el generalato del Ejército se transformara en una cúpula de partido que deliberaba a instancias de su comandante en jefe, quien se sentía con la obligación de informar a sus subalternos más directos de las acciones que tomaba.

Por la tarde del jueves 7 de junio de 1973 sostuvo Carlos Prats la primera reunión de una serie de encuentros políticos que tendría. En su casa recibió a los máximos dirigentes de la Central Única de Trabajadores, CUT, se trataba de una reunión solicitada por estos. Acudieron Luís Figueroa, Rolando Calderón y otros dos líderes. El objetivo de la CUT era llevar definitivamente a las Fuerzas Armadas hacia el Gobierno y así reforzar al Ejecutivo en contra de la oposición.

Manifestaron los dirigentes su preocupación porque los trabajadores estaban perdiendo la confianza en el Gobierno, dada la debilidad de este para enfrentar la acción opositora. En el mundo de los trabajadores también estaban aquellos que no eran de izquierda y que en los primeros meses del Gobierno de Unidad Popular se mantuvieron expectantes frente a lo que haría el nuevo Poder Ejecutivo. Sin ser de izquierda tomaron una actitud de observadores de lo que vendría. En junio de 1973 estos trabajadores ya no tenían ninguna confianza en el Gobierno y estaban totalmente entregados a la oposición. Por lo tanto su desconfianza frente al Gobierno de Allende no era por la forma en que este enfrentaba a la oposición, sino por el desabastecimiento, la anarquía generalizada en fábricas y campos, y la violencia en las calles.

Por otra parte, estaban los trabajadores que secundaban al MIR, con el Frente de Trabajadores Revolucionarios, FTR. Era el frente laboral con el que este grupo violento propiciaba las «tomas» ilegales de campos y fábricas que, de acuerdo a lo programado por el propio Gobierno, no eran objetivo para la expropiación.

Por último estaba el grupo de trabajadores afín a Unidad Popular, que se dividían en los que mantenían fe ciega en el proceso encabezado por Allende y otros que comenzaban a tener ciertos reparos frente al Gobierno. Este último grupo que era parte de Unidad Popular, y los extremistas del FTR, exigían al Gobierno una mayor energía y decisión para enfrentarse a la oposición.

Pero la definición simplista de la CUT no se ceñía a la realidad. Caía en el eterno error de la izquierda de creer que todo el mundo del trabajo les pertenecía y por lo tanto el diagnóstico que hacían era errado.

Informó también la directiva de la CUT que en los días siguientes se llevaría a cabo una concentración para exigir definiciones y manifestaron a Prats la visión de que la Unidad Popular, la CUT y las Fuerzas Armadas debían actuar unidas para ejercer el máximo de autoridad legal, única forma de combatir la inflación y desabastecimiento. Lo que al parecer no entendían los dirigentes de la CUT era que la inflación y el desabastecimiento se combatían con producción, y esta era mayor antes de las expropiaciones.

Como se sabe, al final, las Fuerzas Armadas intervinieron para combatir la inflación y el desabastecimiento, con un «programa económico de emergencia», pero no en apoyo del Gobierno, sino controlando totalmente el país, sin Unidad Popular y sin la CUT.

El general Carlos Prats respondió a los dirigentes de la CUT lo obvio, les señaló que cualquier ataque a la inflación y desabastecimiento sería estéril si no se lograba un ordenamiento legal de la economía y la producción, dando un marco jurídico a la llamada Área Social de la producción, sinónimo de definir qué empresas estarían en forma legal en manos del Estado y cuáles no. La otra espina expresada por Prats a los dirigentes de la CUT fue la necesidad de un arreglo decoroso con Estados Unidos, para terminar con la asfixia que se estaba imponiendo al comercio exterior chileno. Hasta los comunistas rusos le habían dicho a la izquierda chilena que ineludiblemente Chile se encontraba dentro del ámbito de influencia de la potencia norteamericana.

Aquel mismo día se produjo un episodio más en la lucha entre el Congreso y el Gobierno. El Partido Demócrata Cristiano presentó una acusación constitucional en contra del ministro de economía Orlando Millas, a quien culpaban del desabastecimiento.

Continuando con las reuniones políticas, en la noche del mismo 7 de junio el general Carlos Prats comió en la casa del senador socialista Carlos Altamirano, con presencia de Carlos Lazo, Hernán del Canto, Rolando Calderón y Adonis Sepúlveda.

El senador y secretario general del Partido Socialista Carlos Altamirano, expresó que la diferencia de su partido con otros de la Unidad Popular era que los socialistas no aceptaban transacciones con la oposición, es decir, no aceptaban lo que Allende deseaba para salvar su Gobierno.

En la práctica, Carlos Altamirano y el Partido Socialista eran un frente opositor más con el que debía entenderse el presidente de la República, un opositor intransigente. Para convencer a este opositor, un general, la máxima autoridad del Ejército de Chile, oficiaba de mediador.

Añadió Altamirano que las Fuerzas Armadas debían ponerse del lado «del pueblo», entendiéndose como «el pueblo» las masas que asistían a las concentraciones de Unidad Popular, pero que no eran el 56 % de chilenos que no votó por Unidad Popular en las recientes elecciones parlamentarias.

Aunque en la misma reunión dijo Altamirano que él y su partido estaban por la «vía legal», en la práctica estaba empujando a Chile a entrar en uno de los siguientes caminos: la revolución marxista leninista apoyada por las Fuerzas Armadas o una dictadura militar si las Fuerzas Armadas optaban por apoyar al otro «pueblo», o una guerra civil si se producía una división de las Fuerzas Armadas apoyando un sector de estas al «pueblo» de Carlos Altamirano y otro sector al «pueblo» mayoritario en la votación de marzo de 1973.

Altamirano no estaba por prolongar la agónica vida de la democracia chilena, estaba por desconectar a esta de las máquinas que la mantenían con los últimos signos vitales.

Carlos Prats, movido por el afán de contribuir a que no se concretara ninguno de los tres caminos que implícitamente proponía Carlos Altamirano, respondió con franqueza al secretario general del Partido Socialista solicitándole comprender que «en las FF.AA. Se siente una aversión ancestral por el marxismo» y que los problemas que afectaban al pueblo debían resolverse con pragmatismo y no con ideología. Prats intentó hace ver a Carlos Altamirano y al resto de los comensales, la necesidad imperiosa de establecer una «tregua política de un año y medio», que necesitaría de un programa para el reordenamiento económico-social, tregua dentro de la cual el Gobierno tuviera facultades económicas extraordinarias con el apoyo de la Democracia Cristiana. De no tomarse este camino, de acuerdo con la apreciación del comandante en jefe del Ejército, sobrevendría lo que él llamó en forma elegante «un rebasamiento de la constitucionalidad», es decir, una dictadura o la guerra civil.

Sin abrir ni la más mínima posibilidad para negociar, Altamirano y el resto de los socialistas demostraron tener nula voluntad para esto, señalando que era iluso creer que la oposición entregaría facultades extraordinarias al Gobierno y además, que negociando con los opositores lo único que se lograba era envalentonarlos en su acción contraria al Gobierno. La reunión de Prats con el Partido Socialista terminó en un rotundo fracaso.

En medio de estas conversaciones, el general Prats tuvo conocimiento de que durante su ausencia se había acentuado la campaña pública y soterrada en su contra por parte de políticos opositores y jefes militares en retiro, que buscaban convencer a los oficiales jóvenes de que su comandante en jefe estaba plegado a la Unidad Popular o era usado por esta.

Continuando con los encuentros con políticos de partidos gubernamentales, en la tarde del viernes 8 de junio se reunió Prats con los dirigentes del MAPU Jaime Gazmuri, Enrique Correa y Fernando Flores. Al comenzar el encuentro Prats señaló que la situación que vivía el país sólo entregaba dos alternativas: tregua política o una dictadura. Agregó el general que trataría de evitar, hasta donde fuera posible, que el Ejército fuera arrastrado a dar un golpe que daría inicio a una feroz dictadura, reafirmando que si no había tregua política el golpe se produciría en forma inevitable. Agregó que la tregua implicaba una llamada del presidente a sus opositores y a los otros dos Poderes del Estado para ofrecer un «Gabinete de Administración» que diera confianza a todos y por un periodo de tiempo acotado, de un año o un año y medio de duración, suficiente como para estabilizar la situación. A cambio debería solicitarse facultades económicas extraordinarias y la estructuración de un cuerpo legal que ordenara la anarquía industrial y agraria. Los tres políticos del MAPU se manifestaron de acuerdo con la propuesta de Prats, pero señalaron no creer que fuera aceptada por la Democracia Cristiana y el sector más izquierdista de Unidad Popular.

Aquel mismo día por la noche, Carlos Prats invitó a comer a su casa a los dirigentes del Partido Comunista Luís Corvalán, Volodia Teitelboim, Orlando Millas y Hugo Díaz. El general les hizo el mismo planteamiento que por la tarde había expuesto a los dirigentes del MAPU. Los comunistas manifestaron las mismas aprensiones planteadas por los mapucistas. Además expresaron su idea de que las Fuerzas Armadas debían incorporarse al Gobierno con personalidades independientes, pero no consideraban adecuado una llamada a la oposición pues eso desorientaría a las bases de sus partidos, abriéndose divisiones en el interior de la coalición de Gobierno. No obstante estar de acuerdo con poner en marcha un programa económico que otorgara concesiones, los comunistas tampoco estaban por llegar a acuerdos con la oposición. Daba la impresión que la izquierda se jugaba el todo o nada. No dar cabida alguna a la oposición, lo que significaba no aceptar la tregua política que se proponía.

En la mañana del sábado 9 de junio el general Carlos Prats se reunió con su subalterno más directo, el jefe de Estado Mayor del Ejército, general de división Augusto Pinochet, a quien informó de los esfuerzos que estaba realizando con el fin de lograr un mínimo acuerdo entre las distintas corrientes ideológicas en sorda pugna, una sordera generalizada que no permitía que nadie escuchara ni el más mínimo ruido de alerta, acompañado de una ceguera que impedía ver lo que vendría en el corto plazo. El general Pinochet se manifestó de acuerdo con su comandante en jefe en la necesidad de buscar y encontrar una salida política a la grave crisis, pero marcó una alerta, la posibilidad que los hechos se precipiten dentro del Ejército, exigiendo la oficialidad una definición pública de la Institución. A esas alturas el general Pinochet había comenzado en secreto una planificación militar, que, de acuerdo con su propio testimonio, había iniciado a fines de 1972; por lo tanto hablaba sinceramente cuando decía que temía que «los hechos se precipiten».

Más tarde, Prats se reunió con el presidente Allende, momento en que le informó del fracaso que había tenido en las reuniones con el Partido Socialista, el Partido Comunista y el MAPU. Ninguno había aceptado la tregua política que se les proponía.

Salvador Allende informó a Prats que él tampoco había tenido éxito en obtener el apoyo de estos partidos para alcanzar la tregua política que él como presidente de la República tanto necesitaba. La consideración de los partidos de izquierda con quien era «el compañero presidente», era nula. Acto seguido Prats ratificó a Allende su opinión que un simple cambio de Gabinete con inclusión de las Fuerzas Armadas sería inútil.

En resumen, en junio de 1973 Salvador Allende estaba solo, sin capacidad de gobernar, apoyado solamente con un general voluntarioso que, con el propósito de preservar el régimen constitucional más allá de lo que él era capaz, por evitar una tragedia mayor, se había involucrado en acciones que como militar no le correspondían: inmiscuirse en la actividad política partidista. La cuerda continuaba estirándose, pero la elasticidad de los materiales tiene un límite, si la tensión aumenta, sobreviene la brusca ruptura.

Por la tarde de ese día y al parecer alertado por la advertencia que había hecho por la mañana el general Augusto Pinochet, Prats se centró en redactar el borrador de un oficio confidencial interno para el Ejército, en el que volvía a señalar que la Institución debía mantenerse marginada del enfrentamiento político, pues «cualquier definición la arrastraría a pronunciamientos irreversibles». Una orden incongruente, pues el mismo comandante en jefe del Ejército, había aceptado involucrarse en el enfrentamiento político, en un papel que era una mezcla de consejero, árbitro dirimente, padre orientador y alertador para quienes no querían entender del peligroso abismo al borde del cual se encontraba Chile. ¿Podría el general Carlos Prats haberse negado a asumir ese papel y desarrollar esas tareas? Al parecer no.

Lo mismo que había empujado a Prats a entrar en el ruedo político movió al resto de los altos mandos de las Fuerzas Armadas a hacer lo mismo pero en otra dirección: no para sentarse a discutir con sordos y ciegos, sino para expulsarlos de la dirección de los destinos del país.

Por la noche el general Prats comió en la residencia del dirigente del Partido Radical Arcarabuz Coronel, donde estuvo presente el senador y presidente Anselmo Sule y otros dirigentes de ese partido integrante de Unidad Popular. El general hizo el mismo planteamiento que a los comunistas, socialistas y MAPU. Los radicales aceptaron la propuesta de «tregua política», bajo el convencimiento de que si el Gobierno no entraba al terreno de las concesiones de tipo programático, sobrevendría el enfrentamiento más agudo y violento.

De los cuatro partidos de Gobierno con los que había conversado Prats, sólo uno estuvo de acuerdo con las condiciones de «tregua política». Un muy pobre resultado como para pensar siquiera ir a sentarse con la oposición a tratar sobre la materia. Unidad Popular había negado el camino que el presidente Salvador Allende veía como alternativa para salvar su Gobierno.

Continuando con la serie interminable de reuniones, el domingo 10 de junio por la mañana, Prats se reunió con un reducido número de generales con importantes atribuciones de mando: general de división Augusto Pinochet, jefe de Estado Mayor, general de división Orlando Urbina, general de brigada Mario Sepúlveda y el general de brigada Guillermo Pickering, estos últimos con mando en las importantes provincias de Aconcagua, Valparaíso, Santiago y O'Higgins. Los cinco generales deliberaron para concluir que la única forma de evitar la guerra civil o el golpe de Estado era que el Gobierno hiciera una llamada a la oposición para desarrollar en forma conjunta un programa económico para terminar con la crisis, utilizando como base para esto un gabinete ministerial de Administración integrado por las Fuerzas Armadas. Como se ha visto, lo del programa económico conjunto para terminar la crisis ya había sido rechazado por tres de los cuatro partidos de Unidad Popular con los que se había reunido el general Carlos Prats, por lo tanto el debate de los cinco generales era claramente estéril.

En la tarde del mismo domingo, Carlos Prats sostuvo una reunión con el presidente de la República, en la que participaron también el ministro Fernando Flores y el excanciller Clodomiro Almeyda, quienes se manifestaron de acuerdo con los planteamientos de Prats en el sentido de desarrollar con la oposición un programa económico conjunto y que se nombrara un Gabinete de Administración integrado en parte por las Fuerzas Armadas, base para la muy necesaria «tregua política». El presidente Allende también estuvo de acuerdo con las condiciones que exponía Prats, bajo la salvedad que los comandantes en jefe le garantizaran el apoyo de sus Instituciones. El general Prats sugirió entonces a Allende que pidiera una definición en el Consejo Superior de Seguridad Nacional, instancia donde debería ser oficializada una llamada para solucionar la crisis, definiendo en forma pública la responsabilidad de cada uno de los sectores políticos.

El lunes 11 de junio el general Carlos Prats sostuvo una larga reunión con el Cuerpo de generales del Ejército, donde expuso los alcances de su gira internacional y el escenario político que encontró a su regreso, solicitando a los altos oficiales opiniones al respecto. Existía consenso en el generalato de que la peor salida al problema sería la intervención militar, no obstante, también había una inquietud en los generales por la inacción del Gobierno ante una crisis sin control, lo que podía desembocar en un caos también inmanejable.

Prats dejó que cada uno expusiera y que fluyeran opiniones respecto de la posible solución. Hubo concordancia con lo que el general Prats había planteado a los políticos del Gobierno.

El general Carlos Prats se comprometió a difundir la tesis de la «tregua política» como una opinión colectiva del cuerpo de generales. En la práctica, aquella sesión de los generales del Ejército más bien parecía la reunión de la cúpula de un partido político, pues en ella se estaba deliberando, acto vedado constitucionalmente a los militares. El primero que deliberaba era el comandante en jefe, a instancias del presidente de la República, que buscaba su ayuda para salir de la crisis en que se encontraba su Gobierno. Y claro, deliberando el comandante en jefe, el cuerpo de generales también lo hacía, de acuerdo con palabras del propio Prats, «movidos sólo por el afán patriótico y sincero de evitar que, el no encuentro de una fórmula democrática, arrastrara a la Institución al despeñadero golpista».

En este consejo de generales Prats pidió cuentas al jefe de Inteligencia Augusto Lutz respecto del efecto que pudo haber tenido en la oficialidad la campaña comunicacional desatada por la prensa opositora en contra del comandante en jefe, respondiendo Lutz que sólo «había unos 'pelambrillos' sin importancia, pero nada de fondo».

Esta respuesta generó total desconfianza del comandante en jefe en el Servicio de Inteligencia Militar. Es relevante señalar lo que en esta reunión del Consejo de generales se expuso en el sentido de que la peor solución era la intervención militar. La manifestación unánime del cuerpo de generales en cuanto a buscar impedir la intervención militar a través de la llamada «tregua política» puede que fuera genuina. No obstante, sabiendo que el camino político pacífico no tendría un buen fin, había en junio de 1973 un grupo de generales que elucubraba un «máster plan», destinado derrocar al Gobierno de Salvador Allende. Este grupo de generales referidos por Roberto Thieme, jefe del Frente de Operaciones de Patria y Libertad, es citado por este en su obra *Roberto Thieme: Memorias de un Rebelde*:

> Los altos mandos de Patria y Libertad sabían también que los generales Sergio Arellano, Oscar Bonilla, Javier Palacios, Herman Brady, Ramón (José Manuel) Torres de la Cruz, Sergio Nuño, Carlos Forestier, Washington Carrasco, entre otros, eran antimarxistas convencidos.

Dicho «máster plan» contaba también con la participación activa de Patria y Libertad. Por otra parte, Patria y Libertad calificaba a otro grupo de generales como «tapones», es decir, aquellos que obstruían un golpe militar. Dentro de los tapones estaban los generales Carlos Prats, Augusto Pinochet, Mario Sepúlveda y Guillermo Pickering.

De este grupo, Pinochet no estaba precisamente en una actitud de negarse a la intervención militar. Desde fines de 1972; en medio de la convulsión generada por el paro de camioneros y otros gremios, había comenzado a planificar sigilosamente una intervención del Ejército. Esto lo afirma en su libro *El Día Decisivo* el mismo general Pinochet y hay sólo un testimonio que avalaría esto, contrapuesto a la afirmado por otros miembros de las Fuerzas Armadas que afirmaron que Pinochet se sumó al golpe sólo 48 horas antes. Un hecho que avala la versión de Pinochet, fue que a fines de 1972 este habría informado al comandante del Regimiento Arauco de Osorno; teniente coronel Manuel Contreras Sepúlveda, que para 1973 lo quería cerca suyo, destinándolo a la Escuela de Ingenieros de Tejas Verdes de San Antonio, muy próxima a Santiago.

Cuando se llevaban a cabo estas reuniones, quedaban menos de tres semanas para el primer «reventón» militar de importancia, que marcaría el inicio del temor permanente a un golpe de estado, en medio de un protagonismo cada vez mayor de los militares, protagonismo que le entregaban tanto el Gobierno como la oposición, cada uno buscando utilizar a las Fuerzas Armadas para sus propios fines.

Por otra parte, también fue quedando solo el comandante en jefe del Ejército, en su intento por impedir que, según sus propias palabras, las Fuerzas Armadas terminaran por «imponer una tiranía con gran derramamiento de sangre».

El mismo 11 de junio se reunieron el ministro de Hacienda Fernando Flores, el general Prats y el representante del MAPU Jaime Gazmuri, para revisar el «programa de emergencia» que había elaborado el ministro con Clodomiro Almeyda; y también la proposición de acuerdo y de «tregua política» del Consejo Superior de Seguridad Nacional, redactado por Prats, para someterlo a consideración del presidente Allende. Si bien es cierto que Prats, Flores y Gazmuri estaban de acuerdo en que había que lograr la tregua entre Gobierno y oposición, hubo algunas discrepancias de los dos civiles con el documento redactado por Prats y por parte de este último, objeciones al «programa de emergencia». Insistió Carlos Prats en que la incorporación de las Fuerzas Armadas al Gabinete de ministros de Allende debía ser sin compromiso con la línea de acción de Unidad Popular, pues, como hemos visto, el acuerdo que se planteaba para alcanzar la «tregua» era rechazado por los partidos de Unidad Popular. Otros, desde otro punto de vista, también veían con escepticismo la búsqueda de la «tregua política». Tal era el caso del presidente de la Sociedad de Fomento Fabril Raúl Sáenz, que visitó al general Prats, y le confió: «los políticos de las distintas tendencias son incapaces de resolver la tragedia de Chile, sólo las Fuerzas Armadas y los gremios, a través del corporativismo, pueden salvar al país del caos».

El miércoles 13 de junio de 1973 se reunieron con el presidente Allende el ministro de Defensa José Tohá, el ministro de Hacienda, Fernando Flores, el excanciller Clodomiro Almeyda y el comandante en jefe del Ejército, general Carlos Prats. Este último presentó el texto que había redactado como propuesta del llamado que el CONSUSENA haría público convocando a la «tregua política». El presidente manifestó no estar de acuerdo con la propuesta argumentando que la oposición no querría comprender la inspiración patriótica de la llamada que se hacía.

No obstante, al día siguiente por la mañana, el general Prats fue llamado con urgencia a La Moneda por el presidente Allende, en cuyo despacho se encontraba el ministro de Hacienda Fernando Flores. Allende abrió la conversación reafirmando con menos fuerza las aprensiones que había manifestado el día anterior para rechazar el documento redactado por Prats. El general sintió que era la oportunidad de contraatacar sintiendo el respaldo del ministro Flores. Prats le explicó al presidente que sin una llamada pública a la oposición para conformar un Gabinete de Administración con facultades económicas especiales, no era posible contar con la incorporación del Ejército al Gobierno, debido a que en el Cuerpo de generales había un acuerdo en no dejarse arrastrar a políticas de partido. El presidente mostró mayor disposición para aceptar la propuesta del militar, pero reiterando su convicción de que la oposición, intransigente, no la aceptaría. Al final manifestó que haría el intento. Pero parece que el problema real del presidente Allende no era la oposición sino que la renuencia de sus propios partidarios a aceptar ningún entendimiento con los partidos opositores, pues durante la tarde de ese mismo día se presentó en las oficinas del comandante en jefe del Ejército el Equipo directivo de la Central Única de Trabajadores, CUT, de orientación comunista y socialista, quienes manifestaron a Prats que entendiendo su buena voluntad, ellos tenían la convicción que una tregua sería una señal de extrema debilidad del Gobierno que beneficiaría a la oposición. Quedaba claro que estos dirigentes de los trabajadores no entendían la gravedad de la situación a la que se enfrentaban. Prats les respondió que la única señal de fortaleza que se podía dar frente a la agobiante realidad era lograr un acuerdo y tregua con los partidos opositores, también era la única manera de justificar la incorporación de oficiales generales al Gabinete del presidente Allende.

En la mañana del día siguiente se reunió el comandante en jefe del Ejército con el jefe de Estado Mayor de dicha institución, general Augusto Pinochet y con el comandante de la Guarnición de Santiago, general Mario Sepúlveda, a quienes informó de la posición que había mantenido frente al presidente, sin obtener resultados positivos. Agregó Prats que continuaría en su empeño de convencer al Gobierno de que el Ejército no se comprometería de manera incondicional para asumir responsabilidades ministeriales.

Por la tarde de aquel 15 de junio se produjeron violentos enfrentamientos callejeros en el sector céntrico de Santiago, que fueron protagonizados por los mineros huelguistas de la mina El Teniente y partidarios del Gobierno. El senador democristiano Patricio Aylwin llamó al general Carlos Prats para informarle que el cordón de protección de los carabineros había sido sobrepasado y que temía un ataque a la sede de su partido, agregando que estimaba que el ministro del Trabajo Luis Figueroa y el vicepresidente de CODELCO Jorge Arrate bloqueaban el acuerdo del presidente con los huelguistas.

El general Prats consultó al comandante de la Guarnición de Santiago, Mario Sepúlveda, por la situación de orden público, respondiendo este último que los carabineros tenía la situación bajo control.

En la noche de ese viernes el ministro de Hacienda pasó por la casa del Prats para informarle que el presidente había fracasado en su intento de convencer a los partidos de Gobierno para que cedieran en su oposición a la «tregua política». Era una nueva confirmación de que el presidente Allende estaba solo.

Al día siguiente fue más evidente que los partidos de izquierda no apoyaban los criterios que el presidente pretendía aplicar. En el diario comunista El Siglo del sábado 16 de junio, la Comisión Política del Partido Comunista junto a la Comisión Política del Partido Socialista hicieron una ácida crítica a la decisión presidencial de recibir a los trabajadores huelguistas de El Teniente. Comunistas y socialistas expresaron que eran

> [...] absolutamente inconvenientes las conversaciones realizadas en el día de hoy, 15 de junio, en La Moneda con un grupo de elementos carentes de representatividad. La alta combatividad de las masas, expresada por la movilización obrera y popular de los últimos días, evidencia que el pueblo, que sustenta con firmeza su gobierno, estima indispensable una actitud enérgica frente a los sediciosos y a los que buscan la guerra civil.

Al recibir Salvador Allende en La Moneda a los huelguistas, el ya errático presidente buscaba evitar la agudización de los problemas y con eso un enfrentamiento entre chilenos. El diálogo abierto por Allende era un gesto para calmar la situación, pero los dirigentes comunista y socialista buscaban seguir alentando «la alta combatividad de las masas» que se había expresado el día viernes 15 con los graves enfrentamientos entre los trabajadores dirigidos por los Partidos Comunista y Socialista en contra de los trabajadores huelguistas de la mina de cobre El Teniente. Los comunistas y socialistas, al privilegiar el enfrentamiento callejero y no el diálogo, estaban llevando a Chile hacia una guerra civil, camino que los partidos de izquierda achacaban a la oposición.

La publicación en *El Siglo* avaló las afirmaciones que hizo el senador Aylwin al general Prats, en el sentido de que el ministro de Trabajo Luís Figueroa, comunista, y el vicepresidente de CODELCO Jorge Arrate, socialista, estaban bloqueando el acuerdo que el presidente Allende había alcanzado con los huelguistas.

Al día siguiente el presidente Salvador Allende respondió a las cuestiones que le habían hecho los Partidos Comunista y Socialista:

> Siempre he analizado y discutido las grandes líneas de acción del gobierno con los jefes de los partidos de la U.P., pero nunca he renunciado ni renunciaré a las prerrogativas y a la autoridad que la responsabilidad del cargo me impone ante el pueblo y el país entero.
>
> Ha sido y es política del gobierno de la U.P. estar abiertos al diálogo con la oposición democrática y reprimir sin vacilaciones al fascismo. Nunca hemos confundido ambos niveles.
>
> El paro de El Teniente fue provocado artificialmente por intereses políticos. La mayoría de los trabajadores de ese mineral lo rechazó, respaldando la fórmula acordada con el gobierno. Ayer, la reacción y el fascismo quisieron escudarse detrás de los trabajadores en paro. El gobierno no quiso facilitar la maniobra y adoptó frente a cada sector una actitud diferenciada. A las acciones fascistas las reprimió con los instrumentos que la Ley concede contra los desmanes en las calles, y ordenó detener a dos de sus órganos de expresión: «La Segunda» y radio «Agricultura».
>
> Quise impedir que los mineros en paro fueran utilizados como punta de lanza contra los trabajadores de Santiago y recibí en La Moneda a sus dirigentes, no para plantearles una fórmula distinta de la propuesta por el gobierno, sino para aclararles cualquier duda que todavía pudieran tener acerca de la actitud del Ejecutivo y de las graves consecuencias del conflicto para el país.

Quienes estaban real y sinceramente empeñados en evitar que en Chile se desencadenara una tragedia continuaban un arduo trabajo, navegando contra vientos y corrientes muy adversos. Por la tarde del sábado 16 de junio se reunieron el general Carlos Prats y el ministro Fernando Flores para analizar los puntos fundamentales del «programa de emergencia» que debía propiciar el acuerdo entre Gobierno y oposición.

Quedaron establecidos seis puntos para dicho «programa de emergencia»:

«1. Una mecánica justa de abastecimiento, bajo la tuición de la Secretaría Nacional de Distribución, reforzada con mayor número de especialistas de las FF.AA.». Con esto se buscaba eliminar posibles direccionamientos o privilegios partidistas en la distribución de los alimentos y artículos básicos que la población necesitaba para vivir. Hay que recordar que para combatir el desabastecimiento el Gobierno había creado la Junta de Abastecimiento y Precios, JAP, la que era acusada por la oposición como instrumento de control político «por el estómago» y de actuar asegurando el suministro sólo a los partidarios de la Unidad Popular.

«2. Una definición de las áreas de la economía, que permita el reordenamiento de la producción y cautele los intereses empresariales y laborales». Este punto abordaba un problema que había sido imposible de resolver.

«3. Una búsqueda urgente de financiamiento presupuestario que distribuya equitativamente la carga tributaria a los distintos niveles activos del país». El fisco estaba prácticamente en bancarrota y había que salir a buscar recursos a través de una mayor carga tributaria sobre una economía paralizada y sin producción. Era una medida desacertada.

«4. Una formulación de incentivos para el incremento de la producción industrial y agropecuaria». El principal incentivo para poner nuevamente en producción fábricas y campos era la eliminación de incertidumbres.

«5. Una adecuación del comercio exterior que evite su estrangulamiento contingente y alivie la asfixia del ingreso de divisas». Aquel «estrangulamiento contingente» se refería fundamentalmente a los embargos que Estados Unidos estaba aplicando a las partidas de cobre chileno y por lo tanto este punto implícitamente inducía a impulsar un acuerdo con los norteamericanos.

«6. Una decisión imparcial de eliminar el libertinaje de todos los medios de expresión que está llevando al paroxismo, el odio y la división de la comunidad». En este punto se buscaba bajar la intensidad de la guerra desatada por todos los medios de comunicación, los cuales, sin distinción de color político, arrojaban diariamente combustible a la encendida hoguera en que se había transformado Chile.

Prats y Flores ratificaron su convicción en el sentido de que la aplicación de estos seis puntos no podía hacerse en el escenario político vigente y por lo tanto el Gobierno estaba obligado a aceptar la tesis de la «tregua política», de lo contrario se vería enfrentado al evidente peligro de un «desborde de la constitucionalidad».

El domingo 17 de junio continuaron las reuniones de políticos con quien, en tiempos normales, debería estar centrado exclusivamente a los asuntos profesionales de la institución castrense. El líder demócrata cristiano Bernardo Leighton visitó al general Carlos Prats para manifestarle que estaba de acuerdo con la necesidad de una salida política al grave problema que sufría Chile, pero no emitió juicio respecto de la posición de su partido.

Un poco más tarde Óscar Guillermo Garretón visitó a Prats, líder aquel de la facción más de izquierda del dividido MAPU, sector que fue parte de una corriente venida de la Democracia Cristiana y que en 1973 se mimetizaba con el MIR. Garretón le manifestó a Prats que él se oponía a su propuesta para llevar las cosas hacia una «tregua política». Prats le preguntó si veía otra salida y Garretón, reconoció que ante las indecisiones del Gobierno, venía la guerra civil.

Para ratificar lo anterior, basta referirse a la reunión que sostuvo el general Prats con el presidente Salvador Allende en La Moneda a medio día del 18 de junio de 1973; en presencia del ministro de Hacienda Fernando Flores, y en la que el presidente informó a Prats que Unidad Popular había rechazado la «tregua política». Amargamente, el presidente manifestó comprender que no podría contar con la incorporación de las Fuerzas Armadas a su Gobierno, pero que podría incorporar personalidades civiles no pertenecientes a la Unidad Popular y que en tal caso, insistió sobre Prats, este podría tomar el cargo de ministro de Defensa, poniendo nuevamente en una situación incómoda al general frente al cuerpo de generales del Ejército. En la práctica lo que quedaba en Chile en junio de 1973 era el Gobierno de Unidad Popular y no de Salvador Allende.

El general Prats se limitó a hacerle ver al presidente lo obvio: que el tiempo jugaba en su contra y que deseaba que fuera capaz de encontrar una solución política que él, como militar, no podía imaginar. Por último le señaló al presidente que, bajo las condiciones imperantes, no se justificaba su presencia como ministro de Defensa.

Terminada la entrevista con Allende, Carlos Prats se reunió con el comandante en jefe de la Armada, Raúl Montero y con el comandante en jefe de la Fuerza Aérea, César Ruiz. Estos informaron que el presidente también les había solicitado la participación de sus instituciones en el Gobierno. Prats comentó que le había reiterado a Allende la negativa de ingresar al Gobierno, conforme con el acuerdo tomado en el consejo de generales.

Durante este día surgieron rumores de toma de postura colectiva con veladas críticas hacia el Gobierno en los grupos 7 y 10 de la Fuerza Aérea, pero la institución lo negó.

Vale decir que en aquel mes de junio de 1973 sucedieron hechos en Uruguay que muchos en Chile miraron como una solución digna de analizar y posible de seguir. El presidente José María Bordaberry, civil, con el apoyo de las Fuerzas Armadas, cerró el Congreso Nacional y prohibió toda actividad sindical y partidista, pasando de hecho, a un Gobierno dictatorial civil.

El sábado 23 de junio el presidente Allende citó a su casa en la calle Tomás Moro al ministro de Defensa José Tohá y a los tres comandantes en jefe, sin haber dado a conocer los temas a tratar a los tres uniformados. Allende sorprendió con una actitud majadera pero entendiblemente desesperada, al proponer a los comandantes en jefe su ingreso al Gobierno, sin referirse a algunos Ministerios en específico. El primero en responder fue el general Carlos Prats quien reiteró que era contraproducente la participación del Ejército sin un acuerdo o «tregua política» entre el Gobierno y la oposición. El almirante Montero y el general Ruiz estando de acuerdo con Prats, no emitieron opinión.

Era evidente que el presidente no contaba con el apoyo de la Unidad Popular y buscaba porfiadamente incorporar a las Fuerzas Armadas para «mantener el principio de autoridad». Carlos Prats entendía que el escenario en que el presidente proponía la incorporación militar daría la condición precisa para detonar la ruptura de la disciplina y del control civil, cuando se produjeran las inevitables discrepancias entre los ministros militares y los civiles de los partidos de la Unidad Popular.

El lunes 25 de junio se reunió el consejo de generales del Ejército y el comandante en jefe informó de las últimas conversaciones con el Gobierno y del último intento presidencial de incorporar a las Fuerzas Armadas. Notificó Prats a sus subalternos de su nueva negativa. Terminada su intervención tomó la palabra un general que habitualmente guardaba silencio en las sesiones, el general de brigada Sergio Arellano Starck, quien expresó que tampoco debía «aceptarse que un Militar sea ministro de Defensa Nacional». Ante esas palabras Prats recordó que una semana antes, cuando se descartó el Gabinete FF.AA.-U.P., Allende insinuó que Prats podría asumir como ministro de Defensa, lo que Prats también descartó. Concluyó el comandante en jefe del Ejército que ante su negativa, algún político, sin informarle a él ni al presidente, podría haber sondeado a algún general o almirante para ocupar dicho cargo.

Prats no quiso interrogar a Arellano sobre la razón de sus dichos. Tomaron también la palabra los generales Sergio Nuño, Carlos Araya y Arturo Vivero, intervenciones que revelaron la tensión permanente a la que estaba sometido el cuerpo de generales del Ejército.

Ese mismo lunes 25 de junio, se publicó en el diario «El Mercurio» de Santiago un extracto del libro *Curso breve de derecho penal*, de Pedro Ortiz Muñoz, publicado en 1945, extracto al que se le dio el título «La misión de las Fuerzas Armadas», el cual era muy sugerente dentro de las circunstancias que vivía Chile:

> Al defender el Derecho, las Fuerzas Armadas se defienden a sí mismas, no sólo porque son integrantes del cuerpo defendido, sino porque al suprimirse la norma jurídica que las creó y las mantiene, terminarían su propia vida legal. Ya sabemos lo que la fuerza sin Ley significa.

No hemos encontrado dificultades para determinar cómo deben actuar las Fuerzas Armadas, en defensa del Derecho, cuando se les imparten órdenes; si estas son válidas, deben cumplirse sin deliberar y si son nulas, deben dejarlas sin cumplimiento.

Nos queda por resolver el caso más delicado: aquel en que el derecho es vulnerado sin que se dé ocasión a ningún pronunciamiento ni positivo ni negativo de las Fuerzas Armadas. Aquel en que no median órdenes ni válidas ni nulas, porque los acontecimientos se desarrollan en forma físicamente pacífica.

Imaginémonos, por ejemplo, que los ciudadanos que intervienen en la política nacional o en la internacional, lleguen a tal grado de descomposición moral que, con sus actitudes contrarias a la Constitución y a las leyes, prescindiendo de sus deberes de mandatarios del pueblo, produzcan un caos interno o un grave peligro para la soberanía del Estado.

En un caso como este, ¿estaría facultada la fuerza legal para intervenir por su propia iniciativa en defensa del Derecho o para defender forzadamente el orden jurídico?

La respuesta no es dudosa. En ese caso, las fuerzas integrantes del Derecho victimizado tienen algo más que la simple facultad de intervenir; tienen la obligación de actuar en defensa del régimen democrático. Barridos los mercaderes del templo y con el restablecimiento inmediato de la Constitución y las leyes, deberá procederse sin demora alguna a colocar al Soberano (el Pueblo) en situación de elegir de inmediato sus nuevos mandatarios.

Los que no se dan cuenta de la alteración de la paz pública sino cuando se produce con violencia física, hablan de trastorno constitucional y de «Golpe de Estado», cuando la fuerza del Derecho actúa en circunstancia como la que estamos considerando. Hay que reparar que el verdadero trastorno, el «golpe» inicial, se produjo antes; esta actitud violenta no sería más que el contragolpe... (16) (21) (29) (34) (35)

LVIII. TANCAZO: 29 DE JUNIO DE 1973

En la mañana del miércoles 27 de junio el comandante en jefe de la II División de Ejército y comandante de la Guarnición de Santiago, general de brigada Mario Sepúlveda, informó al general Carlos Prats haber detectado actividades sospechosas en el Regimiento Blindado N° 2 de Santiago, razón por la cual se había detenido al capitán Sergio Rocha y a algunos suboficiales, que quedaron incomunicados mientras se desarrollaba la investigación destinada a esclarecer por qué fueron enviados camiones a barrios militares para llevar hacia el regimiento a suboficiales conductores y mecánicos de tanque, vestidos con uniforme de combate, cuando para esos días no estaba en programa la salida de unidades blindadas a terreno.

Comenzó el consejo de generales la mañana del mismo 27 de junio con una breve exposición del general Sepúlveda respecto de la investigación iniciada y del relevo del teniente coronel Roberto Souper Onfray del mando del regimiento investigado. Prats dejó escrito haberse sentido

> [...] amenazado por el presentimiento de que un hecho tan confuso, como el que originó la investigación que se desarrolla, es la punta de un grueso ovillo conspirativo, que se va a desenrollar precipitadamente

No estaba errado el comandante en jefe del Ejército, el golpe estaba programado para el martes 26 de junio y estaban involucrados varios coroneles, comandantes de regimientos y oficiales jóvenes a lo largo del país, quienes tenían contactos para desarrollar un trabajo conjunto con el Frente Nacionalista Patria y Libertad. Pero el desarrollo de la operación fue detectado por el Servicio de Inteligencia Militar, SIM, e informado a través del general Sepúlveda al general Prats, razón por la cual el movimiento fue cancelado.

La evaluación hecha por Patria y Libertad era que el presidente Allende contaba con el apoyo de los comandantes en jefe y un importante número de generales apegados a la doctrina Schneider y a la Constitución. Como contraparte se consideraba que había un gran número de generales y coroneles antimarxistas. Escapaba a esta definición el general de división Augusto Pinochet, quien era considerado un general «tapón», es decir, que obstruía el alzamiento militar. El otro supuesto que levantaban los líderes de Patria y Libertad era que Chile se encontraba en la misma encrucijada de España en 1936.

En Argentina estaba actuando el jefe del Frente de Operaciones de Patria y Libertad, Roberto Thieme, quien, como se señaló anteriormente, había montado una operación para reunir armamento y equipamiento militar y preparar comandos chilenos que reingresarían a Chile una vez recibida la instrucción y el equipamiento en la precordillera de Mendoza. Se le solicitó a Thieme que trasladara hacia un Paso en la zona sur todo el material que tenía almacenado en la base aérea de Morón en Buenos Aires, con el fin de apoyar el Golpe del 26 de junio, lo que tuvo que frenarse en forma abrupta dado el descubrimiento de la operación. Como estaba en marcha otro plan para derrocar a Salvador Allende, que incluiría a generales, minimizando así las probabilidades de división en el Ejército, es probable que la detección de este movimiento de junio llamado por Patria y Libertad el «Golpe Nacionalista», fuera frenado para que posteriormente el Ejército actuara monolíticamente y no sobre iniciativas de grupos atomizados.

Pero hubo una unidad militar, el Regimiento Blindado N° 2; que a pesar de haberse descubierto el complot, decidió seguir adelante, en solitario, sabiendo que un movimiento así no tenía destino, pero sería un acto simbólico donde se intentaba dejar en claro el descontento militar con el Gobierno del presidente Allende. En la noche del 28 y madrugada del 29 de junio, dirigentes de Patria y Libertad trataron de convencer a los efectivos militares del regimiento blindado que renunciaran al intento; excepto Manuel Fuentes, que persuadió al jefe Nacional, Pablo Rodríguez, de que se debía continuar el alzamiento con un solo regimiento. Se decidió finalmente apoyar a los militares hasta las últimas consecuencias. Después de dos días de alto estrés, rompiendo su costumbre, el general Carlos Prats se había quedado dormido después de sonar el despertador a las 06:30 de la mañana. A las 09:00 horas fue despertado por el teléfono privado que tenía junto al velador. Le llamaba el secretario general de la comandancia en jefe del Ejército, coronel Rigoberto Rubio, para informarle de que se había sublevado el Blindado N° 2 y que a esa hora estaba atacando el Palacio de La Moneda. Se habían desplegado tanques por los lados sur y norte del palacio de Gobierno, encabezando el alzamiento el comandante ya removido del regimiento, teniente coronel Roberto Souper. En ese momento el presidente Salvador Allende se encontraba en su residencia de la calle Tomás Moro, informado ya del alzamiento militar por el subsecretario de interior Daniel Vergara, que estaba en La Moneda.

Prats ordenó a Rubio mantener la comunicación con el general Augusto Pinochet, jefe de Estado Mayor, con el general Orlando Urbina y con el general Mario Sepúlveda, comandante de la Guarnición Militar de Santiago. Mientras tanto el comandante en jefe del Ejército se trasladó a la Escuela Militar a conferenciar con el comandante de Institutos Militares, general Guillermo Pickering. Prontamente llegó Prats a la Escuela Militar donde se reunió también con el director de la Escuela, coronel Nilo Floody Buxton. Pickering informó que ya había coordinado con Sepúlveda un plan de acción de regimientos y escuelas para sofocar el alzamiento. Prats habló telefónicamente con Sepúlveda quien le confirmó las medidas a tomar, las que en definitiva fueron aprobadas por el comandante en jefe. Entre dichas medidas estaba la orden dada al Regimiento Tacna de tomar el cuartel del Blindado N°2 para evitar que fueran reabastecidos los tanques que estaban atacando La Moneda. Prats llamó a su oficina para que se transmitiera al general Pinochet o al general Urbina la necesidad de mantener enlace con las guarniciones de provincias.

Entre tanto, la Guardia Presidencial de Carabineros se preparaba para resistir a los amotinados manteniéndose con firmeza dentro del

Palacio de Gobierno, grupo que fue reforzado con más carabineros que llegaron en un bus que se estacionó en la calle Moneda frente a la casa gubernamental. También se sumaron a la defensa policías civiles de Investigaciones, fuertemente armados, para resistir desde un palacio con las puertas cerradas.

Carlos Prats tomó la decisión de dirigirse hacia el Regimiento de Artillería N° 1 Tacna para verificar el cumplimiento de la misión que se le había encomendado a esta unidad. Prats quiso cerciorarse que este regimiento, que había sido la base del motín del general Roberto Viaux en octubre de 1969; respondiera a las órdenes que había recibido. A alta velocidad se desplazó hacia dicho regimiento, acompañado de una escolta de la Escuela Militar. Al llegar pudo verificar que el Tacna iba saliendo a cumplir con la misión asignada. El comandante de este regimiento, coronel Joaquín Ramírez Pineda, expresó a Prats que su gente cumpliría con lo ordenado sin ningún tipo de vacilaciones. Acto seguido y ya algo más tranquilo, Prats se desplazó hacia la Escuela de Suboficiales, poderosa unidad militar cuyo rápido desplazamiento sería clave para el éxito del ataque a los sublevados por el lado sur del Palacio de La Moneda.

Al entrar al patio de honor de la Escuela el general Prats constató que las distintas compañías estaban recibiendo la munición que utilizarían en la operación. El director de este Instituto, coronel Julio Canessa Roberts, dio la voz de alto para que el comandante en jefe del Ejército se dirigiera a los jóvenes dragoneantes[18]. Prats les informó que el Regimiento Blindado N° 2 se había amotinado y que en esos momentos estaba atacando el Palacio de La Moneda y el Ministerio de Defensa Nacional y que la obligación que tenían era defender al Gobierno Constitucional. Acto seguido, Prats se dirigió a la oficina de Canessa para ver salir a la Escuela a cumplir la orden. El director muy alterado le explicó al general que los oficiales no querían salir, pero que él saldría a cumplir con lo ordenado con los suboficiales y tropas que lo siguieran, razón por la cual Prats ordenó a Canessa reunir a la oficialidad frente a su oficina para que estos le explicaran su proceder. Un mayor señaló que no estaba en rebeldía pero que no quería disparar en contra de sus camaradas de armas. Otro oficial mani-

---

18   Cadetes que desempeñan provisionalmente funciones superiores a su rango.

festó tener un hermano entre los oficiales del Regimiento Blindado. El comandante en jefe del Ejército, sin atender las explicaciones dadas, les habló en forma tajante señalándoles que salir a sofocar el alzamiento del regimiento rebelde era una orden de la cual él era exclusivo responsable, porque en su calidad de comandante en jefe tenía el deber de reprimir a los amotinados y que ellos, los oficiales que lo escuchaban, tenían el deber de obedecerle. Les aclaró que el no querer salir a sofocar el motín significaba que estaban comprometidos en el complot y en tal caso era mejor que lo mataran, reafirmando que él defendería La Moneda con quienes lo quisieran seguir.

Después de una corta vacilación los oficiales se comprometieron con su comandante en jefe a cumplir con su deber y la misión que se les había ordenado. Pasada las 10:30 de la mañana comenzaron a salir las compañías de la Escuela de Suboficiales.

Prats avanzaba lentamente a bordo de su auto por calle Dieciocho delante de la columna de dragoneantes mandada por el coronel Canessa. Durante el recorrido hasta la Avenida Bernardo O'Higgins el general Prats concluyó que no era lógico pensar que el Regimiento Blindado N° 2 estaba sólo en la aventura golpista. Debería haber otros regimientos que en parte o totalmente podrían estar comprometidos o a la espera de los resultados iniciales del movimiento. Por lo tanto, concluía que se debía sofocar lo más rápidamente posible el alzamiento de tal modo que no se sumaran otras unidades militares de Santiago o de provincias.

Otro aspecto a considerar era la posible intervención de la extrema izquierda y la extrema derecha, lo que agravaría aún más la situación, por lo que Prats se autoimpuso el objetivo de terminar todo antes de medio día.

En una llamada telefónica el coronel Rigoberto Rubio, informó que se había presentado en la comandancia en jefe el teniente José Gasset del regimiento sublevado, afirmando haber sido engañado. Prats ordenó a Rubio retener al joven oficial y que el general Urbina indagara las declaraciones.

En la esquina de la calle Dieciocho con la Avenida Bernardo O'Higgins el general Prats descendió de su auto y avanzó caminando por la calzada sur hacia el oriente, portando un subfusil Thompson. Cuando llegó a la calle Lord Cochrane esperó al coronel Canessa.

Numerosos curiosos se habían congregado para observar el movimiento de las tropas, con el consiguiente peligro para esos civiles. La mayoría aplaudía, en presunción de que se trataba de militares leales al Gobierno.

Prats ordenó a Canessa que desplegara la Escuela a todo lo ancho de la Avenida Bernardo O'Higgins y emplazaran las armas pesadas. Queriendo terminar con el motín sin que se desatara la lucha entre soldados de un mismo ejército, el comandante en jefe decidió correr lo que él llamó «un riesgo calculado». Buscó parlamentar con los amotinados para hacerles desistir y evitar el enfrentamiento que seguro causaría muchísimas bajas entre militares y los civiles que no se alejaban del lugar.

Después de recibir la absolución del Capellán Militar Villarroel, Prats avanzó hacia la Plaza de la Libertad, frente al Palacio de La Moneda por el lado sur, acompañado del Subdirector de la Escuela de Suboficiales, teniente coronel Osvaldo Hernández, del capitán Roger Vergara y del sargento primero Omar Vergara. El grupo caminó en forma decidida hacia el tanque más próximo, que se encontraba en la esquina de Teatinos con la Avenida Bernardo O'Higgins.

El comandante del tanque les encañonó con su ametralladora pero no disparó. Prats le conminó a bajar, identificarse, acatar sus órdenes y entregarse a la Escuela de Suboficiales. Esta acción se repitió con todos los tanques y carros blindados que se encontraban en el lado sur del Palacio de La Moneda. Al llegar el comandante en jefe del Ejército a un blindado sobre el cual estaba el teniente Mario Garay, este se resistió a obedecer al general, retrocedió y preparó su arma para disparar. En ese momento, en forma providencial, se acercó por detrás del tanque el ayudante del general Carlos Prats, mayor Osvaldo Zavala, que iba al encuentro de su jefe. Zavala saltó rápida y silenciosamente sobre el tanque y sorprendió a Garay al ponerle su pistola en la sien y desarmarlo. Con la caída de Garay quedaba la situación controlada en el lado sur de La Moneda. Se vieron algunos tanques y carros saliendo raudamente del lugar en dirección al sur. En esos momentos se acercaron a Prats el almirante Raúl Montero y el general César Ruiz para manifestarle su adhesión. Sólo restaba lograr la rendición del comandante Souper quien permanecía con un grupo de blindados en el lado norte de La Moneda. Prats ordenó a su ayudante que se dirigiera hacia donde estaba Souper, llevando al teniente Garay como rehén. Al llegar Zavala frente a Souper y sus hombres, el ayudante de Prats fue engañado y le arrebataron a Garay. Zavala volvió sobre sus pasos mostrando su nuca a Souper, gritando al mismo tiempo: «¡disparen acá!».

Los amotinados no se atrevieron a matarlo. Acto seguido Roberto Souper emprendió la huida por calle Teatinos hacia el sur, seguido de los últimos blindados que lo acompañaban.

Prats ordenó el avance de la Escuela de Suboficiales para tomar posiciones en el lado sur de La Moneda, mientras aún se producían algunos tiroteos en el área. El comandante en jefe del Ejército entró por la puerta sur del Palacio de La Moneda, avanzó por su interior ordenando abrir la puerta de la calle Moneda en el lado norte. En ese momento llegó el Regimiento de Infantería N°1 Buin, encabezado por el jefe de Estado Mayor, general Pinochet y el coronel Felipe Geiger, comandante de ese regimiento. Al ver a Prats, Pinochet se acercó y lo abrazó.

Muy pronto y mientras aún se oían algunos disparos llegó el presidente, acompañado por sus edecanes, custodiado por su guardia personal GAP, con apoyo de dos tanquetas de los carabineros. El general Prats lo esperaba en la puerta principal acompañado del general Pinochet y del director general sustituto de Carabineros, general Ramón Viveros.

Prats informó a Allende detalles de lo acontecido. Acto seguido el comandante en jefe del Ejército se dirigió hacia su oficina en el Ministerio de Defensa, en cuyo trayecto se encontró, en calle Morandé, con la columna militar que venía desde el oriente encabezada por el general Guillermo Pickering. Al llegar a su oficina, Prats se enteró de otros detalles de los sucesos.

Un tanque había trepado por las escaleras de acceso al Ministerio de Defensa abriendo fuego hacia el interior, matando a un suboficial del Ejército. Rescató al capitán Sergio Rocha que se encontraba detenido por el complot descubierto tres días antes. Rocha se dirigió al cuartel del regimiento blindado amotinado, donde encabezó la defensa ante el ataque que en esos momentos sufría el cuartel, ubicado en la Avenida Santa Rosa, por parte del Regimiento Tacna.

En la acción Rocha fue herido, al resistirse cuando se le quiso hacer prisionero. Souper recorrió sin rumbo con su columna de tanques por la Avenida Matta, hasta que decidió retornar a su cuartel en la Avenida Santa Rosa para ingresar violentamente al recinto que estaba rodeado por militares del Regimiento Tacna. El comandante Roberto Souper se entregó finalmente al comandante en jefe de su División, general Mario Sepúlveda y el Regimiento Blindado fue entregado al coronel Joaquín Ramírez Pineda.

El fallido alzamiento dejó numerosos muertos y heridos de distinta consideración. En la noche del día 29 de junio se informó de un militar fallecido, el sargento Rafael Villena, quien fue ultimado con la ametralladora del tanque que derribó las puertas del Ministerio de Defensa con el fin de rescatar al capitán Sergio Rocha. Se contabilizaban también cinco muertos civiles, Leontina Reyes, Victoria Sánchez Carrasco, Luciano Caro, Carlos Fuentes y Leonardo Henricksen, periodista y camarógrafo argentino que filmó a quienes le dispararon.

En cuanto a los heridos de gravedad, en la noche del mismo 29 de junio había cinco en la Posta Central, uno en el Hospital del Trabajador y otro en la Posta 3; lo que entregaba un total de siete civiles en esta condición. En lo que se refería a militares, en el Hospital Militar había once heridos graves pertenecientes a las filas del Ejército y había también catorce civiles con heridas a bala de mediana gravedad.

Terminado el conato de golpe se inició proceso en el Segundo Juzgado Militar. Prats nombro como Fiscal Administrativo del caso al general de brigada César Benavides, para definir responsabilidades y aplicar sanciones a los ocho militares identificados como líderes del frustrado alzamiento, en el que se presumía había comprometidos de mayor jerarquía y que lo visto en la mañana del 29 de junio era sólo «la punta del iceberg».

En cuanto al Frente Nacionalista Patria y Libertad, sus cincos máximos líderes, Pablo Rodríguez, John Schaeffer, Benjamín Matte, Manuel Fuentes y Juan Hurtado, se asilaron en la Embajada de Ecuador en Santiago la tarde del 29 de junio de 1973 proclamando haber sido traicionados. Esta decisión la tomaron a pesar de lo que desde Argentina les había pedido Roberto Thieme quien veía el asilo de estos líderes como sinónimo de descabezamiento de su movimiento.

Uno de los hechos colaterales más preocupantes que dejó este alzamiento, bautizado en 1973 por políticos y medios de comunicación como «tancazo» que con los años derivó a ser llamado «tanquetazo», fue el robo de ametralladoras pesadas y municiones desde el cuartel del Blindado N° 2 la madrugada del 28 al 29 de junio, mientras los tenientes Edwin Dimter, René López, Antonio Bustamante, Mario Garay, Carlos Martínez y Raúl Jofré preparaban a su gente y el material para iniciar el motín. El material lo habría robado miembros de Patria y Libertad en complicidad con el teniente José Gasset Ojeda, hermano de un líder del movimiento de ultra derecha. Gasset se asiló posteriormente en la Embajada de Paraguay, pero Carlos Prats solicitó expresamente al Gobierno que no se le extendiera el salvoconducto para salir de Chile hasta que no apareciera el poderoso armamento robado en el cuartel del Regimiento Blindado. Prats le ordenó a Gasset, a través del Servicio de Inteligencia Militar, que gestionara la devolución de las armas si quería abandonar Chile.

Ese mismo viernes 29 de junio el Gobierno solicitó al Congreso Nacional que se implantara el Estado de Sitio, solicitud denegada por el Poder Legislativo, por lo que el Gobierno decretó Estado de Emergencia en todo Chile.

El Gobierno también convocó a una masiva concentración en la Plaza de la Constitución. Desde una ventana de La Moneda habló el presidente Allende en un evidente estado de abatimiento interior, y solicitó a los asistentes que lo dejaran hablar sin que lo interrumpieran.

Fue un largo discurso de Salvador Allende aquella noche frente a una masa enfervorizada, una alocución donde parecía estar empeñado en dejar en claro que las Fuerzas Armadas estaban con él y su Gobierno, repitiendo incesantemente nombres, grados y cargos militares, dando a entender que cada uno de los nombrados eran el sostén militar de su revolución y en realidad no habían hecho más que cumplir con lo que les imponía el reglamento y la Constitución y otros, quizás la mayoría, se sumaron a sofocar rápidamente una asonada que ponía en riesgo la unidad dentro de cada institución armada, y ponía en peligro la paz. Fueron mencionados los generales Carlos Prats, Augusto Pinochet, Orlando Urbina, Mario Sepúlveda, Guillermo Pickering, del Ejército, César Ruiz de la Fuerza Aérea, Ramón Viveros de Carabineros y el almirante Raúl Montero, coroneles Joaquín Ramírez Pineda y Felipe Geiger del Ejército, mayor Osvaldo Zavala del Ejército y el teniente

Pérez de Carabineros, a quien el motín lo sorprendió como jefe de la guardia en el Palacio de La Moneda, al sargento segundo de Ejército Rafael Villena, muerto en el Ministerio de Defensa y al sargento segundo de Carabineros Mario Humberto Reyes y al Carabinero Luís Venegas Jara. Estos dos últimos habían izado el pabellón nacional en La Moneda cuando ya se había iniciado la balacera. Nombró Allende las unidades militares que fueron utilizadas para sofocar el motín: Regimiento Buin, Regimiento Tacna, Escuela de Suboficiales, Escuela de Telecomunicaciones y Escuela de Paracaidistas. Reiteradamente Allende rindió homenaje a las Fuerzas Armadas, a lo que él llamó «las fuerzas leales del Ejército de Chile, de la Armada Nacional y de la Aviación», con un tono de epopeya y grandilocuencia.

Rindió también homenaje a los cinco civiles que habían perdido la vida durante la asonada, para después repetir su solicitud a la muchedumbre que lo escuchaba para que rindiera homenaje a las Fuerzas Armadas de Chile, a las fuerzas de Carabineros y de Investigaciones que truncaron el golpe. Hizo mención a la presencia del ministro de Defensa en el Senado el día anterior, quien había acudido a entregar los antecedentes que tenía el Gobierno en su poder respecto de la encerrona y casi linchamiento de que había sido objeto el general Carlos Prats en el sector de la Costanera el día 27 de junio. En esa sesión los senadores señalaron no creer lo que expresaban los ministros. Ante este relato los adherentes de Allende comenzaron a gritar «¡¡A cerrar, a cerrar, el Congreso Nacional!!» Allende respondió que no cerraría el Congreso, lo que hizo que se ganara un sonoro abucheo de sus partidarios, pero expresó que llamaría a un plebiscito para que el pueblo se pronunciara al respecto. Públicamente reconoció que Chile se encontraba al borde de la guerra civil.

En medio del discurso, Salvador Allende hizo que se asomaran por la ventana donde él estaba, a cada uno de los comandantes en jefe y al director general de Carabineros para que, según lo señaló el Gobierno, el pueblo no viera en todas las Fuerzas Armadas a un enemigo. Pero aquella escena causó escozor al interior de las instituciones castrenses pues se interpretó en la oficialidad como que los comandantes en jefe ponían la imagen de cada institución armada en un acto de evidente índole política.

Finalmente, el presidente Allende expresó que había que crear poder popular pero no antagónico al Gobierno. Claramente era un mensaje dirigido a los grupos más radicales de su partido y al MIR que, sin ser parte de Unidad Popular, acudía a los actos de la izquierda desarrollando una permanente estrategia de agitación.

Al día siguiente, sábado 30 de junio, el general Carlos Prats permaneció todo el día en su oficina abordando los problemas creados por la asonada del día anterior. Entretanto, los almirantes habían propuesto una reunión conjunta con generales del Ejército y de la Fuerza Aérea para ese día, con el fin de «orientarse de la situación que se vive y uniformar criterios». El almirante Raúl Montero y el general César Ruiz hablaron con Prats para informarle de esto y solicitar su autorización para que concurrieran cinco generales del Ejército a dicha reunión.

Prats dio su aprobación con la condición que al término de la reunión acudieran a ella los comandantes en jefe. A las 20:30 concurrieron los tres jefes de las Fuerzas Armadas. Estaban presentes cinco generales del Ejército, cinco de la Fuerza Aérea y cinco almirantes.

Los generales de la Fuerza Aérea y los almirantes se manifestaron preocupados por la situación del país; problemas que los comandantes en jefe ya habían expuesto al presidente de la República. Acto seguido un almirante expresó con sinceridad que la oficialidad joven simpatizaba con la acción ejecutada por el Regimiento Blindado N°2.

Como comandante en jefe más antiguo habló el general Prats quien expresó que Chile tenía un problema político que debían resolver los políticos mediante un acuerdo entre la izquierda instalada en el Poder Ejecutivo y el centro y la derecha que controlaban el Poder Legislativo. Continuó su intervención haciendo ver los peligros asociados a una eventual presión militar. Añadió que la intervención militar, cualquiera que fuera la forma que tomara, llevaría a las Fuerzas Armadas a implantar una sangrienta tiranía.

El almirante Montero y el general Ruiz manifestaron estar de acuerdo con los conceptos vertidos por el comandante en jefe del Ejército. Por su parte, los generales y almirantes presentes, se manifestaron de acuerdo con la necesidad de que se concretara una tregua política y plantearon la urgencia de adoptar medidas desde el punto de vista de la Defensa Nacional.

El balance final del mes de junio era muy negativo. Todos veían la tragedia en que estaba metido Chile, pero muy pocos intentaban hacer algo sin mezquindad para evitar que el caos generalizado se transformaran en un derramamiento de sangre. Esto ya había ocurrido, como un presagio tangible de lo que vendría.(16) (21) (27) (28) (29) (42)

LIX. ALLENDE INSISTE CON LAS FUERZAS ARMADAS

A medio día del domingo 1 de julio el general Óscar Bonilla informó al general Carlos Prats sobre la conversación que había sostenido con el expresidente Eduardo Frei Montalva, de quien Bonilla había sido edecán militar. Frei había manifestado que la Democracia Cristiana estaba dispuesta a llegar a un acuerdo con el Gobierno si se creaba un Gabinete de carácter cívico-militar. Prats, manifestó a Bonilla que si aquello significaba desplazar a los partidos de Unidad Popular, no podía considerarse como una buena noticia.

A las cuatro de la tarde, Carlos Prats se reunió con los socialistas Carlos Altamirano, Ariel Ulloa y Rolando Calderón. Les sinceró que el suceso protagonizado por el Blindado N°2 era una muestra del ánimo que imperaba en las Fuerzas Armadas. Los dirigentes socialistas se centraron en esto último, manifestándose resentidos por la tendencia golpista de las Fuerzas Armadas, pero de la urgente necesidad de acuerdo entre los políticos que también les hizo ver Prats, no dijeron nada.

Más tarde, a las 17:30 horas, el presidente Allende se reunió con el ministro de defensa José Tohá y con los tres comandantes en jefe. Estos últimos transmitieron a Allende la visión de los generales y almirantes expresada el día anterior y que formalizarían en un documento, donde se referirían a la dramática necesidad de un acuerdo político y la implantación de un programa que mitigara la aguda crisis económica que vivía Chile.

A las 10 de la noche, el general Prats se reunió con los dirigéntes de la CUT Luís Figueroa, Rolando Calderón y Jorge Godoy quienes manifestaron su preocupación frente a la posibilidad de un golpe militar y la voluntad de los trabajadores de defender el Gobierno Constitucional a toda costa, junto con las fuerzas militares que se mantuvieran leales al Gobierno. Estas palabras eran un mensaje al general, a quien veían como el líder de las posibles fuerzas militares que defenderían al Gobierno en el caso de un golpe, mostrándose dispuestos a recibir armas para dar la lucha junto a las fuerzas militares progubernamentales. Carlos Prats fue categórico en su respuesta al expresarles que el enfrentamiento de masas de civiles armados con fuerzas militares tendría como consecuencia una horrible masacre. Además, les insistió Prats, la defensa contra el golpismo estaba en los acuerdos políticos.

El lunes 2 de julio el presidente Allende reunió al Consejo Superior del Seguridad Nacional para informar que, dada la situación interna, era necesario conformar un nuevo gabinete ministerial, sorprendiendo con el hecho de insistir en la incorporación de las Fuerzas Armadas. Además dio a conocer el Plan de Emergencia Económica preparado por Clodomiro Almeyda y el ministro Fernando Flores.

Nadie hizo comentarios pero una vez terminada la sesión se reunieron el ministro Tohá, los comandantes en jefe y el presidente Allende. A Prats le propuso que asumiera nuevamente como ministro del Interior y que la Armada y la Fuerza Aérea ocuparan los Ministerios de Hacienda y Obras Públicas y Transporte respectivamente.

Los tres militares guardaron silencio por lo que Allende les pidió que le dieran la respuesta al día siguiente. El presidente de la República porfiaba en incorporar a militares a su Gobierno, pero no como garantes para todos los sectores políticos, sino como garantes de la ejecución de su programa de Gobierno, que no tenía el apoyo mayoritario de los chilenos. El presidente Allende había hecho malos cálculos respecto del comportamiento de todos los militares que nombró en su discurso de la noche del 29 de junio.

Aquellos militares no salieron a defender el Programa ni al Gobierno de Unidad Popular, salieron a defender, como les expresó Carlos Prats a los oficiales de la Escuela de Suboficiales, al «Gobierno Constitucional», es decir, a aquel que encabezaba el ciudadano

Salvador Allende, quien como candidato obtuvo la primera mayoría relativa en la elección del 4 de septiembre de 1970 y que fue elegido presidente por parte del Congreso, en conformidad con lo que estipulaba la Constitución de 1925.

De ahí el calificativo de «Gobierno Constitucional».

Al salir de la reunión con el presidente, el general Carlos Prats explicó al general Augusto Pinochet lo acontecido y le solicitó que convocara el Consejo de generales para la mañana siguiente.

A las 8:30 del martes 3 de julio se reunió el Consejo de generales del Ejército, donde se emitió una opinión negativa unánime respecto de la participación incondicional del comandante en jefe en el Gobierno.

A media mañana se reunió Prats con el presidente para manifestarle una vez más lo que le había expuesto en otras oportunidades, que el Ejército no deseaba comprometerse en tareas de Gobierno de manera incondicional. Por lo demás no le correspondía. Si se trataba de respetar la tan citada «doctrina Schneider», el Ejército no debía ocupar cargos políticos como el de ministro de Estado. Carlos Prats decidió poner su cargo de comandante en jefe a disposición del presidente de la República. Allende le pidió que esperara, pues tenía que conversar con el almirante Montero y el general Ruiz. Carlos Prats salió del despacho presidencial y esperó a que terminara la reunión. Al finalizar esta, Allende hizo entrar nuevamente al general Prats y lo presionó informándole que tanto Montero como Ruiz habían aceptado un Ministerio para sus instituciones. El presidente de la República parecía no entender que la decisión tantas veces transmitida por el general Prats era una decisión institucional, no personal. Prats se retiró de la oficina presidencial sin emitir juicio alguno y a las 13 horas se reunió nuevamente con los generales en lo que fue una tensa sesión.

Después de informar la incómoda situación, los generales Óscar Bonilla y Carlos Araya le sugirieron a Prats que renunciara a la comandancia en jefe del Ejército y que aceptara el cargo de ministro del Interior como general en retiro. Prats rechazó la sugerencia contestando que si se retiraba no aceptaría un cargo político, sino que se iría a su casa. El general Araya fue más lejos y con frialdad y franqueza le comentó a Prats que la oficialidad joven tenía una imagen negativa de él. Prats le reprochó que si eso era así, se debía a que los generales no habían sabido transmitir lealmente su pensamiento profesional. Los graves problemas internos que tenía el Gobierno del presidente Allende, la incapacidad del Primer Mandatario de imponerse como líder de su coalición, la inflexibilidad para ceder en algunos aspectos, principalmente del área económica, estaban repercutiendo en el Consejo de generales del Ejército, generando tensiones por la insistencia de Allende de arrastrar políticamente a la institución para que esta le diera apoyo a un Gobierno que ya no lo tenía ni en los propios partidos que lo componían.

En medio de la tensión del debate, Carlos Prats decidió enviar a La Moneda una comisión integrada por los generales Orlando Urbina, Óscar Bonilla, Mario Sepúlveda y Guillermo Pickering para que conversaran con el presidente de la República y ellos mismo le expusieran el criterio del Cuerpo de generales, que privilegiaba el objetivo de restablecer y fortalecer la disciplina interna, considerando además que no se habían creado las condiciones adecuadas para una participación neutral de las Fuerzas Armadas.

Allende finalmente entendió y aceptó que el Ejército no participara en el Gobierno. A las 16:30 los cuatro generales comisionados por Prats le informaron del resultado de su reunión con el presidente.

A las 17 horas se reunieron los tres comandantes en jefe con el presidente en La Moneda, quien les informó que había decidido no insistir en la participación de las Fuerzas Armadas en el Gobierno, agradeciendo al almirante Montero y al general Ruiz su buena disposición. (16)

LX. TENSIONES Y DESCONFIANZAS EN EL INTERIOR DEL EJÉRCITO

En la investigación sobre el motín del Regimiento Blindado N°2; el miércoles 4 de julio por la mañana el general de brigada César Benavides, nombrado Fiscal Administrativo, presentó un informe preliminar al comandante en jefe del Ejército, general Carlos Prats, en presencia del jefe de Estado Mayor, general de división Augusto Pinochet.

Benavides había logrado confirmar los antecedentes que ya se tenían el viernes 29 de junio, los que involucraban a oficiales jóvenes de Regimiento Blindado N°2 en la ejecución del motín bajo el mando del teniente coronel Roberto Souper y en colaboración con los líderes del Frente Nacionalista Patria y Libertad, que apoyaría la acción por medio de grupos de civiles armados.

A la par de la confirmación, emergen inquietantes nuevos elementos de análisis. La tarde del 28 de junio se había efectuado una reunión en el casino de oficiales del Regimiento que al día siguiente saldría con sus tanques a las calles de Santiago.

En dicha reunión se acordó no aceptar el relevo del mando del regimiento del teniente coronel Souper, cambio que se efectuaría el viernes 29. En esta reunión habría estado el capitán de Blindados Claudio Lobo, exoficial de órdenes del jefe de Estado Mayor, general Augusto Pinochet. De acuerdo con la información que se tenía, Lobo «habría tratado de disuadir» a quienes conspiraban para que desistieran de la acción que planificaban.

En el mencionado pre informe quedaba establecido que el Fiscal Administrativo aún no reunía ningún antecedente que condujera a concluir que hubiera habido otras unidades militares de Santiago comprometidas con el complot. Para el comandante en jefe del Ejército era muy difícil creer que en las acciones del 29 de junio sólo hubiera estado involucrado un regimiento y sólo un oficial con el grado de teniente coronel.

Prats expresó además a Pinochet su extrañeza por la presencia de su exoficial de órdenes cuando se planificaba la salida de los tanques hacia La Moneda sin que informara al respecto. Pinochet respondió que él estaba también desconcertado por el proceder del capitán Lobos.

El jefe de Estado Mayor, general Pinochet, seguramente estaba informado del complot, porque fue el SIM el que alertó de este el 26 de junio buscando abortar un levantamiento en el que no estaba involucrado todo el Ejército. Había que detener la asonada y esperar el momento propicio para cuando estuviera segura una intervención de las Fuerzas Armadas en su totalidad. Pinochet ya había alertado a Prats a principios de junio cuando le señaló al comandante en jefe sobre la posibilidad de que los hechos se precipitaran dentro del Ejército.

Por la tarde de aquel día Carlos Prats vivió un hecho curioso, pero grave. Lo visitó el periodista Álvaro Puga, de reconocida oposición al Gobierno, quien era visto como un integrante de Patria y Libertad. Puga llegó a la oficina de Prats llevándole una cinta grabada donde se podía oír la conversación que tuvo el general desde su automóvil con el coronel Rigoberto Rubio, cuando este lo llamó desde su oficina en el Ministerio de Defensa para informarle de la presencia del teniente Gasset. Puga esperó un comentario de Prats, pero este no emitió juicio alguno. Recibió en silencio el mensaje que la extrema derecha tenía interceptada las comunicaciones del Ejército.

Dentro del cuerpo de generales del Ejército continuaban las tensiones. Los generales Óscar Bonilla y Carlos Araya le sugirieron al general Guillermo Pickering que se fuera del Ejército. Pickering informó de esto al comandante en jefe y puso su cargo a disposición si eso le facilitaba las cosas a Prats; pero este ratificó su confianza en Pickering y citó a los generales Augusto Pinochet, Óscar Bonilla y Carlos Araya para expresar, en presencia del jefe de Estado Mayor, que no aceptaba que invadieran las atribuciones exclusivas del comandante en jefe del Ejército.

Ambos generales interpelados argumentaron que sólo habían querido aconsejar a un «compañero de curso». Prats cerró la reunión solicitando al general Pinochet investigar el asunto.

A las 16:00 horas del 5 de julio se constituyó el Comité de Inteligencia de las Fuerzas Armadas presidido por el jefe de Estado Mayor de la Defensa Nacional, vicealmirante Patricio Carvajal, instancia a la que asistieron el general Carlos Prats, el almirante Raúl Montero y el general César Ruiz. El objetivo de la sesión era plantear la necesidad de un esquema de registros domiciliarios usando las facultades que entregaba la Ley de Control de Armas. Según las informaciones que habían obtenido los servicios de inteligencia, en fábricas, sedes políticas, y poblaciones marginales donde se apoyaba a Unidad Popular se estaban efectuando acopios de armas y otro tipo de elementos utilizables para agredir a adversarios. Prats manifestó su conformidad siempre y cuando se aplicara la Ley ante denuncias responsables, sujeto a los procedimientos que la Ley contemplaba y aplicándose sin diferenciación política, tanto a grupos de izquierda como de derecha. El almirante Montero y el general Ruiz concordaron con el enfoque que Prats le dio al asunto. (16)

LXI. NUEVO CAMBIO DE MINISTROS

El Gobierno había intentado la promulgación parcial de la Reforma Constitucional que establecía la exigencia de ley para la estatalización de las empresas, por medio de un Decreto Supremo. La Contraloría General de la República rechazó dicho decreto argumentando que la promulgación de dicha Reforma Constitucional debía ser total y no parcial o que correspondía la llamada a plebiscito.

El 5 de julio se realizó el octavo cambio de Gabinete en el Gobierno del presidente Allende, donde fueron reemplazados siete ministros de un total de quince.

Los nuevos ministros fueron los siguientes: en Interior Carlos Briones Olivos del Partido Socialista, en Economía, Fomento y Reconstrucción José Cademártori Invernizzi del Partido Comunista, en Educación Edgardo Enríquez Frödden del Partido Radical, en Defensa Nacional Clodomiro Almeyda Medina del Partido Socialista, en Agricultura Ernesto Torrealba Morales del Partido Socialista, en Trabajo y Previsión Social Jorge Godoy Godoy del Partido Comunista y en Minería Pedro Ramírez Ceballos de la Izquierda Cristiana.

Después de tomar su cargo cada uno de los nuevos ministros, el presidente Allende pronunció unas palabras que es importante considerar analizar:

Los trabajadores, el pueblo, como siempre, han estado desde hace meses en una actitud responsable, vigilante, comprendiendo su gran obligación de defender la convivencia democrática, impedir el enfrentamiento entre chilenos y rechazar, violentamente la tenebrosa tentativa de de provocar una guerra civil entre nosotros. Ellos saben que su tarea constructiva, creadora, en el campo de la producción es la mayor garantía para asegurar la paz y el progreso del país.

El pueblo chileno, sus trabajadores, siempre han sido personas de paz y valoradoras de la democracia, pueblo que jamás promovió la guerra civil. No fue el pueblo chileno, ni sus trabajadores, los que a partir de 1965 impulsaron y validaron como método de acción política la vía violenta, sino los dirigentes del Partido Socialista. Tenía razón también el presidente Allende al señalar que a través de la capacidad constructiva de los trabajadores se aseguraba la paz y el progreso de Chile, no por medio del enfrentamiento de clases al que había conducido al país el Gobierno del presidente Allende y Unidad Popular. Sólo el trabajo diario de todos los chilenos ayudaría a Chile a salir del subdesarrollo en que siempre había estado.

Contrasta su actitud (la de los trabajadores) con la de aquellos otros que buscan la aventura sin medir las consecuencias, aventura que es consustancial a la destrucción, a la quiebra económica, al caos, al mercado negro. Ellas son las bases para la quiebra violenta del régimen institucional. Y así comienza, como lo que ocurrió aquí ese día trágico y triste, la guerra civil.

El presidente Allende obviamente se estaba refiriendo a los instigadores de la asonada del 29 de junio, a los civiles y militares y a los militares ejecutores de la misma, la cual había cobrado una gran cantidad de vidas y muchísimos heridos. Pero cabe también preguntarse, ¿quiénes habían buscado en Chile la aventura sin medir las consecuencias? La aventura que ese 5 de julio de 1973 refirió el presidente Salvador Allende se resumía en su afirmación en el Congreso Nacional el 21 de mayo de 1971 cuando declaró que su Gobierno y Chile marcharían «sin guía por un terreno desconocido».

Fustigó también el presidente el golpismo instigado por la extrema derecha, refiriéndose sin nombrar al grupo Patria y Libertad. Agradeció a las Fuerzas Armadas, Carabineros e Investigaciones, la actitud decidida que habían tomado para sofocar la asonada del 29 de junio.

Así mismo agradeció Allende a los gobiernos y políticos que habían enviado su solidaridad y apoyo a su Gobierno, posterior al alzamiento de los blindados, entre ellos el presidente Luís Echeverría de México y Héctor Cámpora de Argentina, quienes llamaron personalmente por teléfono. Agradeció al presidente del Consejo de Estado de Bulgaria, al presidente del Frente Unido Nacional de Camboya, al presidente de Corea, al presidente de Guinea, a los presidentes de Vietnam del Norte y Vietnam del Sur, al presidente de Yugoeslavia, al presidente de Cuba Osvaldo Dorticós, al Primer ministro de Cuba, Fidel Castro, al presidente de Perú Juan Velasco Alvarado, y al expresidente de Ecuador José María Velasco Ibarra.

Quiso aclarar también la forma en que se había gestado el nuevo gabinete ministerial, y desmentir versiones que habían circulado en los medios de comunicación de la oposición:

Se ha especulado mucho respecto a la formación del Gabinete, especialmente se han hecho comentarios infundados. Se ha insistido y aseverado en la prensa, que el presidente de la República habría recibido sugerencias concretas, cinco puntos, exigencias de las Fuerzas Armadas.

Esto no ha ocurrido, no puede ocurrir. Y no ocurrirá.

Hay conciencia democrática y el acatamiento de las Fuerzas Armadas al Poder Civil. Y porque yo, guste o no guste a algunos, confío en la dignidad del cargo que desempeño y sé cuáles son las atribuciones que me otorga la Constitución. He sido yo el que ha resuelto formar un Gabinete civil, así como fui yo el que resolví llamar a las Fuerzas Armadas en octubre del año pasado, y el que puso término a su colaboración patriótica e histórica en Marzo de este año.

Conversé con los Sres. comandantes en jefe, como siempre lo he hecho. Para mí, las Fuerzas Armadas no son un estanco aparte de los problemas nacionales. Por el contrario, cada día su presencia integradora en el desarrollo del país, se hace y se hará más necesaria como la forma más sólida de asegurar la seguridad nacional.

Pero una cosa es que el presidente tome la iniciativa de escuchar en un diálogo, en que debe escuchar un presidente con sus colaboradores. Y otra cosa muy distinta es lo que la prensa de siempre, las radios de siempre pretenden insinuar. Si alguna duda cupiera, en el día de ayer los Sres. comandantes de las Fuerzas Armadas general Carlos Prats González, comandante en jefe del Ejército, almirante Raúl Montero Cornejo, comandante en jefe de la Armada, general del Aire César Ruiz, comandante en jefe de la Fuerza Aérea de Chile, con el ministro de Defensa, compañero y amigo José Tohá, me visitaron, y además de expresar verbalmente su invariable adhesión a la Constitución Política y a la Ley, me dijeron que harían una aclaración. Sólo leeré un párrafo de ella, como única respuesta a la campaña tenebrosa que se pretende hacer aprovechando el hecho de que derogara la Zona de Emergencia. Y lo hice para que no se limitaran los derechos ciudadanos, para que no se limitara la libertad de prensa y la libertad de reuniones, a sabiendas que se iban a desbordar como siempre los de siempre.

Al medio día de hoy, los comandantes en jefe del Ejército, de la Armada y de la Fuerza Aérea, concurrieron a La Moneda a reiterar a S.E. el presidente de la República, el invariable respaldo de las Fuerzas Armadas al régimen constitucional, y su respeto a las prerrogativas presidenciales.

Con ello esclarezco definitivamente lo acontecido. No pretendo que se callen los que nunca lo harán, pero por lo menos tengo la certeza de que la inmensa mayoría del país entenderá lo acontecido y apreciará exactamente lo ocurrido y la verdad de los hechos. (16) (43)

LXII. FLUJOS DE INFORMACIÓN Y DECISIONES MILITARES

Terminada la ceremonia de cambio de ministros, Prats saludó al nuevo ministro de defensa Clodomiro Almeyda, a quien entregó un documento estrictamente secreto sobre seguridad nacional, elaborado por el comité de generales y almirantes el 1 de julio de 1973; que le había entregado el vicealmirante Patricio Carvajal Prado, jefe del Estado Mayor de la Defensa Nacional y que reflejaba lo discutido el sábado 30 de junio en la reunión de cinco oficiales generales de cada institución castrense. En dicho documento se sugerían medidas de política económica, política interna e internacional y de política militar, que ratificaban los puntos de vista que individualmente y como conjunto los tres comandantes en jefe le habían planteado al presidente Allende durante junio de 1973. Prats entregó el documento al ministro de Defensa para que lo diera a conocer al presidente.

Por la tarde del viernes 6 de julio el general Carlos Prats se reunió en su hogar con los generales Augusto Pinochet, Orlando Urbina, Mario Sepúlveda, Guillermo Pickering, Raúl Contreras y Herman Brady, además de los directores de Escuelas y comandantes de Regimiento de la II División de Ejército.

El objetivo que Prats le daba a la reunión era volver a recalcar la necesidad de mantener la disciplina institucional y la total inconveniencia que para el Ejército significaba entregarse a un pronunciamiento.

Transmitió el comandante en jefe a sus subalternos que el «cuartelazo» inicial es fácil, lo complejo venía después, cuando hubiera necesidad de implantar una tiranía feroz para vencer a quienes se opusieran.

El director de la Escuela Militar, coronel Nilo Floody, preguntó cómo se actuaría contra el marxismo, a lo que Prats respondió que no habría gobierno marxista mientras se mantuviera la democracia con la libertad de sufragio y separación de Poderes del Estado. La respuesta era clara, pero el coronel Floody no preguntaba por un gobierno marxista con el poder total, sino por el Gobierno que estaba instalado en Chile.

Al día siguiente, sábado 7 de julio, el ministro de defensa Clodomiro Almeyda sostuvo una larga reunión con el general Carlos Prats. Este le sinceró a Almeyda la indisimulable tensión que había en el Ejército y la preocupación que había en la oficialidad frente a la creación del llamado «poder popular». Sugirió Prats a Almeyda que se tomaran medidas legales en contra del libertinaje con que actuaban algunos medios de comunicación, que estaban empeñados en desprestigiar al comandante en jefe del Ejército entre los oficiales de la Institución y separarlo de los otros comandantes en jefe.

Por la noche de ese día Prats cenó a solas con el presidente de la República quien expreso sus temores de una posible nueva asonada golpista y le consultó al general sobre la posibilidad de que algunas unidades militares de importancia en cuanto a poder de fuego se mantuvieran leales al Gobierno. Aparentemente Allende estaba viendo la guerra civil como un mal menor para él. Prats respondió que lo fundamental era evitar el golpe militar, pues una eventual división de las Fuerzas Armadas llevaría a Chile a una espantosa guerra civil, sustentó su argumentación con el recuerdo del conflicto de 1891; donde el Alto Mando del Ejército se mantuvo leal al presidente Balmaceda frente al Golpe dado por la Armada, y que tuvo como consecuencia las encarnizadas batallas de Concón y Placillas. Prats arguyó además que se debía agotar las posibilidades de diálogo con la Democracia Cristiana. Allende respondió que aquello era imposible y emplazó al general para que él mismo lo comprobara conversando con Eduardo Frei.

Muy temprano el domingo 8 de julio Carlos Prats llamó al general Óscar Bonilla, para que consultara a Eduardo Frei si estaba dispuesto a conversar con él ese mismo día, entre las 18 y 21 horas, sugiriendo Prats como punto de reunión la casa del exministro de defensa de Frei, Sergio Ossa Pretot.

A las 18:30 se reunieron Frei y Prats en la casa de Ossa. Frei se mostró amable pero ensimismado. Sergio Ossa fue un silencioso y poco cordial testigo de la conversación.

Carlos Prats mostró a Frei el documento elaborado por el Estado Mayor de la Defensa Nacional en diciembre de 1969; donde se proyectó certeramente el resultado de la elección presidencial de septiembre de 1970 y los efectos internos y externos que esta tendría, documento que se le había hecho llegar a Frei por medio de su ministro de defensa Sergio Ossa Pretot. Esto, como una forma de comenzar la reunión demostrando al expresidente que los militares por su objetividad podían apreciar con anticipación como se desarrollarían los hechos políticos. Frei leyó el documento y no hizo comentario alguno, acentuando la expresión de tristeza en su rostro.

Prats reiteró a Frei la necesidad urgente de una salida política que pasaba necesariamente por un acuerdo entre el Gobierno con la Democracia Cristiana. El expresidente argumentó que su partido había ofrecido colaboración y que aceptaban garantías mínimas si el Gobierno disolvía los grupos armados y se constituía un gabinete ministerial que fuera capaz de ordenar el país, añadiendo que no se podía «dialogar cuando el adversario pone la metralleta sobre la mesa».

Prats respondió que de los grupos paramilitares se encargaban las Fuerzas Armadas y que él servía al Gobierno de Allende con la misma lealtad que había demostrado durante la Administración Frei cuando fue comandante en jefe de la III División de Ejército y jefe del Estado Mayor de la Defensa Nacional. Prats se retiró de la reunión con la sensación de no haber convencido a un político clave para lograr acuerdos, por el ascendiente que Frei tenía en la Democracia Cristiana.

Carlos Prats informó al presidente de la República de esta reunión el martes 10 de julio por la tarde, volviendo a insistir a Allende sobre la necesidad urgente de llegar a un acuerdo con la Democracia Cristiana. Transmitió también Prats a Allende un presentimiento, el intento de capitalizar, por parte de algunos generales y almirantes, la fuerte tensión existente al interior de las Fuerzas Armadas.

Por la noche Miguel Enríquez, líder del MIR, pidió entrevistarse con el general Prats, por medio de un periodista. El general accedió y recibió en su hogar a Enríquez a las 22:30 de aquel domingo 8 de julio.

A la luz de las informaciones que Miguel Enríquez entregó al general, las acciones de infiltración del MIR dentro de las Fuerzas Armadas tenían un relativo éxito. El político de extrema izquierda reveló que el 29 de junio oficiales subalternos de la Escuela de Caballería de Quillota habrían tratado de convencer a la suboficialidad para desplazarse a Santiago en apoyo del Regimiento Blindado N°2 que tenía rodeada La Moneda. La incitación había sido rechazada por parte de los suboficiales. Agregó Enríquez que a bordo de los buques de guerra anclados en Valparaíso, la mañana del 29 de junio había ocurrido algo similar a lo acontecido en la Escuela de Caballería: los oficiales habían arengado a los suboficiales contra el Gobierno, en apoyo al regimiento amotinado en Santiago, sin encontrar una respuesta positiva.

Otra información que proporcionó el líder del MIR fue que Sergio Ossa Pretot estaba comisionado por la Democracia Cristiana para indisponer al Gobierno entre los oficiales jóvenes y que contaba con simpatía entre estos, sobre todo en la Escuela Militar donde Ossa practicaba equitación. Expresó Miguel Enríquez que los generales más ligados a la Democracia Cristiana eran Óscar Bonilla, Sergio Arellano y Héctor Bravo y que habría sido Bonilla quien habría recomendado a ese partido no aprobar el estado de Sitio solicitado por el Gobierno después del motín del 29 de junio. A Bonilla también le adjudicó Enríquez haberle dicho a Frei que si «pasaba algo» él quedaría como jefe de Estado en su calidad de presidente del Senado y que Sergio Ossa comentaba entre sus camaradas democristianos que la insubordinación a Prats era unánime y que no le quedaba otro camino que dejar el Ejército. El líder del MIR terminó sus revelaciones señalando a Prats que en la Democracia Cristiana se decía que no se podía confiar en el comandante en jefe del Ejército y que las Fuerzas Armadas esperaban una acusación constitucional en contra Allende para pedir la renuncia al presidente.

Una vez que se marchó Miguel Enríquez, el general Prats se quedó reflexionando. Las palabras del líder «mirista» podían ser falsas o verdaderas. Ante cualquiera de las dos posibilidades, Miguel Enríquez tenía como objetivo empujar al general a precipitar los hechos. Si eran falsas, se estaba buscando que el comandante en jefe del Ejército tomara la decisión de apoyarse en los generales y oficiales del Ejército que cerraban filas en torno a su posición y se enfrentara al sector golpista con el apoyo del «poder popular», al cual se le entregarían las necesarias armas. Si la versión de Enríquez era cierta, ratificaban la situación de soledad en que se encontraba el comandante en jefe dentro de su Institución.

Las informaciones respecto de la Escuela de Caballería las avalaba las insistentes llamadas telefónicas que hicieron los oficiales de esa unidad a sus pares de la III División de Caballería de Valdivia, hecho denunciado por estos y por el que se había abierto una investigación.

Respecto de lo acontecido en los buques de la Escuadra la mañana del 29 de junio en Valparaíso, también tenía verosimilitud la información aportada por Enríquez. Prats recordó las palabras emitidas por un almirante la noche del sábado 30 de junio al cierre de la reunión del comité de generales y almirantes, cuando indicó que la oficialidad joven simpatizaba con la acción ejecutada por el Regimiento Blindado N°2.

La relación de los generales Bonilla y Arellano con la Democracia Cristiana no era sorpresa para Prats, pues ambos habían sido edecanes de Frei. Lo mismo la cercanía del exministro de defensa Sergio Ossa con la Escuela Militar.

La información recibida no la usó Prats para que el Servicio de Inteligencia Militar la investigara. Se había podido dar cuenta que el SIM sólo se hacía cargo de investigar información recibida respecto a actividades del extremismo de izquierda, no así el de la derecha.

Por otra parte, el general Prats estaba convencido que cualquier acción que tomara, produciría la nefasta división en el Ejército que él quería evitar.

El jueves 12 de julio se celebró una nueva reunión de coordinación de generales y almirantes con el fin de aunar criterios sobre la forma de actuar de las Fuerzas Armadas en los registros domiciliarios en la aplicación de la Ley de Control de Armas. El jefe de Estado Mayor de la Defensa Nacional, vicealmirante Patricio Carvajal, solicitó al general Carlos Prats su autorización para la asistencia de seis generales del Ejército. Prats respondió no tener inconvenientes siempre y cuando el tema a tratar se circunscribiera a lo planteado. Para el comandante en jefe del Ejército estas reuniones no pasaban inadvertidas, por no ser habituales en el proceder militar, pues todas las coordinaciones entre las tres instituciones se desarrollaban a través de la asesoría del Estado Mayor de la Defensa Nacional, las tres Subsecretarías y en última instancia, en la Junta de comandantes en jefe. Pero Prats prefirió no cuestionar ni menos denegar la autorización que se le había solicitado, pues creía que hacerlo sería impulsar las reuniones conspirativas, además de que a la reunión de coordinación concurriría el general Augusto Pinochet, en quien Prats depositaba toda su confianza. La confianza que Prats tenía en Pinochet la ratificó este esa misma tarde. El jefe de Estado Mayor del Ejército informó a su comandante en jefe que en la reunión de generales y almirantes se habían planteado sutilmente «inquietudes» por la actuación del Gobierno, cubiertas de forma conveniente para no dar lugar a reacciones de los comandantes en jefe.

Por la noche el presidente de la CUT, el comunista Luis Figueroa, visitó al general Prats para expresarle la disposición de su organización para concretar una solución al problema de las empresas requisadas o intervenidas, lo que ratificó el ministro de Hacienda, por llamada telefónica, el también comunista José Cademártori. Prats señaló que le alegraba la noticia pero les hizo ver que se estaba contrarreloj para concretar decisiones. (16)

LXIII. INCLINACIÓN POR LA VIOLENCIA

El general Carlos Prats emprendió un viaje para visitar y reunirse con guarniciones militares del centro y centro sur del país, entre Rancagua y Valdivia. A su regreso a Santiago el 16 de julio se encontró con una carta que le había escrito el teniente José Gasset Ojeda, destinado en el Regimiento Blindado N° 2 y que se encontraba refugiado en la Embajada de Paraguay en Santiago, a la espera de salvoconducto para salir de Chile. En dicha carta el oficial afirmaba ignorar el destino de las armas «extraviadas en el acto subversivo patriótico», como él calificó, al alzamiento del 29 de junio. Resulta interesante transcribir una parte del documento para constatar el ánimo y convicciones existentes entre los jóvenes oficiales subalternos del Ejército, a mediados de 1973:

> Mi general : quiero manifestarle, además, que soy el único culpable del alzamiento del pasado 29 de junio, acto que realicé movido por un profundo sentido patriótico, ya que amo a mi Patria por sobre mis venturas personales e incluso si fuera necesario ofrendar mi vida para volver la sonrisa a nuestro pueblo, lo que haría con el mayor agrado, contrariamente a aquellas personas que teniendo la responsabilidad del movimiento de masas civiles, no trepidan en declarar públicamente su disposición a quemar o dinamitar desde Arica a Magallanes, ante la posibilidad de una derrota.
>
> Ahora me encuentro solicitando asilo, salvoconducto que es-

pero no tarde en concederse, ya que aún tengo fe en Dios y en mi Institución, acerca de que llegará el día de la liberación y del término del odio entre hermanos. El 29 de junio arriesgué en repetidas ocasiones mi vida, para lograr el cese del fuego e impedir sobre todo que alguien ordenase el disparo de cañones de tanques con lo que evité el inútil derramamiento de sangre chilena. Sé positivamente que hubo bastantes muertos, que espero sepan perdonarme desde lo alto.

Aprovecho la presente para rendirle un homenaje a los caídos, pues admiro y respeto a quienes son capaces de ofrendar sus vidas por una causa que creen justa, aunque esa causa no sea la mía. También, le ruego me permita rendir un sencillo y sentido homenaje hacia su persona, que no vaciló en exponer su vida para lograr la rendición de los patriotas sublevados por una causa justa.

Solicito a usted que el Regimiento Blindado 2 no sea disuelto, ya que es una unidad ejemplar en cuanto a la cohesión, patriotismo y lealtad, hecho que fue demostrado al seguir a sus oficiales hasta las últimas consecuencias.

Debido a esto, nunca abandoné a mi gente como se asegura en numerosos comentarios, ya que los acompañé hasta los últimos momentos y mi brazo aún está dispuesto a empuñar un arma por la liberación de Chile. No puedo soportar, mi general (y en numerosas oportunidades alguna lágrima de hombre patriota rodó por mis mejillas), ver el hambre y la destrucción moral de mi pueblo.

Mi general: por la prensa me he enterado que mi familia se ha visto perseguida e incluso un hermano fue incomunicado y otro huye para no ser apresado por el solo hecho de llevar el apellido Gasset. Ellos no tuvieron ni tienen vinculación alguna en los hechos acaecidos. Por ello le ruego que por medio de la autoridad que usted inviste, se desistan los causantes de este hecho. De lo anteriormente expuesto, se podría deducir que con ello se me trata de presionar; pero un verdadero soldado no se rinde y yo no lo haré, menos aún si toman esas medidas.

El general Prats, que calificó de sencilla y honesta la carta, había solicitado al Ministerio de Relaciones Exteriores que no se extendiera el salvoconducto al teniente Gasset, mientras no se devolvieran al Ejército las ametralladoras y municiones que habían sido robadas desde el cuartel de la Avenida Santa Rosa, mientras el Regimiento Blindado N° 2 se preparaba para ir a rodear y atacar La Moneda. Este robo lo habría efectuado un hermano del teniente Gasset, con la complicidad de este. No obstante y dada la apreciación de Prats respecto de la carta del joven oficial, dispuso que fotocopias de la misiva fueran remitidas al Fiscal del proceso judicial y al Fiscal Administrativo nombrado en el Ejército.

Ese mismo día el grupo de extrema derecha Patria y Libertad anunció que se sumergía en la clandestinidad e iniciaba la lucha armada en contra del Gobierno, bajo el mando de Roberto Thieme, quien apareció dando una conferencia de prensa clandestina en un restaurante de Las Condes, en la que comunicó que su movimiento tenía intacta su fuerza operativa y voluntad de luchar contra Unidad Popular. Informó que iniciarían una ofensiva en contra del extremismo marxista que lideraba el MIR, de acuerdo con lo que se podía concluir de los descubrimientos de explosivos hechos por las Fuerzas Armadas a lo largo de Chile.

Por otra parte, el MIR, grupo de extrema izquierda, efectuó el martes 17 de julio un masivo acto en el Teatro Caupolicán en Santiago, donde el principal orador fue su secretario general y máximo líder, Miguel Enríquez, intervención en la cual planteó que el MIR seguía su propia ruta en lo que llamaban el proceso revolucionario, criticando fuertemente los intentos de acuerdo entre el Gobierno y la oposición. Este fue el discurso de Enríquez aquel día ante una numerosa y enardecida militancia que lo recibió, con el característico grito de esta agrupación extremista de izquierda, «¡¡Pueblo!! ¡¡Consciencia!! ¡¡Fusil!! ¡¡MIR MIR!! ¡¡Pueblo!! ¡¡Consciencia!! ¡¡Fusil!! ¡¡MIR MIR!!»:

Compañeros, compañeros trabajadores, compañeros dirigentes de las organizaciones de masas, compañeros dirigentes de otras organizaciones políticas, compañeros del Movimiento de Izquierda Revolucionaria, trabajadores de todo Chile:

En las últimas semanas el país ha sido sacudido por graves y agudos conflictos, la lucha de clases se ha agudizado mostrando al desnudo las contradicciones de la sociedad. En una rápida sucesión de hechos y choques, los trabajadores han ocupado finalmente el lugar protagónico en el escenario de la lucha política. La clase obrera y el pueblo, atrincherados en los fundos y fábricas enfrentan a sus enemigos de clase que les acechan y amenazan.

Nos reunimos nuevamente en este «Caupolicán» para recoger la experiencia de estos días, analizando los acontecimientos y fijar los próximos objetivos. Pero este no es sólo un acto de análisis, este es un acto de preparación para los próximos enfrentamientos, este es un acto de combate, este es una llamada a la clase obrera y al pueblo a reafirmar su posición combativa y reemprender con más fuerza que nunca la lucha sin cuartel contra las clases patronales, contra Frei, contra Jarpa, contra los enemigos del pueblo.

La muchedumbre comenzó a gritar «¡¡Paredón!! Paredón!! ¡¡Paredón!! Paredón!!».

Después de la bulliciosa pausa, continuó con su alocución el máximo líder del MIR:

Aquí, aquí señalaremos nuestra política y nuestra táctica para esta coyuntura y los próximos combates. Las clases patronales pondrán el grito en el cielo, que chillen, hay intereses de clase, poder y riqueza que ellos quieren conservar y que nosotros empujamos a los trabajadores a arrebatárselos. Pero hay otros también en la izquierda que han pretendido cuestionar el derecho del MIR a proponer una táctica a las masas. Lo que señalaremos es la táctica que el MIR propone a la clase obrera y al pueblo y al conjunto de la izquierda. Esta es la táctica que un extenso sector de los trabajadores ha venido impulsando y es la táctica que el MIR impulsará, le guste o no le guste a las clases patronales y a los vacilantes. Del fracaso del «freísmo» surgió el «golpismo» de hace días. Casi una decena de tanques, con algunos oficiales reaccionarios a la cabeza, detrás de las banderas del Partido

Nacional y de la ultra reacción demócrata cristiana, asesinaron cobardemente a civiles el viernes 29. Por eso, basta ya de hablar del comandante Souper y de tribunales de honor, cuando de lo que se trata es de criminales y delincuentes que en vez de cortaplumas contaron con tanques. De lo que se trata es del grupo armado del Partido Nacional que asaltó La Moneda utilizando tanques que fueron comprados con el trabajo de obreros y campesinos. Lo que aquí fue mancillado no fue la institucionalidad ni el honor de algunos oficiales, sino el honor del pueblo y la vida de más de dos decenas de soldados y trabajadores. Todo el que dispara contra el pueblo será marcado históricamente como asesino del pueblo, tenga o no tenga uniforme. Aplastado el intento golpista por las Fuerzas Armadas, algunos oficiales honestos, suboficiales y carabineros y por el inmediato cerco que los trabajadores tendieron alrededor de Santiago, la clase obrera, consciente que el problema no estaba resuelto, continuó y profundizó su contraofensiva. Se ocuparon centenares de fábricas y fundos, se controlaron las poblaciones, se incorporaron los estudiantes y se multiplicaron y fortalecieron los comandos comunales. Tomó impulso la organización de defensa de los trabajadores y se desarrolló y fortaleció el poder popular. La clase obrera y el pueblo comprendieron que este era el momento de aumentar rápidamente su fuerza, tomar más posiciones, de estructurar su fuerza en el «poder popular», única institución capaz de multiplicar sus energías y de fortalecer la alianza revolucionaria de clase. Por eso, por encima de la presión reaccionaria, no es este el momento de cuestionar ni limitar el desarrollo del «poder popular» como hacen algunos vacilantes de la izquierda. Dejemos que griten los politicastros reaccionarios, aterrados con el desarrollo del «poder popular». Pese a todo, a lo largo y ancho del país, se oye un solo grito que resuena en las fábricas, fundos, poblaciones y liceos, en los cuarteles del pueblo. El llamado a crear, a crear, fortalecer y multiplicar el «poder popular», el poder de los comandos comunales, el poder de los obreros y los campesinos, el poder de la revolución.

Los revolucionarios y los trabajadores deben de inmediato extender las «tomas» de fábricas y fundos, multiplicar las tareas de defensa, impulsar el «poder popular», como gobierno local, autónomo de los poderes del Estado.

Los suboficiales y carabineros deberán desobedecer las órdenes de los oficiales golpistas y en ese caso todas las formas de lucha se harán legítimas, entonces sí que será cierto que los trabajadores con los soldados, los marineros, los carabineros, los suboficiales y los oficiales anti golpista, tendrán el derecho a construir su propio ejército, el ejército del pueblo.

Las clases patronales, «los Frei», «los Aylwin», después de abortado el intento golpista, salieron de sus escondrijos, rompieron su silencio cómplice, sólo para combatir a las organizaciones de fuerza, de poder y combate de los trabajadores, que habían sido las que habían organizado la lucha contra el golpismo y la defensa de sus libertades. El cinismo y el descaro reaccionario no tienen límite. Después que un grupo armado del Partido Nacional, desde los tanques bombardeó La Moneda y asesinó trabajadores, la Democracia Cristiana y el Partido Nacional se permiten acusar a los trabajadores de organizar grupos armados y exigen su disolución, represión y aplastamiento, amenazando con declarar inconstitucional al Gobierno y derrocarlo, si es que no cumple con la ominosa tarea de reprimir a las organizaciones populares. Que no se equivoquen los reaccionarios, la clase obrera y el pueblo no aceptarán estos chantajes, no darán un paso atrás y seguirán multiplicando y fortaleciendo sus organizaciones de poder, sus órganos de combate, grite lo que grite, reclame lo que reclame Frei y sus secuaces. Así llegamos a la situación actual. Vivimos un momento en que el enfrentamiento social y político se ha agudizado en grado extremo. Dos enormes bloques sociales se han constituido, por un lado la clase obrera y el pueblo perfectamente activados y movilizados, que dio un salto enorme en organización y consciencia, que desarrolló importantemente su capacidad de defensa, que tomó la iniciativa y tomo nuevas posiciones en fábricas y fundos, levantando un poderoso dique al golpismo y al chantaje, junto a los sub oficiales, soldados y carabineros y junto a los oficiales antigolpistas. Por otro lado, las clases patronales, al quedar al descubierto, sin banderas, desarmadas políticamente, sin base popular, se atrincheraron en la institucionalidad y desde allí comenzaron a presionar y a mover sus influencias en la alta oficialidad reaccionaria para que las Fuerzas Armadas actuaran abiertamente en la defensa de sus intereses. Los reaccionarios abrieron un proceso de deliberación en los cuarteles incitando al golpismo, cuyas manifestaciones más inmediatistas fueron abortadas por la sub oficialidad y por la oficialidad antigolpista. Era el momento de dar un salto adelante en la contra ofensiva, de extender la toma de posiciones y de golpear a la clase dominante. La clase obrera y el pueblo así lo entendieron y lo pusieron en práctica. Vacilaciones en el Gobierno no acompañaron esta disposición ofensiva de los trabajadores en lo inmediato. Ello permitió a las clases patronales readecuar su táctica. Emplazamientos y exigencias al Gobierno para llevarlo, con la ilusión de una posible negociación, a tomar medidas o tolerarlas, que permitan a las clases patronales fortalecerse y desarticular a los trabajadores. Combinaron una estrategia golpista con una táctica de emplazamiento y chantaje, atrincherados en la institucionalidad burguesa, desde sus posiciones en la Justicia y en la Contraloría. Desde el Parlamento amenazan con acusar constitucionalmente al Gobierno y así, sembrar la anarquía en las Fuerzas Armadas si el Gobierno no se somete a sus exigencias. Empujan a la alta oficialidad reaccionaria a realizar emplazamientos al Gobierno. Frei, el mismo que ayer no mas pontificaba acerca del carácter profesional y apolítico que debían mantener las Fuerzas Armadas, personalmente pasó la semana pasada incitando a la deliberación, a emplazar al Gobierno y al golpismo a altos oficiales reaccionarios. Frei aspira a recuperar completamente el control del Gobierno y para ello necesita previamente desarticular y dividir toda posible resistencia a sus chantajes o a su golpismo. Intenta con sus chantajes obligar a este Gobierno que le haga parte del trabajo sucio de reprimir a sectores del pueblo. Trabajan sobre los sectores más vacilantes de la izquierda, sembrando en ellos ilusiones en acuerdos posibles. Quieren tentar a estos a seguir su juego, a llegar a entendimientos que paralicen y desarticulen la lucha del pueblo y de la izquierda para después de ello, dejarle caer la mano de hierro del golpismo reaccionario. Que entienda el señor Frei y todos los reaccionarios, que podrán engañar a los vacilantes y a los reformistas más recalcitrantes, pero la clase obrera, que los conoció en El Salvador y Pampa Irigoin, el pueblo que los vio dar luz verde al asesinato de Schneider y a los tanques del viernes 29, el pueblo y los revolucionarios, Frei y sus secuaces, no los logrará engañar jamás.

Fueron grupos armados del Partido Nacional, con la venia del freísmo, los que no hace quince días bombardeaban La Moneda, asesinaron a Moisés Huentelaf en Cautín, al obrero Ahumada en Santiago, desde el local del Partido Demócrata Cristiano, son los que han puesto centenares de bombas en los últimos días, los que asesinaron a un general en 1970; los que ametrallaron a nuestro compañero Nilton da Silva en Santiago. Que hipocresía y que cinismo la de estos politicastros que denuncian y exigen la represión al pueblo para ocultar sus propios crímenes. Que inconcebible lo que ocurre en este país y en esta democracia. Mientras el propio Pablo Rodríguez (jefe Nacional de Patria y Libertad), el cobarde (comienzan los gritos: «¡¡paredón!! ¡¡paredón!! ¡¡paredón!! ¡¡paredón!!»), mientras este, mientras este mismo cobarde reconoce públicamente que otras unidades militares estaban comprometidas en el intento golpista y el mismo Ejército afirma hoy día que la derecha se robó seis ametralladoras pesadas con seis mil kilos del Regimiento Maturana, hay sinvergüenzas que exigen que las Fuerzas Armadas repriman a supuestos grupos armados entre los trabajadores y la izquierda. Antes de exigir nada el señor Frei debe explicar al país qué sabía del intento golpista del 29.

Compañeros trabajadores, vivimos momentos definitorios. Las conquistas y el futuro de los trabajadores están amenazados. La lucha de clases es siempre una guerra encubierta. La contra revolución burguesa se propone hoy en Chile hacerla estallar. El pueblo no se dejará amarrar las manos, la clase obrera y el pueblo están en disposición de combate, están decididos a defender sus conquistas y están más decididos hoy más que nunca a conquistar su futuro. El pueblo emplaza sus fuerzas, desarrolla el poder popular, multiplica los comandos comunales y levanta la organización de sus defensas.

Compañeros, el pueblo debe prepararse para resistir, debe prepararse para luchar, debe prepararse para vencer. Trabajadores de Chile, adelante con todas las fuerzas, adelante con todas las fuerzas de la historia.

Después de terminar Miguel Enríquez su alocución, volvió a explotar el grito «¡¡Pueblo!! ¡¡Consciencia!! ¡¡Fusil!! ¡¡MIR MIR!! ¡¡Pueblo!! ¡¡Consciencia!! ¡¡Fusil!! ¡¡MIR MIR!!», mientras sonaba de fondo una grabación de la Internacional.

El léxico de Miguel Enríquez era militar cuando menciona «los cuarteles del pueblo», cuando afirma que los obreros y el pueblo «están en disposición de combate», cuando describe también que «el pueblo emplaza sus fuerzas, desarrolla el poder popular, multiplica los comandos comunales y levanta la organización de sus defensas». Sin duda lo anterior fue una declaración de preparación para la guerra, un aviso de los preparativos que los guerreros de Miguel Enríquez estaban efectuando para combatir. Por lo tanto, debía esperarse también que una fuerza antagónica se constituyera para combatirlos sin contemplaciones, sin las contemplaciones que Enríquez tampoco tendría, de acuerdo con lo que él mismo declaró en este discurso. Junto con hacer una llamada a la división de las Fuerzas Armadas y de Orden, es decir, a crear las condiciones para la guerra civil, cuando dicha división fuera lograda, Enríquez y su organización desarrollarían una guerra sin limitaciones, después de formar su propio ejército con aquellos uniformados que hubiesen abandonado las Fuerzas Armadas, considerando como válidas o legítimas todas las formas de lucha para destruir a su oponente. Así lo dejó establecido Miguel Enríquez en su discurso del 17 de julio de 1973:

> Los suboficiales y carabineros deberán desobedecer las órdenes de los oficiales golpistas y en ese caso todas las formas de lucha se harán legítimas, entonces sí que será cierto que los trabajadores con los soldados, los marineros, los carabineros, los suboficiales y los oficiales antigolpista, tendrán el derecho a construir su propio ejército, el ejército del pueblo.

Columna de manifestantes de izquierda. 1973

Para Miguel Enríquez, el Gobierno de Unidad Popular estaba terminado, fracasado, como así lo declaró en el mismo teatro Caupolicán de Santiago en enero de 1973; cuando señaló que no se vivía el fracaso de la revolución sino que se vivía y se estaba viendo el fracaso del reformismo, entendiéndose por reformismo la línea política que pretendía seguir Allende y su Gobierno, «los vacilantes», según Miguel Enríquez. Y como ante los ojos de Miguel Enríquez y el MIR, el Gobierno de Unidad Popular había fracasado, ellos impulsaban su propia línea de acción, buscando atraer hacia esa línea de acción revolucionaria insurreccional a quienes, con su voto, habían apoyado el proyecto político de Unidad Popular.

Finalmente Miguel Enríquez terminó su discurso haciendo una llamada a prepararse para luchar y resistir, evidentemente en un escenario de lucha armada. Miguel Enríquez iba por su propio carril: la confrontación armada donde todas las formas de lucha se harían legítimas.

La muchedumbre que escuchó a Enríquez entendió muy bien a su líder, pues al abandonar el teatro Caupolicán, vociferaban, marchando por las calles: «¡¡basta ya de conciliar, es la hora de luchar!!».

Esta evidente negación del liderazgo del presidente de la República hizo que el MIR entrara en duras disputas con algunos sectores de Unidad Popular, en particular con el Partido Comunista, a pesar del apoyo que este partido también le negó a Allende. (16) (27)(28) (44) (45) (46)

LXIV. REACCIÓN MILITAR, POLÍTICA Y RELIGIOSA

El incendiario discurso del líder del MIR inflamó también el ambiente del Alto Mando de las Fuerzas Armadas. El jueves 19 de julio, a las diez de la mañana se inició una reunión entre los tres comandantes en jefe y los generales y almirantes que habían estado asistiendo a las reuniones de coordinación.

El ambiente se crispó a raíz de un planteamiento que se hizo a los comandantes en jefe respecto de la gran preocupación existente en la oficialidad «por la actitud pasiva del Alto Mando» frente a las tomas de predios agrícolas y fábricas en acciones al margen de la ley, frente a la posibilidad de existencia de un «ejército paralelo popular» y frente a los ataques hacia las Fuerzas Armadas del secretario general del Partido Socialista Carlos Altamirano y del líder del MIR Miguel Enríquez.

Otros, en una actitud de ruptura, expusieron que ya era necesario «asumir responsabilidades ante el crimen de lesa Patria...», adjudicando implícitamente al Gobierno tal crimen, por el estado en que estaba Chile.

Otros expresaron que se debía aplicar la Ley de Seguridad del Estado a Carlos Altamirano y a Miguel Enríquez; aplicar con rigor la Ley de Control de Armas y hacer pública una declaración de los comandantes en jefe donde se individualizara al Gobierno como responsable de lo que se estaba viviendo. Esto último bordeaba el alzamiento militar.

Como era habitual, por su mayor antigüedad, tomó la palabra el general Carlos Prats y señaló que, en lo que a él concernía como comandante en jefe del Ejército, no haría declaraciones públicas contra el Gobierno porque eso significaba entrar en «un camino sin retorno». Prats señaló también que los comandantes en jefe continuamente expresaban su preocupación al ministro de Defensa y también al propio presidente de la República, pero en forma personal y reservada como les imponía el deber que tenían como colaboradores. Así mismo se comprometió Prats con informar al Gobierno las graves inquietudes que existían entre generales y almirantes.

En lo referente a los registros domiciliarios, Prats manifestó estar de acuerdo que se efectuaran, pero bajo tres condiciones: que se hicieran ante denuncias responsables, sujetos a la ley y sin discriminar entre grupos de extrema derecha y de extrema izquierda, porque ningún general o almirante había dicho algo por el robo de armamento en el Regimiento Blindado N°2 ni por la lucha armada anunciada por el grupo de extrema derecha Patria y Libertad.

El almirante Montero y el general Ruiz manifestaron estar de acuerdo con las apreciaciones de Prats, no obstante, cuando los tres comandantes en jefe se retiraban, el general Ruiz preguntó a Prats y a Montero; «¿Y si el presidente no acoge nuestras inquietudes?».

Por la tarde se reunieron los tres comandantes en jefe con el ministro Almeyda para informar de la reunión de la mañana y del alcance de la misma. Se dirigieron después a La Moneda para reunirse con el presidente Allende.

Ante la información recibida, Allende se manifestó molesto y amargado. Le hizo una recriminación indirecta a Prats, señalando que la Armada y Fuerza Aérea estuvieron dispuestas a integrarse de nuevo al Gobierno, pero que no se pudo concretar ante la negativa del Ejército de ser parte del Gabinete. Les hizo ver que no habían sido capaces de remover de sus instituciones a generales y almirantes con claras posiciones políticas. El presidente parecía no entender que ni el ingreso de las Fuerzas Armadas en el Gobierno ni la remoción de Altos Mandos solucionaba los problemas de fondo de su Administración. Finalmente, Salvador Allende informó que pronunciaría un discurso de rechazo a la violencia y a las fuerzas paramilitares, tanto de extrema derecha como de extrema izquierda.

Después de la reunión con Allende, Prats se encontró en uno de los pasillos de La Moneda con los socialistas Carlos Altamirano y Rolando Calderón. Inmediatamente intentó hacerles ver que dentro de las Fuerzas Armadas se estaba viviendo una tensa situación, la que podía llevar a que los comandantes en jefe fueran sobrepasados por una asonada golpista. Les manifestó también que había llegado el momento de elegir entre llegar a un acuerdo con la Democracia Cristiana o enfrentarse a un golpe militar y la posible guerra civil.

Altamirano informó al general que había escuchado que la oposición estaba viendo la forma de removerlo de su cargo porque era visto como «el obstáculo para el golpe institucionalizado». Finalmente Altamirano expresó que él estaba dispuesto a que Unidad Popular llegara a un acuerdo con la Democracia Cristiana.

Después de este informal encuentro en La Moneda, Prats se dirigió a su hogar donde recibió a las diez de la noche al senador de la Democracia Cristiana Renán Fuentealba Moena. Fuentealba le informó que el senador Patricio Aylwin estaba dispuesto a lograr una salida política al drama de Chile, pese a la resistencia que encontraba en un sector de la Democracia Cristiana.

Se veía una pequeña luz de esperanza para que los políticos sacaran a Chile del problema en que lo habían metido y no le endosaran la responsabilidad de esa tarea a las Fuerzas Armadas que seguramente se pronunciarían a través de un cruento golpe militar.

El viernes 20 de julio Carlos Prats había telefoneado al presidente para informarle de la conversación que había sostenido el día anterior con Carlos Altamirano, quien se expresó estar dispuesto a sentarse a negociar con la Democracia Cristiana. No obstante, en una reunión posterior que la directiva de Unidad Popular tuvo con Allende, Altamirano, mostró la poca lealtad que tenía con el presidente, pues hizo referencia a la conversación con Prats, pero omitió sus palabras respecto a avanzar en un acuerdo con los demócratas cristianos para salvar al Gobierno. Rolando Calderón, presente en dicha reunión, hizo ver a Altamirano la importante omisión en que caía.

Allende invitó al general Prats a una comida con dos dirigentes de Unidad Popular, para que Prats explicara la tensa situación existente al interior de las Fuerzas Armadas. Allende había anunciado que daría un discurso al país, pero debió postergarlo por la situación interna que se había creado en el Partido Socialista. Prats le respondió que estaba dispuesto a cooperar en un último esfuerzo para alejar la posibilidad de una ruptura institucional definitiva.

Aquel mismo día, el Comité Permanente del Episcopado emitió una Carta Pastoral, firmada por el Cardenal de la Iglesia Católica, Raúl Silva Henríquez, en la que se hizo una llamada, una imploración, tanto al Gobierno como a la oposición para alcanzar un «consenso nacional», cuyas ideas centrales quedaron expresadas en el siguiente texto:

> Hablamos en una hora dramática para Chile. Lo hacemos por ser fieles a Cristo y nuestra Patria. Hablamos en nuestra condición de obispos de la Iglesia Católica, porque creemos tener una obligación especial de hacer un llamado extremo para evitar una lucha armada entre chilenos. No representamos ninguna posición política, ningún interés de grupo, sólo nos mueve el bienestar de Chile y tratar de impedir que se pisotee la sangre de Cristo en una guerra fratricida.
>
> La gran mayoría de los chilenos tenemos hambre y sed de justicia. La voluntad de realizar urgentes y profundos cambios sociales, con diversas concepciones ideológicas, la encontramos en millares de hermanos nuestros que, intuitivamente u organizados en frentes sociales o políticos de gobierno o de oposición, anhelan un Chile nuevo, construido con el respeto a cada ser humano.
>
> A estos grupos políticos o sociales les imploramos que den los pasos necesarios para crear las condiciones de un diálogo que haga posible un entendimiento. Diálogo que para ser fructífero requiere que se verifique en la verdad, que se diga toda la verdad, que haya sinceridad para proclamar las intenciones reales, que se desarmen los espíritus y las manos.
>
> Un gran consenso nacional para lograr la paz y realizar las transformaciones sociales es necesario. Para ello, es preciso que renuncie cada uno a la prepotencia de querer convertir la propia verdad social como verdad única.
>
> Este será el único camino para obtener la reconciliación de los chilenos y para que el dinamismo del pueblo, fraternalmente

concientizado y organizado, se ponga al servicio de la justicia y no de la violencia y de la destrucción.

Por lo tanto, pedimos a los dirigentes políticos y altos responsables de la Patria que agoten el diálogo entre ellos.

Tenemos confianza en el encuentro cara a cara entre chilenos, en el intercambio de posiciones, en la capacidad de comprender al otro y de encontrar puntos de coincidencia y líneas de convergencia.

Sugerimos una tregua...

La misma Iglesia cuya sincera acción social invalidó el socialista Adonis Sepúlveda en 1965; en 1973 hizo una implorante llamada para que la crisis provocada en buena parte por la megalomanía del Partido Socialista no terminara en el derramamiento de sangre chilena.

El domingo 22 de julio, a las 10 de la noche, acudió el general Prats a la casa que ocupaba Allende en el sector oriente precordillerano de Santiago, lugar llamado El Cañaveral. La reunión convocada por el presidente contó también con la presencia de los máximos líderes de los partidos Socialista y Comunista, Carlos Altamirano y Luís Corvalán respectivamente. El objetivo que le había dado Allende a esta reunión era hacer ver a Unidad Popular la situación de las Fuerzas Armadas.

El presidente Allende se mantuvo como espectador silencioso de una discusión sin amabilidad formal alguna, sostenida entre el comandante en jefe del Ejército y los dos líderes de izquierda.

Carlos Altamirano expresó comprender la necesidad de diálogo con la oposición, pero que en definitiva no estaba de acuerdo con llevarlo a cabo porque esto debilitaría el proceso político desarrollado por Unidad Popular. No entendía Altamirano el escenario en el cual se encontraban. Altamirano era consciente de la necesidad de diálogo, pero se oponía a que este se efectuara. En consecuencia, por el lado del máximo líder del partido del presidente Allende no había posibilidad de iniciar conversaciones que salvaran el Gobierno de la Unidad Popular.

Luís Corvalán, secretario general del Partido Comunista, argumentó estar de acuerdo en que las circunstancias económicas que presentaba Chile obligaban a entablar el diálogo con la oposición, pero en condiciones de fuerza para Unidad Popular. Con esta afirmación

Corvalán le daba la razón al expresidente Frei, cuando este señaló al comandante en jefe del Ejército que no se podía dialogar cuando la contraparte ponía la metralleta sobre la mesa. El diálogo en condiciones de fuerza se da cuando se sientan dos partes que han estado en conflicto, una triunfadora y otra derrotada, para establecer las condiciones postguerra. Por lo tanto la visión que tenía el máximo líder comunista no podía ser más errada. En ningún caso la Unidad Popular podía negociar representando el papel de la parte triunfadora. Muy al contrario. El errado análisis que hacía Corvalán llevaría a su partido y a la izquierda en general a un descalabro mayor.

Altamirano complementó las palabras de Corvalán proponiendo un golpe en el interior de las Fuerzas Armadas, donde los comandantes en jefe deberían remover a los generales y almirantes que estuvieran de acuerdo con un golpe. La descabellada propuesta del líder socialista demostraba que estaba a favor de desencadenar la guerra civil, pues su idea llevaba ineludiblemente al enfrentamiento al interior de las Fuerzas Armadas y con esto a la guerra entre chilenos. Ni Prats ni los otros dos comandantes en jefe querían llevar a Chile a esa catástrofe.

El general Carlos Prats les respondió con franqueza, señalando a sus dos interlocutores que no era responsabilidad de las Fuerzas Armadas que se hubiera entrado en una etapa de abierta deliberación en las filas castrenses e incluso que se llegara al amotinamiento, como fue el caso del Regimiento Blindado N°2. Continuó Prats hablando con claridad al indicar a Corvalán y a Altamirano que las Fuerzas Armadas se estaban sintiendo cercadas por la extrema izquierda y la extrema derecha, y respondió directamente a Altamirano que un golpe militar no sólo debilitaría el proceso desarrollado por Unidad Popular, sino que definitivamente lo eliminaría. Más claro no pudo ser con los líderes del socialismo y comunismo chileno. No les escondió nada.

Finalmente, el presidente Salvador Allende, sin contar con el apoyo explícito del Partido Socialista y el Partido Comunista, emitió un discurso al país, en la mañana del martes 24 de julio de 1973; el que se puede condensar en diez puntos fundamentales expuestos:

«—Necesidad de afianzar la autoridad del Gobierno».

Este punto era un claro mensaje a la Unidad Popular que, por el acuerdo firmado en enero de 1970; socavaba en forma permanente la autoridad y autonomía en la toma de decisiones del presidente de la República y su Gobierno.

«—El gobierno rechaza las fuerzas armadas paralelas de ambos extremismos».

Claramente alusión a la declaración de desencadenamiento de la lucha armada por parte del Frente Nacionalista Patria y Libertad y del Movimiento de Izquierda Revolucionaria, MIR, los días 16 y 17 de julio de 1973; respectivamente.

«—Las FF.AA. deben quedar marginadas de la pugna política contingente».

«—El Gobierno requiere de un poder popular subordinado y no antagónico al régimen institucional». Este era un mensaje al MIR.

«—El camino político del programa de la U.P. no es el insurreccional. La insurrección la impulsa la burguesía».

«—Necesidad de articular la competencia de los Poderes del Estado, en una vigencia plena del Estado de Derecho, que exige poner término al bloqueo legislativo a que está sometido el Poder Ejecutivo».

Lo que el presidente de la República proponía en este punto sólo se lograba con el diálogo abierto entre Gobierno y oposición, sin condiciones de fuerza para ninguna de las partes.

«—Necesidad de definir el régimen de propiedad de las empresas, mediante la delimitación legal del área social, considerando que las transformaciones ya oficializadas son irreversibles». Este punto había sido el problema insoluble para el Gobierno.

«—El área de propiedad social de las empresas requiere organizar la participación de los trabajadores en su dirección». Sobre esta materia también estaba de acuerdo la Democracia Cristiana.

«—Se requiere de acuerdo nacional para adoptar medidas concretas destinadas a contener la inflación y asegurar la distribución».

«—La materialización de estas ideas requiere del diálogo y el entendimiento con la oposición».

El miércoles 25 de julio intervino en la Cámara Alta el senador de la Izquierda Cristiana Alberto Jerez, quien comentó positivamente la llamada que había hecho el cardenal Raúl Silva Henríquez para que fuera alcanzado un consenso nacional y se refirió a la Encíclica del Papa Paulo VI sobre *El Desarrollo de los Pueblos*. Hizo mención al positivo llamado que hicieron algunos políticos abogando por el diálogo, entre los cuales destacó a Radomiro Tomic, Jaime Suárez, Benjamín Prado, Anselmo Sule, Eduardo Cerda, Ricardo Hormazábal, Sergio Onofre Jarpa y Renán Fuentealba, quien había expresado que «todos los chilenos debemos escuchar la llamada del Cardenal y agradecerle sus esfuerzos porque entre nosotros prevalezca la razón y no la barbarie; la paz y no la guerra; la solidaridad y no el odio».(16)

LXV. PARO DE CAMIONEROS Y PRINCIPIO DEL FIN

Este mismo día en que el senador Jerez desarrolló sus reflexiones, se inició un nuevo paro de camioneros. A este movimiento se sumarían otros gremios y estaba destinado a crear las condiciones definitivas para derrocar el gobierno de Unidad Popular. Esto le fue anunciado a Roberto Thieme, líder de Patria y Libertad, en una reunión clandestina a la que fue invitado junto con oficiales de la Armada cercanos al almirante José Toribio Merino.

Vale referirse a las actividades de Patria y Libertad con posterioridad al 16 de julio, día en que Roberto Thieme anunció el paso a la clandestinidad para iniciar la lucha armada en contra del Gobierno.

Después de la conferencia de prensa del 16 de julio Thieme se cortó el pelo al estilo militar y se tiñó nuevamente el cabello, comenzando a vestir uniforme de oficial de Ejército, que le fue proporcionado por su hermano el teniente Ricardo Thieme, destinado en San Fernando. Se trasladaba Thieme en un Fiat 125 conducido por un excabo de Ejército, automóvil que había sido proporcionado por el empresario Javier Vial Castillo y era acompañado en forma permanente por dos escoltas de la Brigada Gamma de Patria y Libertad, los que portaban revólveres Colt Magnum y granadas de mano. Thieme dormía cada noche en una casa distinta, en una red de seguridad diseñada para albergar a los distintos líderes del movimiento que había pasado a la clandestinidad. Los principales líderes de Patria y Libertad se centraron en relacionarse con distintos mandos de unidades de las Fuerzas Armadas. Al poco tiempo se dieron cuenta que sólo faltaba el cambio de comandantes en jefe para concretar un levantamiento general y cohesionado que derrocara el Gobierno de la Unidad Popular.

En lo que se refiere a las seis ametralladoras pesadas de 7,62 mm robadas en el cuartel del Blindado N°2; cuya recuperación era preocupación permanente para el comandante en jefe del Ejército; dicho armamento fue entregado por oficiales del Regimiento Blindado a miembros de Patria y Libertad. El general Augusto Lutz, director del Servicio de Inteligencia Militar, también estaba inquieto por estas armas y a través de Saturnino López, militante de Patria y Libertad, se acordó la devolución al Ejército. Esta operación la efectuó Miguel Sessa, quien entregó las ametralladoras durante una noche y con gran sigilo en la Escuela Militar.

El Frente Nacionalista Patria y Libertad también desarrolló contactos con la Fuerza Aérea, dada la gran cantidad de pilotos civiles que estaban dentro de la agrupación de extrema derecha, lo que facilitó relacionarse con oficiales jóvenes de esta rama castrense.

Posteriormente, cuando a fines de agosto de 1973 asumió como comandante en jefe de la Fuerza Aérea el general Gustavo Leigh Guzmán, el comandante de Escuadrilla Roberto Fuentes Morrison fue el nexo entre este general y Manuel Fuentes Wendling de Patria y Libertad.

El 23 de julio se produjo la reunión entre Patria y Libertad y oficiales de la Armada en un apartamento de la Avenida Vitacura en Santiago. Thieme llegó acompañado de Vicente Gutiérrez y Miguel Sessa y los marinos eran el comandante Hugo Castro y un capitán.

En esta reunión los oficiales navales anunciaron a los tres líderes de Patria y Libertad que el paro que se iniciaría dos días más tarde, como ya se dijo, estaba destinado a generar las condiciones definitivas para terminar con el Gobierno de Salvador Allende.

Posteriormente a este anuncio los marinos preguntaron a Thieme, Gutiérrez y Sessa en qué condiciones se encontraban sus Brigadas Operacionales. Una vez recibida la explicación del estado de estas, solicitaron que las movilizaran para que contribuyeran al éxito del paro, manteniendo cortadas vías férreas y saboteando oleoductos y gasolineras. Los dos marinos asumieron el compromiso de señalarles los puntos de corte y de entregarles los explosivos necesarios para tal efecto. También indicarían los oficiales navales los días en que deberían provocarse cortes de energía eléctrica en distintos puntos de Chile con el fin de interrumpir las emisiones radiofónicas y televisivas.

Los líderes de Patria y Libertad aceptaron las misiones de sabotaje que se les habían asignado y definieron los conductos de comunicación y coordinación.

Thieme, Gutiérrez y Sessa terminaron la reunión con la convicción de que el momento tan ansiado había llegado y que el tiempo que le quedaba al gobierno de Unidad Popular era muy corto.

Pusieron en marcha medidas de seguridad para los militantes más reconocidos o expuestos de su organización.

La preocupación que tenía Thieme era su hermano Ernesto Miller, pero este ya estaba con buena protección, se alojaba en la casa del general de brigada Javier Palacios Ruhmann.

El 26 de julio de 1973; muy concordante con la reflexión y la llamada que hizo el senador Jerez, emitió un discurso el presidente del Partido Demócrata Cristiano, Patricio Aylwin, intervención en la que manifestó su aceptación a la propuesta formulada por el presidente Salvador Allende en el sentido de iniciar el diálogo en la búsqueda de alcanzar acuerdos. Parecía que se abría un camino para destrabar las ataduras que impedían dar solución a la crisis. (16) (27) (28)

LXVI. ASESINATO DEL COMANDANTE ARTURO ARAYA PETERS

A pesar de que parecían un buen augurio las palabras de Patricio Aylwin, el 26 de julio de 1973 fue un día de mucha agitación que terminó con un asesinato que estremecería a Chile. Por la mañana comenzaron a quedar estacionados una gran cantidad de camiones en extensas áreas destinadas para ello. Se empezaron a ver los inmóviles vehículos de transporte en Reñaca Alto, Casablanca, Curacaví, Puente Alto, San Bernardo y muchas otras localidades en torno a Santiago. Los camiones y sus conductores eran protegidos secretamente por personal de la Armada y recibían financiamiento del comando multigremial y empresarial que era parte de este movimiento. En paralelo, militantes de Patria y Libertad comenzaron las acciones de sabotaje planificadas con el corte de mangueras de los surtidores de combustible de las estaciones de servicio de Santiago.

Llegada la noche circuló un rumor en Santiago, se afirmaba que la Armada se había sublevado en Valparaíso y que las tropas navales avanzaban sobre la capital, situación que generó expectación y presencia de muchas personas en las calles. Explosionaron bombas y se escucharon tiroteos en distintos barrios de Santiago.

En la madrugada del día 27 de julio comenzó a ser difundida la noticia del asesinato del edecán Naval del presidente Allende, capitán de navío Arturo Araya Peters.

En la noche del 26 de julio, Araya acompañó al presidente a una celebración en la Embajada de Cuba en Santiago, con motivo de un aniversario más del asalto al cuartel Moncada. Al llegar a su domicilio, el oficial naval escuchó una explosión cercana a su casa, situación que lo llevó a asomarse por una ventana del segundo piso de la casa que habitaba, momento en que recibió un mortal disparo desde un punto exterior a su domicilio.

Coincidentemente, a las dos de la mañana del 27 de julio fueron informados del mortal atentado dos protagonistas de los sucesos que se vivían en el país: el general Carlos Prats, fue despertado por la llamada telefónica del general Orlando Urbina quien le dio a conocer el hecho. A esa misma hora, Miguel Sessa se comunicó con Roberto Thieme para darle la misma noticia.

Inmediatamente se reunieron los máximos dirigentes de Patria y Libertad quienes efectuaron una rápida investigación dentro de su organización, la que arrojó como resultado que ningún integrante de sus brigadas militarizadas había participado en el asesinato del comandante Araya. Dada esta circunstancia, Patria y Libertad emitió un comunicado a la prensa:

> Este nuevo atentado corresponde a la más fría, cerebral y maquiavélica decisión del marxismo leninismo. Es la única forma de distraer al país de las graves consecuencias del fracaso político, social, económico y moral más grande de nuestra historia. Estamos conscientes de que el gobierno y sus seguidores tratarán por todos los medios de culparnos directamente de este hecho. Confiamos en la capacidad de los Servicios de Inteligencia de las Fuerzas Armadas y no dudamos que comprobarán el origen del atentado y sabrán encontrar a sus autores materiales e intelectuales. Para avalar nuestra inocencia, me pongo a disposición de la Armada Nacional.
>
> Roberto Thieme

El día 28 de julio el director del Servicio de Inteligencia Militar, general Augusto Lutz, informó al general Carlos Prats que había sido detenido por Carabineros el técnico electrónico de la CORFO José Luís Riquelme Bascuñán, quien habría confesado su participación en el hecho que tuvo como resultado la muerte del comandante Arturo Araya. Riquelme habría preparado unas cargas de dinamita para instalarlas y hacerlas estallar cerca del domicilio del malogrado oficial naval, cumpliendo instrucciones de «un tal Blanco», dirigente de la población Che Guevara y de un individuo cuyo apodo era «El Petizo», probable integrante de la guardia personal del presidente, GAP. El «tal Blanco» con «El Petizo», junto a militantes del Frente de Trabajadores Revolucionarios, FTR, se habrían tomado la noche del homicidio un recinto perteneciente a la empresa «Edwards y Cerutti», próximo a la casa del edecán.

Sin embargo, Riquelme es su declaración ante la Policía de Investigaciones, negó lo afirmado ante Carabineros. El general Prats instruyó al general Lutz para que a la brevedad Riquelme estuviera a disposición de la Fiscalía Militar y se le informara respecto de lo que volviera a declarar.

Por otra parte, los medios de comunicación de Oposición, como el diario «La Segunda» y radio «Agricultura», difundieron la versión dada por Riquelme a Carabineros, involucrando a grupos de izquierda en el crimen de Araya, entregando detalles como que se pretendía secuestrar al edecán con participación de comandos cubanos.

El 29 de julio, un oficial de ejército integrante del Servicio de Inteligencia Militar visitó al general Carlos Prats en su domicilio para informarle que José Luís Riquelme negó también ante el Fiscal Militar lo que había declarado ante los Carabineros. Posterior a este diálogo, el general Prats se reunió con el almirante Raúl Montero y con el vicealmirante Patricio Carvajal, para sugerir a Montero que la Justicia Naval pidiera competencia para llevar el caso del crimen del comandante Araya, sugerencia que Montero aceptó.

Ese mismo día la Corte Suprema resolvió nombrar un ministro en Visita para abordar en exclusiva la investigación por la muerte de Araya.

A los pocos días de acaecido el crimen, Roberto Thieme recibió información asociada al hecho. Los verdaderos autores del asesinato eran integrantes de un grupo supuestamente descolgado del Frente Nacionalista Patria y Libertad, que habrían sido expulsados de esta organización en 1972. De acuerdo con lo testimoniado por el propio

Thieme, uno de los responsables fue Guillermo Claverie, quien utilizó un fusil Marcatti tipo Batán, arma entregada por el exoficial de la Armada Jorge Ehlers, con la que se disparó a Araya cuando este salió a increpar a quienes estaban en los alrededores de su domicilio después de escuchar una explosión en la calle. El arma usada era uno de los setenta fusiles que había introducido Roberto Thieme desde Argentina, con sus respectivas municiones, que fueron distribuidas para ser usadas en el «tancazo» del 29 de junio. La muerte del capitán de navío Arturo Araya impidió que este accediera al alto mando naval a finales de 1973. (16) (27) (28)

LXVII. NEGOCIACIÓN CON
PATRICIO AYLWIN

Al día siguiente del discurso del presidente del Partido Demócrata Cristiano, Patricio Aylwin, el ministro de defensa Clodomiro Almeyda confió al general Carlos Prats que en el Partido Socialista no se veía positivamente el diálogo entre el Gobierno y la Democracia Cristiana y que si este se concretaba, era altamente probable que dicho partido abandonara Unidad Popular y por lo tanto dejaría de ser uno de los partidos que apoyaba, aunque fuera teóricamente, al presidente Allende. Almeyda comunicó esto a Prats para hacerle ver que de concretarse el abandono del Partido Socialista, él, como socialista, se vería obligado a dejar el Ministerio de Defensa.

El lunes 30 de julio por la mañana, el presidente convocó a una reunión en La Moneda, a la que asistieron el ministro de interior Carlos Briones, el ministro de defensa Clodomiro Almeyda, los tres comandantes en jefe de las Fuerzas Armadas, el director general de Carabineros y el director general de Investigaciones, además de integrantes de los servicios de inteligencia de las Fuerzas Armadas y Carabineros.

El presidente Allende se mostró indignado por la difusión de la declaración de José Luís Riquelme, posible involucrado en el asesinato del comandante Arturo Araya, cuya responsabilidad se la asignó Allende a Carabineros. Más indignación causaba al presidente el hecho que en la difundida declaración de Riquelme se involucraba en el crimen a Bruno Blanco, jefe de la custodia personal de Allende, quien aquella noche estuvo acompañado de su grupo de seguridad encabezado por el mismo Blanco. Se logró establecer en esta reunión que de una manera misteriosa y al margen del oficial de Carabineros que tomó la declaración de Riquelme, esta llegó a disposición de la radio «Agricultura», opositora al Gobierno. Considerando lo testimoniado por Roberto Thieme y lo anteriormente dicho, claramente se estaba frente a un complot para eliminar al edecán Naval de Allende y culpar del homicidio a círculos gubernamentales.

Ese mismo día Salvador Allende se reunió con el senador Aylwin, presidente de la Democracia Cristiana. El martes 31 de julio almorzaron en la residencia del general Prats los líderes del Partido Radical Anselmo Sule, Arcarabuz Coronel y el presidente de la Juventud Radical, Alejandro Montesinos. Prats reiteró los conceptos tantas veces expresados en las últimas semanas, en el sentido de abrigar la esperanza de que las conversaciones abiertas entre el presidente Allende y Patricio Aylwin dieran resultados para evitar así el desborde constitucional, sinónimo de enfrentamiento seguido por una larga dictadura militar. No tenía Prats una bola de cristal para adivinar el futuro, simplemente entendía la dinámica de los acontecimientos que se vivían. Arcarabuz Coronel recordó a Prats que él les había manifestado que las Fuerzas Armadas apoyarían al Gobierno si fracasaban las conversaciones.

El comandante en jefe del Ejército aclaró al dirigente radical que aquello era efectivo pero cuando el escenario fuera tener a la Democracia Cristiana sin voluntad de dialogar con el Gobierno. Añadió que después de los hechos del 29 de junio se habían intensificado las presiones golpistas sobre el Ejército, lo que suscitaba gran tensión en el alto mando.

Anselmo Sule buscó establecer responsabilidades ante un posible fracaso, expresando su deseo de que el diálogo entre el presidente y Patricio Aylwin diera resultados positivos, pero que si fracasaba no sería por falta de flexibilidad de Unidad Popular, considerando que el Partido Socialista, después de negarse a aceptar el diálogo, finalmente lo aceptó.

Por la noche visitó a Prats el ministro Fernando Flores, quien transmitió su preocupación por la respuesta que había enviado en una carta el senador Patricio Aylwin. Flores creía necesario que Prats leyera la misiva.

Después, Flores telefoneó al presidente Allende, quien citó a ambos a la casa presidencial de la calle Tomás Moro. El presidente estaba preocupado y triste. Prats leyó el documento donde Aylwin calificaba de acción «dilatoria» la propuesta del presidente de formar comisiones de trabajo para alcanzar acuerdos entre el Gobierno y la oposición, manifestando Aylwin la necesidad urgente de formar un gabinete «con participación institucional de las FF.AA. con poderes suficientes» para estructurar mandos superiores y medios dentro del Gobierno. Lo que estaba proponiendo Patricio Aylwin era en definitiva el final del Gobierno de Unidad Popular, sustituyéndolo por una intervención político militar que dejaría a Salvador Allende en La Moneda pero entregando la dirección del país a las Fuerzas Armadas.

Es importante destacar también que a un mes y medio del golpe militar del 11 de septiembre, la Democracia Cristiana proponía la renuncia del presidente y la renuncia de todo el Congreso para comenzar de cero.

Al leer la carta, Prats se formó la opinión de que Aylwin proponía algo que sabía muy bien que el presidente no aceptaría. De acuerdo con el razonamiento del comandante en jefe del Ejército, Aylwin estaba corriendo un «riesgo calculado», y con su propuesta ponía en jaque lo que quedaba del Estado de Derecho. Era lógico suponer que la propuesta del líder de la Democracia Cristiana no sería aceptada por los llamados «duros» de Unidad Popular. Sin la aceptación de estos, la propuesta de Aylwin llevaba a la intervención militar como ocurrió el 11 de septiembre de 1973. En definitiva, para Aylwin había dos caminos, el fin del Gobierno de Unidad Popular bajo un esquema que podría llamarse institucional, o fuera de la institucionalidad, si Allende y la Unidad Popular no aceptaban lo primero.

Dos días después respondió el presidente Allende al senador Patricio Aylwin, y ofreció la promulgación de las reformas constitucionales que por dilación del Gobierno estaban pendientes de trámite para la entrada en vigencia, planteó, además, ocho puntos para el reordenamiento económico social del país. El acuerdo sobre estos puntos sería sustento para la formación de un nuevo Gabinete.

El viernes 3 de agosto el ministro de defensa Clodomiro Almeyda se entrevistó con el general Prats para plantearle que, ante la posibilidad de fracaso en la búsqueda de acuerdo con los democristianos, el presidente se vería nuevamente en la necesidad de incorporar a las Fuerzas Armadas al Gobierno. Esta incorporación no sería masiva, como lo pedía el Partido Demócrata Cristiano, sino en algunos Ministerios, permaneciendo la mayoría de los demás en manos de dirigentes de Unidad Popular. Claramente no era lo que solicitaba Aylwin.

Prats le contestó lo habitual: que en el Ejército había una fuerte reticencia a involucrarse en labores gubernamentales. Almeyda señaló que había conversado sobre la materia con el comandante en jefe de la Armada, almirante Raúl Montero y que este le había manifestado su buena disposición para que su institución se incorporara al gabinete ministerial. Prats alegó querer conocer la opinión del comandante en jefe de la Fuerza Aérea, general César Ruiz.

A medio día, Almeyda llamó a Prats para informarle que el general Ruiz había aceptado que su institución se incorporara al Gobierno. Posteriormente ya iniciada la tarde, el general Prats se trasladó a La Moneda para una breve entrevista con el presidente Allende. El Primer Mandatario le confió al general que ante la exigencia democristiana de desplazar a Unidad Popular del gabinete ministerial, como muestra de buena voluntad previa a las negociaciones, no le quedaba otra opción que incorporar a los propios comandantes en jefe como ministros de Estado.

En jerga boxística, la decisión del presidente Allende era un «juego de piernas» para salir de la incómoda y desventajosa posición política en que estaba. Era una maniobra política al límite, que buscaba mantener abiertas las negociaciones con los democristianos sin acceder a lo que este partido había exigido, poniendo la presencia de los comandantes en jefe de las Fuerzas Armadas en el Gobierno como «zanahoria».

Por la noche de ese viernes Patricio Aylwin respondió a la propuesta del presidente, en una alocución transmitida por radio a todo el país. La Democracia Cristiana no se comió la zanahoria, cerró las conversaciones argumentando que el Gobierno no había aceptado nombrar un gabinete ministerial que diera confianza a ese partido. (16) (21) (27) (28)

LXVIII. NUEVAMENTE LOS MILITARES EN EL GOBIERNO

La situación social y económica se agravó aquel viernes 3 de agosto cuando la locomoción colectiva se sumó al paro de transportistas. Algunos microbuses leales a Unidad Popular se mantuvieron circulando, por lo cual miembros de Patria y Libertad sembraban las calles con clavos retorcidos, los conocidos «miguelitos» para reventar los neumáticos y no permitir que los microbuses cumplieran su servicio. Chile volvió a quedar paralizado. El tren no podía reemplazar de forma suficiente a los autobuses y camiones. Miles de empleados y obreros no podían llegar a sus puestos de trabajo. Miles de bombas gasolineras cerraron por falta de combustible y por los atentados a los oleoductos.

Pasado el medio día del sábado 4 de agosto se celebró una reunión en la residencia presidencial, a la que acudieron el ministro de defensa Clodomiro Almeyda, los tres comandantes en jefe de las ramas de las Fuerzas Armadas, el director general de Carabineros y el director general de Investigaciones.

El director de Investigaciones informó que se había encontrado una nueva pista para esclarecer el crimen del edecán naval. Se había detenido al militante de Patria y Libertad Mario Rojas, quien declaró que el homicidio lo había cometido el grupo de ultraderecha.

El presidente expresó que antes de definir las condiciones de ingreso de las Fuerzas Armadas al Gobierno, debía meditar el alcance del discurso emitido la noche anterior por Patricio Aylwin, pues, en paralelo, había surgido un nuevo problema interno en Unidad Popular, con la renuncia de todos los ministros.

Por su parte, el general Carlos Prats informó que el general Herman Brady, a quien se había nombrado interventor en la huelga de la locomoción colectiva, le había expresado que dirigentes de ese sector le habían transmitido que su única exigencia era que el interventor en el paro de los camioneros, Ángel Faivovich, abandonara el cargo. Allende se molestó al recibir esta información.

A medio día del domingo 5 de agosto los dirigentes de la Central Única de Trabajadores, CUT, Luis Figueroa y Rolando Calderón, se presentaron en la casa del comandante en jefe para manifestar su indignación por el registro y allanamiento efectuado en la fábrica textil de Punta Arenas, Lanera Austral, el día anterior, hecho que cobró una víctima mortal entre los trabajadores de dicha fábrica. De acuerdo con lo informado por Figueroa y Calderón, se había montado un aparatoso operativo de allanamiento que además de la víctima fatal había causado daños a las instalaciones de la fábrica, operativo dirigido por el general de división Manuel Torres de la Cruz, comandante en jefe de la V División de Ejército, con asiento en Punta Arenas. La acción fue ejecutada para cumplir con la Ley de Control de Armas. Prats dio instrucciones para que se le hiciera llegar un detallado informe de los hechos.

Al día siguiente llegó información desde Punta Arenas de que el allanamiento a la fábrica de Lanera Austral la había efectuado la Fuerza Aérea. El Ejército y la Armada habían realizado, en paralelo, registros domiciliarios en otros puntos industriales, pero como Torres en calidad de jefe de zona había instruido y coordinado las acciones, la responsabilidad de los hechos de Lanera Austral caía sobre él.

Hasta Santiago llegaron las protestas de las autoridades políticas y administrativas de la Provincia de Magallanes, por lo que el Gobierno decidió enviar al ministro de Justicia para investigar lo ocurrido.

Por la tarde de aquel 6 de agosto de 1973 Allende citó a La Moneda al general Carlos Prats. El presidente manifestó a Prats su deseo que los comandantes en jefe eligieran entre Interior, Relaciones Exteriores, Hacienda y Obras Públicas y Transporte. Antes de responder la propuesta presidencial el general Prats le consultó a Allende respecto de la respuesta dada por el almirante Montero y el general Ruiz. El Primer

Mandatario respondió que Montero no había hecho objeciones excepto manifestarse contrario a que un comandante en jefe se hiciera cargo del Ministerio de Defensa. Por su parte el general Ruiz dio a Allende su opinión en el sentido de que no nombrara ministros a los comandantes en jefe y que por el contrario asignara dichos cargos a por lo menos dos generales o almirantes por cada una de las instituciones de la Defensa Nacional, lo que el presidente Allende rechazó. La propuesta de Ruiz se acercaba a la que había planteado la Democracia Cristiana.

Después de este relato del presidente, Prats le expresó a Allende que entendía la necesidad que tenía de nombrar a los comandantes en jefe para demostrar al Partido Demócrata Cristiano la disposición que tenía de terminar con el enfrentamiento y que ante esa realidad, él sentía el deber de colaborar, más aún, considerando las dificultades que se le habían creado con los partidos de Gobierno, con renuncia de todos los ministros. No obstante, Prats sinceró su deseo de no querer tomar el Ministerio de Interior, donde ya había servido entre noviembre de 1972 y marzo de 1973. Terminada esta reunión con el presidente, Prats llamó al almirante Montero y al general Ruiz con el fin de solicitar una reunión para el día siguiente.

En paralelo se mantenían las insistentes llamadas de los partidos de Unidad Popular ante el propio presidente Allende por los sucesos de Punta Arenas. Carlos Prats se vio obligado a llamar a Santiago al general Manuel Torres indicándole que no era conveniente que estuviera en Punta Arenas en el momento de efectuarse el funeral de la víctima fatal.

Se reunieron con Allende los tres comandantes en jefe para abordar lo relativo a la nueva incorporación de militares al gabinete ministerial. El general Prats reiteró que no quería nuevamente la responsabilidad de ministro del Interior. Montero y Ruiz desecharon tomar ese Ministerio. En estas circunstancias, el almirante Montero, que había señalado al presidente su opinión de que ningún militar debería hacerse cargo del Ministerio de Defensa, en esta reunión cambió y propuso a Prats que tomara este ministerio y que fuera Allende quien decidiera que ministerios tomarían Montero y Ruiz.

A las 18 horas se reunió nuevamente el presidente con los comandantes en jefe y con el ministro de Defensa en la casa presidencial de la calle Tomás Moro.

Allende volvió a ofrecer los Ministerios del Interior, Relaciones Exteriores, Defensa Nacional, Obras Públicas y Transporte, Hacienda y además Minería.

Tanto Montero como Ruiz reiteraron que no tenían inconvenientes para que Prats tomara el Ministerio de Defensa Nacional. El almirante Montero se inclinó por tomar Hacienda y el general Ruiz el Ministerio de Minería. El cambio de ministros quedó fijado para el día siguiente.

A las 9 de la mañana del miércoles 8 de agosto el general César Ruiz llamó al general Carlos Prats para solicitar una reunión junto al almirante Raúl Montero. Quedaron de juntarse a las 12:30 en la oficina de Prats.

A las 11:30 el general Carlos Prats sostuvo una tensa reunión con el Cuerpo de generales de su institución. Estos se manifestaron desconcertados por la entrada de las Fuerzas Armadas en el Gobierno, argumentando que ellos esperaban una participación castrense acorde con el planteamiento de la Democracia Cristiana, es decir, los militares ocupando la mitad o dos tercios de los ministerios y el resto del Gabinete que fuera cubierto con personalidades apolíticas. Como ya se ha dicho, este diseño era un verdadero golpe de Estado, un «golpe blando» o un «golpe seco», como lo llamó Carlos Prats frente a los generales del Ejército esa mañana.

Prats informó que él no había liderado el ingreso de los comandantes en jefe al gabinete ministerial de Allende, muy contrario a la información que hacen circular radios y diarios opositores, según la cual Prats inducía a Montero y Ruíz a tomar una definición política. Los máximos jefes de la Armada y la Fuerza Aérea actuaban con total independencia del Ejército, a tal punto que aquellos le habían dado su conformidad a Allende antes que este le consultara a Prats. Este también expresó a los generales que el ingreso de los comandantes en jefe en el Gobierno era un último y supremo esfuerzo por el diálogo.

Para terminar el consejo de generales, Carlos Prats hizo referencia a los registros domiciliarios que se estaban efectuando en todo Chile en cumplimiento de la Ley de Control de Armas, señalando que se debía evitar expresiones exageradas de fuerza que en definitiva pondrían en tela de juicio la aplicación de la Ley, por lo que los jefes de guarnición debían ser ecuánimes al atender las denuncias que les llegaran, pues, hasta esa fecha sólo se había atendido denuncias que llevaban a actuar en contra de partidarios del Gobierno y ningún allanamiento se había efectuado en las sedes o refugios de la organización de extrema derecha Patria y Libertad, la que además había declarado el inicio de la lucha armada desde la clandestinidad. Prats también les recordó y reprochó que no se ejecutó allanamiento alguno para tratar de recuperar las ametralladoras pesadas, robadas desde el cuartel del Regimiento Blindado N°2.

Los generales Óscar Bonilla y Javier Palacios manifestaron estar de acuerdo con el proceder del general Manuel Torres de la Cruz en Punta Arenas. Clara demostración de poner oídos sordos a las apreciaciones de su comandante en jefe.

A la hora convenida se reunieron los tres comandantes en jefe en el privado de la oficina de Carlos Prats. El general César Ruiz llegó con una sorpresa. En pocas horas había cambiado su apreciación respecto de la participación de los comandantes en jefe en el Gobierno.

Ruiz declaró que había intercambiado opiniones con sus generales, que estimaban que la Fuerza Aérea no debía participar en tareas de Gobierno y que dos de sus generales habían pedido su salida. Además, señaló que había solicitado ser recibido por el presidente, reunión que había quedado fijada para las 14 horas. Prats y Montero pidieron al jefe de la Fuerza Aérea que les informara de los resultados de la reunión con Allende.

A las 15:30 horas regresó al Ministerio de Defensa el general Ruiz bajo un evidente estado de preocupación y tensión, pues el presidente le expresó que su decisión debía ser solidaria con la de los otros dos comandantes en jefe y que debían tomar en conjunto una decisión.

Prats y Montero le expresaron a Ruiz que ya era tarde para desistir del acuerdo tomado la noche anterior y que dada las circunstancias políticas no era conveniente poner al presidente en una situación tan compleja. Ruiz les solicitó que escucharan la opinión del general Gustavo Leigh, jefe de Estado Mayor de la Fuerza Aérea, quien con calma y franqueza expuso la visión de los generales de su institución. Estos tenían la misma opinión que se le había manifestado al general Prats en el consejo de generales del Ejército la mañana de ese día, es decir, que las Fuerzas Armadas tomaran entre seis o nueve

Ministerios y que además se cubrieran con integrantes del Ejército, Armada y Fuerza Aérea los mandos medios. Es decir, claramente los Altos Mandos del Ejército y Fuerza Aérea estaban alineados con lo planteado por el Partido Demócrata Cristiano. Prats reiteró al general Leigh que aquella solución era un «golpe seco». El almirante Montero argumentó que el ingreso de los tres comandantes en jefe debía entenderse como un sacrificio que debía hacerse buscando facilitar un consenso mínimo entre el Gobierno y la oposición.

Después del exhaustivo análisis del general Leigh, el general Ruiz pidió diez minutos a los otros dos comandantes en jefe para conversar con su jefe de Estado Mayor. A las 17:30 horas confirmó que iría a La Moneda para darle su aceptación al presidente de la República.

El cambio de ministros que estaba programado para ese día 8 de agosto se pospuso para el día siguiente. A las 13:00 horas del jueves 9 de agosto concurrieron los comandantes en jefe a La Moneda para jurar como ministros de Estado, con la novedad que en esta oportunidad se sumaba un cuarto uniformado, el director general de Carabineros.

Después de jurar Orlando Letelier como nuevo ministro de Interior hizo lo propio el almirante Raúl Montero como ministro de Hacienda, el general de Ejército Carlos Prats como ministro de Defensa, el general del Aire César Ruiz como ministro de Obras Públicas y Transporte y el general José Sepúlveda como ministro de Tierras y Colonización.

Al finalizar la ceremonia de instalación del nuevo Gabinete, Salvador Allende pronunció unas palabras, entre las cuales se destaca: «Esta es la última oportunidad. Chile está en peligro. Así comienzan las guerras civiles».

Poco a poco la historia iba enlazando sus piezas. Las cuatro instituciones de la Defensa Nacional y de Orden, Ejército, Armada, Fuerza Aérea y Carabineros quedaron incorporadas, a través de sus máximos jefes, en un papel político el 9 de agosto de 1973. La historia también se encargaba de ir sincronizando la presencia de los nombres que serían protagonistas del acto final de la tragedia que estaba viviendo Chile por casi tres años. La junta de comandantes en jefe quedó integrada por tres sustitutos, en el Ejército el general de división Augusto Pinochet Ugarte, en la Armada el vicealmirante José Toribio Merino Castro y en la Fuerza Aérea el general de aviación Gustavo Leigh Guzmán. (16)

LXIX. PARO Y CONFLICTOS POLÍTICOS Y MILITARES

El primer problema que abordó el nuevo Gabinete fue el paro de camioneros y de la locomoción colectiva. Los huelguistas se negaban al diálogo y concentraron sus camiones en distintos puntos del país obstruyendo la circulación y preparando sistemas de defensa que obligaban a hacer uso de la fuerza pública.

Había urgencia por requisar camiones gasolineros ya que el desabastecimiento de combustible se hacía crítico. Los camioneros que se aventuraban por las rutas con algún tipo de carga lo hacían poniendo en riesgo su camión y su vida. En la madrugada del jueves 9 de agosto, el mismo día de la instalación de los nuevos ministros militares, recrudeció la violencia. Una enorme explosión estremeció la ciudad de Curicó. Comandos de Patria y Libertad volaron con cargas explosivas treinta metros del oleoducto de la Empresa Nacional de Petróleo, ENAP, que llevaba combustible desde Talcahuano hasta Maipú, en la zona oeste de Santiago. Además de los grandes daños materiales, el hecho dio como resultado dos muertos y nueve heridos. Por la televisión se pudieron ver imágenes de seres humanos y animales quemados por la explosión.

El viernes 10 de agosto el vicealmirante José Toribio Merino, comandante en jefe sustituto de la Armada, se presentó ante el nuevo ministro de defensa general Carlos Prats y después de saludarlo le informó del descubrimiento de una célula del MIR infiltrada entre suboficiales y clases de dos buques de la Escuadra, el crucero «Almirante Latorre» y el destructor «Blanco Encalada». Merino informó que los involucrados habían sido arrestados y puestos a disposición del fiscal correspondiente, habiéndose iniciado un proceso en el Juzgado Naval de Valparaíso. Se acusó como instigadores de esta infiltración izquierdista en la Armada a Carlos Altamirano, Miguel Enríquez y Óscar Guillermo Garretón, los máximos líderes del Partido Socialista, del MIR y del MAPU, respectivamente.

También se presentaron a entregar su saludo a Carlos Prats los generales de la Fuerza Aérea, encabezados por el general de aviación Gustavo Leigh, comandante en jefe sustituto de dicha institución. En medio de una conversación grata y constructiva los generales hicieron ver al ministro su preocupación por los intentos de infiltración del MIR.

A medio día, en un nuevo Consejo de Gabinete, comenzaron a quedar en claro las divergencias entre un ministro militar y un miembro civil del Gobierno. El Intendente de Santiago e Interventor en el paro de camioneros, Ángel Faivovich, sostuvo que la operación de requisa de camiones en la localidad de El Monte había fracasado por la acción de parlamentarios opositores y porque el ministro de Obras Públicas y Transporte, general Ruiz, había enviado a un coronel de la Fuerza Aérea con la orden de suspender el procedimiento. Ruiz argumentó que había habido una confusión porque el coronel había ido al lugar sólo con fines de información. Faivovich puso su cargo a disposición del presidente.

Como, por otra parte seguían en el aire los sucesos de Punta Arenas, se reunieron para abordar la cuestión los ministros del Interior, Orlando Letelier, de Defensa, Carlos Prats, de Agricultura, Jaime Tohá, y de Justicia, Jaime Insunza. Estos últimos indicaron que existían informes de que en los registros domiciliarios practicados por las Fuerzas Armadas se estaban aplicando procedimientos abusivos, lo que revelaba desconocimiento de las normas legales vigentes. Añadieron que en Punta Arenas había indignación en contra del general Manuel Torres de la Cruz y estimaban necesario se nombrara un fiscal especial para esclarecer la muerte del obrero de la textil Lanera Austral, porque el fiscal que llevaba el proceso en la Justicia Militar era el mismo que había extendido la orden para el allanamiento donde había muerto el trabajador. No obstante, el problema que concentraba los esfuerzos del Gobierno era el paro de los gremios que duraba desde el 25 de julio.

En dependencias del Ministerio del Interior, el sábado 11 de agosto se reunió el Comité Operativo encargado de terminar con el paro. Este comité estaba integrado por los ministros Orlando Letelier, Carlos Prats, César Ruiz, José Cademártori y Pedro Ramírez.

Asistió el Interventor Ángel Faivovich. Ruiz reiteró que los transportistas en paro le habían señalado que la única condición que ponían para negociar con el Gobierno era que Faivovich renunciara. El aludido expresó que no tenía inconvenientes en renunciar si eso terminaba el problema. Ante esto el general Prats propuso la designación de interventores militares en aplicación de la Ley de Seguridad Interior del Estado. El ministro del Interior expresó su conformidad y se comprometió a consultar con el presidente sobre la materia.

El general Prats informó a Pinochet lo tratado en el Comité Operativo y le ordenó que preparara la designación de interventores militares, si lo aprobaba el presidente. Pinochet sugirió como Interventor General para el conflicto con los transportistas al general Óscar Bonilla y Prats lo aprobó.

El último mes del Gobierno de Unidad Popular comenzó el domingo 12 de agosto de 1973 con un Consejo de Gabinete de ministros celebrado a las 12 horas en el Palacio de La Moneda. En esta reunión el presidente Allende aprobó el nombramiento de interventores militares para solucionar el paro de los gremios del transporte, utilizando la ley de Seguridad Interior del Estado, y aceptó la renuncia de Ángel Faivovich, a quien agradeció la labor desarrollada. Señaló el presidente que los interventores deberían estar coordinados por el Comité Operativo que encabezaba el ministro del Interior. Designó, además, un comité negociador integrado por los ministros de Economía, Minería, Obras Públicas y Transporte y el ministro secretario general de Gobierno.

Fue nombrado Interventor militar general para el paro de los transportistas el general Herman Brady, quien ya era Interventor en el paro de la locomoción colectiva. El nombramiento del general Bonilla fue suspendido por haberlo anunciado un diputado de oposición antes que Allende firmara el decreto supremo de dicho nombramiento.

El lunes 13 de agosto sesionó la Junta de comandantes en jefe, dirigida por el ministro de defensa, general Prats, con los comandantes en jefe sustitutos, y el jefe del Estado de Mayor de la Defensa Nacional, contralmirante Patricio Carvajal. Prats informó de la extrema gravedad que iba tomando el paro del transporte y locomoción colectiva y de haber aceptado el presidente de la República su propuesta de nombrar interventores militares en cada provincia.

Los almirantes Merino y Carvajal manifestaron su preocupación ante la necesidad de que los interventores de las Fuerzas Armadas tuvieran que requisar los camiones en paro. Prats aclaró que el Gobierno había designado una comisión negociadora que presidía el ministro de Obras Públicas y Transporte, general César Ruiz, entidad que definiría las soluciones que las circunstancias aconsejaran.

Carlos Prats también informó que existía un Comité Operativo de ministros, presidido por el ministro de Interior que coordinaría la labor de los veintisiete interventores militares nombrados en todo Chile; por lo tanto, toda acción sería responsabilidad de las decisiones que adoptara el Comité Operativo.

Pasado el medio día, el presidente citó a La Moneda a los ministros comandantes en jefe para hacerles ver que, vistos los trastornos que la huelga del transporte estaba provocando al país, necesitaba saber si las Fuerzas Armadas estaban decididas a actuar con fuerza para terminar con la situación. Allende pidió una respuesta para las seis de la tarde de ese día.

Volvieron a reunirse por la tarde Allende y los tres ministros militares. Estos señalaron al presidente que se tomarían todas las disposiciones para que la acción de las Fuerzas Armadas fuera efectiva para solucionar o minimizar los efectos negativos del paro. No obstante esto, le indicaron a Allende que el paro tenía una connotación política, lo que tendría como consecuencia que no sólo los huelguistas se opondrían a la acción de los interventores, también lo harían los partidos opositores.

Por este motivo Prats sugirió al presidente que llamara a la directiva de la Democracia Cristiana para solicitar su ayuda a fin de evitar el desastre que se avecinaba. Allende declinó la sugerencia y lo delegó en los tres militares, manifestando que él ya había intentado hablar con los democristianos, sin éxito, y que si ellos querían establecer diálogo con ese partido, que lo hicieran.

Terminada esta reunión, el general Prats telefoneó al democristiano Bernardo Leighton para solicitar que le transmitiera a Patricio Aylwin una invitación a la directiva de su partido a una reunión, a la que asistirían el almirante Montero y el general Ruiz, en la casa del comandante en jefe del Ejército, en la que se buscaría aunar criterios para solucionar el paro de transportistas y los graves efectos que estaba causando.

Patricio Aylwin aceptó la invitación y se fijó la reunión para las 22:30 horas. A las 22:15 se produjo un corte de energía eléctrica que afectó a todo Santiago y presumiblemente a otras zonas del país. La reunión acordada se inició con media hora de retraso bajo la luz de varias velas encendidas.

Estaban presentes el general Carlos Prats, almirante Raúl Montero, general César Ruiz, senador Patricio Aylwin, diputado Eduardo Cerda y senador Osvaldo Olguín. Prats hizo ver la gravedad de la situación que se estaba viviendo, que, de no mediar urgentes acuerdos, podría terminar en un enfrentamiento de proporciones impredecibles. Aylwin responsabilizó al Gobierno de la grave crisis, sincerando además su falta de confianza en la disposición del Ejecutivo para encontrar soluciones. Según lo expresado por Aylwin, el Partido Demócrata Cristiano no estaba en la línea de derrocar al Gobierno, pero insistió en que esperaban que el presidente Allende gobernara con las Fuerzas Armadas, única salida   frente a lo que se vivía. Eduardo Cerda agregó que él podría lograr que los transportistas consideraran sólo dos o tres puntos de sus reivindicaciones para desconvocar el paro y posteriormente abordar los otros puntos. La moderada intervención del senador Olguín satisfizo al general Ruiz respecto a la posición de los dirigentes demócratas cristianos.

Finalmente el general Prats preguntó a Aylwin si estaba dispuesta la Democracia Cristiana a autorizar al Gobierno para implantar el estado de Sitio. Patricio Aylwin respondió que en ningún caso.

El martes 14 de agosto el país conoció por la prensa una declaración de guerra: El Frente Nacionalista Patria y Libertad informó desde la clandestinidad que los ministros militares habían desatado una violenta represión en contra de los transportistas y sus mujeres y que por lo tanto la tregua se había terminado. Por otra parte, en una declaración conjunta, los partidos Socialista y Comunista manifestaron que tenían el deber supremo de «defender la continuidad del proceso revolucionario que tiene por protagonista al pueblo de Chile». Ambas declaraciones hacían converger al país hacia el enfrentamiento interno, a una guerra civil.

A medio día se reunió el Consejo de Gabinete y el general Ruiz llegó con una versión muy distinta de lo expresado la noche anterior por el diputado Eduardo Cerda, quien aseguró que los huelguistas cederían al considerar la solución de sólo dos o tres puntos para suspender el paro. Exigían la discusión y solución previa de los 14 puntos de su petición, antes de reanudar su trabajo. El presidente Allende informó y analizó el corte de energía eléctrica de la noche anterior; había sido provocado por un atentado dinamitero en una torre de alta tensión en la línea que conectaba la central Rapel con el subestación Cerro Navia. El atentado dejó sin electricidad a las provincias de Coquimbo, Aconcagua, Valparaíso, Santiago y O'Higgins. Allende añadió que era superfluo intentar que el Congreso autorizara el Estado de Sitio, pues este no daría dicha autorización, a pesar de lo justificado de la medida.

Por último informó que hablaría al país para notificar que haría todos los esfuerzos para impedir la guerra civil.

La Contraloría General de la República tomó razón del Decreto Supremo que nombraba veintisiete interventores militares en las distintas provincias, como así también el nombramiento del general Herman Brady como Interventor General y por lo tanto el Comité Operativo analizó y aprobó las instrucciones que debían impartirse a los interventores. Se acordaron también las acciones para concretar la requisa de camiones, algo urgente en Reñaca, Los Andes, Puente Alto, Los Ángeles y Osorno. La Armada tendría a su cargo requisar los camiones en Reñaca y en el resto de los lugares especificados sería el Ejército.

Como se indicó anteriormente, Roberto Thieme, líder de Patria y Libertad, ha afirmado en años posteriores a estos sucesos, que los camiones en paro que comenzaron a aparcarse en Reñaca a partir del

25 de julio de 1973 contaban con protección de personal de la Armada. Esta afirmación puede quedar respaldada por la renuencia, manifestada por los almirantes José Toribio Merino y Patricio Carvajal, de requisar camiones en huelga. Esto ya lo plantearon ambos almirantes al general Carlos Prats al día siguiente de que se adoptara la decisión de requisar camiones.

En la mañana del 15 de agosto Merino y Carvajal se presentaron nuevamente en la oficina de Prats exponiendo que no estaban de acuerdo con enviar personal naval para las requisas, pues los transportistas habían organizado una «verdadera fortaleza» y, sobre la marcha, propusieron que el Gobierno cediera en los catorce puntos que demandaban los transportistas. El general Prats respondió escuetamente que se limitaran a ejecutar lo ordenado, sin dejar de reflexionar respecto de la diferencia de actitud de ambos oficiales navales cuando se trataba de allanar reductos controlados por la Unidad Popular y cuando se tenía que actuar sobre un movimiento opositor al Gobierno como lo era el paro de transportistas.

El caos era cada vez mayor. Frente a la acción del Gobierno, los dueños de camiones y microbuses declararon que preferían quemar sus máquinas antes que les fueran requisadas.

A medio día se reunió el Comité Operativo con la presencia del presidente de la CUT, Luís Figueroa. Entre otras cosas, se discutió la debilidad de los dispositivos de protección y vigilancia de los Jefes de Plaza de la zona central de Chile. Dicha debilidad afectaba a refinerías, gasoductos y terminales de la Empresa Nacional de Petróleo, ENAP, entre otra infraestructura estratégica expuesta a atentados. Figueroa ofreció el apoyo de la CUT para reforzar la vigilancia con patrullas de trabajadores sin armas. Dada la violencia que se estaba viviendo, esta propuesta de Figueroa llevaría necesariamente a formar patrullas de trabajadores armados, de lo contrario la CUT habría estado mandando a los trabajadores como «carne de cañón», indefensos ante la posible agresión de grupos de extrema derecha.

Carvajal también era contrario a aceptar la colaboración ofrecida por la CUT, por las razones expuestas. Pero, como era necesario atender el requerimiento de vigilancia y protección de las instalaciones críticas y no coartar el despliegue de las Fuerzas Armadas y Carabineros para atender las múltiples necesidades de orden público derivadas del paro, acordó con Prats instruir a los jefes de plaza para que se movilizara la Defensa Civil y los cuerpos de bomberos y ejercieran vigilancia preventiva en la infraestructura crítica del país. Con el objeto de no transgredir la Ley de Control de Armas y Explosivos, se definió que sólo portarían armas los vigilantes y rondines que tuvieran autorización para ello.

El 16 de agosto a medio día se reunió el Comité Operativo y se informó que la requisa de camiones se habían iniciado con eficacia en distintos puntos del país, excepto en Reñaca, a cargo de la Armada, donde se constataba reticencia para ejecutar la acción.

En esta misma fecha los senadores de la Democracia Cristiana publicaron un documento donde se atacaba duramente al general Carlos Prats, responsabilizándolo de la situación de paro generalizado que se vivía, por no haber cumplido compromisos que habría tomado en su calidad de ministro del Interior entre noviembre de 1972 y marzo de 1973 y por estar encabezando, como ministro de Defensa, la represión de los transportistas. En su parte medular, los democristianos señalaron lo siguiente:

> El conflicto de los transportistas ha sido provocado por el incumplimiento de los compromisos contraídos con ese gremio por el entonces ministro de Interior señor Carlos Prats, y el intento del gobierno de apropiarse de sus instrumentos de trabajo.
>
> No obstante, ahora es el mismo general Prats quien, en su carácter de ministro de Defensa, ha asumido el papel de colocar a las FF.AA. en una acción ilegal al servicio de la represión en contra de los trabajadores del transporte, que sólo están exigiendo el cumplimiento de una palabra de honor empeñada.
>
> En estas circunstancias, advertimos que respaldamos a los transportistas con nuestra presencia en los lugares en que han concentrado sus vehículos y mediante el ejercicio de los mecanismos legales que el pueblo nos ha confiado.
>
> Al mismo tiempo, responsabilizamos al señor ministro de Defensa de lo que pueda ocurrir.
>
> Santiago, 16 de agosto de 1973.
> Firmado: senadores D.C.

Las expresiones democristianas certificaban el carácter político de la huelga que, como se ha dicho, significaba para la oposición haber entrado en la recta final en el proceso de acoso y derribo del Gobierno. Los democristianos, con este documento, se sumaban al plan en marcha.

La publicación fue analizada en el Consejo de Gabinete efectuado terminada la tarde del mismo día en el Palacio de La Moneda. El presidente Allende hizo una interpretación de la publicación de los demócratas cristianos, la que se resume en los siguientes puntos:

«1. Que las medidas del gobierno contra el paro, en resguardo de la economía nacional, empiezan a rendir frutos positivos, gracias al apoyo de las FF.AA., lo que desespera a los sediciosos.

2. Que se tratan de presentar ante la opinión pública como ilegales medidas legítimas que el gobierno está ejecutando, avaladas por la Contraloría General de la República.

3. Que queda en evidencia el carácter sedicioso y político del paro, que la propia D.C. reconoce al referirse a la concentración ilegal de los camiones y que este partido se ha plegado a la maniobra, al apreciar que tiende al fracaso.

4. Que se trata de concentrar la responsabilidad de los actos de gobierno en la persona del general Prats, para debilitar su autoridad».

Tras el análisis del presidente, se acordó que el general Ruiz, en su calidad de ministro de Obras Públicas y Transporte, hablara al país por cadena nacional para explicar el alcance del paro y como afectaba a la población y a la economía del país. También se acordó que la Secretaría General de Gobierno respondiera la publicación de los senadores demócratas cristianos, deslindando la responsabilidad que se le quería asignar al general Prats, asunto de interés estratégico para el Gobierno. La respuesta del Gobierno señaló:

—Que las cartas de los exministros Briones y Martones son documentos irrefutables en los que se demuestra que el gobierno ha cumplido integralmente los lineamientos de su conducta establecidos en la declaración del gobierno del 5 de noviembre de

1972, a raíz del Paro de Octubre.

—Que los dirigentes comandados por Vilarín, mientras conversaban con el ministro del Interior Briones en búsqueda de arreglos, echaron a andar el actual paro con métodos gangsteriles.

—Que hay varias víctimas fatales de los atentados que han sufrido los hombres y mujeres que no se plegaron al paro.

—Que la caballerosidad y altura de miras de un general de la República, comandante en jefe y ministro de Defensa Nacional, contrasta con la pequeñez moral y traicionera de un Vilarín y compañía, a quien los propios presidente y vicepresidente del P.D.C. han calificado en los más duros términos en las conversaciones que sostuvieron con el presidente de la República, en presencia de tres ministros.

—Que la responsabilidad de las medidas tomadas para poner fin al sabotaje contra la economía del país, es del gobierno en su conjunto.

—Que los jefes de Plaza dependen del ministro del Interior y que los interventores militares designados lo han sido de acuerdo al artículo 36 de la Ley de Seguridad Interior del Estado, previo trámite del D.S. refrendado por la Contraloría General de la República.

—Que el P.D.C. está sumando fuerzas a los grupos sediciosos que sólo buscan el enfrentamiento y la guerra civil entre chilenos.

Tal respuesta del Gobierno a la muy poca amistosa publicación de los demócratas cristianos deja una apreciación de doble estándar por parte del propio Gobierno y la izquierda. Es importante considerar la vocación de violencia que imperaba en Chile, pero tal condición no sólo era de la oposición. En el último punto se afirmó que el Partido Demócrata Cristiano estaba «sumando fuerzas a los grupos sediciosos que sólo buscan el enfrentamiento y la guerra civil entre chilenos». Esto era cierto, consciente o inconscientemente los senadores sumaban fuerzas a los grupos sediciosos que buscaban el enfrentamiento entre chilenos, pero a este estado de situación había llegado Chile después de un proceso de ocho años, cuando en junio de 1965 en el Congreso de

Linares el Partido Socialista aprobó la tesis insurreccional y posteriormente la ratificó en 1967.

Lo afirmado no busca justificar la actuación de la oposición a Allende, simplemente es colocar los hechos históricos en su justa medida. Había un Gobierno que condenaba a grupos como Patria y Libertad que habían declarado su voluntad de derrocar al Gobierno por la lucha armada, cuando el Partido Socialista había tomado en su momento el mismo camino y en agosto de 1973 el Partido Socialista y el Partido Comunista buscaban desarrollar acciones para «defender la continuidad del proceso revolucionario que tiene por protagonista al pueblo de Chile», acciones que no serían precisamente por medios institucionales, más aún tratándose de dos partidos que le habían negado al presidente aceptar las condiciones de tregua propuesta por el Partido Demócrata Cristiano y por lo tanto el diálogo que impediría que se desatara la violencia sin control entre chilenos. Es necesario decir también que el MIR, en una acción evidentemente sediciosa, desarrollaba un intenso trabajo de infiltración de las Fuerzas Armadas, según lo declarado por su líder Miguel Enríquez en el discurso del 17 de julio de 1973 emitido en el teatro Caupolicán de Santiago. Una vez lograda dicha infiltración y quedando en superioridad de fuerza, el MIR consideraba que todas las formas de lucha serían legítimas para vencer a sus oponentes. El país ya había entrado en una dinámica en que cada uno apostaba al todo o nada, no era patrimonio exclusivo de la derecha o extrema derecha la acción sediciosa.

Los dirigentes de Patria y Libertad comenzaron a preparar el regreso de Pablo Rodríguez, su jefe Nacional, quien regresaría a Chile en un avión bimotor Bandeirante de la Fuerza Aérea Brasileña que aterrizaría en una pista en Algarrobo. Miguel Sessa, que continuaba actuando en la clandestinidad, viajó a la localidad costera a revisar la pista de aterrizaje por donde ingresaría clandestinamente Rodríguez. Al retornar Sessa a Santiago chocó de frente con una camioneta que transitaba sin luces a la altura de Casablanca. Miguel Sessa resultó con fracturas de costillas y en uno de sus brazos. Uno de sus tres acompañantes, Tomás Fontecilla, quedó en estado grave con un TEC cerrado. Rápidamente fue enviada una brigada desde Santiago para rescatar a los lesionados desde el hospital de Casablanca. Toda la actividad operativa de Patria y Libertad pasaba por Miguel Sessa. Este fue llevado a una clínica privada de propiedad de un miembro de la agrupación y Fontecilla al hospital de la Fuerza Aérea.

El 16 de agosto se reunió la dirección de Patria y Libertad para evaluar la situación del país. Los transportistas en paro habían sobrepasado largamente lo programado y el Frente de Operaciones había efectuado todas las misiones de sabotaje asignadas. Se concluyó que las condiciones para el derrocamiento del Gobierno estaban dadas. Se decidió entonces suspender las actividades del Frente de Operaciones. Se instruyó a Vicente Gutiérrez, el excomando de la Armada que seguía a Miguel Sessa en la línea de mando en el Frente de Operaciones, para que transmitiera la orden a todas las brigadas del país.

Después de suspender los sabotajes, Thieme quiso reunirse con el comandante Hugo Castro, cercano al vicealmirante José Toribio Merino, con el fin de informarle la decisión que habían tomado. La reunión no fue posible, pero por medio de Vicente Gutiérrez, Castro dio una información importante: las Fuerzas Armadas estaban cohesionadas y decididas a actuar. El militante de Patria y Libertad Saturnino López, había obtenido la misma información de sus contactos con el general Augusto Lutz, director de Inteligencia del Ejército. Ratificaba esto la información que manejaban dirigentes de Patria y Libertad, en el sentido de que los generales Sergio Arellano, Óscar Bonilla, Javier Palacios, Herman Brady, Manuel Torres de la Cruz, Carlos Forestier y Washington Carrasco eran antimarxistas convencidos. Estos dos últimos habían expresado a miembros de Patria y Libertad en provincias que existía un Ejército monolítico y con decisión de actuar pronto.

El 17 de agosto hubo una evaluación en el Comité Operativo del Gobierno, la que indicó que frente a la acción de los interventores militares, comenzaba a quebrarse el paro.(16) (18) (21) (27) (28)

LXX. CÉSAR RUIZ DEJA LA FUERZA AÉREA

Por la tarde del día 17 de agosto el presidente Allende llamó por sorpresa al general Carlos Prats para pedirle que acudiera al Palacio de La Moneda y que lo hiciera acompañado del jefe de Estado Mayor de la Fuerza Aérea y comandante en jefe sustituto de dicha institución, general de aviación Gustavo Leigh Guzmán.

Minutos más tarde, ambos generales, ignorantes de lo que estaba ocurriendo, se dirigieron caminando al Palacio de La Moneda donde fueron recibidos por el presidente. En el trayecto a la Casa de Gobierno, Prats le preguntó a Leigh si tenía alguna información de la razón de la citación presidencial. Leigh respondió no saber nada. Con calma pero a la vez con molestia, Allende les informó que a medio día el general César Ruiz le había presentado su renuncia como ministro de Obras Públicas y Transporte, justificando su renuncia en la convicción de haber fracasado al no lograr la solución del paro de transportistas, después de varias reuniones con los involucrados. Allende le hizo ver lo grave de su decisión porque fortalecía a los huelguistas en momentos en que el paro perdía fuerza. Como Ruiz insistiera en su decisión, el presidente le dio plazo hasta las cinco de la tarde para que recapacitara, aclarándole que si no cambiaba en su decisión debía también renunciar a su cargo de comandante en jefe de la Fuerza Aérea.

El presidente Allende terminó su relato señalando que a las cinco de la tarde el general Ruiz había informado que mantenía su decisión de renunciar como ministro, momento en que él ratificó su voluntad de pedirle ambas renuncias. Después de finalizar esta breve relación de hechos, el presidente le ofreció la comandancia en jefe de la Fuerza Aérea al general Gustavo Leigh y además el cargo de ministro de Obras Públicas y Transporte.

Leigh, con emoción, respondió al presidente que él era un hombre sin ambiciones y que no podía contestar inmediatamente pues debía conversar primero con Ruiz. Allende lo conminó a hablar con el general Ruiz y que regresara en una hora. A las 20 horas Leigh retornó y le indicó al presidente que para él la situación era muy compleja pues el general Ruiz renunció como ministro, pero no como comandante en jefe y que en esas circunstancias él no podía asumir la comandancia en jefe y prefería renunciar a la Fuerza Aérea.

Ante esto el presidente hizo concurrir a La Moneda al almirante Raúl Montero, al general César Ruiz y al general de la Fuerza Aérea Gabriel van Schouwen, solicitando al general Leigh esperar en un salón contiguo.

Allende se reunió con los tres ministros militares. Explicó al almirante la situación que había creado el general Ruiz al renunciar y, en seguida, en presencia de Prats y Montero, Allende rogó a Ruiz que no dejara su cargo en las circunstancias tan críticas que vivía el país, argumentando que su salida terminaría por desencadenar el enfrentamiento entre chilenos. Allende le insistió en que los huelguistas se estaban debilitando y que unos días más de sacrificio haría que las cosas volvieran a la normalidad, pudiendo renunciar sin inconvenientes. También le hizo ver el presidente al general César Ruiz que dentro de los tres comandantes en jefe el único amigo era él, pues sólo con él había alternado antes de las elecciones del 4 de septiembre de 1970. Entonces le pedía como amigo que no renunciara.

Una vez que terminó de hablar, el presidente le entregó la palabra al general Ruiz y este, en forma escueta ratificó su renuncia indeclinable al cargo de ministro. Allende se puso de pie y le señaló a Ruiz que había dejado de ser su amigo, en consecuencia había perdido su confianza y que por lo tanto le rogaba que renunciara también al cargo de comandante en jefe. Ruiz vaciló un momento y finalmente contestó positivamente renunciando también como máximo jefe de la Fuerza Aérea.

Finalmente el presidente Allende le pidió un «último favor» a Ruiz: que él mismo informara a los generales Leigh y van Schouwen de su renuncia a ambos cargos. En los instantes en que Ruiz cumplía con esto, Prats y Montero guardaron total silencio, mientras el presidente se paseaba silencioso por su despacho.

Pasaron algunos minutos y Ruiz reingresó al despacho presidencial señalándole a Allende que ya había informado a Leigh y van Schouwen de su renuncia. Inmediatamente el presidente hizo entrar a Leigh para ofrecerle los dos cargos a los que había renunciado Ruiz, comandante en jefe y ministro de Obras Públicas y Transporte. Leigh argumentó no estar en condiciones de responder inmediatamente y que necesitaba un tiempo para decidir. El presidente Allende le hizo ver que no lo podía esperar más allá de las 12 horas del día siguiente.

La salida del general Ruiz produjo una verdadera reacción en cadena de las energías que habían acumuladas en la Fuerza Aérea y que llegarían hasta el Ejército.

A las 10 de la mañana del sábado 18 de agosto Gustavo Leigh informó a Carlos Prats que ningún general de la Fuerza Aérea estaba dispuesto a asumir como comandante en jefe y además como ministro de Obras Públicas y Transporte. Agregó Leigh que las guarniciones aéreas de «El Bosque» y «Los Cerrillos» se habían «auto acuartelado» y que él había dispuesto el traslado de los caza bombarderos Hawker Hunter al aeropuerto de Carriel Sur en Concepción, «para prevenir aventuras».

A las 12:00 horas el ministro de Defensa se reunió con el presidente para informarle la situación que se estaba viviendo en la Fuerza Aérea y sugirió a Allende que volviera a ofrecerle el cargo de comandante en jefe al general Gustavo Leigh y que otro general de esta rama castrense tomara el Ministerio de Obras Públicas y Transporte. Era necesario dejar plenamente abocado a sus labores profesionales al nuevo comandante en jefe dado el conflicto que existía en la Fuerza Aérea.

A las 13 horas el presidente Allende recibió al general Gustavo Leigh en presencia del general Prats, para ofrecerle nuevamente la comandancia en jefe. Allende le explicó que no insistía en ofrecerle el cargo de ministro por los asuntos delicados que debía comenzar a abordar en su institución y le pidió a Leigh que le indicara el nombre de un general de la Fuerza Aérea para que asumiera como ministro.

Leigh se mostró conmovido y con emocionadas palabras le reiteró al presidente que él no esperaba llegar al más alto cargo dentro de su institución y agradeció manifestando querer llegar a ser acreedor de la confianza que se depositaba en él. Acto seguido, Leigh propuso al general Humberto Magliocchetti Barahona para el cargo de ministro de Obras Públicas y Transporte.

A las 14 horas del 18 de agosto de 1973 se tramitó el nombramiento del general de aviación Gustavo Leigh Guzmán como comandante en jefe de la Fuerza Aérea.

A las 16 horas el general Magliocchetti juró como ministro e inició inmediatamente sus funciones. A las 18 horas, mientras sesionaba el Comité Operativo, comenzó a oírse en el exterior del Palacio de La Moneda una manifestación de mujeres. Rápidamente se informó que se trataba de cincuenta esposas de oficiales de la Fuerza Aérea, pidiendo ser recibidas por el presidente, quien no se encontraba en La Moneda. El edecán Aéreo, comandante Roberto Sánchez, sugirió al general Prats que las recibiera a fin de evitar que Carabineros se viera obligado a disolver el grupo de manifestantes.

Prats recibió a dos de las mujeres, esposas ambas de dos altos oficiales de las Fuerza Aérea. Prats las escuchó atentamente, no dando crédito a que las esposas de oficiales se entrometieran en asuntos del servicio de la institución de sus maridos. Ambas damas fustigaban al «gobierno marxista» y protestaban porque el presidente «echó» al general Ruiz «tan querido en la familia aérea» y le reprocharon al general Prats que no hubiera solidarizado con su colega. Una vez que terminaron de hablar, Carlos Prats les señaló que había sido el general Ruiz quien había insistido en renunciar y que el presidente le había rogado que no lo hiciera. Esto desconcertó a ambas mujeres, que se retiraron más tranquilas.

En estricto rigor, Ruiz había renunciado al Ministerio de Obras Pública y Transporte, pero no a la comandancia en jefe y fue el presidente Allende quien forzó la salida de su cargo de comandante en jefe de la Fuerza Aérea.

El lunes 20 de agosto a las 10 horas, Gustavo Leigh llamó telefónicamente al ministro de defensa Carlos Prats para informarle que el general César Ruiz se había acuartelado en la base aérea de «Los Cerrillos» y que no había concurrido al Ministerio de Defensa a la ceremonia de entrega de su cargo.

El general Prats señaló a Leigh que cuando se amotinó el Regimiento Blindado N°2; él solicitó se le dejara resolver solo el problema en su calidad de comandante en jefe del Ejército, sin intervención política y que por lo tanto, ahora, en su calidad de ministro de Defensa no intervendría en el grave problema que se vivía dentro de la Fuerza Aérea y que debía ser él quien debía resolver el asunto en su calidad de comandante en jefe titular, pues su nombramiento estaba totalmente cursado. Posteriormente, Prats instruyó al jefe del Estado Mayor de la Defensa Nacional, contralmirante Patricio Carvajal y a los Subsecretarios de Guerra y Marina para que el Ejército y la Armada se acuartelaran en primer grado. Después se trasladó a La Moneda para tratar el asunto con el ministro de Interior mientras el presidente estaba ausente por encontrarse en Chillán en la conmemoración del natalicio de Bernardo O'Higgins. Cuando se desplazaba hacia el palacio de Gobierno, el general Prats se percató de que un gran número de mujeres se estaba concentrando frente al edificio del Ministerio de Defensa.

El ministro de interior Orlando Letelier, dispuso que se informara al presidente de la situación que estaba viviendo la Fuerza Aérea. El general Prats, por su parte, mantuvo permanente contacto con el comandante en jefe titular de la Armada, almirante Montero, que ejercía de ministro de Hacienda y con los comandantes en jefe sustitutos del Ejército y Armada. Aunque transcurrían las horas y no había una señal de que el problema se hubiera solucionado en la Fuerza Aérea, Prats mantuvo su posición de no intervenir directamente en el asunto pues consideró que era necesario dejar que el general Gustavo Leigh fortaleciera el mando ejercitando su ascendiente sobre sus subalternos. Más relevante le pareció mantener contacto con Pinochet y Merino para evitar una posible escalada del problema hacia el Ejército y la Armada. Alrededor de las dos de la tarde el general Gustavo Leigh regresó a su oficina en el Ministerio de Defensa. Pasadas las tres y media Leigh llamó a Carlos Prats para dar cuenta de dos tensas reuniones sostenidas con la oficialidad de las bases «Los Cerrillos» y «El Bosque» donde él y Ruiz habían expuesto sus posiciones, agregando Leigh que los generales se habían alineado con su postura como nuevo comandante en jefe. También informó a Prats que todo lo relatado le había hecho pensar que debía dirigirse al Ministerio de Defensa a esperar a Ruiz quien acudiría a entregar el cargo, pero este lo había vuelto a llamar para que concurriera nuevamente a la base «El Bosque», lo que el general Leigh haría de inmediato.

Durante todo el día se había mantenido un gran número de mujeres en las afueras del Ministerio de Defensa, gritando «¡¡Viva Ruiz. Abajo Prats y Montero!!».

A las cinco de la tarde el general Leigh volvió a llamar al general Prats para informar que finalmente el general Ruiz había cambiado su actitud e iría al Ministerio de Defensa a entregar su cargo a las siete de la tarde.

A las seis y media el presidente Allende volvió al Palacio de La Moneda, lugar donde había imperado el nerviosismo durante todo el día. Los ministros Letelier y Prats le informaron en detalle los últimos sucesos.

A las 20 horas y después de la ceremonia de cambio de mando en la Fuerza Aérea, concurrió a La Moneda el general Gustavo Leigh para informar al presidente, en presencia del ministro del Interior y del ministro de Defensa, de sus conversaciones con los acuartelados. Leigh, con evidente tensión, explicó que la oficialidad no quería aceptar la salida del general César Ruiz y que ambos los habían tenido que convencer de acatar las decisiones del Gobierno. Aquel 20 de agosto de 1973 la Fuerza Aérea había emulado el famoso «ruido de sables» de septiembre de 1924.

Hay versiones que señalan que el presidente Allende habría hecho escuchar al general Ruiz, previo a la renuncia de este, una grabación de la conversación de dos altos oficiales de la Fuerza Aérea, en la que hacían mención a un alzamiento para el día 20 de agosto, con participación de extranjeros. Lo cierto es que la Fuerza Aérea se acuarteló el día 20 y aviones de combate *Hawker Hunter* volaron desde la base de Cerrillos hacia distintos puntos de Chile, desde Antofagasta hasta Punta Arenas. Cuatro de estos aviones se posicionaron en Concepción, comenzando inmediatamente a cumplir misiones de vuelo rasante sobre Lota y Coronel. Altos oficiales del Ejército y de la Armada habrían utilizado toda su capacidad de convencimiento para hacerles ver a los oficiales de la Fuerza Aérea que el momento del alzamiento aún no había llegado.

La contención que había hecho ese día el general Leigh tendría corta duración, esperando él mismo el mejor momento para liderar una acción militar definitiva. De lo contrario tendría que irse para su casa. El mismo «ruido de sables» de la Fuerza Aérea comenzaría a sentirse al día siguiente en el Ejército, bajo un esquema similar, con oficiales jóvenes o subalternos y esposas de oficiales de la guarnición de Santiago como protagonistas.

Este día falleció Miguel Sessa a consecuencia de un traumatismo encéfalo craneano que no fue detectado en las primeras curas después del accidente. Fue reemplazado en el puesto de máximo líder operativo de Patria y Libertad por Vicente Gutiérrez, quien no era del agrado de Roberto Thieme, al ver a Gutiérrez como un antimarxista histérico, sin idealismo ni doctrina. Además, Gutiérrez ya no cumplía las órdenes del Consejo Político de Patria y Libertad, obedecía a otros poderes civiles, militares y empresariales, que estaban por el derrocamiento del Gobierno, pero a los que nos les importaba el destino de Patria y Libertad. Thieme se enteró que un poderoso grupo empresarial había solicitado a Gutiérrez que comenzara a atentar contra líderes de Unidad Popular, habiéndole entregado una lista que encabezaba Carlos Altamirano, secretario general del Partido Socialista. Gutiérrez habría comenzado a seleccionar a los militantes que cumplirían con lo solicitado. (16) (18)(27) (28)

LXXI. RENUNCIA
DE CARLOS PRATS

El día 21 de agosto el general Carlos Prats amaneció aquejado de una fuerte gripe. Por la mañana conversó con el general Augusto Pinochet con quien analizó la situación vivida el día anterior en la Fuerza Aérea, informando Pinochet que en el Ejército había recibido fuertes presiones para que solidarizara con el comandante en jefe de la Fuerza Aérea que debía dejar su cargo. A media mañana Prats participó en una sesión más del Comité Operativo en la oficina del ministro de Interior para analizar diversos aspectos del paro de transportistas aún sin solución.

A las 14:30 horas el general Prats decidió suspender sus labores habituales por no poder sostenerse debido a su estado de salud y se trasladó a su residencia para comenzar un reposo en cama.

Estando profundamente dormido, Prats despertó con un bullicioso alboroto frente a su hogar. Sofía Cuthbert, su esposa, entró angustiada en el dormitorio para informar a su marido de la presencia de unas 300 mujeres frente a la casa, las que pedían ser recibidas por la señora Prats para entregarle una carta. Al darse cuenta esta que en el grupo había esposas de generales y jefes del Ejército en servicio activo y en retiro, solicitó que entregaran el documento a través del portero.

23 de agosto de 1973: general Carlos Prats entregando el
mando del Ejército al general Augusto Pinochet

La carta decía lo siguiente:

Sofía:

Como esposas de oficiales y madres ante todo, nos atrevemos
a acercarnos hasta ti para que sirvas de portadora de un angus-
tioso llamado que le hacemos a tu esposo.

Nuestros maridos ya no pueden usar el uniforme, que con
tanto orgullo siempre lo hicieron, para evitar ser insultados.

Nuestros hogares han visto llegar armas que se mantienen
alertas ante un peligro y eso lo lloran nuestros hijos.

Nuestros hombres salen a su trabajo y quedamos en muda
plegaria rogando porque vuelvan.

El desconcierto del futuro de un país que progresaba y hoy
sufre el descalabro económico más desastroso del mundo no nos
permite ofrecer seguridad a nuestros hijos.

La angustia y rebeldía que sufren nuestros hombres al estar
sometidos a una disciplina y ver que con ella juegan.

Y por último, en este tráfago de política deben permanecer al
margen de ella por su doctrina, sin embargo ellos son el blanco
de los ataques. Esto los ha llevado al límite de la desesperación.

Te rogamos Sofía intercedas ante tu esposo y lleves este ruego
de tantas mujeres que lloran calladas.

Esposas de oficiales

Al poco rato ya no son sólo las 300 mujeres las que gritan todo tipo de insultos e improperios frente a la casa del comandante en jefe del Ejército. Han llegado más mujeres, además de hombres y menores de edad, con lo que el grupo de manifestantes llega a más o menos 1500 personas. Esto obligó a la intervención de Carabineros, encabezados por el capitán Héctor Venegas.

Una piedra lanzada en contra del capitán Venegas impactó en una de las mujeres manifestantes, lo que provocó un estado de shock de histeria en ella. Ante el desenfreno que vino a continuación los carabineros hicieron uso de disuasivos químicos con lo que logró dispersar en forma parcial al grupo.

Acto seguido, aparecieron un mayor y un capitán del Ejército en uniforme y un civil que decía ser oficial de la misma institución, y pretendieron dar órdenes a los carabineros.

El oficial vestido de civil era el capitán Claudio Lobo Barrios, exayudante del general Augusto Pinochet y ayudante del general Arturo Vivero, involucrado en el amotinamiento del Regimiento Blindado N°2.

Los oficiales de Ejército que vestían uniforme eran el mayor Francisco Ramírez Magliassi, del Comando de Tropas del Ejército, bajo las órdenes del general Sergio Arellano Starck y el capitán Renán Ballas Fuentealba, yerno del general en retiro Alfredo Canales. Este último oficial se paró frente a la puerta principal, pidió a los manifestantes guardar silencio y emitió las siguientes palabras:

«El general Prats no representa al Ejército de Chile y es un traidor».

A buen entendedor, pocas palabras. Se estaba desarrollando un verdadero golpe al interior del Ejército para eliminar de la comandancia en jefe al general Carlos Prats quien, a pesar de involucrarse en política, en forma voluntariosa y hasta porfiada había buscado mantener al Ejército alejado de la coyuntura política, con el propósito de que su Institución no se comprometiera en una aventura destinada a derrocar al gobierno del presidente Salvador Allende.

Pero la situación había llegado a un punto en que si antes de derrocar el Gobierno era necesario llevarse por delante a un comandante en jefe, se haría. Lo que ocurrió a Prats en agosto, le sucedió al almirante Raúl Montero el 11 de septiembre de 1973.

Las palabras del capitán Ballas enardecieron a los manifestantes, que comenzaron a arrojar piedras a las ventanas de la residencia del general Prats, intentando además entrar en el jardín de la morada, por lo que volvieron a ser repelidos por carabineros.

Sin que la presencia y acción de los manifestantes se hubiera terminado arribó a la casa de Prats el general Óscar Bonilla, quien pidió hablar con la esposa del comandante en jefe. Dadas las circunstancias, Prats se había vestido a pesar de la gripe que lo aquejaba. Se sentaron los tres a conversar en la sala de estar. Bonilla le pidió disculpas a Sofía Cuthber por el vejamen del que había sido objeto, y lamentó que su esposa, sin su conocimiento, hubiera participando en las manifestaciones. La esposa de Prats escuchó al general Bonilla y abandonó la sala. Óscar Bonilla era la séptima antigüedad dentro del Ejército y por lo tanto no era un hecho trivial que su esposa participara de una manifestación donde se insultaba y agredía al comandante en jefe y su esposa. Evidentemente se estaba desencadenando una dinámica que no se detendría, pues en otras circunstancias este hecho le hubiera costado la carrera a Bonilla.

Quedaron solos ambos generales y Bonilla le señaló a Prats que su imagen «se ha deteriorado» porque se comentaba que se había confabulado con el presidente para que se fuera de la Fuerza Aérea el general Ruiz. También señaló que le culpaban de haber amenazado al general Gustavo Leigh «con echarle encima el Ejército si no resolvía luego la rebelión de Ruiz».

El general Carlos Prats contestó que si su imagen se había deteriorado era porque los generales no le habían respaldado y que si él, Bonilla, creía en patrañas como la supuesta intervención de Prats para sacar a Ruiz de la comandancia en jefe de la Fuerza Aérea y las amenazas a Leigh, ambos no tenían nada que hablar nunca más. Acto seguido Prats se puso de pie e invitó a Bonilla a retirarse.

Entre tanto, en el exterior de la residencia del general Prats, continuaba la bulliciosa manifestación. A las 21:30 horas Carabineros logró despejar el área y dejarla sin manifestantes, aunque media hora después se volvió a concentrar una gran cantidad de mujeres, hombres y menores de edad frente a la casa de Prats. En ese momento llegó el general Augusto Pinochet a expresar su solidaridad con el comandante en jefe titular del Ejército. Fue abucheado e insultado por la muchedumbre. Muy pronto también arribó el presidente de la República acompañado de Orlando Letelier y Fernando Flores. Allende se manifestó perplejo e indignado.

Se presentó en el domicilio de Prats el Comisario de la Prefectura Santiago Oriente, mayor de Carabineros Juan Francisco Concha, quien informó que nuevamente había crecido el número de manifestantes, en actitud belicosa, profiriendo fuertes insultos en contra del general Prats y del presidente Allende. Prats había solicitado a los carabineros que no actuar con violencia hacia los manifestantes porque de ser herida una mujer era muy seguro que lo responsabilizaran a él.

Carabineros le hizo ver que la actitud contemplativa tomada hacía pensar a los manifestantes que existía una predisposición favorable hacia ellos por parte de la policía.

Se hizo presente también en la residencia de Prats el Subdirector de Carabineros, general Jorge Urrutia Quintana, para verificar en forma personal el despliegue de su gente y ordenó la concurrencia de refuerzos.

Cerca de las 23 horas el presidente Allende, molesto de oír tanto insulto, salió personalmente a ordenar al mayor Concha dispersar de una vez la manifestación. En pocos minutos los carabineros lograron su cometido.

Al retirarse Allende, Letelier y Flores ya no quedaban manifestantes en las cercanías de la casa del general.

Al día siguiente, 22 de agosto, el general Prats conversó a la 8 de la mañana con el general Pinochet y le manifestó que estaba dispuesto a olvidar el lamentable episodio del día anterior si los generales expresaban públicamente su solidaridad, señalando que las expresiones de histeria femenina no influían en su estado de ánimo para las relaciones internas en el servicio del Ejército. El general Pinochet manifestó estar muy dolido por lo sucedido con Prats y se comprometió a hacer todo lo posible por obtener una declaración favorable de los generales hacia el comandante en jefe titular.

A las 12 del medio día Pinochet llamó por teléfono a Prats para informarle que había fracasado pues muy pocos generales estaban dispuestos a firmar una nota de solidaridad con él. Prats, «estirando al máximo la cuerda», le indicó a Pinochet que por orgullo personal no debería hacerlo, pero que estaba dispuesto a recibir a los generales y escuchar de ellos mismos su negativa a firmar una carta de apoyo a su persona.

A las 13 horas Prats se reunió con los generales Augusto Pinochet, Orlando Urbina, Rolando González, Ernesto Baeza, Óscar Bonilla, José Valenzuela, Mario Sepúlveda, Guillermo Pickering, Herman Brady, Pedro Palacios, Raúl Contreras, César Benavides, Gustavo Álvarez, Arturo Vivero, Sergio Nuño, Sergio Arellano, Augusto Lutz, Javier Palacios, Carlos Araya, Eduardo Cano, Osvaldo Salas, José Rodríguez y Francisco Gillmore. Es decir, todos los generales que servían en Santiago. No estuvieron en dicha decisiva reunión el general Ervaldo Rodríguez que se encontraba en Washington como Agregado Militar ni los comandantes en jefe de las Divisiones de provincias, Joaquín Lagos, Washington Carrasco, Héctor Bravo, Manuel Torres y Carlos Forestier.

Carlos Prats repitió a los generales que estaba dispuesto a olvidar los sucesos del día anterior, si ellos firmaban una nota de apoyo que sería difundida a todo el país. Reiteró Prats la falsedad de haber influido en la salida del general Ruiz y también haber presionado al general Gustavo Leigh. Terminó sus palabras expresando que esperaría 24 horas la contestación y que él tomaría decisiones concordantes con la postura del generalato.

Ofreció la palabra y la respuesta fue un significativo silencio.

A las 18 horas el presidente de la República convocó a La Moneda a los siguientes personeros: ministros del Interior, Orlando Letelier, ministro de Relaciones Exteriores, Clodomiro Almeyda, comandante en jefe de la Armada y ministro de Hacienda, almirante Raúl Montero, comandante en jefe del Ejército y ministro de Defensa Nacional, general de Ejército Carlos Prats, comandante en jefe sustituto del Ejército, general de división Augusto Pinochet, comandante en jefe sustituto de la Armada, vicealmirante José Toribio Merino, director general de Carabineros y ministro de Tierras y Colonización, general José Sepúlveda, jefe del Estado Mayor de la Defensa Nacional, contralmirante Patricio Carvajal y a los subsecretarios de Guerra, Marina y Aviación. Es decir, dejando de lado a Letelier y Almeyda, Allende se reunió aquella tarde con los más altos representantes castrenses.

El presidente Allende expuso la grave situación que vivía Chile, que estaba a punto de llevarlo a una guerra civil.

Se refirió también el presidente al ataque y vejamen hecho al comandante en jefe del Ejército como parte del plan de la ultra derecha para derrocar al Gobierno. Reafirmó que el general Prats era un obstáculo para que los que conspiraban lograran la participación del Ejército en el desarrollo de un golpe.

Terminada la reunión el general Pinochet se acercó al general Prats para informarle que el presidente lo había invitado a comer a él junto a diez generales más a la residencia presidencial de calle Tomás Moro, informando además que había seleccionado para concurrir a los generales Urbina, González, Valenzuela, Sepúlveda, Pickering, Brady, Benavides, Álvarez, Lutz y Cano.

A las 10 de la mañana del 23 de agosto se reunieron Prats y Pinochet. Este último le informó al comandante en jefe que había recogido la opinión de los generales y que la mayoría estaba en contra de firmar una declaración de solidaridad con él. Así mismo le informó de que los generales de brigada Mario Sepúlveda Squella, comandante de la Segunda División y de la Guarnición de Santiago y Guillermo Pickering Vásquez, comandante de Institutos Militares, habían presentado su renuncia indeclinable. Con la salida de estos dos generales no había más obstáculo para un pronunciamiento del Ejército que la permanencia de Prats como comandante en jefe.

El general Prats solicitó a Pinochet que llamara a su oficina a los dos generales renunciantes, momento en que sostuvieron una emotiva reunión en la que Prats les solicitó declinar su renuncia. Sepúlveda y Pickering mantuvieron su decisión argumentando que no tenía ascendiente sobre sus subalternos y pidieron a Prats que se quedara para remover a los generales que estaban en actitud de rebeldía.

Prats argumentó que él tenía dos opciones: abandonar el Ejército con la esperanza de que Pinochet alejara a la institución del inminente golpe o quedarse para remover unos doce o quince generales, pero esta opción sería la chispa que detonaría la explosión de la guerra civil, algo de lo que él, Carlos Prats, sería el causante. Terminó la reunión y Carlos Prats se trasladó a La Moneda para conversar con el presidente Allende.

General Carlos Prats entregando mando del
Ejército al general Augusto Pinochet

La reunión se inició a las 13:15 y duró dos horas y media, teniendo como único testigo al ministro secretario general de Gobierno, Fernando Flores.

Prats informó al presidente la negativa de los generales a firmar una declaración de solidaridad por el agravio del que había sido objeto en la manifestación frente a su casa en la que participaron las esposas de algunos de ellos y de otros jefes del Ejército. Informó de la renuncia indeclinable de los generales Sepúlveda y Pickering. Acto seguido solicitó al presidente Allende que aceptara su renuncia como ministro de Defensa Nacional y también a la comandancia en jefe del Ejército. Sostuvo que esta era una decisión fría y realista, que había tomado en el plazo de veinticuatro horas que les dio a los generales para que decidieran si lo apoyaban, y no como resultado de la ofuscación producto del agravio recibido.

Allende quiso disuadir a Prats diciéndole que no se dejara «doblegar por la intriga y maquinación política» y que debía tener su conciencia tranquila pues nunca le había servido en forma dócil sino con un criterio de lealtad y profesionalidad.

Prats logró convencer al presidente cuando le hizo ver que si él se quedaba en el Ejército debería pedirle que aplicara su facultad para llamar a retiro inmediatamente a doce o quince generales, y eso tendría como resultado el inicio de la guerra civil, cuyo causante directo sería él y el presidente Allende el principal cómplice. Añadió que no quería terminar con las manos manchadas con sangre y que si lo sucedía en la comandancia en jefe del Ejército el general Augusto Pinochet, que claras señales de lealtad siempre había dado, quedaba la posibilidad que la situación se distendiera, lo que le daría la oportunidad al presidente de lograr un acercamiento a la Democracia Cristiana y a su vez el general Pinochet quedaba con plena libertad para llamar a retiro a los generales más conflictivos.

A las 16:30 horas se reunió el general Prats con el comandante en jefe de la Fuerza Aérea, general Gustavo Leigh, con el comandante en jefe sustituto de la Armada, vicealmirante José Toribio Merino, con el jefe del Estado Mayor de la Defensa Nacional, contralmirante Patricio Carvajal y con los Subsecretarios de Guerra, de Marina y de Aviación, a quienes les informó de la renuncia a sus cargo de ministro y de comandante en jefe del Ejército.

Terminada esta reunión Prats conversó con el comandante en jefe de la Armada y con quien lo había sustituido en el cargo de comandante en jefe del Ejército, general de división Augusto Pinochet.

A las 17 horas, una vez que firmó el texto de su renuncia, se retiró a su hogar.

Con la salida de Carlos Prats del Ministerio de Defensa y del Ejército hubo un cambio de Gabinete. El ministro de Interior Orlando Letelier, pasó al Ministerio de Defensa y regresó Carlos Briones al Ministerio del Interior.

Cinco días después, el 28 de agosto, hubo un nuevo ajuste en el gabinete ministerial. El almirante Raúl Montero era el único de los tres comandantes en jefe que permanecía en el Gobierno, razón por la cual se determinó el retorno a su institución, siendo reemplazado en el Ministerio de Hacienda por el contralmirante Daniel Arellano MacLeod. Hubo también cambio en el Ministerio de Salud, el radical Mario Lagos reemplazó al independiente y amigo del presidente Allende, Arturo Jirón. El Ejército retornó al gobierno porque se nombró como ministro de Minería al general de división Rolando González, tercer hombre de dicha institución, para que reemplazara a Pedro Felipe Ramírez, quien fue nombrado en el Ministerio de Vivienda y Urbanismo en sustitución del radical Aníbal Palma. De esta forma quedó estructurado el último Gabinete del presidente Salvador Allende, integrado por cuatro uniformados, general de división Rolando González en el Ministerio de Minería, contralmirante Daniel Arellano en el Ministerio de Hacienda, general de brigada aérea Humberto Maglioccetti en el Ministerio de Obras Públicas y Transporte y general director José María Sepúlveda en el Ministerio de Tierras y Colonización.

El 29 de agosto a las 21 horas visitó a Carlos Prats el comandante en jefe del Ejército, general Augusto Pinochet, quien comenzó a darle detalles de las circunstancias que había tenido que afrontar durante los seis días que llevaba en su cargo. Había solicitado la renuncia a todos los generales para que le dejaran en libertad de acción para conformar el Alto Mando que lo acompañaría, habiendo accedido a eso todos excepto Arturo Vivero, Javier Palacios y Sergio Arellano. Pinochet le señaló a Prats que les había anunciado la aplicación de la facultad presidencial para llamarlos a retiro, pero todo el «equipo duro» había solidarizado con los tres que se negaron a renunciar.

Pinochet había decidido entonces postergar para octubre la llamada al retiro de los generales y sólo había solicitado aplicar la facultad presidencial al capitán Renán Ballas, que participó y emitió una corta alocución en la manifestación en contra del general Prats frente a su residencia.

Prats no hizo ningún comentario y se limitó a decirle que estaba preocupado por desocupar prontamente la casa asignada al comandante en jefe del Ejército y dejarla disponible para su sucesor. Pinochet en forma amable le expresó que se tomara el tiempo que quisiera.

El 30 de agosto el comandante en jefe de la Armada, almirante Raúl Montero, presentó su renuncia al presidente de la República, que fue rechazada por Salvador Allende el lunes 3 de septiembre. (16)

LXXII. ACUERDO DE LA CÁMARA DE DIPUTADOS

El día 23 de agosto de 1973 estuvo cargado de sucesos definitivos para el futuro de Chile. Muy temprano se hizo público el acuerdo que la Cámara de diputados había alcanzado el día anterior, a partir de un proyecto elaborado por los diputados demócratas cristianos José Monares, Baldemar Carrasco, Gustavo Ramírez, Eduardo Sepúlveda, Lautaro Vergara, Arturo Frei y Carlos Sívori y por los diputados nacionales Mario Arnello, Mario Ríos y Silvio Rodríguez.

Este acuerdo era presentarle al Gobierno la ruptura institucional en que vivía Chile, por la falta de respeto a la Constitución y las leyes por parte del Ejecutivo y hacer ver a las Fuerzas Armadas y Carabineros que la presencia en el Gobierno de ministros militares hacía cómplices de la situación existente a estas instituciones.

El acuerdo se sustentó en 15 «Considerandos», en los que se destacaba que era condición esencial para el funcionamiento del Estado de Derecho que los Poderes Públicos actuaron dentro de las atribuciones que la Constitución y las leyes le daban, que el Artículo 2° de la Constitución Política del Estado señalaba que la soberanía residía esencialmente en la nación y que las autoridades no podían ejercer más poderes que los que esta les delegara y que un Gobierno que se arrogara derechos que el pueblo no le había delegado, incurría en sedición. Se argumentaba también que era un hecho que el Gobierno, desde sus inicios, se había empeñado en conquistar el poder total, con el propósito de someter a las personas al más estricto control económico y político por parte del Estado y que para ello el Gobierno había desarrollado una conducta habitual de violación a la Constitución y las leyes, amparando la creación de poderes paralelos e ilegítimos, que constituían un grave peligro para la Nación. Se señalaba también en estos «Considerandos» que el Gobierno había usurpado y burlado las atribuciones del Congreso Nacional y se denunciaba al Gobierno por haber sobrepasado y burlado las atribuciones de los Tribunales de Justicia, arrogándose el derecho de interpretar sus fallos y que había violado sistemáticamente los dictámenes de la Contraloría General de la República.

Se señalaba que el Gobierno había violado el principio de igualdad ante la ley, había atentado contra el principio de autonomía universitaria y contra la libertad de expresión, de haber estorbado, impedido y a veces reprimido el derecho a reunión, haber atentado contra la libertad de enseñanza, haber violado sistemáticamente la garantía constitucional del derecho a propiedad, de infringir gravemente el derecho constitucional a salir del país.

Se acusaba también al Gobierno en los «Considerandos del Acuerdo» del 22 de agosto de 1973; de contribuir a la quiebra del Estado de Derecho, amparando la formación y mantenimiento de organismos sediciosos pues su existencia y funcionamiento no estaba contemplado ni en la Constitución ni en las leyes.

Después de los «Considerandos», se concluyó el siguiente «Acuerdo»:

Primero: Representar al señor presidente de la República y a los señores ministros de Estado, miembros de las FF.AA. y del Cuerpo de Carabineros, el grave quebrantamiento del orden constitucional y legal de la República que entrañan los hechos y circunstancias referidos en los considerandos quinto a duodécimo precedentes.

Segundo: Representarles así mismo que, en razón de sus funciones, del juramento de fidelidad a la Constitución y a las leyes que han prestado y, en el caso de dichos Srs. ministros, de la naturaleza de las instituciones de que son altos miembros, y cuyo nombre se ha invocado para incorporarlos al ministerio, les corresponde poner inmediato término a todas las situaciones de hecho referidas que infringen la Constitución y las leyes a fin de encauzar la acción gubernativa por las vías de derecho y asegurar el orden constitucional de nuestra Patria y las bases esenciales de convivencia democrática entre los chilenos.

Tercero: Declara que si así se hiciere, la presencia de dichos señores ministros en el gobierno, importaría un valioso servicio a la república. En caso contrario, comprometería gravemente el carácter nacional y profesional de las FF.AA. y del cuerpo de Carabineros, con abierta infracción a lo dispuesto en el artículo 22 de la Constitución Política y grave deterioro de su prestigio institucional.

Cuarto: Transmitir este acuerdo al Señor presidente de la República y a los señores ministros de Hacienda, Defensa Nacional, Obras Públicas y Transportes, y Tierras y Colonización.

El acuerdo de la Cámara de diputados fue firmado por su presidente Luís Pareto González, texto que dejó definitivamente al margen de la Constitución y las leyes al Gobierno de Salvador Allende y que serviría como base para los bandos y proclamas militares del 11 de septiembre de 1973. (16) (18) (47)

LXXIII. UNA DEMOCRACIA MUERTA

Fueron muchas las expresiones de afecto y solidaridad hacia el comandante en jefe del Ejército que había terminado su servicio en dicha institución, pero hay una que, por no haber sido amigo del general Carlos Prats quien lo escribió, tiene gran valor histórico. Es el que envió el excandidato presidencial de la Democracia Cristiana Radomiro Tomic, que en la parte final expresaba lo siguiente:

> La turbia ola de pasiones exacerbadas y violencia, de ceguera moral e irracionalidad, de debilidades y claudicaciones que estremece a todos los sectores de la nacionalidad y que es obra, en grado mayor o menor, de todos ellos, amenaza sumergir al país tal vez por muchos años.
>
> Sería injusto negar que la responsabilidad de algunos es mayor que la de otros, pero, unos más y otros menos, entre todos estamos empujando a la democracia chilena al matadero. Como en las tragedias del teatro griego clásico, todos saben lo que va a ocurrir, todos dicen no querer que ocurra, pero cada cual hace precisamente lo necesario para que suceda la desgracia que pretende evitar.
>
> Por lo que toca a usted, es esta una responsabilidad que la historia no hará recaer sobre sus hombros si finalmente el enfrentamiento, la dictadura y una represión sistemática, cada vez más honda y más encarnizada, mutilan la unidad esencial de los chilenos. Para evitarlo, hizo usted lo que pudo como soldado y como chileno. No se lo diría si no tuviera los elementos de juicio que tengo para hacerlo.

Esta carta de Tomic a Prats es un acertado análisis del escenario al que se enfrentaba Chile a fines de agosto de 1973. No obstante, la democracia en ese momento no estaba siendo enviada al matadero, la democracia ya estaba muerta, nadie creía en ella, porque ya no existía. La realidad indicaba que a fines de agosto de 1973 nadie del espectro político chileno creía en la democracia bajo la Constitución de 1925. Cada uno tenía su propio proyecto, excluyente. Esta concurrencia de proyectos excluyentes no se daba sólo entre la izquierda y el centro y la derecha, también se daba al interior de dichas fuerzas.

En la izquierda se podía constatar una sórdida lucha entre el Partido Comunista y el MIR, la que se manifestaba en violentas luchas callejeras que habían tenido incluso como resultado algunos muertos. En el caso de la derecha, la pugna interna fue menos visible, pero existió en el seno de Patria y Libertad una lucha y ruptura entre los gremialistas católicos ultra conservadores y los nacionalistas de carácter laico corporativistas. Los primeros eran liderados por el abogado Jaime Guzmán Errázuriz y los segundos por el jefe Nacional de dicho Movimiento, el abogado Pablo Rodríguez Grez. Guzmán y los suyos abandonaron Patria y Libertad en 1972.

En cuanto al MIR y su violenta pugna con los comunistas, es una buena muestra un incidente ocurrido el 4 de septiembre de 1973, a una semana de la intervención militar, que recogemos a continuación.

Gobierno y Unidad Popular organizaron, en Santiago y en las capitales de las provincias, actos de celebración por el tercer aniversario del triunfo de Salvador Allende en las elecciones del 4 de septiembre de 1970.

En Santiago, además de hablar Allende por televisión y radio desde de La Moneda a todo el país, hubo un masivo acto frente al palacio de Gobierno, donde desfilaron frente a un estrado en el que estaba Allende y sus colaboradores, miles de adherentes, frente a un presidente que observaba casi inmóvil como pasaban frente a él sus partidarios, dentro de los cuales no pocos auguraron que sería la última vez que lo verían vivo.

En algunas capitales provinciales la conmemoración terminó con violencia desatada por grupos de izquierda irreconciliables. Fue el caso ocurrido en la ciudad de La Serena, ubicada a 470 kilómetros al norte de Santiago, capital de la Provincia de Coquimbo.

El día 4 de septiembre de 1973 se construyó un estrado frente a la Intendencia provincial a un costado de la Plaza de Armas de La Serena, donde estarían los principales representantes políticos del Gobierno de Unidad Popular, incluido el Intendente de la Provincia de Coquimbo y representante del presidente Salvador Allende en ella, el comunista Rosendo Rojas.

Alrededor de las cuatro de la tarde comenzaron a llegar a la Plaza de Armas de la ciudad dos columnas de trabajadores de las empresas estatalizadas, quienes portaban letreros alusivos a la fecha y en apoyo al Gobierno, grupo que comenzó a tomar posiciones frente al edificio de la Intendencia, lugar donde se había levantado el estrado en que se ubicarían líderes políticos e invitados especiales al acto de conmemoración de los tres años del triunfo de Salvador Allende. En dicho estrado estaba el Intendente y representante del presidente Salvador Allende en la Provincia de Coquimbo, Rosendo Rojas, de filiación comunista, el alcalde de La Serena Carlos Galleguillos, el gobernador de Coquimbo Augusto Castex, Pascual Barraza, comunista y exministro de Obras Públicas de Salvador Allende, el regidor de La Serena Luís Muñoz, además de dirigentes sindicales y de los partidos integrantes de la Unidad Popular.

Quien primero hizo uso de la palabra en aquella tarde fue el exministro de obras públicas Pascual Barraza, quien aseguró que aún con las dificultades internas y externas que se tenían, el Gobierno tenía logros que mostrar en el mejoramiento de las condiciones de vida de los trabajadores y en el objetivo de alcanzar la independencia económica.

Posteriormente habló el médico Juan Carlos Concha y cerró el dirigente de la Central Única de Trabajadores, CUT, de la Provincia de Coquimbo, Elías Torres. Todos los oradores coincidieron en expresar que en esos momentos era necesaria más que nunca «la unidad de la clase obrera, de los hombres progresistas, para detener al fascismo y el golpe de estado, como así mismo para evitar un cruento enfrentamiento entre chilenos».

A una cuadra de la concentración izquierdista, blandiendo garrotes que eran golpeados contra el pavimento de la calle, se encontraba como espectador un nutrido grupo de Patria y Libertad.

Ya había oscurecido cuando terminó su discurso el dirigente de la

CUT Elías Torres. Fue entonces cuando el locutor que hacía las presentaciones anunció que haría uso de la palabra «un compañero del MIR». Subió al estrado y se dirigió al micrófono un dirigente de los trabajadores de la empresa IVESA. Inmediatamente se levantó de su asiento el Intendente Rojas, y arrebató el micrófono de las manos al miembro del MIR que había subido al estrado con la pretensión de hablar, gritándole que no podía hablar en esa tribuna. Esto provocó un violento enfrentamiento entre militantes del Partido Comunista y el MIR. Al momento subieron al estrado una gran cantidad de miristas, quienes, emitiendo palabras de grueso calibre, golpearon con palos al Intendente Rosendo Rojas, y estalló una gresca generalizada entre los comunistas que defendían a Rojas y los miristas que lo agredían. En esos instantes se apagaron las luces generándose un tétrico ambiente de violencia e intolerancia entre los grupos de izquierda.

El numeroso grupo constituido por miembros del MIR, acompañados por militantes del MAPU, que había dado de palos al representante de Salvador Allende en la Provincia de Coquimbo, fueron finalmente desalojados del lugar e improvisaron una tribuna en los balcones del Conservatorio de Música que se encontraba en una esquina de la Plaza de Armas. En ese lugar uno de los líderes del MIR en La Serena continuó con los ataques verbales, centrándolos en el Intendente Rosendo Rojas, a quien trató de «apernado», «revolucionario de corbata» y «reformista que no ha sido capaz de requisar un microbús o un camión para romper la huelga reaccionaria que estos gremios sostienen».

Posterior a esto, continuaron los enfrentamientos entre los grupos de izquierda en las céntricas calles de La Serena durante la fría noche del 4 de septiembre de 1973. Exactamente una semana después, en la noche del 11 de septiembre, aquellos que agredieron al Intendente Rojas y todos los que se enfrentaron en las calles de La Serena, pasaron a ocultarse y buscaron el anonimato para evitar las duras acciones de la recién constituida Junta Militar de Gobierno. (10) (11) (12) (20) (21) (27) (28) (36)

LXXIV. GOLPE MILITAR

La información que tenía el Frente Nacionalista Patria y Libertad señalaba que el Ejército estaba monolíticamente unido y con la decisión de actuar prontamente para derrocar al Gobierno de Unidad Popular. Además, este grupo nacionalista tenía nexos con la Fuerza Aérea y con la Armada, para actuar en colaboración durante un golpe. No obstante, Patria y Libertad no descartaba una división en las Fuerzas Armadas, lo que significaba la guerra civil. Era necesario entonces dar los pasos adecuados para estar preparados frente a este posible escenario. En tal sentido, el objetivo más inmediato era concretar el retorno del jefe Nacional, Pablo Rodríguez, que se encontraba en Brasil. Desde este país el abogado Rodríguez regresaría acompañado por Eduardo Díaz, siguiendo un itinerario que incluía Uruguay y Argentina, hasta llegar al Paso Tromen, frente a Temuco, por el que atravesarían la cordillera. Cada etapa del viaje, que se desarrollaría por tierra, se había planificado con militares brasileños y con el comandante de la base de la Fuerza Aérea de Maquehua de Temuco. John Schaeffer retornó a Santiago en un avión de la Fuerza Aérea de Brasil.

En tanto, dentro de Chile, el Frente de Operaciones de Patria y Libertad se dividió, entre los que seguían a Vicente Gutiérrez y que comenzaron a actuar al margen de las decisiones que tomaba la dirección, actuando incluso, como ya se dijo, en concordancia con decisiones de grupos externos a Patria y Libertad. La otra facción que estuvo liderada por Ernesto Miller continuó operando según lo que decidiera la dirección de Patria y Libertad. Los atentados se encadenaban por todo Chile sin que ya se tuviera certeza de quien era el autor de cada acto de violencia. Los dirigentes de Patria y Libertad resolvieron que la organización no podía continuar recibiendo la responsabilidad de cada bomba que estallaba y cada crimen que se cometía y por lo tanto resolvieron en forma unánime que Roberto Thieme debía entregarse a la justicia, anunciando al mismo tiempo que Patria y Libertad terminaba con los atentados y con la clandestinidad.

La noche del 24 de agosto de 1973 Roberto Thieme llegó a comer al restaurante Innsbruck en Las Condes, acompañado por su secretario Eugenio Fabres Echeverría, además de Saturnino López, Marisol Navarro y dos matrimonios amigos de Thieme. Después que el grupo cenó se acercaron dos detectives para pedirle al líder de Patria y Libertad que los acompañara al exterior del recinto, el que estaba rodeado de automóviles policiales. Lo subieron a un chevy negro y se alejaron.

El 1 de septiembre dejaron Río de Janeiro Pablo Rodríguez y Eduardo Díaz con destino a Temuco. En la Provincia de Cautín los servicios de inteligencia anunciaron haber descubierto actividades guerrilleras marxistas y que en Nehuentue se había allanado un campo de entrenamiento del MIR, y había una veintena de detenidos. En realidad se estaba en frente acciones de distracción para evitar que saliera a la luz pública el retorno de Pablo Rodríguez y Eduardo Díaz por el Paso Tromen, que estaba coordinado por la Fuerza Aérea y el Ejército.

A principio de septiembre de 1973 cuando volvió Pablo Rodríguez a Chile, las provincias del sur estaban en rebelión contra el Gobierno. Patria y Libertad trabajaba estrechamente junto a militares brasileños y en conjunto habían resuelto tomar estas provincias de no producirse un golpe institucional sino sólo de una parte de las Fuerzas Armadas chilenas. De generarse esta situación se volaría el viaducto del río Malleco y sería establecido un gobierno militar nacionalista en Temuco. El país quedaría dividido en dos, considerándose el avance de las fuerzas nacionalistas hacia el norte, con el objetivo de derrotar militarmente a las fuerzas que estuvieran defendiendo al Gobierno de la Unidad Popular. Desde Brasil y Argentina se recibiría apoyo material y logístico suficiente como para sustentar la campaña. No era descartable que así como se recibiría apoyo material desde Argentina y Brasil, también se sumaran brigadistas nacionalistas de estos dos países y otros para enfrentar al marxismo en Chile. Así mismo, tampoco se podía descartar el ingreso de izquierdistas latinoamericanos dispuestos a enfrentar a los nacionalistas, convirtiéndose Chile en septiembre de 1973 en un escenario bélico muy similar al que fue España a partir de julio de 1936.

A las 10 de la mañana del 10 de septiembre, un helicóptero de la Fuerza Aérea recogió a dos hombres en la cordillera en la cercanía del Paso Tromen. Se trataba de Pablo Rodríguez y Eduardo Díaz que habían cruzado de noche los cordones cordilleranos conforme con el plan establecido. Durante el vuelo hasta un predio de la Fuerza Aérea ubicado entre Villarrica y Temuco, Rodríguez y Díaz fueron informados que el pronunciamiento militar era inminente. Al medio día Pablo Rodríguez habló por los medios de comunicación, llamando a los chilenos para que tuvieran confianza en las Fuerzas Armadas.

A principios de septiembre de 1973, en las Fuerzas Armadas estaba tomada la decisión de alzarse contra del Gobierno, pero hacerlo de forma unida con el fin de evitar una sangrienta guerra interna. Había generales que prestaban apoyo a los nacionalistas, como fue el caso del general Javier Palacios, quien tuvo en su hogar a Ernesto Miller. Ya no estaban en activo los generales considerados contrarios al Golpe, Guillermo Pickering, Mario Sepúlveda y Carlos Prats. Sólo quedaba el nuevo comandante en jefe, general Augusto Pinochet, a quien muchos consideraban aún un militar dudoso para liderar la asonada. Sin embargo Pinochet testimonió en su libro El Día Decisivo que tenía en marcha el plan de alzamiento para el día viernes 14 de septiembre de 1973, pero fue justo el lunes 10 de septiembre, cuando Pinochet informó a los generales del Ejército de la decisión tomada para el día siguiente. Juraron sobre la espada de O'Higgins que no revelarían nada.

La Fuerza Aérea mostró su estado de ánimo el 20 de agosto de 1973; con acuartelamiento de las bases aéreas de El Bosque y Los Cerrillos y el vuelo de aviones de combate a lo largo de Chile, además de efectuar coordinaciones con Patria y Libertad.

En el caso de la Armada, esta se había manifestado abiertamente contraria al marxismo ante el propio Salvador Allende en los días posteriores al 4 de septiembre de 1970 y estaba comprometida con el alzamiento por medio del apoyo al paro del transporte iniciado el 25 de julio de

1973 y coordinaciones y apoyo a las acciones de sabotaje que efectuaría en ese contexto el Frente Nacionalista Patria y Libertad. Por el lado de la Armada también se venía coordinando el alzamiento con el general Alfredo Yovanne de Carabineros, quien ejercía mando en Valparaíso.

En definitiva, faltaba una coordinación final, un líder de alguna de las fuerzas que diera el visto bueno y efectuara una llamada interinstitucional para derrocar al Gobierno.

El 4 de julio de 1973 se terminó de elaborar una apreciación de la situación nacional que se hizo en la Primera Zona Naval, cuyo comandante en jefe era el vicealmirante José Toribio Merino. El documento, altamente reservado, se distribuyó entre el Alto Mando de esta zona naval, con el fin de tener una información fidedigna y actualizada para actuar con un criterio común frente a la situación que imperaba en Chile. El documento entre otras cosas señalaba que

> [...] el presidente de la República haría lo humanamente posible por cumplir en su espíritu y establecería acciones para lograr la armónica relación que debe existir entre los tres Poderes del Estado, que habían sido atropellados por el Ejecutivo en distintas ocasiones.

Así mismo se afirmó en el documento en cuestión que las Fuerzas Armadas no se inclinaban por participar en tareas de Gobierno, ni global ni separadamente, pero si se le pidiera su cooperación en asuntos técnicos, estudiarían nombres de Oficiales generales , activos o en retiro, para desempeñar un cargo sin trascendencia política inmediata.

Ante la intranquilidad que reinaba entre los oficiales navales, el almirante Merino ordenó a mediados de julio de 1973 al jefe de Estado Mayor de la Primera Zona Naval, comandante Guillermo Aldoney y al jefe de Operaciones de la misma zona, comandante Ramón Undurraga, elaborar un Plan Anti-insurgencia con un análisis completo de la situación basado en la información recibida de Inteligencia que permitiera apreciar con claridad cuándo, dónde y cómo podrían emerger fuerzas paramilitares en el área jurisdiccional de la Primera Zona Naval y las medidas a tomar frente a ello.

Dicho plan se llamó Plan Cochayuyo, que fue clasificado como secreto, y fue entregado a todas las reparticiones navales de la zona referida, enviándose copia a la comandancia en jefe de la Armada, a las direcciones generales y superiores de la Institución, a la Academia de Guerra Naval, al Cuerpo de Infantería de Marina, a las guarniciones navales de Valparaíso y Viña del Mar y a los submarinos que estaban bajo el mando del almirante Merino. La comandancia en jefe calificó como muy bueno el informe y lo hizo llegar al Ministerio de Defensa, siendo aprobado por este, felicitando a los autores. El llamado Plan Cochayuyo también fue enviado a las Segunda y Tercera Zona Naval, para que lo compararan con un plan similar que estas pudieran tener, e hicieran llegar observaciones informando que aspectos del plan recibido desde la Primera Zona ellos incorporaban.

En esos días comenzaron a acentuarse manifestaciones internas de deliberación en la Armada. Fue emitida la *Apreciación de la Primera Sesión de Estudios de los Mandos Medios*. «Mandos Medios» eran los oficiales con grado de capitán de corbeta y capitán de fragata. Se reunieron al margen de la disciplina para evaluar lo que estaba haciendo su mando ante la situación política e institucional que vivía Chile.

Las conclusiones fueron las siguientes:

1. Pedimos: una pronta definición del Mando que satisfaga nuestros ideales en base a oponerse a la dictadura marxista en todos sus frentes. Esta actitud tendrá el apoyo irrestricto de todos los oficiales y personal a nuestro cargo; es importante que se diga eso. Esperamos confiados recibir esta pronta definición.

2. En la medida que esto no se cumpla, tendremos un amplio diálogo con nuestros capitanes de navío de buque o repartición y se indicará oportunamente el lugar y fecha donde esto suceda.

Firman: Primera Sesión de Estudios de los Mandos Medios.

La situación en la Armada empeoró cuando el 7 de agosto de 1973 se descubrió el intento de infiltración subversiva de izquierda, y se responsabilizó de la misma al senador socialista Carlos Altamirano, al diputado del MAPU Óscar Guillermo Garretón y al máximo líder del MIR, Miguel Enríquez.

El articulador dentro de la Armada fue un sargento de apellido Cárdenas, de dotación del crucero «Almirante Latorre», quien logró influir en 28 hombres del destructor «Blanco Encalada», 15 en el destructor «Cochrane», 10 en el crucero «Prat», 9 en el crucero «Almirante Latorre» y 4 en el crucero «O'Higgins». Un total de 66 clases y marineros que fueron llevados al Cuartel Silva Palma y sometidos a proceso cuyo juez fue el almirante Merino, acusados de sedición a bordo. La prensa de izquierda denunció la existencia de torturas aplicadas durante los interrogatorios en la Fiscalía Naval.

El 5 de septiembre se produjo otra manifestación de indisciplina dentro de la oficialidad naval. Esta vez fueron los oficiales subalternos, con grado de subteniente, teniente segundo y teniente primero, acto que hizo concluir al almirante Merino que la disciplina estaba quebrada pero la doctrina intacta. Emitieron los oficiales subalternos una carta dirigida precisamente a Merino por 109 firmantes:

> Valparaíso, 5 de septiembre de 1973.
> Sr.
> Comandante en jefe de la Armada
> Almirante don José Toribio Merino Castro
> Presente
> Respetado señor almirante:
> Los Tenientes de la Escuadra de la Primera Zona que suscriben, ante los acontecimientos que vive el país, se han visto en la necesidad de expresar a Usía lo siguiente:
> 1° Hemos sido educados en nuestra Escuela Naval en un sistema democrático y esencialmente anti-marxista; de ello consta en los textos que la superioridad nos ha entregado en los diferentes niveles de educación.
> 2° Su Excelencia el presidente de la República, ha expresado pública y enfáticamente ser marxista. El marxismo pretende implantarse en Chile y para ello usa el sistema educacional a fin de lograr su objetivo. Ha incitado a la subversión y al quebrantamiento de las FF.AA. y especialmente de nuestra Institución.
> 3° Ante el estado de confusión que vive el país y que también afecta a los miembros de la Armada, el Mando no ha adoptado ninguna posición definida y no ha emitido una Doctrina Común de acción frente a estos hechos y aún ha cooperado públicamente con el gobierno marxista, sin que los subalternos logren comprender esta actitud.

4° Ante los problemas precedentemente expuestos, nuestro personal se encuentra desorientado; también se encuentra inquieto por las múltiples amenazas de parte de grupos extremistas en contra de ellos y de sus familiares; de esta manera podría producirse una situación en la cual los mandos medios fuesen sobrepasados.

5° Cabe también representar a US. que como ciudadanos y Oficiales, vemos la amenaza marxista que se cierne sobre nuestras familias, amenaza, que como la historia demuestra no sólo es intelectual, sino que también física, cuyo primer paso recientemente fue dado por directivos marxistas dentro de nuestra propia Armada, cumpliéndose así la doctrina leninista, que en su parte pertinente textualmente dice «las fuerzas armadas son la llave de un país».

6° Los hechos anteriores han sido expuestos en reiteradas oportunidades a nuestros superiores inmediatos y aparentemente no han tenido eco, por lo que nos vemos obligados a recurrir a este medio, que, pese a reconocer que no es el que corresponde, tiene el innegable valor de expresarlo con sinceridad y lealtad al jefe de nuestra Institución.

El dilema que se nos presenta es de actuar desarrollando nuestras vidas en base a una escala de valores ya establecida, la cual inspira el espíritu de las leyes que rigen a nuestra Nación y que las aceptamos como buenas y nuestras, o bien no actuar, para permitir que estas mismas leyes no sean cumplidas o que se le intente despreciar. Este dilema se nos hace insostenible, pues no sólo nos afecta en lo económico y en lo institucional, sino que moralmente está destruyendo nuestras identidades y produciendo una frustración.

Tal situación la rechazamos y por ello cumplimos con nuestro deber de lealtad al informarle que hemos condicionado nuestra permanencia en la Institución a que esta actúe decididamente para desterrar el marxismo en Chile, como único medio de devolver la normalidad a nuestro país, la seguridad a sus habitantes, el orden, la lealtad y la disciplina a nuestra querida Institución.

Resultaría trágico y doloroso que por no actuar oportunamente con la fuerza que nos da la cohesión institucional, que aún conservamos, debamos considerar como curso de acción para mantener los principios que orientan nuestras vidas, en buscar individualmente horizontes propicios en otros países democráticos que den libertad, tranquilidad y un destino mejor al futuro de nuestras familias, posibilidad que ya muchos estiman como solución a esta situación.

Saludan atentamente a Usía

Se agregaban cinco hojas con nombres y firmas de los 109 oficiales firmantes de una nota que no podía ser más clara y que comenzaba desconociendo a la máxima autoridad naval vigente, como lo era el comandante en jefe, almirante Raúl Montero. O se actuaba o comenzaba el éxodo de la joven oficialidad naval.

Se sumaba a esta nota de deliberación la actitud verificada en la Escuadra que debía zarpar a desarrollar ejercicios de preparación para la Operación UNITAS que cada año se efectuaba en conjunto con una flota de Estados Unidos, que estaba programada para el 15 de septiembre de 1973. Se había planificado para fines de agosto o primeros días de septiembre el zarpe de la Escuadra a los ejercicios que se desarrollarían frente a la costa entre Quinteros y Papudo. Sin embargo los mandos se negaron a zarpar. Dieron como motivo de esta insubordinación la inseguridad que sentían al dejar solas a sus familias en Viña del Mar y Valparaíso. La actitud paralizaba a 2500 hombres, hecho que daba testimonio de como la situación en que estaba Chile había resquebrajado la disciplina en aquellos que mejor preparados estaban para acatarla.

En tan complejo escenario, el almirante Merino, como segundo hombre de la Armada, decidió viajar a Santiago el 5 de septiembre para entrevistarse con el comandante en jefe, almirante Raúl Montero, a quien Merino quería informar como se estaba resquebrajando la disciplina. El vicealmirante Merino se hizo acompañar del contralmirante Sergio Huidrobo, comandante del Cuerpo de Infantería de Marina, quien tenía la misión y la orden de Merino de proteger a los camioneros en huelga que estaban estacionados en Reñaca.

Ambos almirantes salieron a las 15 horas, en automóvil, de Valparaíso con destino a Santiago.

Montero los recibió recién a las 21 horas, pues estuvo toda esa tarde reunido con el ministro de Defensa y otros funcionarios del Ministerio. El comandante en jefe se veía cansado y muy delgado.

Merino hizo una detallada exposición de la situación que se vivía en Valparaíso, no sólo entre el personal naval, sino también entre los civiles quienes manifestaban que no se veía un atisbo de mejora en la situación general del país. Informó que el Consejo Naval se había reunido para analizar la situación, las noticias que llegaban día a día, para emitir juicios respecto de líneas de acción que se debía seguir. Todos terminaban concluyendo que la solución comenzaba por el alejamiento de la Presidencia de la República de Salvador Allende y de todos los que lo acompañaban, como así también la necesidad de cambios en la dirección de la Armada, es decir, la salida del almirante Raúl Montero de la comandancia en jefe, pues el país iba a la deriva, sin que se vislumbrara un líder que propusiera algo para evitar a Chile la violencia fratricida.

La salida de Montero calmaría los ánimos dentro de la Armada, cuyos oficiales y personal se manifestaban contra el desabastecimiento y tener que acceder a alimentos para sus familias a través de las llamadas tarjetas JAPs, el mecanismo de distribución que diseñó el Gobierno.

El almirante Raúl Montero, agotado, telefoneó al presidente Allende, diciéndole: «Mire, presidente, aquí tengo en mi oficina, frente a mí, a dos almirantes que han llegado de Valparaíso y me piden el retiro a nombre del Consejo Naval; estos almirantes son el almirante Merino y el almirante Huidobro».

Para Allende no era novedad esta información, anteriormente el Consejo Naval se había pronunciado en la misma línea, pero no había aceptado la renuncia de Montero. Allende los invitó a conversar en la residencia presidencial de la calle Tomás Moro. Llegaron al lugar el almirante Montero, el vicealmirante Merino y los contralmirantes Huidobro y Cabezas, este último jefe del Estado Mayor de la Armada y principal asesor del almirante Raúl Montero. La residencia estaba rodeada de guardias, los GAP del presidente, fuertemente armados con metralletas, vestidos de traje oscuro, con la cara pintada y calzando zapatillas para no hacer ruido mientras se desplazaban por el interior.

Pasaron los marinos a un salón al cual ingresó Allende mostrándose indignado. Comenzó un acalorado monólogo en contra del Consejo Naval que buscaba destituir al comandante en jefe de su confianza y que él había nombrado, y denunció que el Consejo Naval estaba invadiendo sus exclusivas atribuciones como presidente de la República.

Dirigiéndose a Merino, Allende preguntó qué pretendían, a lo que el almirante contestó que deseaban paz y tranquilidad y que la Armada le pedía al almirante Montero que presentara su solicitud de retiro y que el presidente se la aceptara. El tono en que se hablaba no era cordial, muy por el contrario.

En aquel momento en que Merino le hablaba a Allende, entró en el salón un mayordomo naval ofreciendo unos vasos de whisky. El almirante que hablaba no se dio cuenta de su presencia y al gesticular con su mano derecha golpeó la bandeja provocando que los vasos saltaran sobre el almirante Huidobro que quedó empapado en el licor. Este cómico incidente ayudó a bajar la intensidad del diálogo y el tono desafiante que se empleaba. Cuando terminó la reunión, que duró 45 minutos, el presidente dijo:

«Entonces quiere decir que estoy en guerra contra la Marina». Merino sin titubear, inmediatamente respondió: «Si señor, estamos en guerra con usted. La Marina estará en guerra, porque no es comunista ni será nunca comunista, ni los almirantes ni el Consejo Naval, ni ningún marinero, pues estamos formados en otra escuela; la defenderemos hasta las últimas consecuencias, es nuestra vida y es la vida de nuestro Chile».

Eso fue el final del diálogo. Merino se fue con la impresión de que Allende ya no tenía claridad de la realidad que se vivía, que creía que todo estaba bien a partir de la pésima información que le entregaban sus ineficientes asesores, desconociendo lo que padecían diariamente los chilenos. Allende, sometido a las tensiones políticas de la capital, tampoco sabía lo que pasaba en Valparaíso. Merino y Huidobro se retiraron a las dos de la madrugada.

Al día siguiente el almirante Merino informó a algunos almirantes en Valparaíso de que Allende no había aceptado la salida de Montero. Cerca de medio día el ayudante de órdenes de Merino le comunicó que se encontraba afuera el edecán naval del presidente, comandante Grez, quien quería hablar con él. Merino lo recibió y Grez le transmitió una invitación personal de Allende para almorzar al día siguiente viernes 7 de septiembre a las 13 horas, en el Palacio de La Moneda. Merino dudó en aceptar, pues habían quedado con Allende con la guerra declarada y «la guerra generalmente no se hace con palabras ni banquetes». Pero Allende, maestro de la política, quería efectuar un acercamiento con Merino.

El viernes 7 viajó Merino en helicóptero a Santiago para concurrir a almorzar con el presidente. Pasó a saludar al almirante Raúl Montero y a informarle que almorzaría con Salvador Allende. Antes de salir hacia La Moneda dio una mirada a los diarios, uno de los cuales, *La Tribuna*, centró su atención. Este titulaba con letras rojas y negras: «Hoy vence el plazo de la Armada a Allende». «Vicealmirante Merino lo notificó: "Marinos somos antimarxistas por constitución"». Era una versión cercana de las palabras de Merino a Allende la noche del 5 de septiembre. En el encabezado del titular el diario señalaba: «Exige salida de Montero, Arellano, Cabezas y Weber». En la página 9 el diario informaba: «El presidente de la República debe designar hoy comandante en jefe de la Armada en reemplazo de Montero Cornejo, que fue forzado a renunciar por el Consejo de Almirantes el viernes 31 de agosto. El hombre que recibe del personal los honores y las distinciones propias del más alto rango de la Armada es el Vicealmirante José Toribio Merino. En espera de esta designación, la Escuadra activa permanece en la bahía de Valparaíso».

El almirante Merino llegó a La Moneda a las 13 horas, según lo fijado. Antes de acceder al segundo piso debió cruzar entre una gran cantidad de periodistas y fotógrafos. En la segunda planta lo esperaba el comandante Grez. Diez minutos después llegó el ministro de defensa Orlando Letelier, lo que sorprendió al almirante pues se suponía que él era el único invitado para almorzar con el presidente. A las 13:30 llegó Allende molesto y llevando un diario en una mano, reprochando a Merino haber dado a los medios de comunicación información de la acalorada reunión que habían sostenido la noche del 5 de septiembre, donde se habían «declarado la guerra». Merino tomó el diario y le respondió al presidente Allende que si la información había llegado a los medios de comunicación era por responsabilidad de gente del Gobierno, que él había asumido un compromiso de mantener en secreto lo tratado y ese compromiso él lo cumplía. Acto seguido Merino hizo el ademán de retirarse y tanto Allende como Letelier lo conminaron a quedarse al almuerzo al que había sido invitado. El presidente le explicó a Merino que lo que aparecía en el diario La Tribuna lo hacía aparecer a él como derrotado frente a una imposición de la Armada. Un mayordomo ofreció aperitivo y Merino lo rechazó. Pasaron a una sala comedor privado, no muy grande, en cuyo centro había una mesa para seis personas. En cada uno de los vértices de la sala había un GAP provisto de un subfusil. Antes de sentarse, Merino sacó la pistola que llevaba en el bolsillo interno de su dormán, diciéndole a Allende si no le molestaba que dejara el arma sobre la mesa. El presidente lo quedó mirando y le respondió: «ese juguete no tiene importancia». Allende se sentó en la cabecera, Letelier a su derecha y Merino a la izquierda del presidente, con la pistola muy cerca de su mano y bajo la mirada permanente de los GAPs. La desconfianza mostrada hacia el almirante era evidente.

Antes de que sirvieran el postre, Allende le pidió a Orlando Letelier que se retirara, lo que hizo el ministro de Defensa. Se quedaron solos Allende y Merino. Se sirvió café y posteriormente pasaron a otra sala donde se sirvieron digestivos que Merino también rechazó. Cerca de las cuatro de la tarde Merino insistió al presidente que debía dar seguridad política al país, lo que sólo se podía lograr cambiando los mandos medios de las reparticiones públicas. Luego de conversar largo rato sobre este asunto, Salvador Allende tomó de un brazo a Merino y le habló con franqueza y de acuerdo con lo testimoniado por el almirante, saliéndose de la formalidad en el trato:

> Mira, si quieres cambiar a alguien, mandos medios, lo que tú dices, u otros, anda a hablar con Teitelboim, con el 'Patas Cortas' (Luís Corvalán) o Altamirano. Ellos son los que manejan, yo no mando nada.

Estas palabras de Salvador Allende, según el testimonio del almirante Merino, son congruentes con lo testimoniado por el general Carlos Prats. Otro testimonio muy gráfico de lo que sucedía en esos días, y en realidad durante todo el Gobierno de Allende, y que avalan lo aseverado por Merino, es el resultado de una reunión del Comité Político de la Unidad Popular, que relató Fernando Alegría en su libro *Allende mi Vecino el presidente*. En una reunión celebrada el lunes 3 de septiembre de 1973; el presidente Allende propuso tres opciones de carácter urgente buscando frenar el término de su Gobierno: consulta a los chilenos y/o un acuerdo con la Democracia Cristiana y/o formar un Gabinete de Seguridad y Defensa Nacional integrado esencialmente por militares.

Se debía pronunciar sobre esta relevante decisión el Comité Político de la Unidad Popular, como siempre. Allende, el presidente de la República, no podía decidir por sí mismo.

La respuesta demoró cuatro días, llegó la noche del viernes 7 de septiembre, el mismo día en que el almirante Merino almorzó en La Moneda. Allende abrió el sobre donde venía el texto redactado por el Comité Político de Unidad Popular y leyó inmediatamente lo siguiente:

> Acuerdo con la DC, rechazado; convocatoria a un referéndum, rechazado, formación de un gobierno de seguridad y defensa nacional, rechazado; voto de confianza al presidente para que adopte temporalmente decisiones inaplazables, rechazado. Recomendaciones propias del Comité Político: ninguna...

Salvador Allende ya no ejercía de presidente de la República, otros eran los que tomaban las decisiones de alta relevancia para Chile sin tener el mandato del pueblo para eso. Lo que Merino aseguró haber escuchado de parte de Allende, en el sentido de que otros tomaban las decisiones y no él, queda avalado por todos estos hechos. ¿Qué seguía haciendo Salvador Allende en el Palacio de La Moneda si no ejercía el cargo de presidente de la República? Salvador Allende no quería verse derrotado por la Armada frente a la petición que el Consejo Naval le hacía de cambiar al comandante en jefe de dicha institución, cuando el Comité Político de Unidad Popular lo venía humillando desde hacía tres años.

11 de septiembre de 1973. Tanques M41 Walker
Bulldog en las calles de Santiago.

Ante las dramáticas palabras de Allende, José Toribio Merino se retiró diciendo: «presidente, muchas gracias por su almuerzo, ha sido muy agradable y me voy a retirar porque debo regresar a Valparaíso». Acto seguido se cuadró y salió. En la planta baja del Palacio de La Moneda había aumentado el número de periodistas que esperaban expectantes el término de la reunión almuerzo. Le preguntaron a Merino si lo habían nombrado comandante en jefe, a lo que el almirante escuetamente respondió: «Yo no he sido nombrado, regreso a Valparaíso como comandante en jefe de la Primera Zona Naval y se acabó».

El regreso lo hizo por tierra, sumido en reflexiones que le mostraban la indiferencia y superficialidad con que el presidente había tomado las demandas de la Armada o la ruptura disciplinaria e infiltración que estaban fomentando los partidos de izquierda. Mientras más pensaba en dicha situación, Merino se fue convenciendo de la urgente necesidad de terminar a la mayor brevedad el gobierno de Salvador Allende, un presidente de la República que no dirigía los destinos de la Nación.

Merino no tenía total certeza de lo que sucedía en el Ejército y en la Fuerza Aérea. Del cuerpo de Carabineros sabía que el director y subdirector de esta institución eran proclives al Gobierno.

Como la situación era en extremo crítica, al día siguiente, sábado 8, Merino informó a los almirantes y oficiales bajo sus órdenes en una reunión que efectuó a las 10 de la mañana en la Escuela de Artillería. Hizo referencia a la larga conversación sostenida el día anterior con el presidente de la República y que no había sido nombrado comandante en jefe. Transmitió que toda resolución y acción que se fuera a tomar era de su exclusiva responsabilidad y que nadie estaba autorizado para emprender acciones de ningún tipo que incluyera el uso de tropas. Merino les hizo ver que estaba informado de la existencia de oficiales decididos a actuar por su cuenta, pero que él no aceptaba redentores y que si se presentaba uno, haría caer sobre él todo el peso de la ley, pues era imperioso que la disciplina se mantuviera hasta las últimas consecuencias: el Mando en Valparaíso era él.

Terminada esta reunión Merino citó sólo a los almirantes en la Academia de Guerra Naval, donde transmitió las palabras del presidente, en el sentido que él no mandaba y por lo tanto había una crisis de mando real, que en definitiva gobernaban los partidos de U. P.

Merino les hizo ver que se debía actuar férreamente unido con las otras Instituciones Armadas y con Carabineros, evitando la guerra civil. El inconveniente para lograr este objetivo era el desconocimiento que se tenía en la Armada del general Augusto Pinochet, y al general Gustavo Leigh no lo conocía nadie. Al terminar la reunión se hizo presente el contralmirante Patricio Carvajal, jefe de Estado Mayor de la Defensa, quien acababa de llegar desde Santiago. Informó que habían tenido reuniones con la Fuerza Aérea con el fin de unificar criterios para actuar, pero del Ejército no sabía en qué estaba.

El domingo 9 de septiembre el almirante Merino fue a misa temprano y al volver a su hogar recibió una llamada telefónica del oficial jefe de Servicio de la Primera Zona Naval para informarle que el senador socialista Carlos Altamirano estaba hablando en una concentración en el Estadio Chile en Santiago, la que era transmitida por radio y televisión, discurso en el que, entre otras cosas, relató las acciones que había efectuado y que se estaban desarrollando para sublevar a la marinería. Según las declaraciones hechas por los detenidos, los autores intelectuales de este intento de sublevación eran Carlos Altamirano, Óscar Guillermo Garretón y Miguel Enríquez. Como Juez Naval, Merino había emitido órdenes de arresto para los dos primeros, pero la Policía de Investigaciones no los había detenido. El desafuero parlamentario de ambos se vería el miércoles 12 de septiembre. Altamirano no podía ser encontrado por la policía, sin embargo estaba hablando para todo Chile la mañana del 9 de septiembre de 1973.

Merino consideró esas declaraciones un claro desafío a las instituciones republicanas, tomó un papel y un lápiz para escribir el mensaje que pondría en marcha el golpe militar que se efectuaría el martes 11 de septiembre de 1973; el que iba dirigido al comandante en jefe del Ejército, general Augusto Pinochet y al comandante en jefe de la Fuerza Aérea, general Gustavo Leigh:

> 9/Sept./73
> Gustavo y Augusto:
> «Bajo mi palabra de honor el día D será el 11 y la hora H 06:00.
> Si Uds. no pueden cumplir esta fase con el total de las fuerzas que mandan en Santiago, explícalo al reverso.
> El Almte. Huidobro está autorizado para traer y discutir cualquier tema con Uds. Los saluda con esperanzas de comprensión. J.T. Merino».
> Al reverso complementó Merino: «Gustavo: Es la última oportunidad. J.T.
> Augusto: Si no pones toda la fuerza de Santiago desde el primer momento, no viviremos para ver el futuro. Pepe».

El almirante Merino metió en un sobre el documento redactado y ordenó al comandante del Cuerpo de Infantería de Marina, contralmirante Sergio Huidobro Justiniano, presentarse en su casa. Meditaba Merino como hacer llegar el mensaje sin que fuese interceptado. Ninguna conversación podía ser por teléfono, por lo que decidió que Huidobro fuera a Santiago con cierta seguridad de que los generales Pinochet y Leigh deberían estar en sus respectivas casas por ser domingo. El mensaje debería llegar primero al general Pinochet, el que más interesaba a Merino y posteriormente a Leigh. Si no se les encontraba en sus residencias, que el almirante Huidobro los buscara por todo Santiago, pues ese mismo domingo él debía tener una respuesta de los dos generales. Merino estaba convencido de la necesidad de actuar a la brevedad y con la incorporación y apoyo de todas las Fuerzas Armadas.

El almirante Huidobro llegó ante Merino a las 12 horas, vestido de civil. Quien había redactado el mensaje le indicó que tenía una misión para él, viajar a Santiago llevando una comunicación. Huidobro le informó que lo esperaba fuera de la casa el comandante Ariel González, jefe del Estado Mayor de la Infantería de Marina, que andaban en automóvil particular y que irían donde se les enviara. Huidobro recibió el sobre y lo metió en uno de los bolsillos del pantalón. El almirante Merino, preocupado de que dicho sobre no cayera en manos que él no deseaba, le ordenó a Huidobro que metiera el sobre en uno de sus zapatos. Terminó Merino señalando a Huidobro que ante dificultades con las otras instituciones de la Defensa Nacional, él estaba facultado para discutir desde el punto de vista de la Armada. Recibida esta última instrucción, Huidobro se retiró para viajar inmediatamente a Santiago. A las 13 horas Merino se sentó a la mesa a almorzar con su familia. Media hora después fue anunciada la llegada del almirante Huidobro. Merino, extrañado, no podía creer que hubiera retornado tan pronto desde Santiago. Huidobro no pudo continuar viaje por que no tenía dinero para pagar el peaje del túnel Zapata.

Al llegar a Santiago, Huidobro y el comandante González fueron inmediatamente a ver al almirante Patricio Carvajal, jefe del Estado Mayor de la Defensa Nacional, a quien le informaron de la misión que llevaban. Carvajal, por el cargo que ocupaba, era el hombre indicado para facilitar que Pinochet y Leigh recibieran a Huidobro. Carvajal se comunicó telefónicamente con ambos y quedaron en verse a las 4 de la tarde en la casa de Pinochet. En el automóvil que conducía el comandante Ariel González llegaron a la casa del comandante en jefe del Ejército los tres marinos. En el lugar se estaba celebrando el cumpleaños de una de las hijas de Pinochet por lo que no podía levantar sospecha la presencia de Leigh, Carvajal y Huidobro, entre las muchas personas que habían llegado.

De acuerdo con la versión entregada por el general Gustavo Leigh, antes de la llegada de los tres marinos, conversó a solas con Pinochet, quien se mostró renuente a actuar, argumentando que en un acto así se les podía ir la vida. Esto no quiere decir que el general Pinochet estuviera ajeno a una asonada, sino que da la impresión que tenía un alto grado de desconfianza, no sólo hacia la izquierda sino también hacia el interior de las Fuerzas Armadas.

Frente al gobierno se mostró preocupado y tuvo que usar el máximo de tacto para solucionar los asuntos internos en el Ejército. El 3 de septiembre, en una reunión confidencial con Orlando Letelier, Pinochet hizo las siguientes afirmaciones, con las que justificaba su decisión de no remover a los oficiales con mayor perfil anti Unidad Popular:

> [...] aquí, hay una tropa de locos planteando que las Fuerzas Armadas deben adoptar una definición ahora, aún a costa de cien mil muertos, más bien que no un millón después de una guerra civil. Hago lo posible por pararlos, según las instrucciones que antes me diera mi general Prats y que me ha reiterado el presidente. Estoy visitando las unidades a este efecto. He encontrado en ellas un ambiente difícil... pasar de inmediato a retiro a los oficiales que así se expresan puede violentar las cosas. Necesito un mínimo de tiempo para afianzar la gente de confianza en las unidades.
>
> Si se produce ahora un levantamiento, corremos el riesgo de que esta vez sea del conjunto de las Fuerzas Armadas, no de una unidad aislada, como el 29 de junio...

Estas palabras las testimonió el asesor de Salvador Allende, Joan Garcés y fue transcrito por Fernando Alegría en el libro *Allende mi vecino el presidente*. El general Augusto Pinochet buscaba ganar tiempo. En años posteriores escribió que el golpe lo tenía planeado para el 14 de septiembre, pero sólo con el Ejército, sin coordinación previa con la Armada, ni con la Fuerza Aérea ni con Carabineros. Avala esta fecha, el hecho que Pinochet informó a Orlando Letelier que el ensayo de la Parada Militar del día 19 de septiembre se haría el día 14 pero sin la participación de tropas externas a Santiago, con el fin de ahorrar combustible. Con esta medida movilizarían sólo las tropas de la capital y las de otras provincias cercanas rodearían Santiago para atacar los llamados cordones industriales ubicados en la periferia, si desde estos se atacaba rodeando a las fuerzas militares que estarían operando en el centro de la capital. Es decir, el general Pinochet pensaba actuar el 14; sacando a luz el plan sólo en las últimas horas, tanto al interior del Ejército, como hacia las otras ramas castrenses. Pero el almirante Merino se le adelantó para el 11 de septiembre.

Al entrar los tres marinos a la oficina que Pinochet tenía en su residencia, donde se encontraba conversando con Leigh, el almirante Huidobro puso ante sus ojos el mensaje enviado por el almirante José Toribio Merino. El general Leigh lo leyó y al terminar escribió inmediatamente «Conforme», poniendo su firma. El general Augusto Pinochet leyó, titubeó, abrió unos cajones de su escritorio desde donde sacó un timbre. Escribió «Conforme» y estampó el timbre frente a lo que había escrito. Según Pinochet, los titubeos de ese momento eran por tener algunos aprestos avanzados para el día 14 de septiembre y los tendría que adelantar para el 11. Tenía sólo 24 horas para planificar.

Sea lo que fuere, lo cierto es que en aquella reunión, ausente de un cumpleaños que se celebraba, se selló el destino final del Gobierno de Salvador Allende.

Inmediatamente el almirante Merino se puso a planificar las acciones que deberían ejecutar 36 horas después.

En el plan general estaba hacer zarpar la Escuadra cuyos mandos se habían negado a hacerse a la mar para desarrollar ejercicios a fines de agosto. La necesidad de cumplir con la operación UNITAS que se venía desarrollando desde hacía doce años era la razón-fuerza ideal para tal objetivo. Una vez logrado, había que asignarle tareas a los buques que componían la flota.

El lunes 10 de septiembre el almirante Merino se dirigió, como de costumbre, muy temprano a su oficina de la jefatura de la Primera Zona Naval. Pudo percatarse, como de costumbre también, que el automóvil de la Policía de Investigaciones que lo seguía diariamente, no le perdía de vista. Al llegar a su oficina hizo llamar a su jefe de Estado Mayor, capitán de Navío Guillermo Aldoney, con quien comenzó a desarrollar una rápida orden de operaciones.

La Escuadra, a las órdenes del contralmirante Pablo Weber, zarparía a medio día de esa fecha, navegando hacia el Oeste. A las 23:59 horas del 10 de septiembre, el comandante en jefe de la Escuadra y los comandantes de cada buque deberían abrir un sobre con un mensaje que les entregarían antes del zarpe, donde se les informaba respecto de las acciones que se comenzarían a desarrollar en la madrugada del 11 de septiembre de 1973.

A las 5:30 de la mañana de este día los buques deberían posicionarse de la siguiente manera: destructores «Blanco Encalada» y «Orella» en la bahía de Quintero, el crucero «Prat» en la bahía de Valparaíso frente al muelle Barón, desde donde controlaría la Avenida España, la Avenida Argentina y la Universidad Técnica Federico Santa María. El conocido enorme poder de destrucción de un crucero como el «Prat» sería un factor de disuasión importante para quienes pretendieran resistir. El submarino «Simpson» se posicionaría en la rada de Valparaíso frente a la maestranza «Las Habas» y el destructor «Cochrane» iría a cubrir la bahía del puerto de San Antonio. Talcahuano debería protegerse con material y hombres disponibles en este puerto.

A las 11:10 de la mañana se presentó en la oficina del vicealmirante José Toribio Merino el contralmirante Pablo Weber. Merino señaló que debía hacer zarpar la Escuadra inmediatamente para participar en la Operación UNITAS. Al mismo tiempo, le explicó brevemente lo que se estaba planificando para el día siguiente, cuyos detalles conocerían al abrir los sobres cuando faltara un minuto para la media noche. Weber se dirigió al buque insignia de la Escuadra, convocó a los comandantes de cada buque, les informó de la reunión con el almirante Merino y les entregó a cada uno un sobre. Cada comandante retornó al buque bajo su mando y la Escuadra zarpó con prontitud.

Además de citar al almirante Weber, Merino ordenó también esa mañana al comandante Aldoney citar a su oficina al jefe del Sector Oriental y a los directores de la Escuela Naval y de la Academia de Guerra Naval, a fin de informarles e incorporarlos a la planificación de las acciones a desarrollar al día siguiente.

El plan general contemplaba el silenciamiento de medios de comunicación del Gobierno y neutrales, responder con todos los medios a cualquier tipo de resistencia que se presentara por parte de elementos de izquierda y si sucedía esto último, se tenía identificados los puntos de posible resistencia donde serían desplegadas las fuerzas; no eran otros que los llamados «cordones industriales», en los que se había organizado el «poder popular» para salir en defensa del Gobierno, como lo había anunciado la izquierda. Las fuerzas de izquierda se agruparían en cordones industriales marítimos, portuarios, en la construcción, sanidad y otros. De esta forma el plan de las Fuerzas Armadas que lideraba en la Provincia de Valparaíso el almirante Merino, clasificó «Probables Objetivos de Ataque» de las fuerzas de izquierda a los siguientes «cordones industriales»:

«Cordón Marítimo Portuario», que iba desde Puertas Negras hasta la Plaza Sotomayor. La fuerza de choque la proporcionaría el Astillero Las Habas y quienes trabajaban en obras de construcción que se ejecutaban en el área. La «Central de Informaciones» de este «cordón» estaba identificada en la Escuela de Administración Aduanera de la Universidad de Chile.

En el segundo «cordón industrial», identificado como «Centro-Almendral», las fuerzas de choque saldrían de la Dirección de Vialidad, el «Centro de Operaciones» sería el Sindicato Hucke y como «Central de Informaciones» actuaría la Escuela de Arquitectura de la Universidad de Chile.

Geográficamente continuaba hacia el noreste el «Cordón Placeres Portales», que se extendía desde la Avenida Argentina hasta el Sauce; la «Central de Operaciones» estaría en Industrial Chamy y la «Central de Informaciones» en la Universidad Técnica Federico Santa María, en Los Placeres. La fuerza de choque la formarían todos los obreros que trabajaban en la vía elevada en construcción y los de la empresa Stelaris.

En Viña del Mar, se tenía identificado el «Cordón 15 Norte», que cubría desde El Sauce a Reñaca; prácticamente todo el borde costero. La «Central de Operaciones» estaba en la Industria Metalúrgica Concón y la «Central de Informaciones» en la Escuela de Ingeniería Comercial y bibliotecas de la Universidad de Chile. Este «cordón» tendría las fuerzas que le proporcionarían los obreros de las industrias Textil Sedamar y Aceites Patria.

Hacia el oriente de Viña del Mar estaba el «Cordón El Salto», que se establecía entre Chorrillos, Forestal y El Salto. La «Central de Operaciones» estaba en las industrias Cimsa, las fuerzas se componían con las industrias Indus Lever-Oxiquim-Sintex.

El «Cordón Concón» comprendía desde Concón hasta Quintero, la «Central de Operaciones» estaba en ENAMI de Ventanas, las fuerzas de choque eran formadas por trabajadores de ENAMI y ENAP.

El «Cordón Quilpué», comprendía desde Paso Hondo hasta El Belloto, tenía la «Central» en la famosa KPD, fábrica donde se producían casas prefabricadas rusas. La fuerza de choque de este «cordón» sería formada por trabajadores de las empresas Guzmán y Cía y Fideos Carozzi. El control de estas empresas fue considerada de relevancia, por encontrarse frente a la base aeronaval de «El Belloto», lo que hacía imprescindible iniciar las operaciones tomándolas. Se procedió sin problemas de esta manera.

Se consideraba dentro del plan, proteger las plantas de energía eléctrica, agua potable, gas y combustibles líquidos, es decir los servicios básicos para la población. Se sabía que el objetivo inmediato de las fuerzas de izquierda eran las radioemisoras, por la que se mantendrían comunicados con la población. También eran puntos a proteger los servicios de comunicaciones, teléfonos y correo, los servicios de farmacias y medicamentos, almacenes y depósitos de alimentos, los cuarteles de bomberos y las estaciones de ferrocarriles.

Merino consideraba que la relación de fuerzas era desfavorable, ya que proyectaba una fuerza paramilitar izquierdista de entre veinte y treinta mil hombres, de los cuales unos cinco mil estaban entrenados por instructores marxistas extranjeros. Esta estimación se hacía por la promesa del propio Gobierno que había afirmado «el pueblo tendrá armas»; lo que obligaba a reforzar las tropas que darían el Golpe en la Provincia de Valparaíso, constituidas por unos seis mil hombres, sin considerar a los marinos de la Escuadra que no eran del todo aptos para operaciones militares terrestres. Las fuerzas que tenía bajo su mando el almirante Merino eran navales con largos años de entrenamiento, militares de la Escuela de Caballería de Quillota y del Regimiento Coraceros de Viña del Mar, a quienes Merino consideraba absolutamente leales a la acción golpista, caso contrario de oficiales del Regimiento Maipo de Valparaíso, que estaban bajo sus órdenes, pero en quienes no confiaba plenamente. Dada la diferencia numérica entre las Fuerzas Armadas y las fuerzas de izquierda, Merino consideró que sus recursos se potenciarían con acciones rápidas y sorpresivas que eliminaran toda opción de combatir a las fuerzas leales al Gobierno. Esto hizo necesario mantener el plan en el más absoluto secreto hasta el inicio de su ejecución.

El Plan Silencio consideró eliminar toda posibilidad de control de los medios de comunicación a las fuerzas del Gobierno, quedando en transmisión sólo una radioemisora controlada por la Armada. El silenciamiento de catorce emisoras y tres canales de televisión debería ser simultáneo a partir de las 06:00 horas del 11 de septiembre de 1973; minimizando con esto el derramamiento de sangre, ya que la sorpresa y simultaneidad en las acciones impediría el desarrollo de combates. El adversario no tendría tiempo para responder.

El responsable de la ejecución de esta operación de silenciamiento de diecisiete objetivos, utilizando comandos, técnicos y choferes, fue el capitán de navío Arturo Troncoso Daroch, quien ejecutó el plan con pleno éxito.

Terminó el 10 de septiembre con los últimos análisis y recomendaciones hechas en el Estado Mayor de la Primera Zona Naval y alrededor de las 18 h, Merino, como comandante en jefe de la Primera Zona Naval y segunda antigüedad de la Armada después del comandante en jefe, emitió un comunicado, informando de la puesta en marcha del Plan de Acción Anti Insurgencia llamado «Plan Cochayuyo», a Iquique, al Mando, a la Escuadra, a la Primera Zona que ya estaba enterada, a la Segunda y Tercera Zona que ya tenían el plan. De esta forma toda la marina y todo el litoral de Chile se informaba que el día 11 de septiembre se ponía en marcha dicho plan. El mensaje decía lo siguiente:

«Al general Armada. De almirante». Otra voz: «Al general Armada. De Armada. Poner en ejecución Plan Cochayuyo desde 060011 menos Anti».

Al señalar «menos Anti», se estaba diciendo que al nombre total del plan, «Plan de Acción Anti Insurgencia» se le debía quitar la palabra «Anti», con lo cual quedaba «Plan de Acción Insurgencia», es decir, se calificaba a las acciones del día 11 de septiembre como una acción de insurgencia por parte de la Armada en contra del Gobierno.

Una vez adoptadas estas últimas disposiciones, el almirante Merino se dirigió a su casa a cenar con su familia, a las 20:30 hrs. Terminada la cena subió con su mujer y sus hijas al tercer piso para informarles que a partir de esa noche desarrollarían un registro domiciliario de grandes proporciones, superior a todos los efectuados hasta esa fecha y con consecuencias difíciles de prever. Por lo tanto sería peligroso que se mantuvieran solas en casa, pues esta pertenecía a la jefatura de la Primera Zona Naval y podía ser blanco de ataques, así es que les recomendaba trasladarse a la casa de alguna familia amiga que él prefería no saber. A las 22:15 horas, llevando maletas con ropa, se alejaron en su automóvil la esposa del almirante Merino y sus hijas. Una vez que el alto oficial quedó solo, se dirigió a la oficina que tenía en la casa y llamó al jefe de Servicio, un capitán de corbeta, quien llegó a los pocos minutos en un jeep naval conducido por un chofer. Al entrar este marino, el almirante le hizo sacar su chaquetón del uniforme y le ordenó que se lo pasara a él. A cambio, Merino le pasó al capitán un abrigo de civil, ordenando que se lo pusiera y que saliera de la casa media hora después que él se hubiera ido. Merino trataba de salir de su casa sin que lo detectaran los detectives que en todo momento estaban vigilándolo. Salió vestido con el abrigo del capitán y con su gorra en la mano, se subió al jeep y dio la orden para que lo trasladaran a la Academia de Guerra Naval. El auto policial desde donde se seguían los pasos de Merino y que estaba a unos metros de su casa, se mantuvo inmóvil, lo cual significó que no reconocieron al almirante cuando salía. Posteriormente, el capitán de corbeta salió caminando de la residencia y pasó por el lado de los policías.

Al llegar a la Academia de Guerra se reunió con su Estado Mayor, comandante Aldoney, jefe de Estado Mayor, comandantes Undurraga y Camus de Operaciones y comandantes Cruz y Cohn de Comunicaciones e Inteligencia, además del director de la Academia. Revisaron las últimas novedades y nuevamente el plan diseñado.

Había nerviosismo y ansiedad, por el paso que se iba a dar, lo que generaba ciertas inseguridades respecto del éxito a obtener. Merino los arengó y les transmitió que debían tener seguridad de sus capacidades, para lo cual se habían preparado toda su vida. Pidió un whisky para todos y brindaron por el éxito de las operaciones y por Chile.

Merino terminó el día 10 de septiembre dando la orden de ir a acostarse todos. Su Ayudante de Órdenes, capitán Díaz Torres lo despertaría a las 05:00 am.

Las operaciones del día 11 de septiembre comenzaron precisamente a esa hora, a las 05:00 am, desarrolladas por la de Infantería de Marina, la Escuela Naval, la Escuela de Operaciones, la Escuela de Artillería y

Armamentos, Escuela de Abastecimiento, Escuela de Ingenieros, el Regimiento Maipo, El Regimiento Coraceros y la Escuela de Caballería de Quillota, además de la Guarnición de Quintero. Había comenzado la operación silencio sin inconvenientes. Lo más notorio fue al traslado de las tropas en los camiones, pero aun así, la rapidez y simultaneidad hizo que en 45 minutos se silenciaran tres estaciones de televisión, dos radios neutras y doce radios proclives al Gobierno, además del servicio de teléfono. El único teléfono que quedó operativo, fue el del coronel de Carabineros Gutiérrez, que se comunicaba con la Dirección General de su Institución en Santiago. Sólo quedaron transmitiendo dos radioemisoras partidarias del derrocamiento del Gobierno. El almirante Merino llegó a desayunar con su Estado Mayor a las 05:45 am y a las 06:00 emitió un nuevo comunicado donde informaba que se había auto designado comandante en jefe de la Armada, destituyendo al almirante Raúl Montero Troncoso. Dos horas más tarde, se emitió la siguiente proclama:

Proclama

Las Fuerzas Armadas, organismos esencialmente profesionales, no pueden permanecer impasibles ante el derrumbe de nuestra Patria y la desesperación de millones de chilenos.

Esto no es un golpe de estado, pues es un tipo de esquema que no calza con nuestro modo de ser y repugna a nuestra conciencia legalista y profunda condición cívica.

Sólo se persigue el restablecimiento de un estado de derecho acorde con las aspiraciones de todos los chilenos, cuyo quiebre ha sido denunciado por la Ilustrísima Corte Suprema, como así mismo por la Cámara de diputados que es el organismo fiscalizador y que lo ha hecho presente en extenso documento.

El Poder Ejecutivo ha sido sobrepasado por las circunstancias y los elementos extremistas están destruyendo sin misericordia propiedades y vidas. El Ejecutivo ha carecido de la autoridad y firmeza para controlar esta situación desquiciadora de la convivencia pacífica a que estábamos acostumbrados los chilenos. Esto no puede continuar y es nuestra firme intención detenerlo a la mayor brevedad. No tenemos, ahora ni en el futuro, compromisos con ningún partido político. Sólo gobernarán los más capaces y honestos.

Formados en una escuela de civismo, de respeto por la persona humana, de convivencia, de justicia y de patriotismo, no se persigue otra finalidad que no sea la felicidad de todos los chilenos, no importa cuál sea su posición, pero que puedan vivir en paz, tranquilidad y sin temor al mañana, ni el de ellos, ni el de sus hijos.

Valparaíso, 11 de septiembre de 1973
José T. Merino Castro
Almirante
comandante en jefe de la Armada

Esta proclama salió varias veces por la radio «Armada», lo que permitió que todo el país se enterara de lo que estaba sucediendo.

Nadie salió a defender al Gobierno de Unidad Popular. A las 09:00 h llegó la información que todo el litoral de la República estaba bajo control naval.

En Santiago, las operaciones comenzaron a las 08:30 hrs del 11 de septiembre, el día anterior se efectuaron las coordinaciones y transmisión de comunicaciones del Ejército a todas sus unidades en el país. El comandante en jefe del Ejército, general Augusto Pinochet, envió a su mujer y a algunos de sus hijos a la Escuela de Montaña de Los Andes, buscando ponerlos cerca de la frontera con Argentina por si fallaba la asonada del día 11; dejándolos bajo cuidado del comandante de esta unidad, coronel Renato Cantuarias Grandón.

A medio día del día 10 de septiembre el general Pinochet convocó a una reunión para informar en detalle sobre el golpe militar del día siguiente a los generales Bonilla, Brady, Benavides, Arellano, Palacios, Vivero y Leigh, este último comandante en jefe de la Fuerza Aérea, además del coronel Geiger, comandante del Regimiento Buin. Pinochet almorzó con estos generales.

Por la noche, mientras en Valparaíso de ajustaban los últimos detalles, en Santiago los generales de Carabineros indecisos se plegaron al golpe a instancia de los generales César Mendoza y Arturo Yovane.

Por su parte el presidente Allende almorzó con algunos de sus ministros, con una sobremesa que se extendió hasta las tres de la tarde. Se habló de los últimos registros domiciliarios para encontrar armas y del discurso que Allende daría el martes 11 a medio día en la Universidad Técnica del

Estado. Al finalizar la tarde, mientras la Armada en Valparaíso desarrollaba los preparativos a toda velocidad para la asonada del día siguiente, los ministros y dirigentes de Unidad Popular asistieron a una recepción de gala en la Embajada de Bulgaria. Por la noche los ministros Carlos Briones y Orlando Letelier se dirigieron a la residencia presidencial de la calle Tomás Moro. La conversación duró hasta pasada la media noche entre Carlos Briones, Joan Garcés, Augusto Olivares, Orlando Letelier y Salvador Allende. Sonó el teléfono y un guardia le pasó el llamado a Augusto Olivares. Era René Largo Farías que llamaba desde La Moneda para informar que había recibido noticias de camiones militares que se trasladaban desde Los Andes y San Felipe hacia Santiago. Allende le solicitó a Letelier que llamara al general Brady, quien aseguró no tener información de movimientos de tropas pero ante cualquier novedad al respecto lo comunicaría inmediatamente. René Largo continuó llamando desde La Moneda, donde estaba acompañado de Miria Contreras, Carlos Jorquera y un grupo de periodistas afines al Gobierno. Los reunidos en la casa de Allende no le dieron importancia a los siguientes llamados. Largo se retiró de La Moneda después de las dos de la mañana y pudo ver una inusual actividad en el Ministerio de Defensa.

Poco antes de la medianoche el general Augusto Pinochet salió de su casa para dar un corto paseo por la calle, caminando con las manos atrás, muy lentamente frente a su residencia. Respiró profundo el frío aire de fin de invierno. Un automóvil pasó cerca de él a muy baja velocidad. Eran agentes de la Policía de Investigaciones que desarrollaban su ronda nocturna. Pinochet no se alarmó, continuó su lento y reflexivo paseo. Muy poco rato después, con la tranquilidad de no haber revelado hasta el final su verdadera posición frente a la situación dramática que vivía Chile, Pinochet se fue a dormir.

Cerca de la media noche de ese 10 de septiembre se reunió de urgencia el Comité Central del Partido Comunista, por tener noticias sobre el movimiento de la flota. Se había cambiado el titular del diario comunista «El Siglo». Saldría publicado una llamada a los trabajadores a tomar su puesto de combate, es decir, se publicaría un irresponsable llamado al suicidio de miles de chilenos. Los «trabajadores» no tendrían con qué defender al Gobierno que se desmoronaba por todos lados. Este llamado de los comunistas era un último acto de irresponsabilidad frente a los chilenos.

A las 05:30 despertó como de costumbre el general Augusto Pinochet. Después de una ducha, se vistió y desayunó. Dejó silenciosamente su casa sin responder las llamadas telefónicas que a esa hora hacían vibrar las líneas. Se dirigió a la casa de una de sus hijas con quien conversó y dio una mirada a sus nietos. En el Batallón de Telecomunicaciones de Peñalolén, en el definido Puesto N°1; lo esperaban con nerviosismo. Su demora no podía generar otra reacción. Los que esperaban a Pinochet eran liderados por el general Óscar Bonilla, quienes estaban ávidos de recibir instrucciones, excepto el mayor Osvaldo Zavala, que había sido ayudante del general Carlos Prats y que había continuado en ese cargo al asumir la comandancia en jefe Pinochet. Zavala se manifestó en contra de las acciones que se llevarían a cabo. Pinochet inmediatamente puso bajo arresto al oficial.

A las 7 de la mañana se enteró Allende del movimiento de la Armada en Valparaíso lo que en un principio fue calificado como un «alzamiento de la marinería». No era tal, era toda la institución naval la que estaba tomando el control del litoral chileno. El presidente se dirigió hacia La Moneda acompañado de su guardia personal, los GAPs.

Comenzaron a ser acalladas las radioemisoras del Gobierno y se estableció una red nacional por parte de las Fuerzas Armadas, a través de la cual se emitió alrededor de las 08:30 de la mañana la proclama de la Junta Militar de Gobierno:

Se leerá a continuación la proclama de la Junta Militar de Gobierno:

Santiago, 11 de septiembre de 1973.

Teniendo presente:

Primero: la gravísima crisis económica, social y moral que está destruyendo al país.

Segundo: la incapacidad del Gobierno para tomar las medidas que permitan detener el proceso de desarrollo del caos.

Tercero: el constante incremento de los grupos armados paramilitares, organizados y entrenados por los partidos políticos de la Unidad Popular, que llevarán al pueblo de Chile a una inevitable guerra civil, las Fuerzas Armadas y Carabineros de Chile, declaran:

Primero: que el señor presidente de la República debe proceder a la inmediata entrega de su alto cargo a las Fuerzas Armadas y Carabineros de Chile.

Segundo: que las Fuerzas Armadas y el Cuerpo de Carabineros de Chile están unidos para iniciar la histórica y responsable misión de luchar por la liberación de la Patria del yugo marxista y la restauración del orden y de la institucionalidad.

Tercero: los trabajadores de Chile pueden tener la seguridad que las conquistas económicas y sociales que han alcanzado hasta la fecha, no sufrirán modificaciones en lo fundamental.

Cuarto: la prensa, radiodifusoras y canales de televisión adictos a la Unidad Popular, deben suspender sus actividades informativas a partir de este instante, de lo contrario, recibirán castigo aéreo y terrestre.

Quinto: el pueblo de Santiago debe permanecer en sus casas, a fin de evitar víctimas inocentes.

Firmado: Augusto Pinochet Ugarte, general de Ejército, comandante en jefe del Ejército; Toribio Merino Castro, almirante, comandante en jefe de la Armada; Gustavo Leigh Guzmán, general del aire, comandante en jefe de la Fuerza Aérea de Chile y César Mendoza Durán, general, director general de Carabineros de Chile.

El presidente de la República respondió a esta proclama por una transmisión radiofónica, en estos términos:

En ese bando se insta a renunciar al presidente de la República. No lo haré. Notifico ante el país, la actitud increíble de soldados que faltan a su palabra y su compromiso. Hago presente mi decisión irrevocable, de seguir defendiendo a Chile, en su prestigio, en su tradición, en su norma jurídica, en su Constitución. Señalo mi voluntad de resistir, con lo que sea, a costa de mi vida, para que quede la lección, que coloque ante la ignominia y la historia a los que tienen la fuerza y no la razón. En este instante señalo, como una actitud digna, que acá está junto a mí, el director titular de Carabineros, general José María Sepúlveda y que en este instante, los aviones pasan sobre La Moneda, seguramente la van a ametrallar. Nosotros estamos serenos y tranquilos. El holocausto nuestro marcará la infamia de los que traicionan a la Patria.

Estos fueron los dos primeros comunicados públicos en una mañana dramática. La naciente Junta Militar de Gobierno comenzaría a emitir bandos orientados a ir controlando en forma total la situación del país y el ya depuesto presidente de la República emitió posteriormente por radio un mensaje a los chilenos. Entretanto las comunicaciones entre las Fuerzas Armadas y el Gobierno fueron permanentes.

En la proclama la Fuerzas Armadas pidieron a Salvador Allende la entrega inmediata de «su alto cargo», el que formalmente ostentaba pero que ya no ejercía, pues las decisiones que debía tomar el presidente de la República, las tomaba un Comité Político sin atribución legal alguna para ello. Salvador Allende quiso insistentemente incorporar a las Fuerzas Armadas a su Gobierno, pero para utilizarlas como instrumento útil a sus objetivos políticos, que no contaban con el apoyo mayoritario del pueblo chileno. La oposición por su parte, quiso sumar a las Fuerzas Armadas al Gobierno, dejando a Allende como una figura decorativa, es decir, en la misma calidad que lo tenían los partidos de la Unidad Popular. De esta forma la oposición esperaba volver por medio de elecciones al Gobierno y que el periodo de la Unidad Popular quedara como un acotado y amargo trance de la historia de Chile, sin traumas. Finalmente las tres partes involucradas, Salvador Allende, Unidad Popular y oposición, fueron incapaces de ponerse de acuerdo. La Unidad Popular quiso mantener la iniciativa a toda costa, buscando fortalecerse con grupos armados e incluso con la acción de las Fuerzas Armadas en contra de la oposición, como se lo planteo Carlos Altamirano al general Carlos Prats. La oposición no pudo lograr que Salvador Allende dejara de oír a la Unidad Popular para estructurar un Gobierno «de salvación nacional» con militares y civiles apolíticos, manteniendo a Allende como el personaje decorativo en que se había convertido sentado en La Moneda. Ante la falta de acuerdo político el país se seguía destruyendo en lo económico y social, en vista de lo cual las Fuerzas Armadas actuaron pidiendo al presidente que entregara su alto cargo, el que simplemente ostentaba pero no ejercía, como ya se dijo.

En la respuesta que el presidente Allende emitió frente a la proclama de las Fuerzas Armadas, se manifestó sorprendido por «la actitud increíble de soldados que faltan a su palabra y su compromiso». No era precisamente Allende quien podía sorprenderse de personas que faltaban a su palabra. Hay que recordar que él mismo jamás quiso cumplir su palabra con los Estatutos de Garantías Constitucionales, firmados con la Democracia Cristiana, para que este partido lo apoyara en octubre de 1970. Salvador Allende reconoció al periodista francés Regis Debray que la firma de dichos estatutos había sido sólo como una medida táctica para llegar al Gobierno. Además de la confesión de Allende, su actuación ratificó lo poco que respetaba el acuerdo firmado con los democristianos.

Afirmó también el presidente Allende en su respuesta a la proclama militar:

> Hago presente mi decisión irrevocable, de seguir defendiendo a Chile, en su prestigio, en su tradición, en su norma jurídica, en su Constitución.

Esto último no había sido lo que había sucedido durante los casi tres años del gobierno de Salvador Allende. El respeto a la juridicidad vigente y a la Constitución no fue precisamente el principal atributo de esta administración.

Las Fuerzas Armadas insistieron en varias oportunidades para que el depuesto presidente abandonara el Palacio de La Moneda, a través del edecán Aéreo, comandante Roberto Sánchez, del edecán Militar, comandante Sergio Badiola, del contralmirante Patricio Carvajal y del general de división Ernesto Baeza. Salvador Allende no quiso abandonar el palacio de Gobierno y este fue bombardeado por tanques, artillería y por los aviones de la Fuerza Aérea. Viendo finalmente como única alternativa tener que salir de La Moneda junto a quienes lo acompañaron esa mañana, Allende optó, en medio del humo, el fuego y los disparos de todo tipo de armas, por la autoeliminación. La destrucción total fue el marco final para la vida de Salvador Allende.

Aquella mañana histórica no fueron sólo las Fuerzas Armadas las que solicitaron a Allende salir del Palacio de La Moneda. También lo hizo el Partido Socialista. Previo a que se iniciara el combate entró en la casa de Gobierno el socialista Hernán del Canto, quien había sido ministro de Salvador Allende. En una actitud contradictoria, extemporánea y hasta hipócrita, del Canto pidió hablar con el presidente de parte de la Dirección del Partido Socialista, y se puso a disposición de Allende. Cuando las balas comenzaban a caer sobre la casa de gobierno, el Partido Socialista, que había negado reiteradamente a Allende su aprobación para llegar a acuerdos, se presentó para ponerse «a disposición», y le plantearon que abandonara La Moneda para continuar la resistencia en un lugar más seguro. Salvador Allende respondió:

> No voy a salir de La Moneda. Voy a defender mi condición de presidente, así es que ustedes no deben ni siquiera plantearme esa posibilidad. Sé lo que debo hacer.
> Al partido hace tiempo que no le importa mi opinión. ¿Por qué me la vienen a pedir en este instante? Dígales a sus compañeros que deben saber lo que tienen que hacer.

Salvador Allende se fue de este mundo molesto con el partido al que perteneció toda su vida; molesto y alejado, como dice su respuesta a Hernán del Canto, «dígales a sus compañeros», una expresión clara de no sentirse ya parte de aquel grupo.

A partir de la mañana del 11 de septiembre de 1973; en Chile se desataron todas las formas de lucha, las mismas que invocó Miguel Enríquez, máximo líder del MIR, en su discurso del Teatro Caupolicán de Santiago el 17 de julio de 1973; y que Enríquez calificó de legítimas. Claro que sólo serían legítimas si las ejercía su agrupación de extrema izquierda sobre sus adversarios, después de infiltrarse en las Fuerzas Armadas. Como el escenario fue otro, aquellas «todas formas de lucha» que se desataron sobre Chile el 11 de septiembre de 1973; ni el MIR ni el resto de la izquierda las volvieron a calificar de legítimas.

REFERENCIA BIBLIOGRÁFICA

(1) Parvex, Guillermo: *El Rey del Salitre que derrotó a Balmaceda*. Barcelona, Penguin Random House Grupo Editorial. Primera Edición. Abril de 2020. 250 p.

(2)   http://www.ciperchile.cl/2020/09/15/documentos-desclasificados-de-eeuu-re-gistraron-la-genesis-de-la-instruccion-de-nixon-para-derrocar-a-allende/ Documentos desclasificados de Estados Unidos registraron lagénesis de la instrucción de Nixon para derrocar a Allende. Peter Kornbluh. Ciper Chile. [Consulta: 3 de marzo de 2021]

(3) http://www.derechos.org/nizkor/chile/doc/encubierta.htm/Acción encubierta en Chile. 1963-1973. [Consulta: 3 de marzo de 2021]

(4)   http://www.memoriachilena.gob.cl/602/w3-article-3538.html/La   República Socialista en Chile (1932). Memoria Chilena. Biblioteca Nacional.[Consulta: 3 de marzo de 2021]

(5) http://www.memoriachilena.gob.cl/602/w3-article-3537.html La república parlamentaria. Memoria Chilena. Biblioteca Nacional. [Consulta: 3 de marzo de 2021]

(6) http://www.memoriachilena.gob.cl/archivos2/pdfs/MC0012814.pdf Significado y Antecedentes del Movimiento Militar de 1924. René Millar Carvacho. Pontificia Universidad Católica de Chile. [Consulta: 3 de marzo de 2021]

(7)   https://www.bcn.cl/historiapolitica/elecciones/detalle_eleccion?handle=10221.1 /63761&periodo=1925-1973 Elección Presidencial de 1958. Biblioteca Nacional. [Consulta: 3 de marzo de 2021]

(8) Manifiesto de la Junta Militar 11 de septiembre de 1924.

(9) https://www.youtube.com/watch?v=2r7bmdndfbg Sesión Congreso Pleno, Santiago, 24 de octubre de 1970. [Consulta: 3 de marzo de 2021]

(11) El Partido Socialista en la Revolución Chilena. Tesis Política aprobada en el XXI Congreso general Celebrado en Linares en Junio de 1966. Documento presentado por Adonis Sepúlveda. Biblioteca Clodomiro Almeyda del Partido Socialista de Chile.

(10) Congreso de Chillán. Resolución sobre Política Nacional. Biblioteca Clodomiro Almeyda del Partido Socialista de Chile.

(12) https://www.archivochile.com/Archivo_Mir/Doc_Agost 0001.pdf Declaración de Principios del Movimiento de Izquierda Revolucionaria, MIR. Santiago, agosto de 1965. Centro de Estudios Miguel Enríquez (CEME).

(13) https://www.youtube.com/watch?v=5ZNbzuJEQio Viaux Marambio y los sucesos del regimiento Tacna de Santiago 1969. Informe del periodista Sergio Villarroel para la televisión Argentina. [Consulta: 3 de marzo de 2021]

(14) Testimonio de protagonista del Tacnazo.

(15) Diario *La Tercera de La Hora*, Santiago de Chile, miércoles 22 de octubre de 1969; N° 7320; año XX.

(16) Prats González, Carlos: *Memorias. Testimonio de un Soldado*. Santiago de Chile, Pehuén Editores, 1996, 609 p.

(17) Revista *Punto Final*. Santiago, 12 de mayo de 1970.

(18) Merino, José Toribio: *Bitácora de un Almirante. Memorias*. Santiago de Chile, Andrés Bello, 537 p.

(19) Revista *Sepa*. N° 9. Semana del 9 al 15 de febrero de 1971.

(20) https://www.youtube.com/watch?v=Tx8gLwY3CBo Palabras de Salvador Allende, 4 de septiembre de 1973. [Consulta: 3 de marzo de 2021]

(21) Alegría, Fernando. *Allende mi Vecino el presidente*. Barcelona, Editorial Planeta. 1989. 300 p.

(22) Revista *Ercilla*, N° 1874; junio 1971.

(23) El *Mercurio*, 9 de junio de 1971.

(24) Bonnassiolle Cortés, Marcelo Alejandro: *Violencia política y conflictividad social durante el gobierno de la unidad popular. El caso de la Vanguardia Organizada del Pueblo (VOP), 1970-1971. Diálogos rev. electr. hist* [online]. 2015, vol.16, n.1, pp.125-164. ISSN 1409-469X.

(25) Testimonio de Ricardo Hormazábal Sánchez. Conversación con el autor. Julio de 2022.

(26) Palma González, Eric Eduardo: *El Estado Socialista según la Legislación Irregular de Carlos Dávila* (Junio-Septiembre de 1932). Revista del Centro de Estudios Constitucionales, ISSN 0718-0195, Año 15, N°. 1, 2017, 373-404 p.

(27) Alegría, Fernando. *Allende mi Vecino el presidente*. Barcelona Editorial Planeta. 1989.

(28) Conversación con Roberto Thieme. Santiago, 2 de septiembre de 2022.

(29) Pinochet Ugarte, Augusto *El Día Decisivo: 11 de septiembre de 1973*. Santiago de Chile, Editorial Andrés Bello. 1980. 279 p.

(30) http://www.rrojasdatabank.info/causaml/causa10.pdf Las Fuerzas Armadas Chilenas (III). El informe de los yanquis sobre las Fuerzas Armadas chilenas. Róbinson Rojas, julio – agosto de 1971. Causa ML N°21. [Consulta: 3 de marzo de 2021]

(31) Diario *La Tercera de La Hora*, Santiago de Chile, jueves 23 de octubre de 1969; N° 7321; año XX.

(32) Hoja de vida militar del general de División Carlos Ibáñez del Campo. Sección Archivo general del Ejército. Estado Mayor general. Ejército de Chile.

(33) Hoja de vida militar del Coronel Marmaduke Grove Vallejos. Sección Archivo general del Ejército. Estado Mayor general. Ejército de Chile.

(34) Hoja de vida militar del capitán general Augusto José Ramón Pinochet Ugarte. Sección Archivo general del Ejército. Estado Mayor general . Ejército de Chile.

(35) Relación del Cuerpo de generales año 1973. Sección Archivo general del Ejército. Estado Mayor general. Ejército de Chile.

(36) Diario *El Día* de La Serena. Página 5. 5 de septiembre de 1973.

(37) *Anales de la República*, Hernán del Canto.

(38) https://www.youtube.com/watch?v=NeNeIl9BXII Compañero presidente:

Entrevista de Régis Debray a Salvador Allende Gossens (1971). [Consulta: 3 de marzo de 2021]

(39) https://www.youtube.com/watch?v=rqfPB90-S7E Entrevista de Santiago Álvarez Román de la televisión cubana a Salvador Allende. 12 de octubre de 1970. [Consulta: 3 de marzo de 2021]

(40) *Programa Básico de la Unidad Popular*. Candidatura Presidencial de Salvador Allende. Biblioteca Nacional de Chile. Sección Control.

(41) ENU. El Control de las Conciencias. Informe crítico preparado por el Departamento de Estudios FEUC. Arturo Fontaine, Cristián García-Huidobro, Erwin Hahn, Alberto Hardessen, Ramón Infante, Felipe Lamarca, Manuel Melero, Cecilia Mohor, Maité Sepúlveda. Colaboración de los profesores Josefina Aragoneses, Jaime Guzmán, Hernán Larraín, Raúl Lecaros, Elena Sánchez, Juan de Dios Vial Correa. Biblioteca Nacional, Santiago.

(42) https://www.youtube.com/watch?v=N_NSmxfapVA Serie Documentos Vol. 5: El Tanquetazo – Discurso del presidente Desde La Moneda (Salvador Allende). [Consulta: 3 de marzo de 2021]

(43) https://www.marxists.org/espanol/allende/1973/julio05.html Salvador Allende. Palabras pronunciadas en la ceremonia en que designa ministros de Estado. Pronunciadas el 5 de julio de 1973. Versión digital: Eduardo Rivas, 2015. Edición Marxist Internet Archive, 10 de febrero de 2016. [Consulta: 3 de marzo de 2021]

(44) https://www.youtube.com/watch?v=bDdvnZ3A76E Miguel Enríquez – Teatro Caupolicán de Santiago. Enero 1973. [Consulta: 3 de marzo de 2021]

(45) https://www.youtube.com/watch?v=61Yjf8Ozvjc Discurso de Miguel Enríquez en el Teatro Caupolicán de Santiago, 17 de julio de 1973. [Consulta: 3 de marzo de 2021]

(46) https://www.youtube.com/watch?v=czYAVK_X_Y0 Discurso de Miguel Enríquez en el Teatro Caupolicán de Santiago, 17 de julio de 1973. [Consulta: 3 de marzo de 2021]

(47) El Acuerdo de la Cámara de diputados sobre el Grave Quebrantamiento del Orden Constitucional y Legal de la República, del 22 de agosto de 1973. Centro de Estudios Bicentenario.

(48) https://www.bcn.cl/historiapolitica/elecciones/detalle_elec- cion?handle=10221.1/63762 &periodo=1925-1973 Elección Presidencial de 1964. Biblioteca Nacional. [Consulta: 3 de marzo de 2021]

(49) El «Naranjazo» y sus repercusiones en la Elección presidencial de 1964. Jaime Etchepare Jensen, Mario Valdés Urrutia. Profesores del Departamento de Historia de la Universidad de Concepción. Revista Política. Pág 117-153.

(50) Sergio Grez Toso. *Los Anarquistas y el Movimiento Obrero: La Alborada de «La Idea en Chile, 1803-1915*. Santiago de Chile LOM Ediciones. 2007.

(51) Vivanco, Álvaro H. *El Anarquismo y el Origen del Movimiento Obrero en Chile*: 1881- 1916. Valparaíso, Eduardo Míguez M. 1987.

(52) Manss, Patricio *La Revolución de la Escuadra*. Santiago de Chile, Ediciones B. 2001. 277 p.

(53) González Videla, Gabriel: *Memorias,* Santiago de Chile, Editora Nacional Gabriela Mistral. 1975.